완역 태극학보 3

점필재연구소
대한제국기번역총서

완역 태극학보

太極學報

3

손성준
이남면
이태희
최진호

보고사
BOGOSA

발간사

강명관 / 부산대 한문학과 교수

우리 '대한제국기 잡지 번역팀'은 1년 전에 『조양보(朝陽報)』를 번역하여 발간했다. 이번에는 『태극학보(太極學報)』를 완역하여 발간한다. 대한제국기라고 말하는 20세기 초두의 잡지가 갖는 중요성은 『조양보』의 발간 때 이미 말한 바 있기에 여기서 다시 중언부언할 필요가 없을 것이다. 다만 『태극학보』는 여타의 잡지와는 뚜렷이 구별되는 점이 있다.

알다시피 『태극학보』는 일본 유학생 단체인 태극학회의 기관지이다. 이 잡지는 1906년 8월 창간되어 1908년 12월 26호로 종간되었다. 불과 2년에 남짓한 짧은 기간에 그리 많지 않은 호수이지만, 이 잡지의 의미는 결코 작지 않다. 또한 당시 잡지란 것의 발행기간과 호수가 『태극학보』를 넘어서는 것도 그리 많지 않다.

『태극학보』는 무엇보다 일본 유학생들이 발간한 잡지라는 점에 주목해야 할 것이다. 일본은 호오를 떠나 당시 한국이 경험할 수 있었던 거의 유일한 근대문명의 본거지였던 것이니, 이들 유학생들은 말하자면 근대지식 수용의 첨병이었던 셈이다. 당연한 말이겠지만 『태극학보』를 통해 우리는 20세기 초두에 일본을 직접 경험한 젊은 지식인들이 공급했던 다양한 근대지식의 양과 폭을 짐작할 수 있을 것이다. 앞으로 이 시기 다른 잡지와의 비교 연구를 통해 『태극학보』가 담고 있는 근대지식의 성격이 보다 명료하게 드러날 것을 기대한다.

이와 관련하여 하나 지적하고 싶은 것은 『태극학보』에 이름을 올린 유학생들의 이후 행로다. 『태극학보』가 발간되던 시기의 대한제국은 반식민지의 상태에 있었다. 이런 이유로 이 잡지에 실린 글의 행간에는 우국적 열정이 짙게 배여 있었다. 하지만 잡지가 종간되고 한국은 이내 일제의 식민지로 전락하고 말았다. 일본 경험이 있던 이들 신지식인들의 행로는 복잡할 수밖에 없었다. 이들은 일제강점기를 어떻게 살아냈던가? 나아가 해방 이후 이들과 그 후예들의 행로를 치밀하게 검토하는 것은 지금 한국사회를 이해하는 데도 크게 기여할 것으로 보인다.

　『조양보』의 번역과 마찬가지로 『태극학보』의 번역 역시 난감한 부분이 한둘이 아니다. 주로 이 시기 번역 지식들에 대한 우리의 이해가 미치지 못한 데 기인한 것이다. 앞으로 연구로 매워나가야 할 것이다.

　『태극학보』의 번역에는 여러 사람이 참여했다. 신지연, 이남면, 이태희, 최진호 등이 번역을 맡았고, 이강석·전지원은 편집과 원문 교열을 맡았다. 그 외 임상석, 손성준 등 여러분들이 책의 완성에 수고를 아끼지 않았다. 이 자리를 빌려 고맙다는 말을 전한다.

차례

태극학보 제12호

태극학보 제14호

태극학보 제15호

태극학보 제16호

일러두기

1. 번역은 현대어화를 원칙으로 하였다.

2. 한자는 꼭 필요하다고 판단되는 경우에 한 해 괄호로 병기하였다.

3. 단락 구분은 원본을 기준으로 하되, 문맥과 가독성을 위해 단락을 구분한 경우도 있다.

4. 중국의 인명과 지명은 그 시기가 근·현대인 경우는 중국어 발음에 따라 표기하고, 근·현대 이전은 한국 한자음을 써서 표기하였다. 일본과 서양의 인명과 지명은 시기에 관계없이 해당 국가의 발음대로 표기하였다.

5. 원본에 한자로 표기된 서양 인물이 확실히 파악되지 않은 경우 한글 독음과 원문 한자를 병기하였다.

6. 본서의 원문은 순한문, 국한문, 순국문이 혼합되어 있다. 이를 구분하기 위해 순한문 기사는 漢, 순국문은 한 으로 기사 제목 옆에 표시해두었다. 표기되지 않은 기사는 국한문이다.

7. 원문 괄호는 '- -'이고 다른 괄호는 번역 과정에서 추가했다.

광무 10년 9월 24일 | 메이지 39년 9월 24일 | 제3종 우편물 인가

광무 11년 7월 24일 발행(매월 24일 1회)

태극학보

제12호

태극학회 발행

○학교용품 판매

-배달 우편료의 불필요는 독자의 경제-
황성 중서(中署) 파조교(罷朝橋) 건너편
본점-중앙서관(中央書館)- 주한영(朱翰榮)
평안북도(平安北道) 선천읍(宣川邑) 냇가
지점-신민서회(新民書會)- 안준(安濬)

• 광고

이번 본국 경성의 뜻 있으신 인사들의 모임에서 본 태극학보 발간에 동정을 표하시고 찬성금(贊成金) 모집을 발기하신 데 대하여 국내의 뜻 있으신 여러분께서 마음 가득한 성심으로 동정을 표하시어 막대한 금액을 수금하여 보내주셨기에 여러분의 두터운 인정에 탄복하여 감사드립니다.

재일본 도쿄 태극학회 삼가 알림
태극학보 찬성원 여러분 좌하

목차

태극학보 제12호

| 강단 |

나라의 흥왕(興旺)은 공부(公富)[1]에 있다 / 한흥교(韓興敎)[2]

사람이 천지 사이에 태어나서 애초에 자연적 행복이 없는 이가 없지마는, 그 중년과 말년에 이르러 각자 사상도 다르고 사업도 다르다. 그러한 까닭에 옛것을 바꾸어 새것으로 나아가는 자는 현명하고, 낡은 관습에 따라 우선의 편안함만 취하는 자는 어리석고, 노력하여 게으르지 않은 자는 부유하고, 놀기를 싫증내지 않는 자는 가난하니, 이것이 다 고금의 불변의 이치이다. 저 현명함과 어리석음의 분별은 나중에 한가할 때를 기다렸다 상세히 논할 것이고, 지금은 단지 빈부의 사례만 들고자 한다.

동서고금의 역사를 한 번 보면 부유함과 가난함 모두 앞서 언급한 항목의 두 사례에서 벗어나지 않을 따름이나, 그 지향하는 바가 각자 다르다. 무엇을 말하는 것인가. 먼저 동양을 논하자면 옛날 한 무제(漢武帝)가 원정하던 때에 복식(卜式)[3]은 민간의 거부(巨富)로서 국고(國庫)가 탕진될까 걱정하여 곡식 수만 곡(斛)을 내어 대사농(大司農)-탁지부(度支部)와 대략 같다-에게 수납(輸納)하였으므로 경용(經用)의 군핍함을 거의 면하였다. 다음으로 서양을 논하자면 네덜란드-스페인 전쟁[4]

---

1 공부(公富) : 공익을 위해 헌신하는 부호, 또는 공공(公共)의 부유함을 이른다. 이 시기 신조어이다.

2 목차에는 한홍교(韓興敎)로, 본문에는 한여교(韓興敎)로 되어 있는데, 당시 오카야마 의학 전문대학에 다니던 한흥교로 보인다.

3 복식(卜式) : 생몰년 미상. 전한(前漢)의 정치가이다. 하남(河南) 사람으로서 양을 길러 부자가 되었다. 무제 때 재산의 반을 써서 변방을 원조하였는데, 이 때문에 관리로 등용되었다. 관직은 어사대부(御史大夫)에 이르렀다.

4 네덜란드-스페인 전쟁 : 네덜란드독립전쟁으로, 네덜란드의 북부 7주가 1572-1609년에 스페인을 상대로 싸워 독립을 쟁취한 전쟁이다.

때에 오라녜 공작 빌럼 1세(Prins van Oranje Willem Ⅰ)[5] 공은 네델란드 귀족의 거부로서 적의 세력이 창궐함에 분노하여 수만 개의 금을 기부하여 의용함대(義勇艦隊)를 조직하여 스페인 군대를 격퇴하고 독립을 창도(唱導)하였다. 또한 오늘에 이르러 구미열강과 일본의 아무개 자본가는 공장을 짓고 회사를 세워 빈민을 고용하고 학교를 설립하고 의숙(義塾)을 창설하여 고아를 가르쳐 길렀으니, 이와 같은 인물은 한 나라의 공부(公富)라고 할 만하다. 그 나머지 허다한 자선가의 사업은 일일이 열거할 겨를이 없다.

애석하도다! 우리나라의 경우 지금껏 수백 년 동안 저와 같은 부자가 있다는 말만 들었지 이와 같은 사업이 있었다는 말은 못 들었으니, 어찌 그리도 상반됨이 심한가! 위로는 조정으로부터 권문세족이 요로(要路)에 나아가 맡고서는 정해(政海)에 관사(官肆)를 세워서 관금(官金)을 쟁취하여 아무리 써도 마르지 않아 창고에 가득한 채로 발갛게 부패하되 창생(蒼生)의 고통을 묻지 않고, 아래로는 주(州)와 군(郡)까지 토호(土豪)와 향원(鄕愿)이 팔을 걷어붙이고 세력에 기대어 시골구석까지 백성 잡는 그물을 펼쳐 잔민(殘民)을 침탈하여 영원히 자손을 위한 계책을 삼는 까닭에 부유한 자가 더욱 부유해지고 가난한 자가 더욱 가난해지니, 이러고서도 나라가 부강해지고자 한들 어찌 되겠는가! 가련하도다. 그 말류의 폐단이 경제계의 공황에만 그치는 것이 아니라 이웃나라의 모욕마저 자초하니 옛날에는 그래도 더러 괜찮았지만 요즘 같은 시기에도 낡은 관습에 따라 우선의 편안함만 취하고 끝내 고치지 않으려 하는가!

---

5 오라녜 공작 빌럼 1세(Prins van Oranje Willem Ⅰ) : 1533-1584. 네덜란드 독립전쟁의 지도자이다. 오라녜-나사우(Oranje-Nassau) 왕가 출신으로, 스페인 펠리페 2세(Felipe II)의 임명으로 네덜란드 초대 세습 총독이 되었으나, 스페인과 가톨릭에 저항하여 네덜란드를 독립으로 이끌었다.

나에게는 다만 폐단을 구제하기 위한 계책 하나가 있다. 무엇인가. 전국 내 360여 군(郡)에 평균을 내어도 한 군의 천석꾼 부자─100석의 자본가 열을 합해 하나가 되므로 셈 안에 포함하였다─가 적어도 너덧 집을 밑 돌지 않는다. 대략 그 재산을 헤아려보면 천석 자본금이 10만 원 내외 가량 될 것이다. 그 10분의 1을 기부하면 한 군의 금액 총합이 넉넉히 4-5만 원 가량 될 것이다. 이것으로 자금을 합하여 공동실업회사(共同實業會社)를 설립하여 생업을 잃고 떠돌아다니는 백성에게 노동을 권면하여 상벌을 분명히 내리고, 또한 외국 실업학교〔實敎〕 졸업생이 있으면 빠짐없이 고용하여 신식물품을 제조해 내어 우선 도회지에 무역장을 설치하여 그 권한을 정하고, 있는 물품과 없는 물품을 유통토록 하되 군(郡)마다 이렇게 하고 도(道)마다 이렇게 한다면, 그 결과가 마침내 대한 실업계의 흥왕(興旺)으로 귀결될 것이다.

저러한 시기가 되면 외국인 상권(商權)이 자연히 모조리 다 사라질 것이니 나라의 부강함이 반드시 여기서 기인할 것이다. 그러면 외채(外債) 보상을 걱정할 것이 무엇이며 자주독립에서 벗어난다고 할 것이 무엇이랴. 바라건대 전국 자본가 여러분은 분명히 깨달아 개인의 이익을 꾀하여 자신을 살찌우는 욕망을 공공주의(公共主義)로 삼고 자손에게 물려주는 정성과 힘을 국가를 이끌어갈 원대한 계책으로 삼아서 오염된 구습을 씻어버리고 새 공기를 마시며 세 번 반복하여 이 글을 조용히 읽고 앞서 언급한 항목을 실시한다면 저 몇 명의 공부(公富)가 어찌 옛 일의 아름다움을 독점하겠는가.

양심론 / 백악(白岳) 장응진(張膺震)

어떤 계급에 있는 사람인가를 불문하고 인류는 마음속에 일종의 양심의 작용이 있어야 한다. 사람이 사회의 모든 행위에 이 양심에 만족한 동작을 행하면 자기의 마음속이 유쾌할 뿐 아니라 일반 사회가 이로 인해 행복과 이익을 향수하기에 사회는 이러한 사람을 가리켜 선인(善人) 혹은 군자라 칭송하며 존경하고 장려한다. 사람이 만일 이 양심을 위배하는 행위를 하면 자기의 마음속만 불쾌하고 고민하게 될 뿐 아니라 일반 사회가 그 아름답지 않음의 영향을 받아 이러한 사람을 가리켜 불량하고 무도(無道)한 사람이라 한다. 혹 악인이라 칭해 힘써 배척하려 하기에 이러한 악한 패류도 한 때 정욕의 노예가 되어 상규(常規)에 위배되고 벗어나는 불량한 행위를 감히 행하더라도 그 마음속에서 필연적으로 양심의 가책을 스스로 느껴 광명한 사회에 그 두꺼운 얼굴을 태연하게 높이 들기가 어려울 것이다.

대개 이러한 양심이라는 것은 처음에 어떠한 동기로 우리의 마음속에서 발생하였는가. 우리가 이를 상식적으로 관찰하더라도 양심의 작용은 결코 돌연 일어난 것이 아니다. 마음과 동시에 일어나 마음의 발달을 따름으로써 점차 발달한 것이다. 고로 다른 동물에도 마음이 있는 것으로 보면 다른 동물도 사람처럼 양심이 발달할 요소를 갖고 있어야 하나 이 요소가 발생할 기회를 아직 갖지 못한 것으로 간주된다. 가령 목탄, 석탄 등은 보물 중 가장 귀한 금강석과 완전히 동일한 탄소물질을 갖고 있어 금강석을 조성할만한 요소를 갖고 있지만 조성할 기회가 아직 없었음과 거의 비슷하다.

양심의 기원에 대해서는 고래(古來)의 동서양 학자 사이에 여러 가지의 설이 많은데 스펜서 학파가 주장하는 바는 경험설이다. 이 설에 따르면 사람의 양심은 원래 최초부터 마음속에 있는 것이 아니다. 사람이 사회생활의 바깥 테두리에서 다양한 감화를 받고 다양한 경험을 거쳐 일정한 연한(年期)에 달하면 양심이 돌연 발생한다는 것이다. 사람이 사회에서 다양한 속박과 제재를 받는데 가령 첫 번째는 사회의 제약이니

사람이 악한 행위를 행하면 사회가 이를 배척하고 두 번째는 정치의
제재이니 사람이 악한 행위를 범하면 죄를 주고, 세 번째는 종교의 제재
가 그것으로 사람이 어떤 욕망으로 불량한 행위를 만들고자 하지만 이러
한 다양한 제재에 대해 어느 정도 꺼리는 마음이 있어서 그 욕념(慾念)을
충분히 만족시킬 수 없고 대부분은 스스로 억누르지 못할 지경에 이르니
이와 같은 관습이 쌓이고 또 쌓이면 그 마음속에 점점 도덕심의 맹아가
발생하는 것이다. 바꾸어 말하면 최초 제재에 대한 공포심이 양심의
기원이 된다 하겠다. 그런즉 오늘날과 같은 양심은 처음부터 존재한
것이 아니요 꽤 많은 연대가 쌓이고 지나서 발생한 것이다. 오늘날 우리
는 이 발생의 근원을 잊고 양심이 처음부터 완전히 구존한 것으로 오인
해서 주장한다. 이 설에 반대해 일어난 것은 양심선천설(良心先天說)이
그것인데 이 설이 주장하는 바는 대개 사람의 양심은 천부의 작용이라는
것이다. 그러므로 양심의 작용은 상하 귀천 남녀를 물론하고 일체가
하나여서 사람이 태어날 때에 선천적으로 갖고 오는 것이라 한다. 또
이상 양 극단설을 조화시키고자 하는 제3의 설이 있으니 이 설은 우리의
양심은 경험의 결과로 발생한 것이나 다른 한편으로 생각하면 선천적
성질을 또 갖는다고 한다. 오늘날 우리가 갖고 있는 바의 도덕심 즉
양심은 자기 일신의 경험으로만 얻은 것이 아니다. 자기의 경험으로
얻은 것은 근소하고 대대로 선조의 경험에서 얻은 결과가 우리에게 유전
된 것의 대부분을 점하고 있으므로 이는 즉 자기 한 몸의 경우 선천적
성질을 갖는 것이다. 고로 양심이 발달하는 역사는 개인의 경험이 아니
요, 인종적 경험이라 주장하는 이 설도 결국은 스펜서 학파의 경험설에
사회의 진화를 첨가해 설명한 것에 불과하다. 오늘날 일반 학자들이
인정하는 것은 인류는 원래 발달할 만한 양심의 맹아가 있어 이 맹아가
바깥 세계에 적당한 기회를 조우해 발달하였다는 것이다. 그러므로 스
펜서파가 앞장서 주장하는 사회의 제재, 정치적 제재, 종교적 제재 등은

양심발달의 기원이 아니요, 양심발달의 경우로 보는 것이 적당하다.

양심은 이처럼 사회에서 양성된 것이다. 고로 양심의 작용은 단지 자기 한 몸의 선을 목적으로 할 뿐이 아니라 동시에 사회 공공의 선이며, 양심은 진보를 쉬지 않는 것이다. 그러므로 양심의 작용은 시대를 따라 다르고 경우에 따라 다르며 교육의 여하와 지식과 정신발달의 정도를 따라 사람마다 양심이 동일하지 않다. 그러나 사람의 사상이 사회에서 양성되어 대동소이한 것처럼 양심도 대동소이한 공통부분을 가지니 오늘날의 사회제도와 법률규칙 등은 즉 각 사람들의 이상 속에서 이 공통되고 일치하는 부분을 추상하여 제정한 것이다. 그러나 이상이 일차적으로 사회제도와 도덕, 법률, 규칙 등 형식으로 변성하면 이러한 실제의 형식은 죽은 물건이라 진보가 없지만 사람의 이상은 살아있는 물건이라 발달을 잠시라도 그치지 않아 계속해서 변천한다. 이는 일류 생활 상에 시대의 변천과 지식발달의 정도를 따라 일반사회제도와 도덕, 법률 등 일체의 형식을 시대에 적합하게 개량하지 아니할 수 없는 이유이다.

양심은 마음〔心〕의 한 방면이니 전체 의식이 도덕적으로 활동할 때에 표현되는 상태이다. 고로 마음에 지(知)·정(情)·의(意)의 세 가지 작용이 있는 것처럼 마음의 한 상태인 양심에도 이 세 가지 작용이 있다. 첫 번째 양심의 지적 작용은 이상을 구하는 것과 또 이로 인해 선악을 식별하는 작용이요, 두 번째 양심의 정적 작용은 우리가 선한 행위를 행할 때에는 동작 전후로 일종의 말하기 어려운 유쾌한 감상(感想)을 느끼고 악한 행위를 할 때에는 그 전후로 마음속에 고통을 느낌이요, 세 번째 양심의 의적 작용은 명령의 태도를 갖고서 양심이 허락하지 않는 행위는 억제하고 양심이 시인하는 행위는 이를 실행하게 하는 힘을 주는 것이니 선한 행위를 행하게 하는 동기를 만듦이다. 이처럼 양심의 세 가지 작용이 있으니 양심의 발달은 즉 이 세 작용의 발달이다.

지적 작용의 발달은 점차 고상한 이상을 세워 선악을 명백하게 식별하게 하며, 의적 작용은 의지를 강고하게 하고 이상이 시인하는 것을 실행하게 해 이렇게 양심이 진보하면 도덕이 진보하는 것이다. 고로 도덕의 진보는 세 가지 방면이 있다. 이상을 세우는 것은 자기의 현재상태가 여러 가지 점에서 만족하지 못함을 자각함에서 연유한다. 그런데 이 자각력은 극단에서 나오는데 사람은 절대적으로 불완전한 동물이다. 사람은 자력으로 어떠한 사업을 경영할 능력이 없으며 죄악의 고깃덩어리이다. 어떠한 이상이 자력을 세울 능력이 절대적으로 없으면 이는 도덕의 범위를 벗어나고 종교의 구조에 귀의하는 것 이외에는 다른 어떤 방법이 없다. 도덕의 행위는 자기의 결점을 자력으로 개량해 자기를 점차 완전한 경지로 발전하게 하고 자기의 이상을 추구하는 것이다. 또 이상에 반하는 욕념(慾念)은 양심의 의적 작용이 이를 금지하지만 우리는 항상 유력한 욕념의 공격을 당하면 마음속에서 격렬한 선악의 전쟁이 그치지 않는다. 고로 도덕 생활은 전투적 생활이라 말할 만하다. 그러나 이때에 이상에 맞는 것을 세우고 반하는 것을 억제해 이와 같이 많은 수양을 쌓으면 후에는 양심의 명령을 따라 실행하는 것이 습관을 이루어 선을 행함에 고찰을 필요치 않고서도 자행하게 되고 이상에 반하는 욕념이 마음속에서 이와 같이 발생하지 않으며 이와 같은 일을 행함에 있어 시기에 따라 처리하더라도 이 행위가 자연 양심에 위반하지 않게 되면 이를 덕이라 한다. 덕은 즉 선한 행위의 습관을 말함이다.

　덕은 예지(叡智) · 용기 · 절제 · 정의 · 인내 · 박애 등 각종 분류가 있지만 이는 대체로 형식적 분류에 불과함이다. 그 근본은 양심의 지휘를 실행하는 의사에 있기에 이 의사가 여러 가지의 경우에 응해 여러 가지 형식으로 표출된다. 가령 전쟁을 대하면 용기가 되고, 동포를 대하면 박애가 되며, 임금을 대하면 충이 되고, 부모를 대하면 효가 되며, 친구를 대하면 믿음[信]이 되고, 악한 욕념(欲念)을 대하면 극기 절제가 되고 기타 기회에 응하고 경우에 따라 양심은 다양한 형체로 표출되지만 이 각 형체 사이에는 상호간에 떨어지지 않는 관계가 있으니 무엇인가? 이 다양한 형체가 명칭은 비록 다르지만 그 근원은 하나로 오직 양심에서 나온 것이니 붕우에게 믿음이 없는 자 부모에게 효가 있을 수 없고, 부모에게 효가 없는 자가 임금에게 충이 있을 수 없으며, 정의를 사랑하지 않는 자가 박애심이 있을 수 없으며, 진정한 용기를 가질 수 없으니 고로 옛말에 충신을 효자의 가문에서 구하라 함은 역시 이 저간의 소식의 일단을 표시함이다.

　이상에서 개론한 것처럼 양심의 가치에 있어 미개인의 양심이나 문명인의 양심의 차이가 없지만 그 작용과 표현하는 형체에 있어 시대를 따라 변천함에 옛 사람과 오늘날 사람의 양심이 같지 않을 것이다. 교육의 정도와 지식발달의 정도를 따라 각 사람의 양심이 하나가 아닌즉 문명인의 양심과 미개인의 양심이 역시 차이가 있을 것이다. 오늘날 소위 도학선생 등은 "세도(世道)가 퇴패하고 인심이 점차 악화되어 상고(上古) 성대(聖代)의 순미(純美)한 풍화(風化)는 다시 이 세상에서 볼 수 없다"고 탄식하지만 이는 단지 피상적 관찰일 뿐이다. 상고 시대에는 인종이 희소하고 인지(人智)가 열리지 않아 사상이 단순했다. 오늘날처럼 생존 상에 이러한 격렬한 추세가 없었다. 그로 말미암아 그 사이에 발군의 위인이 한번 세상에 나오면 이를 지도하고 감화할 방편이 용이하였을 것이니 오늘날에 비하면 다소 순량하고 질박한 풍속은 없지 않았을 것이지만 오늘날 추상(追想)하는 것처럼 어찌 사람 사람마다 군자요 집집마다 도덕인 완전무결한 사회가 있었겠는가. 이는 단지 옛 것을 숭상하고 새로운 것을 꺼리는 곡학자(曲學者)의 미몽에 불과하다. 오늘날 "세도(世道)는 은미(隱微)하고 인심(人心)은 위태하다"고 할 수 있지만, 악이 사라지고 선이 이기는 것은 틀림없이 정해진 이치이다.

우리가 어떤 방면에 어떤 활동을 시도하더라도 자기 양심의 지휘만 듣고 따르면 설사 이것이 일반사회의 공공선에 부합하지 못한다고 하더라도 그다지 멀지 않다고 할 것이다.

한국의 장래 문명을 논하다 / 문일평(文一平)

유사 이래로 세계문명이 도도하게 앞으로 나아감에 누누이 변천해 드디어 오늘날 동서역사가 회합하는 시대에 이르렀다. 그 문명의 내역을 소구해보면 나라들이 서로 다르니 옛날 유대는 종교로써 지상에 신성한 천국을 건설했고 그리스는 문예와 학술을 이웃나라에 전파했으며, 로마는 제왕의 주의로써 세계에 군림하였다. 근세로 내려와서 영국은 해상권을 장악해 해외에 다대한 식민지를 개척했고 미국은 자주자유의 권리를 점점 발달하게 해 완전한 공화국체를 조직했으며, 독일은 과학과 정치로써 세계에서 홀로 걸어갔고 프랑스는 인간의 사상과 감정을 세계에 널리 전파했으니 이는 그 국민의 고유한 특질로 인해 문명의 취지(趣)가 서로 다른 바이다.

이와 같이 서로 다른 문명으로써 세계무대에서 각자의 활동을 펼치다 결국 기력이 피로하면 즉 그 나라가 쇠퇴하고 그 대신 다른 나라가 이어 일어나 은연하게 전자의 임무를 옮기게 된다. 그 예를 들어보면 옛날에 그리스가 쇠퇴하자 로마가 성하고 근세에 청국이 패함에 일본이 흥하지 않았던가. 이로 말미암아 보니 세계문명이 양기(陽氣)의 대세처럼 끊임없이 점점 회전해 태고에 그 근원이 동아시아에서 발생하였을 때 밝고 우아한 아침 햇살 아래 동아시아의 민족들이 활동을 펼쳤으나 아! 저 서양 국가들은 어둡고 캄캄한 굴속에서 준동하다가 그 세가 서양으로 점차 이동함에 따라 동양은 점차 어둡고 점차 캄캄해지고

서양은 더욱더 문명화되어 그리스로부터 오늘날에 이르게 되었다.

그러나 천도는 지공(至公)해서 변역(變易)이 없다. 그래서 세(勢)가 다시 바뀌어 수십 년 전부터는 동양의 긴 밤하늘에 되비치어 이전의 피로하고 조용하던 민족들이 빛나는 새로운 문명 천지에 다시 활동하고 웅비하고자 하니 즉 일본이 그렇다. 그 다음으로는 우리 대한일 듯하다. 원래 우리 대한이 지나(支那)의 문물을 들여올 당시에 시서예악이 부쩍 일어나 문명정도가 오히려 선진 지나를 능가했으며 일본과 기타 미개한 나라들을 개도하고 지휘하는 사표가 되어 그 직분을 다하더니 원력(元力)이 점점 약해져 그 사이 수백 년에 주야불분하고 봄과 가을을 망각한 채 줄곧 곤히 자서 코고는 소리가 우레 같았다. 이에 도둑떼가 틈을 엿보고 침입해 온갖 보물과 재화를 탈취하며 심지어 사람을 침해하려고 하였다. 당시 비로소 몇몇 사람이 앞서 눈을 뜨고 본즉 동쪽 하늘에 서광이 바야흐로 점차 비침에 도둑 무리가 임의로 횡행해 살기가 비등함에 따라 선각자들 당황하며 분한 마음에 답답해하며 큰소리로 꿈에 빠진 사람들을 깨웠는데 이 몽인(夢人)이 오히려 이를 알지 못함에 도적의 세력이 더 방자하게 되더니 홀연 갑오년 포성에 몇 사람이 놀라 일어났고, 또 어느새 갑진년 포성에 몇 사람이 놀라 일어나서 서로 깨우고 서로 경계한다. 이로부터 나라 전체가 모두 깨어날 터이니 얼마 되지 않는 도적을 어찌 근심하겠는가.

아아! 2천만 동포 형제야 속히 일어나라! 붉은 해가 동쪽에서 나오니 동양문명의 시대다. 내가 생각해보니 우리나라가 세계무대에 뛰어 오를 기회라는 확신이 든다. 그런즉 어떠한 정신으로, 어떤 문명을 만들어낼까 하면 '우리나라 국민의 윤리사상이 가장 풍요로움은 세계가 모두 또한 아는 바'라고 말한다. 이와 같은 고유한 특질로써 일체의 권모술수를 버리고 일시동인(一視同仁)의 천의(天意)를 체득하여 상천(上天)의 명을 대신해 세계의 옳지 못한 도를 베어내어 물리치고〔討伐剿誅〕

만국 안전의 방침을 강구해 평화의 열쇠를 잡는 것이 즉 우리나라 국민의 특질에 적합하다. 백두산맥을 척추뼈, 황해 물을 수족으로 삼은 우리나라 3천만 강역은 부패한 세계에서 멀리 나아가니, 이와 같이 절승수미(絕勝秀美)한 산천풍토에서 양육되고 생장해 군신, 부자, 부부, 형제, 붕우의 도가 바른 우리나라 국민은 정의와 공도의 신성한 검으로 사욕이 범람하는 천적을 배제·소탕하고 작고 약한 이들을 부축하고 도와주며 교만을 제지하고 압도하여 청천백일 하에 세계의 사심을 근절하고 스스로 도덕상의 제왕이 되어 천지대도의 화신으로 만국의 국민을 경성(警醒)하게 해야 할 것이다.

천하대세를 논하다 / 우양(友洋) 최석하(崔錫夏)

영웅이 시세를 만들고 시세가 영웅을 만드니 영웅과 시세는 밀접한 관계가 있다. 그러므로 일국의 영웅이 되려면 일국의 시세를 알지 않으면 안 되고 일세의 영웅이 되려면 일세의 시세를 알지 않으면 안 된다. 개세(蓋世)의 영웅 나폴레옹이 어떤 까닭으로 하루아침에 패배하여 창해고도(滄海孤島)의 수인이 되었는가. 중대한 원인은 다름 아니라 19세기는 전국시대(戰國時代)가 이미 지나고 평화시대가 도래하였거늘 시세의 변천을 전연 알지 못하고 한갓 남의 군국(君國)을 주제넘게 함부로 약탈한 소이가 아닌가. 그러나 시세는 우리의 구적(仇敵)이 아니요 도리어 좋은 친구가 되니, 이를 이용하는 자는 강자(强者)이며 우자(優者)이고 이를 이용치 못하는 자는 우자(愚者)이며 열자(劣者)일 것이다.

안타깝도다. 2천만 동포여. 우리 한민족이 천하대세를 능히 이용했는가 아닌가. 청일전쟁 시에 해낸바 무엇이며 러일전쟁 시에 해낸바 무엇인가. 불길이 들보에 미치는데 제비와 참새는 모르는 식의 태도로 높은 베개에 기대 한가히 지내다가 넓은 집 천만 칸이 잿더미가 되어 무너질 때에 비로소 경악하고 비로소 통곡하니 후회한들 무슨 소용이 겠는가. 이는 다름 아니라 시세를 방관만 하고 활용치 못한 까닭이다. 그러나 한 번의 패배는 병가(兵家)의 상사(常事)이니, 어찌 구태여 길게 논의할 것인가. 앞날의 일을 궁구하지 않으면 안 될 것이다.

회고하여 전 지구의 외교계를 주찰(周察)하니 서양은 외교의 원동력이요 동아시아는 외교의 목적물이다.

철혈재상 비스마르크가 보불전쟁에서 대승리를 얻고 일사천리의 기세로 독일제국을 통일하니 수십 년 프랑스 수중에 있던 세계 외교의 중심점이 독일로 옮겨왔다. 비스마르크가 유럽 현 상태를 유지하기 위하여 일면으로 독·오·이 삼국동맹을 체결하여 국위를 사방에 표창하며 일면으로 프랑스가 타국에 접근함을 방비하더니, 국제상 분합(分合)은 한 개인의 능력으로 오래 좌우될 바 아니라서 비스마르크가 사직한 후 1895년경에 러·불의 동맹이 성립하니 독일이 등과 배 양쪽에서 대적(對敵)을 받아 외교상 세력이 자연 감퇴함에 이르렀다.

독일 현 황제 빌헬름 2세는 영걸(英傑)의 군주라 즉위한 초기에는 프랑스에 종종 적의를 표시하더니 러·불 양국이 손잡아 동맹함을 보고 홀연히 프랑스에 대한 정책을 변경하여 제반 기회를 타 호의를 표하기에 이르렀고 또 동아시아에서 러시아와 협약을 구하여 정신상으로 러·불 동맹을 냉각케 하고 러시아로 하여금 동아시아에 세력을 키우게 하여 유럽에서 압박하는 세력을 감쇄케 하였다. 청일전쟁에 독일이 러·불과 협약하여 랴오둥반도 환부 문제에 대하여 일본에 저항한 것이 이러한 정략으로 인함이다.

비스마르크의 서거 후에 독일의 외교정책은 혹은 프랑스에 우의를 구하며 혹은 러시아에 추파를 보내니, 그 주의가 진취적이지 않고 방비적인 것에 불과하다. 이 사이 기회를 이용하여 러시아는 동아시아에서

활동하여 만청(滿淸) 경영에 최대 이익을 점유하고 유럽에서 비약하여
제반 외교 문제에 일일이 간섭하여 다수의 열강을 호시탐탐하니 사실
상으로 세계 외교의 중심점이 러시아에 귀결하였다. 한 번 성하면 한
번 쇠함을 초래하니 능히 누가 이를 알리오. 러시아가 근년에 극동 일
본과 개전하여 연전연패의 지위에 서서 포츠머스 강화조약을 체결하니
형식상으로 보면 러시아가 잃은 것이 사할린 일부에 불과하나 정신상
으로 논하면 동아시아 대경영이 일시에 좌절을 당하였으니 종래의 권
위를 유지하기에 다소간 손색이 있지 않을 수 없겠다.

　한 번 넘어지면 한 번 일어서고 한 번 패하면 한 번 승리하는 것은
외교계의 일반 형편이라. 영국이 수십 년 이래로 러시아의 침략정책을
방비하기 위하여 노심초사하였는데 러일전쟁에서 러시아가 일패도지
(一敗塗地)를 당하니 어찌 묵묵히 앉아 보고 있으리오. 천재일우의 호기
회를 얻은 것이다. 원래 고립으로서 명예를 삼던 영국이 일본과 파격의
동맹을 맺어 동아시아의 영토를 보장하고 또 유럽 외교 무대에서 활동
하여 프랑스・이탈리아・스페인 여러 나라와 우의를 돈독케 하여 일면
으로 러시아를 대하며 일면으로 독일을 대하니 세계 외교가의 시선이
영국에 집중하게 되었다. 러시아는 창에 찔린 호랑이라 그 상처가 아물
기까지는 잠시 외부의 활동을 중지하지 않을 수 없으나 독일은 영기(英
氣)가 뻗쳐나가는 신흥국이라 유럽 육군계에서 사자의 지위를 점령하
였으니 영국의 외교상 성공을 보고 어찌 손 놓고 방관하리요. 오늘날
영・독 양국의 관계는 적개심이 극단에 달하였다. 지난번에 영국・스
페인 양국 원수가 칼다계나[6]에서 회합하여 우의를 친밀케 하고 스페인
신 군함 제조에 대하여 영국이 제반 보호를 해주기로 약정한지라 독일
여러 신문이 영국을 매도하기를 "영국이 스페인 군함 제조에 대하여

6　칼다계나 : 미상이다.

원조한다 하니 어떤 마음으로 이러는 것인가. 이는 필시 영국 군사상 정치상으로 스페인 군함을 이용하여 독일을 압제하고자 함이다."하였다. 이로써 보건대 영·독 양국은 현재 외교계에서 양쪽 원동력이 되어 서로 패권을 다투는 듯하다. 나폴레옹의 외교권이 독일로 이동하고 독일의 외교권이 러시아로 이동하더니 러일전쟁 이후에 대국(大局)이 일변하여 외교의 중심점이 영·독 양국 간에 왕래하여 누가 이기고 누가 질지 용이하게 판결할 수 없으나, 현재 현상으로 논하면 독일은 모로코 문제 이후로 열국의 동정을 약간 잃어 실책이 많으나 영국은 천하 시세가 자국에 적당함을 이용하여 일면으로 영·일 동맹을 방법으로 삼아 인도 지방을 보증하고 일면으로 라틴 민족 여러 나라와 화합하여 힘을 같이하니 그 외교상 세력이 공고하고 확실하다.

그러나 우리가 이즈음 대단히 주의할 것이 있으니 무엇인가. 즉 근일 독·미 양국의 접근 문제이다. 독·미 양국은 원래 남미 식민 문제에 이해관계가 상반함으로써 다년간 곁눈질을 하더니 근간에 독일이 영국 외교 계통에 속하는 여러 나라의 제지를 받아 항상 애태우는 중이더니 세계 시세가 독일로 하여금 반려를 미국에서 구하게 한지라 지난달 이래로 미국에 호의를 표하니 만약 이러한 현상이 계속되면 머지않아 독·미 양국이 손잡고 협력할 듯하다. 안타깝도다. 오늘날 우리 한국은 외교의 궤도에서 벗어나 있어 세계상 문제와 동양 문제는 물론이고 자국의 문제에 대하여서도 발언권이 없으니 어찌 통탄스럽지 않은가. 그러나 하늘은 스스로 돕는 자를 돕는다 하였으니 금후로 우리 동포가 자조 정신을 잃지 않으면 어찌 기회가 없으리오. 그러므로 나는 이번에 우리 한국민은 외교상 사상을 한층 더 양성하여 열국의 잦은 연합과 분열이 우리 한국에 어떠한 영향이 있는지를 연구할 의무가 있다 하려 한다.

아, 우리가 가장 경애하는 동양은 어떠한 시국을 당하였는가. 한 마디로 형용하면 열국 외교계의 목적물이 되었다. 살펴보라. 안남(安南) 등지는 프랑스의 세력 범위요, 양쯔강 일대는 일·영의 세력 범위요, 자오 저우만(膠州灣)은 독일의 세력 범위요, 지나 동북부는 일·러의 세력 범위가 아닌가. 대개 열강의 제국주의 집합점은 항상 충돌이 많이 발생하여 저쪽도 범할 수 없고 이쪽도 범할 수 없어 조개와 도요새가 서로 물고 버티는 태도로 기다리더니, 근세는 열국 간에 이익 분할법이 발달하여 한 나라 안에서 여러 나라의 이익이 충돌하는 때에는 상호 협의하여 비례법으로 그 이익을 균할하고 그 나라의 주인공에게는 추호도 참여권을 불허한다. 이에 우리가 대단히 주의할 것은 자국 내에 한 강국의 압박력을 배척하기 위하여 다른 강국의 세력을 함부로 원용(援用)하면 도리어 다른 강국에게 이용을 당하여 멸망을 재촉하게 된다는 것이다.

이번에 서로 곁눈질로 살피던 일·불 양국이 창졸간 협약을 체결하여 대청(對淸) 문제와 동아시아 현상 유지 정책을 확립하니, 세인의 평론이 불일치하나 이는 현재 열강이 관용하는 양국 정책(政策) 상호인정 법칙을 이해하면 그 협약의 진상을 명백히 알 수 있다. 상호인정 법칙은 다름이 아니라 갑국(甲國)이 을국(乙國)에 대하여 "우리나라는 귀국(貴國)의 어떠어떠한 정책에 반대치 아니하리니 귀국은 우리나라의 어떠어떠한 정책에 반대치 말라" 이르고 상호 협력함을 이름이니, 근일 일·불 협약도 이 정신으로 산출한 것이다. 일·불 양국이 별로 역사상 관계는 없으나 청일전쟁에서 일차 충돌한 이후로는 서로 감정이 불쾌하여 대동아(對東亞) 정책에서 매번 서로 의심하고 불신하더니, 근일 영국이 프랑스에 접근한 결과로써 일본이 영국의 소개를 얻어 프랑스와 협약을 맺었으니 일본의 외교상 하나의 성공이라 말할 수 있다. 대개 협약은 조약과 성질이 크게 달라 보증력이 미미하여 일시적 사건을 협정함에 불과하나, 이 협약은 유럽인의 평론과 같이 일·불 양국의 동아시아에 대한 현상 유지 정책에는 확고한 효력이 있어 금후로는 양국이 용이하게 저항·충돌할 이유는 없을 듯하다. 이 협약에 대한 열강의 감상을 보니,

러시아는 러일전쟁 이후에 상처가 아직 회복되지 않아 잠시 연못 속 교룡의 처지〔池中物〕를 달게 여길 수밖에 없은즉 동아시아 현상을 유지함에 임시 찬성을 표하고 또 프랑스는 자국의 동맹국인 관계로 일·불 협약에 찬성하고, 그 외 영국·이탈리아 등의 나라는 물론 찬성의 의사를 표하고, 독·미 양국은 어느 나라에 대한 감정이 좋지 않음으로써 표면으로는 찬성하나 내면으로는 불쾌한 태도가 있는 듯하다.

이상 열국의 관계를 간략히 고찰함에, 동아시아에서 활동하는 열강의 세력 확장 문제는 잠시간 현상을 유지하니 특별한 충돌은 없을 듯하나, 하나의 미지수는 지나인의 외교정책이다. 지나인이 지금같이 잠잠히 부동하면 열강이 협약적인 수단으로 현 지위를 유지하려니와, 만일 신주만리(神州萬里)에 풍운아가 나타나 4억만 졸병을 지휘·활동하면 해하일전(垓下一戰)[7]으로 8년 초패왕(楚覇王)을 타도할 수 있을 것이다. 우리는 괄목상대해야겠다.

안타깝도다. 내가 가장 경애하고 복종하는 2천만 동포여. 한갓 한국의 전도(前途)에 대하여 실망·낙담하지 말고 안으로 실력을 양성하여 나라의 기초를 공고히 하고 밖으로 천하대세를 잘 살펴 활동의 기회를 잃지 말지어다. '처음은 처녀처럼 나중은 내달리는 토끼처럼'은 병가의 신선인 손자(孫子)의 비결이다. 맹성(猛省)! 맹성!

애국심의 연원은 애아심(愛我心)에 있다 / 고의환(高宜煥)

누구를 막론하고 나를 사랑하는 마음이 없다고 스스로 말할 수는 있

---

7   해하일전(垓下一戰) : 진나라 말기에 한나라의 유방(劉邦)과 초나라의 항우(項羽)가 벌인 결전이다. 8년간 승승장구하던 항우는 이 전투에서 사면초가에 몰려 자결하였다.

으나 나라를 사랑하는 마음이 없다고 스스로 말할 수는 없다. 무슨 뜻
인가. '나'란 것은 심리적 심신(心神)과 생리적 육체가 합성된 명칭물이
며 '나라'란 것은 단체적(團體的) 인민과 위치적(位置的) 토지가 합성된
명칭물에 불과하다. 그러므로 나라와 나는 각각 두 가지 수치 이상의
조건을 구비한 것이며 나와 나라는 본래 일체가 되니 바꾸어 말하면
불가분의 명칭물이라고 말할 수 있다. 어째서 그러한가.

　이상에 언급한 바와 같이 나란 것은 곧 토지에 대한 인민이며 나라란
것은 곧 인민에 대한 토지이다. 혹 어떤 사람이 내가 능히 나를 사랑하지
만 나라를 사랑함은 모른다고 하면, 이는 앞의 예로 비유하건대 나라가
인민만 소유하고 토지를 가지고 있지 않으며 내가 심신만 소유하고 육체
를 가지고 있지 않다고 하는 것과 같으니 나라가 그 주권을 행하지 못하고
내가 그 생명을 보전하지 못함과 무엇이 다르겠는가. 나라와 내가 서로
의존하여 존립하는 형세는 새의 두 날개, 수레의 두 바퀴와 같아 나라는
나와 따로 분리되어 서지 못하고 나는 나라와 떨어져 살지 못하니 그러므
로 애국이라 함은 특이한 명사가 아니요 자못 우리의 활동 목적 중에
유력한 일대 부분이며 우리의 생활 수단 중에 필요한 일대 방법이다.

　만일 국가의 명의(名義)를 세우지 않고 동족 단결의 필요가 없이도
인류 평등 자유의 생활을 영위할 수 있고 영원한 안락을 누릴 방법이
있다면 오늘날 하늘의 별처럼 늘어선 여러 나라들이 어찌하여 굳이 국
민의 의무 혹은 납세 등 각종 명목으로 징수한 바 가난한 재정의 대부분
을 국방비로 다 채우겠는가. 비단 그 뿐만이 아니라 의무병 혹은 국민
병 등 명목으로 장정을 징발하여 한편으로 한 나라 경제 생산의 큰 손해
를 발생케 할 뿐만 아니라 다른 한편으로 굶주림과 추위에 절박하게
우는 가련한 인민을 발생케 할 이유가 어디에 있겠는가.

　최근 수 세기 이래로 과학이 매우 크게 발달하여 윤선(輪船), 윤거(輪
車)와 같은 교통 기관이 발명된 이후로는 각국 인민의 머릿속에 제국주

의 사상이 더욱 깊게 새겨져 동족을 서로 사랑하는 마음이 더욱 견고하
고 타 민족을 구별하는 경향-정신상-이 더욱 심하여 타 민족의 희생으
로 자기 행복 증진의 재료를 공급하고자 하는 야심 살벌 쟁탈의 피 비린
바람이 잠시도 멈출 바를 모르니 이때를 당하여 만일 혹 자기의 생명을
아끼는 마음이 있으면 형세상 부득이 나를 침략하는 자를 방어하고 나
를 해치는 자를 대적하여 죽이지 않을 수 없을 것이다. 그런즉 자기의
생명을 보전하고자 하면 국가의 생명을 보전하지 않을 수 없고 국가의
생명을 보존하고자 하면 의무병을 징발하지 않을 수 없고 조세를 거두
어들이지 않을 수 없고 동족이 단결하지 않을 수 없고 교육을 진흥시키
지 않을 수 없고 전쟁을 피하지 않을 수 없다. 밝디 밝은 은나라 거울[8]을
보지 못했는가. 북아메리카의 주인공이던 홍인종(紅人種)은 백인의 압
박과 침해를 당하여 지금은 그 형적조차 거의 사라져버렸고 원래 일본
의 주인이던 아이누 인종은 지금 홋카이도 한쪽 구석에 칩거하며 고기
잡이와 사냥으로 한 가닥 남은 목숨을 겨우 보존하고 있지 않은가. 유
태인은 망국의 죄로 도처에서 학살과 박해를 당하는데 이를 가련히 여
겨 구휼하는 자도 없음을 듣지 못했는가.

　근래에 일본 모 신문에 기재된 글을 보았는데 "반쯤 나라를 잃은 저
한국 민족도 다른 나라 사람들이 소유하지 못한 두 가지 큰 자유를 가지
고 있다. 첫째 매장의 자유이다. 한국인은 예로부터 습속으로 사람이
죽으면 그 시신을 어떠한 국가 소유 토지이든 마음대로 매장할 수 있다.
둘째 가택 터전을 자유롭게 골라 정하는 것이다. 인민이 어떠한 빈 땅
이든지 가택을 마음대로 세우면 그 터전은 자기의 소유물이 되는 것이
다."라 하였고, 또 말하기를 "근래 일본인 중에 한국으로 이주하는 자가

8　은나라 거울 : '은감(殷鑑)'은 은나라가 이전 시대인 하나라의 멸망을 거울로 삼아야
　한다는 말이다. 『시경(詩經)』 「대아(大雅)·탕(蕩)」에 "은나라 거울이 멀리 있지 않
　으니 하후의 시대에 있다"라고 한 데서 유래하였다.

날로 증가하는데 한국인들은 그 농지와 주택을 고가로 일본인에게 팔아넘기고 산속으로 점차 물러나니 만일 몇 년 후에 일본인이 산을 점거하는 날이 오면 저들은 천상에 올라가려는지 지하로 들어가려는지 모르겠다. 대개 야만인이 문명인을 상대하는 상태는 이와 같은 방식으로 멸망한다."라 하고서 홋카이도 아이누 인종과 북아메리카 홍인종의 예를 열거하여 조소하는 필법을 마음대로 구사하였다.

아. 우리 동포들아! 이 신문에 실린 기사의 본의는 우리 한국인을 능멸하고 조소하려는 데에서 나왔으나 그 사실은 우리나라 사람들의 실정을 지적하고 충고한 것이다. 아, 우리 인사들아! 애국심의 본원을 미루어 연구하며 애아심의 진의를 잊지 말고 20세기 생존경쟁 풍조의 소리를 불어넣어 오백년 이후 압제당한 국민의 두뇌를 씻어버리고 새로운 정신을 환기하여 문명의 복리(福利)와 활동의 자유를 공유하게 할지어다.

| 학원 |

입법·사법·행정의 구별과 의의 (10호 속) / 전영작(全永爵)

법규의 개념

법규라는 것은 의사주의(意思主義)와 의사주체(意思主體)의 관계에 대해 그 의사발동(意思發動)의 한계를 정하여 이를 구속하는 일반추상적(一般抽象的) 법칙을 말한다. 그 관념의 제1 요소는 의사주체의 상호 관계와 관련하여 의사발동을 제한하는 데 있다.

법은 인류가 자유의사의 주체가 되는 것에 그 존재의 근거를 마련한 것이다. 인류생활이 만일 다른 생물과 같이 전적으로 자연의 힘에 의하여 지배당하고 자유의사의 활동 여지가 없다면 법은 애초에 존재할 수 없을 것이다. 법은 또 인류가 공동으로 사회적 생활을 영위하는 데에 그 근거를 마련하였다. 인류가 만일 서로 고립되어 생활하고 상호 관계가 없다면 법의 존재는 의미가 없을 것이다. 법은 인류의 공동생활에 그 자유의사의 발동을 규율한 것이다. 바꾸어 말하면 그 의사발동의 영향을 받는 바가 단순히 자기 일신에 그칠 뿐만 아니라 함께 살아가는 타 인류에 미치는 영향의 한도에 대해 이를 제한하고 이를 규율하는 것이다. 법이 규율하는 바는 오직 인류의 의사발동에 있으며 인류의사에 기초하지 않은 자연의 현상은 법이 규율하는 바가 아니다. 인류의 의사가 단순히 심리작용으로 그쳐 외계 활동으로 발현하지 않은 것은 법이 관여하여 알 바가 아니다. 법은 단지 외계 활동으로 발현한 의사의 발동을 규율할 뿐이다. 의사발동에 기초한 동작은 이를 의사행위라 하고 단순히 행위라 말하기도 한다. 이로써 의사에 기초하지 않은 동작과 구별한다. 인류의 행위는 혹 법이 인정하여 타인의 의사자유에 영향을 미치지 못하게 함도 있으니 이러한 행위는 법률상으로 관계없는 범위로서 이를 자연스런 자유에 내버려두며 법은 이를 보호하는 일도 없고 또 이를 금지하는 일도 없다. 타인에게 영향을 미치게 하는 행위에 대하여 법은 혹 이를 인정도 하고 혹 이를 금지도 하고 혹 새로 그 능력을 부여하기도 하고 혹 그 부여했던 능력을 빼앗기도 한다. 공동생활과 관련하여 인류행위에 이러한 한계를 정한 것이 법규의 제1 요점이다.

그러나 인류행위의 자유를 구속하여 그 한계를 정한 것이 다 법규가 되는 것은 아니다. 법규의 관념은 그 일반추상적 법규가 됨이 제2의 요소이다. 실제 존재하는 곳에 관하여 인류의 행위를 구속함은 법규로 정하는 것이 아니요 법규는 추상적으로 어떠한 표준을 정하여 그 표준에 적합할 때에 이를 적용하는 것을 말한다. 예비로 일반법칙을 정하는 일 없이 낱낱의 실제 사건이 일어났을 때에 그 사건에 대응하여 인류행위에 한계를 정하는 일도 또한 상상해볼 수 있다. 고대(古代)의 재판은 이러한 실례를 매우 많이 제공한다. 재판관은 일정한 준칙에 의거하여 재판을 선고하는 것이 아니요 낱낱의 사건에 대응하여 적절한 처분을 하는 것이다. 이러한 시대에 재판관은 법규를 적용하는 것이 아니요 자기의 결정에 따라 새롭게 인류의 행위를 한계 짓고 이를 구속하였다. 법규는 실제 존재한 한 사건에 적용되는 것이 아니라 어떠한 장소에는 어떠한 결과가 발생할 것이라고 추상적으로 정하지 않을 수 없다. 상상하기 어려운 다수의 불특정 사건에 적용될 만한 것이 법규의 특색이다. 너는 사람을 죽였기 때문에 사형에 처한다고 함은 법규가 아니요 무릇 사람을 죽인 자는 사형에 처한다고 함이 법규이다. 갑은 을의 아들이기 때문에 갑은 을을 부양해야 한다고 함은 법규가 아니요 무릇 사람의 자식 된 자는 부모를 부양할 의무가 있다고 함이 법규의 성질이다. -법규의 관념이 일반추상적 법칙으로 요소를 삼는가. 그렇지 않는가. 이는 근대 독일국 법학자 간에 격렬한 논쟁이 있는 문제이다- 그러나 한편으로 무릇 일반적 법칙이 다 법규라고 오해하지 않는 것이 중요하다.

법규는 하나의 의사주체이다. 타 의사주체의 관계가 그 의사발동을 한계 짓는 것은 불가하다. 의사주체는 곧 인격자이다. 한 개인과 단체를 불문하고 법이 인정함으로써 의사의 주체가 되는 것이다. 인격과 인격 사이의 관계를 정한 것이 아니면 일반추상적 법칙을 정한 것이라도 법규관념에 속하지 않는다. 법규라고 할 때에는 항상 다수의 의사주체가 상호관계를 지닌 것으로 그 전체를 삼는다. 그러므로 단체의 내부에만 효력이 있고 타 의사주체와 관계가 없는 법칙은 법규가 아니다. 국가 또한 법규 아래에 복종함이 요구되나 그 법규로서의 성질을 지님은 국가가 다른 인격 즉 한 개인 혹은 다른 단체에 대한 관계에서 그 의사의 발동을 제한하는 때로 한정된다. 만일 이에 반하여 국가기관 내부에만 효력이 있고 한 개인 혹은 다른 단체에 대한 관계와 관련하여 이를 구속하지 못한다면 법규의 성질이 없는 것이다. 국가기관 내부에만 효력을 지닌 일반법칙은 이를 범칭하여 행정규칙이라 할 수 있는데 행정규칙은 법규가 아니다.

이상에서 논술한 바와 같이 두 요소를 갖춘 것은 넓은 의의(意義)의 법규이다. 이 의의의 법규는 단지 국가제정(國家制定)에 관계된 법규뿐만 아니라 시정촌(市町村)과 기타 지방자치단체의 자주권에 기초한 법규를 포함하였고 또 제정법규뿐만 아니라 관습법도 포함하였다. 그 발생 원인이 어디에 있는지는 법규관념과 전혀 관계가 없다. 그러나 법규라고 하는 말은 왕왕 좁은 의의로 사용하여 관습에 기초한 법규를 제외하고 전적으로 제정법규만 의미하거나 혹은 더 한층 좁은 의의로 공공단체의 자주법을 제외하고 단지 국가에서 제정한 법규에만 사용하는 일이 있다. 여기서 논하는 문제 즉 국가 작용 분류에 대해서는 가장 뒤의 의의를 사용함이 편리하다. 이 의의의 법규는 추상적 표준으로써 국가와 개인과 단체 간에 혹은 개인과 단체 상호 간에 그 의사의 발동을 한계 짓는 국가 권력 의사 표시이다. 국가 권력에 의거하여 법규를 제정하는 작용은 실질의의(實質意義)의 입법이다.

법규의 관념이 전적으로 국가작용의 객관적 성질에 기초한 관념인데 반해 법률의 관념은 완전히 그 형식에 의거한 관념이다. 법률은 헌법상에 정한 일정한 형식으로써 그것을 정하고 이 형식으로써 하는 국가의 작용은 형식의의(形式意義)의 입법이다. (미완)

역사담 제10회 : 시저전(2) / 박용희(朴容喜)

그때 종교감독장관─로마에서 가장 막강한 관직이다─메텔루스(Metellus)가 병사하였다. 원로원 의원 등은 다 카툴루스로 그를 대신하고자 했으나 시저가 평민당의 인심을 거두어 카툴루스의 세력을 압도하고 예상 밖으로 종교감독장관의 직에 피선되었다. 그때 카틸리나라 부르는 자가 난을 일으키자, 키케로가 끝까지 들추어내어 그 도당인 렌툴루스(Lentulus), 케테구스(Cethegus)와 아울러 다 토벌하였다. 그러나 시저는 그 무능함을 미리 관찰하였기에 수수방관 하다가 렌툴루스 등을 주살함에 대하여 민회(民會)를 소집하여 중의(衆議)를 널리 듣고, 로마헌법을 지키고 고래의 관습을 따르며 맹목적 살인을 행하지 말 것을 주장하였으니, 이것이 곧 시저의 능히 밀고 당기는 수단이었다. 국가의 헌법과 관습으로 방패와 성벽을 삼았고, 조리가 발라서 조금도 어지럽지 않게 귀족 등과 맞서며, 그들의 모함에 대하여는 유수 같은 웅변으로 사람들을 놀라게 하였다.

어느덧 세월이 흘러 기원전 62년이 되었다. 이때에 시저에게 둘도 없는 대적이 출현하니, 그 대적은 누구인가? 곧 지금까지 동방을 경략(經略)하던 명장 폼페이우스가 개선함에 대하여 거국이 찬양하기를 미치고 취한 듯했으며, 앙망하여 꿇어 행함에 명령하면 곧 복종하였다.

그러므로 시저가 지금까지 땀 흘리고 피로 얻은 세력도 쌓여있는 계란처럼 위험한 것인데, 이에 시저도 폼페이우스에 필적할 만한 공적을 이루어 민심을 수합하고자 하여, 암암리에 폼페이우스의 힘을 기뻐하지 않는 부호 귀족 크라수스와 서로 결합하며, 또 자기는 스페인 태수(太守)를 분주하게 주선하여 그 땅으로 부임했을 때 어떤 친구가 시저에게, "두 영웅의 세력이 양립하지 못하는 것은 고금의 통례(通例)이다. 그런즉 미래에 자네와 나 사이에 어떠한 충돌이 발생할지 예상하기 어렵다."라고 허언(虛言)을 하였다. 이에 시저가 얼굴을 정색하여, "자네는 안심하라. 내가 로마 내에 있어서는 비록 제2류의 지위에 올랐더라도, 로마 밖에 있어서는 제1류의 인물이 됨을 자신한다."라고 말하였다. 스페인 재임 시에 하루는 알렉산더 왕의 전기를 따라 읽다가 책을 던지고 길게 탄식하니, "나와 같은 나이쯤에 이미 세상을 석권하였거늘, 나는 작은 공 하나조차 세울 수 없었구나."라고 하였으니, 굴곡 많은 인생이라 풀과 함께 썩어 없어지니, 한스러움이 어떻겠는가 하고, 볼기짝이 살쪘다는 탄식[9]과 준마의 울음에 슬픔을 이기지 못하였다.

시저는 서쪽 나라에 이른 후, 병사 훈련을 빡빡하게 시키며 내치와 외략(外略)에 힘써 판도를 광대하게 하고, 인심이 기뻐하며 따르게 하였다. 기원전 60년에 로마에 개선하니, 평민당의 환영과 귀족파의 반목 속에서 집정관이 되었다. 이에 시저는 폼페이우스와 크라수스를 조화롭게 하여 소위 로마 역사상의 많은 삼두정치(三頭政治)를 조직하였다.

당초 폼페이우스는 평민당의 추천으로 입신양명한 까닭에, 비록 소아시아로부터 개선하였으나 자연스럽게 귀족파의 적시를 받았다. 또 귀족파 수령 카툴루스, 크라수스 두 명의 원수를 면하지 못하였기에

---

9 볼기짝이……탄식: 하는 일 없이 허송세월하는 것을 탄식함을 이른다. 유비가 조조를 피해 형주의 유표에게 의탁했을 때 넓적다리에 살이 붙은 것을 보고 슬퍼했다는 고사. 즉 비육지탄(髀肉之嘆)을 인용한 것으로 보인다.

그 세력이 부득이 평민당에 동의하지 않을 수 없게 되었다. 그러나 평민당 내에서는 시저가 이미 우두머리에 올랐기에 어찌할 방도는 없었다. 이때는 시저가 곧 수완을 요란하게 펼칠 기회였다. 폼페이우스가 결연하게 동의함은 그때 자기가 참작한 동방법률의 재가와 병사의 봉토 인정을 건의함에 대하여 원로원이 불허함에 격노하여 단연 평민당에 입적했기 때문이었다. 이에 시저가 폼페이우스를 수령으로 천거하고 부호 크라수스-귀족당 수령-와 결탁하여 유명한 삼두정치를 조직하니, 이때에 귀족 등은 삼인의 조화가 도저히 불가능할 것으로만 추측하였으나, 청천벽력과 같이 귀족들의 세력은 이에 땅에 떨어지게 되었다.

삼두정치의 목적은 원로원 정권을 빼앗아 없애며 자기들의 바라는 바를 임의로 집행함이니, 곧 공화정체가 변하여 소수정체 즉, 반전제(半專制)적 정체를 만들어 세운 것이었다.

삼두정치가 이미 완성한 후로, 집정관 시저는 귀족파를 병력으로 겁박하여 그들의 가장 혐오하는 전제개혁안(田制改革案)을 통과시키며, 캄파니아(Campania)의 기름진 땅을 인민에게 나눠주며, 동방에 대한 폼페이우스의 정령(政令)을 재가하고 딸 율리아를 폼페이우스에게 시집보내어, 장인과 사위의 관계를 체결하고 세력의 근간을 더욱 견고하게 하니, 로마공화정체의 주축인 애국자 카토는 하늘을 우러러 길게 탄식하며, "그들이 그들의 직위를 공고하게 하고자 하여 극히 비천한 부녀를 교환하였다."고 하였다.

아동 물리학 강담(2)

: 뉴턴의 인력 발명 / 초해생(椒海生) 김낙영(金洛泳)

여러분. 세인은 모두가 의심하기 어려운 것은 연구하되 용이한 것은 꿈속에서도 고구하지 않는데 이것이 일종의 난관이다. 대개 의심하기 어려운 것 속에는 용이한 해답이 있으나 용이한 것 속에는 매우 어려워 해결하기 어려운 의문이 겹쳐서 생기나니 어째서일까? 용이한 것은 너무 쉽게 여겨 공부하지 않는 까닭이다. 고로 나는 지극히 쉬운 문제로 이야기하고자 하오.

여러분, 가을날을 맞아 과수원에 이르면 은행과 각 과실이 후드득후드득 떨어져 오지요. 누가 만일 그 이유를 물으면 여러분은 어떻게 대답하려오? 아마 무르익은 까닭에 그 꼭지가 썩어서 스스로 떨어진다고 하겠지마는 바람에 흔들림도 없고 사람이 털지도 않는데 어떤 사선(絲線)으로 끌려오는 모양처럼 떨어지는 것이 이상하지 아니하오? 여기 하나의 흥미로운 이야기 있소. 지금으로부터 235년 전, 즉 서력 1618년 여름에 자신이 통학하던 대학에서 역병이 크게 일어난 까닭에 학교가 휴학을 하게 되어 자기 고향 울즈소프(Woolsthorpe)로 돌아가 전에 배운 공부(前工)를 혼자 익히면서 복습하던 뉴턴이라는 사람이 있었다. 하루는 방의 열기(炎氣)가 매우 심한 까닭에 한 번 더위를 씻기 위해 사과나무(林檎樹) 그늘 아래 도착했는데 잘 익은 사과 몇 개가 홀연 그의 발 앞에 떨어졌다. 가령 예사의 사람이라면 아무런 상념 없이 분주하게 집어 먹었을는지 모르겠지만 이 사람은 결코 이러한 범인이 아니었다. 그는 어떤 일이든지 매우 주의했다. 바람의 흔듦도 없고 사람이 때린 것도 아닌데 공연히 떨어져 온 것은 왜일까? 아마 사람의 눈에 보이지 않는 큰 힘이 있어서 이 과일을 끌어내리는가보다 하는 의심이 거듭 생겨났다. 그 후 각종의 사물에 많은 실험을 행하고 결국은 태양과 달까지도 연구 관찰해 나중에는 우주 사이에 인력이 있어서 서로 끌어당기는 것을 명백히 해석하였으니 이것이 소위 뉴턴의 만유인력이다.

그런데 사과가 어떻게 자연 낙하하는 것을 알았을까? 사과와 지구 사이에 인력이 작용함으로써 끌려 떨어진 것이다. 만일 이렇게 끌려 떨어지게 된 것이면 어찌 사과가 다 모조리 떨어지지 않았는가 하는 의문이 있었겠지만 이는 사과와 지구 사이에 작동하는 인력이 약한 까닭에 이유 없이 저 과실을 끌어서 떨어트릴 수 없는 이유이다. 또 어떠한 물건이든지 서로 끌어 합해지는 것이면 책상 위에 있는 두 개의 구(球)도 서로 끌려 합해지기 위해 돌아와 서로 합해져야만 하지만 왜 이러한 일이 없는가 하는 의아함이 있겠다. 그렇지만 이 역시 끌어서 합해지는 것이 없지 않겠으나 두 개의 구와 지구가 서로 끌어서 합해지는 힘이 강한 고로 책상에 부착된 모양이 되어 서로 가까워지지 못하는 것이다.

인력은 우주의 극단까지 함유한 고로 달이 지구의 주위를 날마다 회전하여 매일 저녁 찬란하고 영롱한 면을 우리에게 비추는 것도 달과 지구 사이에 인력에서 말미암은 것이요, 지구가 태양의 주위를 1년 365일에 한 번 회전해 낮과 밤을 바꾸는 것도 역시 지구와 태양 사이의 인력이 작용하는 까닭이다. 조수(潮水)가 일어나는 것도 역시 지구와 달 및 태양 사이에 인력 작용에 불과합니다. 또 지구상의 만물이 중량 있는 것도 완전히 이 인력이 작동하는 바이며, 무겁다 하는 것은 그 물건과 지구가 서로 끌어당겨 합해지기 때문입니다. 고로 지구의 표면에 작용하는 인력을 제한해 중력이라 한다.

그런데 여기 재미있는 일이 있소. 만일 이 중력이 작동을 홀연 정지하면 어떤 일이 생길까? 이 지구상의 만물이 무엇이든지 무게가 없어져서 비록 금석을 위로 들어 올리려 하더라도 어느 정도의 무게도 없게 될 것이오, 아무리 연약한 남자, 여자, 소아라도 태산같은 거대한 돌을 움직이고 태산같은 쇳덩어리를 들어서 던질 것이오. 여러분이 거주하는 크고 높은 가옥도 능히 들어 가지고 다닐 터이니 이것이 가장 편리한 것 같으나 또 매우 안심하지 못할 이유가 있소. 가령 잠을 잘 동안에라도 가옥이 강물에 던져 떨어지거나 땅 높은 곳의 인가가 낮은 깊은 계곡으로 혹은 달 근처로 떨어질 지경이면 이것이 거대한 불행이 될 것이오, 더욱 어처구니없는 것은 어떤 물건이던지 하늘로 던지면 그대로 거기에 머물러 결코 떨어져 돌아오지 않을 것이며 또 우리 몸이 일차로 어찌해서 잘못되어 공중으로 날아 올라가면 그때는 원래의 장소에 돌아올 수 없을 것이요.

더 크게 생각해 인력이 우주에서 작동을 멈추었다고 하면 어떨까? 먼저 지구의 하루 1자전도 정지될 것이니 낮과 밤이 없어질 것이요, 1년에 한 번 회전하던 것도 없어질 것인즉, 춘하추동의 사계절도 없을 것입니다. 그러므로 우리 대한에서 봄꽃의 웃음 향기가 가득하고 온갖 새들이 온화하게 노래할 시절에 이 인력의 작동이 그치면 언제까지든지 그대로 있을 터이니 화락(和樂)이 견줄 수 없을 것 같으나 겁운(劫運)이 아름답지 않아 매우 추운 시절에 이와 같이 되면 큰 변이겠소. 우리 대한인이 한냉(寒冷)을 견디지 못해 모두 동사하고 말 것이니 그런즉 오늘날 우주의 계획[排布]이 과연 진실로 아름답지 않은가.

이 일을 처음으로 연구한 대이학자 뉴턴은 지금으로부터 262년 전 영국 링컨셔(Lincolnshire)주 울즈소프라는 향촌에서 태어났는데 그 부친이 태어나기 전에 죽은 까닭에 그 모친의 양육을 받아 같은 마을 소학교에서 조금 공부하고 12세에 그랜섬(Grantham) 시 중학교에 들어갔소. 처음에는 나태한 까닭에 석차가 언제든지 말석을 벗어나지 못하더니 하루는 그 윗자리에 있는 동학에게 능욕을 당하고 분노의 마음이 크게 일어 급히 공부해 그 친구를 이기게 되는데 그 후로는 공부에 취미를 붙이고 더 근면하게 해 불과 몇 학기에 급장이 되고 그 후로는 언제나 수석을 타인에게 허용하지 않았다 하오. 이 사람은 근본적으로 약한 체질이라 평생 평온한 상태를 좋아하고 학우들과는 유희하기도 싫어했는데 다만 기계를 만드는 놀이만은 좋아해 풍차-바람개비-, 물시계, 종이연과 해시계를 만들고 4륜 자동차를 제조하더니 15세를 맞아 신체가 비대하고 근력이 강장하기에 모친의 농업을 도우려고 중학교를 중지하고 울즈소프로 돌아갔소. 그 후로 일이 있어 충실한 고용인이 되어 그랜섬시에 가서 노동하던 틈틈이 서적을 근면하게 읽음에 그 친척들이 이 사람의 공부심(工夫心)이 풍부하고 많은 것을 보고 농부 되는 것을 애석하게 여겨 그 모친에게 강권해 다시 전의 중학교에 입학하였다. 여기서 공부하는 동안 그 모친이 이 아들의 완호(完好)한 성질을 보고 그 뒤를 잘 도와 1611년에 지금도 유명한 캠브리지 대학에 입학하여 졸업하고 다시 득업사(得業士)[10]가 되었다가 3년을 보내고 학사가 되고 그 다음해인 28세에 동 대학의 교관이 되어 광학을 교수할 때 각종의 실험상 연구로 학문의 대성공을 얻었고 드디어 영국 수도 런던부의 학사회 회원으로 피선되니 이는 쉽게 얻을 수 없는 명예로운 지위이다. 이때에 연구한 것은 대단히 곤란한 것이나 그러나 역시 재미가 있는 것이었다. 그 한두 가지를 이야기해 보면 반사경을 처음으로 제조하였고 지금도 유용한 망원경을 개량했다. 그 밖에 햇빛에 대해 각종의 현상을 잘 처리하였으니 대개 햇빛은 다만 보기에 백색이지만 이 색을 프리즘(三稜琉璃柱面)에 통과시키면 다양한 색이 드러나니 처음 백색의 태양도 채색으로 물들여 처리한 듯이 훌륭하게 보이고 또 이 유리로 창틈을 막을 때 뚫고 들어오는 광선을 받으면 건너편 어두운 벽에 다양한 색띠가 보이는데 이를 조사해 보면 홍색·등황색·황색·녹색·청색·남색·자색의 7색이 순차로 병렬하니 이 대이학자가 이를 발명하여 색대(色帶)라 명칭하였다.

　여러분도 이따금 무지개를 보지요. 이와 같이 찬란한 것이 어떻게 해서 되는가? 이는 수증기가 공중에서 응결하여 매우 작은 물방울이 되어 많이 집합하는 곳에 햇빛이 곧 비추면 물방울들이 아까 유리가

10　득업사(得業士)：학교를 졸업하고 면허증을 얻은 사람이다.

하던 것과 같이 햇빛을 7색으로 나누어 변화시켜 이렇게 미려(美麗)한 상태가 드러나는 것입니다. 통상 모든 사물에는 색이 다 있음에 얼마간이라도 그 이치를 분해하였소? 만일 누가 묻기를 저 꽃은 왜 적색이고 나뭇잎은 녹색인가 하면 여러분은 불평한 안색으로 대답하는데 그것은 붉은색이면 붉은색이고 녹색이면 녹색이지 거기에 어떤 별일이 있으랴 할 것이나 그러나 이 대답은 완전한 답이 아니다. 저 모란꽃잎은 햇빛 속에서 적색만 남고 다른 색은 꽃잎으로 흡수되어 지나가는 까닭에 적색으로 보이고 잎은 그 중 녹색만 남고 다른 색은 잎에 흡수되어 지나가는 고로 녹색으로 보인다 말함이 당연할 것이다. 그런즉 왜 꽃잎은 적색만 남고 잎은 녹색만 남느냐고 하면 다만 그 바탕(質)이 되어 있는 이유라고 설명하는 것 외에는 할 수 없을 것이니 동전의 적색이던지 금전의 황색이던지 모두 동일한 이유이나 그중 은전이 불가불 하얗게 보이는 것은 햇빛을 받은 대로 그냥 있어서 조금도 흡수하는 것이 없으니 이것이 백색만이 될 이유이다.[11]

이 학자는 수학이 고상해 오늘날 고등교육의 수학을 발명한 것이 많소. 그런고로 그 명망이 다만 영국에서 뿐만 아니라 멀리 외국에 전파되어 흠앙하지 아니한 사람이 없는 까닭에 일찍 병이 있을 때에는 구라파 전체가 근심하였고 그 후 프랑스 학사회원에서 씨를 수리학자라 하여 그 공을 드러내 밝혔고 기타 각국에서 명예회원이 되었다.

1702년에는 자국의 유명한 학사회원장으로 추천되어 죽기까지 25년간 연속하다가 1727년 상쾌한 날에 영면을 하였는데 지금도 런던부 유명한 웨스트민스터 대사원에서 씨의 분묘가 있다.

---

11 원문에는 단락이 나뉘지 않았으나 문맥에 따라 임의로 나누었다.

학창 여담(2) / 오석유(吳錫裕)[12]

국가

국가라는 명칭은 일견 나라[國]와 가문[家]을 병칭한 말 같으나 그렇지 않고 단순히 국(國)이라 하는 것과 같은 의미이니, 국가라는 것은 일정한 토지와 인민을 기초로 삼아 성립한 무형의 단체이다. 최고의 권력으로써 통어(統御)함을 의미하는 까닭에 근세 국가의 관념은 다음의 3개 조건을 구비한 뒤에야 얻을 수 있을 것이다.

첫 번째 토지(土地) : 혹 영토라고도 일컫는데 국민이 거주하는 일정한 처소이니, 저 수토(水土)를 쫓아 각지에 옮겨 사는 것 같은 것은 국가라 할 수 없고 반드시 일정한 토지로 자기의 영토를 삼고 영구히 존재함을 표시하지 아니 하면 안 되는 것이다. 국가를 신체에 비유하면 구체(軀體)와 흡사하니 그 나라의 주권이 절대적으로 행동하는 범위 안을 일컬은 것이다.

두 번째 신민(臣民) : 신민은 국가의 한 요소이다. 그 사람 수의 많고 적음은 논할 것이 없으니 가령 다수의 인민이 집합하였더라도 갑자기 국가라 일컫지 못할 것이다. 그 인민이 각 나라를 성립한 한 분자(分子)가 됨을 자각하고 공동으로 생활을 유지하기 위하여 단결함을 필요로 한다. 그러므로 한 나라 안에 여러 인류가 집합하여도 혹 사회는 조직할지언정 결코 한 나라를 성립하지 못할 것이니 대개 국민과 국민의 구별이 있는 까닭이다.

세 번째 주권(主權) : 주권은 최고의 권력인데, 국민을 지배하는 권력이 있고 국민은 이 권력에 절대무한으로 복종하는 까닭에 이것을 통치권이라 일컬으니 통치자가 피통치자를 대하는 강제력이다. 이 주권이

---

12 목차에는 오석유(吳錫裕)로 본문에는 오호유(吳鎬裕)로 되어 있는데, 태극학회 회원인 오석유가 맞다.

있어 국민을 통치하고 질서를 유지하는데 만일 국가가 있고 이 주권이 없을 때는, 이는 대등한 인민의 집합단체라 단순히 사회라 일컬을 수는 있겠지만 국가라 일컬을 수는 없다.

국가는 이상 3개의 요소로 조직되어 독립 자존하는 인격이 있으니 인격이라는 것은 스스로 권리를 얻고 스스로 의무를 져서 흡사 한 사람 같이 제반 행동을 한다는 것이다. 국가는 그 국체(國體)와 정체(政體)가 어떠한가에 말미암으며, 또 국제법상 완전한 주권의 유무에 기반하여 여러 종류로 분류되는 까닭에 다음에 기술한다.

(1) 국체로 관찰한 국가의 종류

○ **군주국(君主國)** : 군주국이라는 것은 군주국체(君主國體)의 국가라는 의미인데, 군주가 주권을 총람(總攬)하는 국가를 이른다. 천황(天皇), 황제(皇帝) 그리고 왕의 존호를 가지고 국민 중의 가장 높은 지위를 차지한 한 사람의 군주가 주권을 총람한 자이니 우리나라를 비롯하여 일본, 청나라, 러시아, 독일, 영국이 여기에 속한다.

○ **민주국(民主國)** : 민주국이라는 것은 민주국체(民主國體)의 국가라 하는 의미인데, 국민 전체가 주권을 총람하는 국가를 이른다. 이와 같은 민주국에서 국민 전체가 주권을 총람한다고 하나 실제는 다중의 국민이 공동으로 행사할 수가 없으므로 어떤 한 사람을 선거하여 그 주권을 행사하게 하고 통상 이것을 일컬어 대통령이라 하니 현재 민주국의 주된 나라는 북미합중국과 프랑스가 여기에 속한다.

(2) 정체로 관찰한 국가의 종류

○ **전제국(專制國)** : 전제국이라는 것은 전제정체(專制政體)의 국가라 하는 의미인데, 주권의 행사가 각 기관에 분배되지 않고 오로지 한 사람의 손에 있는 국가를 이른다. 대개 주권은 유일한 까닭으로 나눌 수

가 없는 것이나 그 작용은 입법, 사법 및 행정의 3종으로 구별할 수 있을 것이다. 이 3종의 작용을 각 기관에 분배하지 않고, 같은 한 사람이 이것을 오로지 행사하는 것이 바로 전제정체이니 현재 분명한 전제국은 러시아 등이 여기에 속한다.

○ **입헌국(立憲國)** : 입헌국이라는 것은 입헌정체(立憲政體)의 국가라 하는 의미인데, 헌법을 세워 주권행사의 자유를 제한하는 국가를 이른다. 바로 주권의 행사가 각 기관에 분배되어 입법은 의회가 행하도록 하고 행정은 정부가 행하도록 하고 사법은 재판소가 행하게 하는 정체를 입헌정체라 하니 영국, 미국, 독일, 프랑스, 일본, 기타 여러 나라가 여기에 속한다.

(3) 국제법상으로 관찰한 국가의 종류

○ **전부주권국(全部主權國)** : 전부주권국이라는 것은 주권의 전부를 향유하는 국가를 이른다. 주권의 전부를 향유하는 이상에는 가령 그것을 행사함에 제한을 받더라도 전부주권국이 되는 데 무방하니, 그러므로 영구중립국 같은 나라도 여기에 속한다. 전부주권국에는 단독국(單獨國)과 결합국(結合國) 두 종류가 있다.

○ **단독국(單獨國)** : 단독국이라는 것은 1개의 국가가 스스로 전부의 주권을 가져 다른 나라와 연결(聯結)한 바 없음을 이른다. 잉글랜드, 러시아, 프랑스, 일본 등 여러 나라가 여기에 속한다.

○ **결합국(結合國)** : 결합국이라는 것은 2개 이상의 국가의 결합으로 말미암아 이루어진 것을 이른다. 그 결합은 혹 외교상의 사항도 되며 혹 내치상의 사항도 되니 결합국에는 연방국(聯邦國), 군합국(君合國), 정합국(政合國), 합중국(合衆國) 등 여러 종류가 있다.

○ **연방국(聯邦國)** : 연방국이라는 것은 다수 국가의 집합으로 말미암아 조성된 한 국가를 이른다. 연방은 반드시 각국 간에 공통된 어떤

사항을 요하니 그 공통된 사항에 대하여는 각 국가의 주권을 합하여 하나를 만들어 외국에 대응하며, 그 외국에 대응하는 이해관계의 공통 사항에는 연방국이 주권을 행사하고 그 이외의 사항에는 의연히 연방 을 조직한 각 국가에서 주권을 가진다. 그러므로 연방국은 그 연합한 사항에 관해서는 자유롭게 외국과 조약을 체결하며 또 기타 행위를 행 할 수 있으나 그 공통된 사항의 범위를 초월해서는 각 국가가 가진 주권 을 침해하지 못하니, 독일이 이것이다.

○ **군합국(君合國)** : 군합국이라는 것은 2개 이상의 국가가 군주의 신체로써 결합한 것을 이른다. 바로 2개 이상의 국가가 단순히 군주를 동일하게 가지는 데 지나지 않고 기타사항에 대해서는 서로 관련되는 바 없으니 벨기에와 콩고가 한가지로 레오폴드 2세((Leopold Ⅱ)[13] 폐하 를 추대하는 것 같은 것이 그 일례이다. 군합국을 조성한 각 국가가 그 군주를 동일하게 하여도 국제법상 그 인격은 상실하지 않고, 또한 그 칭호 혹은 정체(政體)를 다른 모양으로 하여도 하등 관계가 없다. 이와 같이 군합국을 조성하는 각 국가는 의연히 인격이 있으므로 그 가운데 한 나라가 다른 나라와 조약을 체결하여도 그 조약의 효력이 단순히 체결한 국가만 구속하고 결합분자가 되는 다른 국가에는 하등 영향이 없다. 그러므로 벨기에가 어떠한 국가와 어떤 조약을 체결하여 도 그 조약이 벨기에만 구속하고 콩고는 이 때문에 통양(痛痒)[14]의 근심 이 전혀 없다.

○ **정합국(政合國)** : 정합국이라는 것은 2개 이상의 국가가 정치상 어떠한 사항에 대하여 결합하여 외국에 대응함을 이른다. 정합국은 단

---

13 레오폴드 2세((Leopold Ⅱ) : 1835-1909. 벨기에 왕국의 두 번째 왕이다. 해외 식민지 건설에 적극적이었고 중부 아프리카에 콩고 자유국을 세워 1884년 베를린 회의에서 소유권을 인정받았다. 하지만 식민지를 심하게 수탈하고 1천만 명 이상을 학살하여 '콩고의 학살자'라 불렸고, 국내외에서 비난을 받았다.

14 통양(痛痒) : 아프고 가려움. 자신에게 바로 관계되는 이해관계를 비유한 말이다.

순히 국제법상에서만 결합국의 관계가 있고 국내법상에서는 어떠한 관련이 없으니 정합국으로 저명한 나라는 오스트리아와 헝가리가 이것이다. 이 두 나라는 외무(外務)와 군무(軍務) 및 여기에 관한 재정(財政) 사항에 대해서만 결합하고 이 밖의 사항에는 아무 관계없이 각자 따로 행동한다. 정합국과 군합국 사이에 중요한 차이는, 정합국의 경우는 그 중 한 나라가 다른 나라와 교전(交戰)할 때 결합한 한 쪽의 국가도 또한 교전국이 되나 군합국에 있어서는 그렇지 않은 점이다.

○ **합중국(合衆國)** : 합중국이라는 것은 연방국처럼 다수 국가의 결합에 의하여 조성된 것이지만 그 조성한 각 국가는 국제법상으로는 국가가 아니고 단순히 국내법상에서만 국가가 되는 점이 연방국을 조성한 각 국가와 같지 않다. 합중국의 외국에 대한 관계에 대하여서는 합중국이 주권을 독점하고 이것을 조성한 각 국가는 어떠한 권리도 없다. 합중국으로 현저한 나라는 북아메리카합중국이요, 기타 멕시코도 또한 여기에 속한다.

○ **일부주권국(一部主權國)** : 일부주권국이라는 것은 주권의 일부를 향유하지 못하는 국가를 이른다. 일부주권국이 향유하는 권리는 통상 외국과 교전할 권리이다. 그 일부주권국의 교전권을 아울러서 가진 국가를 상주권국(上主權國)이라 한다. 이렇게 일부주권국은 어떤 일부의 권리를 향유하지 못한 데 그친다. 그러므로 그 이외의 권리는 당연히 향유하여 그 범위 안의 사항에 대해서는 외국과 조약을 체결하고 기타 행위를 행사한다. 또 다른 나라와 교전을 할 수 없다고 하나 상주권국의 승낙을 얻는 때는 이 권리도 가진다. 일부주권국의 주된 나라는 보호국(保護國)과 부용국(附庸國)이다.

○ **보호국(保護國)** : 보호국이라는 것은 외국에 대해 자국의 안전을 보지(保持)하기 위하여 자국의 외국에 대한 주권 일부-통례로 교전권이다-를 나누어 다른 나라-곧 상주권국이다-에 넘겨주어 그의 보호에 의

하여 존립과 발달을 기하고자 하는 일부주권국을 이른다.

○ **부용국(附庸國)-또는 속국(屬國)- :** 부용국은 보호국과 같은 일부 주권국의 하나라고 하지만 보호국같이 자기의 의사에 의하여 다른 나라와 조약을 하는 데 기인하여 일부주권국이 되는 것이 아니요, 상주권국의 자유행동에 의하여 일부주권국이 됨을 이른다. 가령 갑(甲)나라가 을(乙)나라를 부용(附庸)으로 삼을 의사를 발표하여 다른 국가가 여기에 대해 승인을 해줄 때는 을나라는 곧 갑나라의 속국이 되니 베트남이 프랑스의 속국이 된 것이 한 가지 예이다.

○ **독립국(獨立國) :** 독립국이라는 것은 털끝만큼도 다른 나라의 제한을 받지 않아 일체의 주권을 향유하고 또 그 주권을 완전히 행사하는 국가를 이른다. 영국, 미국, 프랑스, 독일 등 기타 몇 나라가 여기에 속한다.

○ **불완전독립국(不完全獨立國)-또는 반독립국(半獨立國)- :** 불완전독립국이라는 것은 주권의 일부를 향유하여도 다른 일부가 다른 나라에 속하든가, 또 주권을 행사하는 데 대하여 다른 나라의 제한을 받든가 하는 국가를 이른다. 바로 주권의 향유와 행사에 어떠한 제한을 받는 국가를 불완전독립국 또는 반독립국이라 일컫는다.

양계설(養鷄說) / 김진초(金鎭初)

닭이 유사 이전부터 우리에게 사양(飼養)된 것은 명백하나 수천 년 전부터, 어떤 땅에서 비로소 순화되었는지는 상세히 말하기 어렵다. 그러나 학자의 설에 근거한즉 닭의 원산지는 아시아 동남부, 말레이 군도 근방인데 여기서부터 사방으로 확장되어, 페르시아 등 국가들에서 사양이 왕성해지고 점차 그 전파구역이 커져 서력 기원 600년 전에 소아시아 및 유럽 남부로부터 빠르게 유럽 전부로 보급되었다 한다.

우리나라에서는 자고이래로 문화의 발달이 빨리 이루어져 생활의 정도가 높았으며 양생의 관념이 앞서 있어 계란과 고기의 수용이 많음으로 중년(中年)에는 양계 사업이 흥성하였으나 근년에는 무슨 까닭에서인지 계란과 고기의 수용이 더욱 많아짐에도 불구하고 해당 사업이 점점 퇴보했으니 실로 탄식할 만하다. 농가의 부업은 그 수가 많지만 비용과 노력을 요함이 적고 이익이 큰 것이 양계사업이다. 우리나라 농가에서 지금도 닭을 사양함이 적지 않지만 그 수가 몇 마리 내지 수십 마리씩에 불과하다. 또 그 사양법이 매우 불완전해서 조금도 유의하지 않으며 닭의 종류를 선택하지 않는다. 쓸데없이 구습관을 바꾸지 않으니 양계의 진보가 자연히 몹시 더디게 되었다. 이는 완전히 이익을 보는 마음이 결핍되고 개량진보의 관점이 얕은 것에서 유래한 것이지만 시세의 진보는 어떤 때이던지 이와 같은 것을 허용하지 않아서 세상의 진보(進運)에 함께 할 수 없으면 부지불식간에 멸망으로 끝나버림을 면할 수 없을 것이다. 고로 농가는 잠시라도 끊이지 않고 생각을 사용해 양계의 업을 힘씀으로써 자타의 이익을 계산하지 않을 수 없을 것이다.

우리나라의 양계는 개량해야 할 점이 많으나 그중 더욱 필요한 것은 종류의 개량이다. 전래 종류의 열등한 것은 버리고 선량한 것을 선택하며 또 외국종 중에도 육용계와 난용계와 육란겸용계 등의 우등종이 많으니 이를 선택하고 구해 사양해야 할 것이다. 구래의 열등한 것은 한 마리가 1년에 산란하는 수가 56개에 불과하나 외국의 좋은 종은 1년에 능히 2-300개를 산출하는 것도 있으니 그 우열의 차가 어떠한가. 농가된 동포들은 비록 하루라도 급속히 구래의 열등종을 개량해야 할 것이다.

그 다음으로는 사양법의 개량이다. 종래 우리나라의 농가는 사양법도 항상 불완전한 방법이어서 닭장의 구조가 조잡하고 성글(粗疎)며 지저분하고 더러워 더위와 추위를 막을 방비도 갖추도 못했으며 병을 치료하고 막을 방법도 없었고 사료의 좋고 나쁨을 연구하지 않았으니 농가에서 부업을 이처럼 등한히 하고 어찌 재정의 공황을 당하지 않겠는가. 이를 근심해 이후로 양계법을 속호에 게재해 독자에게 참고를 삼게 하고자 한다.

위생 담편 / 이규영(李奎濚)

△ 동식물 양세계의 역질교환(力質交換)

장력(張力)-잠력(潛力)-과 활력(活力)-동력(動力)-

장력이라고 하는 것은 물체 속에 잠재하여 아직 발동하지 않은 힘이요. 활력이라고 하는 것은 곧 장력을 운동하도록 변화시키는 힘이다. 비유컨대 말려있는 용수철과 철탑에 안치한 암석은 곧 장력을 함유한 것이요. 여기에 충돌을 주어 운동하도록 변화시키는 것이 곧 활력이다.

대범 유기체는 장력이 풍부한 다수의 화학적 화합물을 함축하고 있으니 이 화합물은 그 구조가 매우 복잡하고 또 친화력(親和力)의 포화력(飽和力)이 매우 적기 때문에 홑원소물질〔單體〕로 분해될 경향이 매우 크다.

동물에 필요한 음식물은 다 식물 속에 존재하니 저 자양분의 세 가지 주요 물질인 지방, 탄수화물, 단백질로부터 물과 무기성분에 이르기까지 식물 속에 들어있지 않은 것은 하나도 없다.

이러한 자양분은 모두 화학적 구조가 복잡한데 그로 인해 다량의 장력을 함유한다. 사람은 이 음식물의 일정한 양을 섭취하면 호흡을 통해 흡입한 공기의 산소가 이와 결합하여 연소(燃燒)의 작용이 일어난다. 그러므로 화학적 장력을 온기로 변환하니 이 연소의 결과로 남은 물질의 구조가 곧 단일한 물체임은 의심의 여지가 없다.

지금 이를 설명하건대, 대저 힘이라고 하는 것은 최초에 어디로부터 나오는가. 곧 식물은 태양의 광선을 흡수하여 그 활력을 받아 저장한 것이기 때문에 햇빛에 의지하지 않으면 그 생활을 보전하지 못하고 또 공기와 땅속에서 탄산, 물, 암모니아, 질소를 섭취하며, 동물체는 그 배설물인 탄산, 물, 암모니아, 요소(尿素)[15]를 식물에게 준다. 요컨대 식물은 햇빛에서 그 광선의 활력을 섭취하여 장력으로 변환하고 이를 각 부분에 나누어 주어 그 생장 발육을 운영하는 복잡한 화학적 화합물을 만들며 또 태양의 활력을 자기의 장력으로 변화시킨다. 동물은 이 음식물을 섭취한 뒤에 산화작용을 통해 가지게 된 복잡한 화합물을 분해하며 또 그 장력을 자기 몸의 활력으로 바꾸어 사용하니 이는 의심할 여지가 없다.

△ 인체호흡의 신진대사

호흡의 목적은 저 산화작용에 필요한 분량의 산소를 체내에 들이며 노폐한 탄소를 체외로 배출함에 있으니 폐는 해당 기능을 가장 활발하게 운영하는 것이다.

호흡은 외호흡(外呼吸)과 내호흡(內呼吸)의 두 종류로 구별된다. 외호흡은 바깥 공기와 호흡기-폐와 피부-의 혈액가스 사이에 이루어지는 가스교환을 말하고 내호흡은 대순환의 모세관혈액(毛細管血液)과 신체조직 사이에 일어나는 가스교환을 말한다.

(갑) 외호흡
입과 코 호흡, 안정호흡
운동할 때에 비강이 깨끗하다면 항상 입을 닫고 호흡을 해야 하니

---

15 요소(尿素) : 단백질을 분해할 때 최종적으로 생성되는 질소화합물로, 주로 포유동물의 오줌에 들어 있다.

이때에 코의 기능은

(1) 숨을 들이마실 때에 미리 공기를 따뜻하게 하여 찬 공기의 폐 내부 자극을 막아주니 푸로히[16] 씨의 설에 따르면, 중등 기온일 때에 체온과 공기의 온도 중 체온이 대략 9분의 5 정도 더 따뜻하다고 한다.

(2) 흡입한 공기에는 수증기를 가득 차게 하여 건조의 정도를 줄여주며 폐의 내부를 자극하지 않게 해준다.

(3) 공기 중에 섞여 있는 티끌 먼지를 점액면(粘液面)에 부착하게 하여 전모상피(氈毛上皮)를 통해 또다시 이를 배출한다. 또 코의 분비물은 혹 세포분열로 인해 증식한 세포에 대하여 소독작용을 일으킴으로써 코호흡은 전염병 감염의 위험을 예방하는 효용이 있다.

(4) 유해물질이 혼합된 더러운 공기를 후각신경에 의하여 인지하게 하는 효과가 있다.

만약 입을 열어 호흡을 하면 공기가 조금도 비강을 통과하지 않으니 이를 통해 볼 때 아무런 장애가 없다면 결코 입으로 호흡을 하지 말아야 할 것이다.

피부호흡

건강한 사람이 24시간 동안 피부로 인해 잃게 되는 호흡은 체중에 대하여 67분의 1에 이른다고 한다. 또 활발한 근육도 동일한 작용을 일으키며 피부의 탄소 섭취량은 혹 배설 탄산(炭酸)의 용량과 같다 하고 혹은 이보다 조금 적다고 하며 그 배설하는 탄산의 양은 폐로 배설하

---

16 푸로히: 미상이다.

는 양의 거의 220분의 1에 이르며 탄소의 섭취는 180분의 1에 이른다
고 하니 피부의 호흡 기능은 매우 미약하다고 할 수 있다.

(을) 내호흡

대순환은 모세관의 여러 신체 기관과 조직 사이에 행해지는 가스교
환이니 곧 조직이 활동하며 살아가는 동안 그 속에 함유된 탄소유기질
이 점점 산화하여 탄산을 만들어냄은 전적으로 이 작용에 기인한다.
그 요건을 아래에 약술한다.

(1) 산소를 흡입하여 탄산을 생산하는 중요한 곳은 조직 내에 있다.
    지금 이를 논하건대 대개 모세관 안의 혈액은 빠르게 산소를 변
    화시켜 탄산을 빚어내나 산소가 풍부한 혈액을 체외에서 따뜻하
    게 보호할 경우 그 변화가 매우 느린 것을 보면 산소는 모세관
    안에 있을 때 혈액보다 빨리 조직 안에 들어가는 것이 분명하다.
(2) 혈액 역시 각 조직과 같이 산소를 소모하여 탄산을 생산하니,
    곧 체외에 방출한 혈액은 빠르게 산소를 줄이고 탄산을 늘이며
    또 숨이 막힌 자의 무산소 혈액 속에 산소를 제공하면 즉시 산화
    하는 사실에 비추어 볼 때 명확하다.
(3) 폐도 그 조직 안에서 산소를 소모하여 탄산을 형성하니 루드비히
    씨의 설과 같이 진공 상태의 폐혈관 속에 동맥혈을 주입하면 그
    혈액 안의 산소를 감소시키고 탄산을 증가시킴은 확실하다고 한다.

수시로 혈액 안에 현존하는 탄산과 산소는 그 전체 양이 겨우 4그램
(gram)에 불과하나 하루에 배설하는 탄산은 900그램이요 섭취하는 산
소는 744그램이라고 하니 이를 통해 보면 가스의 교환 속도가 실로
빠름을 유추해볼 수 있다.

| 문예 |

학업을 쉬는 여름에 귀국하는
동계(同契) 여러분과 작별하며 지은 서문 / 김병억(金炳億)

연(燕)나라와 조(趙)나라의 저잣거리 그 강개(慷慨)한 마당에서 고점리(高漸離) 축(筑) 타는 소리가 끊어지고,[17] 금릉(金陵)의 정자 영웅호걸의 인사들이 앉은 그 자리에서 왕공이 눈물을 떨군다.[18] 손잡아 이끌어 방황하며 고개를 돌려 사방을 돌보니 장기(瘴氣) 낀 바다와 무더운 날씨에 겹겹이 쌓인 운루(雲壘)[19]와 곤(鯤)의 만리 노정에 불평한 강물 소리는 바로 우리가 이별하는 기상이다. 저 옛날에 이른바 이별의 여운으로 오주(吳州)에서 달을 보는 그리움[20]과 도담(桃潭)도 미치지 못하는 정회[21]는 그리움도 그리움이고 정회도 정회이지만 시인소객(詩人騷客)이 멋대로 읊조려 수창하는 모양에 불과하지 오늘 우리의 일은 결코 아니다. 술 한 잔으로 양관(陽關) 길로 전송하고[22] 장단설(長短說)로 동

---

17 연(燕)나라……끊어지고 : 이 구절은 을사늑약 이후에 국권을 회복하려는 강개지사(慷慨之士)가 잘 보이지 않음을 탄식하는 내용인 듯하다. 고점리는 전국 말기 연나라 사람으로, 축 연주를 잘하였다. 자객 형가(荊軻)의 벗으로서 진시황을 암살하려는 모의에 가담하였다. 진나라가 통일한 뒤에 고점리도 진시황을 암살하려 하였으나 실패하고 살해당하였다.

18 금릉(金陵)의……떨군다 : 대한제국이 을사늑약으로 국권을 침탈당한 상황에 대해 강개한 마음을 표현한 구절이다.

19 운루(雲壘) : 병영(兵營)을 일컫는 말이다.

20 오주(吳州)에서……그리움 : 멀리 헤어진 사람이 서로를 그리워하는 마음을 이른다. 당나라 이백(李白)의 〈송장사인지강동(送張舍人之江東)〉 시에 "오주에서 만약 달을 보거든 천리 밖에서 나를 생각하기 바란다."라고 하였다.

21 도담(桃潭)도……정회 : 사람 사이의 정이 깊음을 이른다. 이백의 〈증왕륜(贈汪倫)〉 시에 "도화담 물은 깊기가 천척이나 되지만, 왕륜이 나를 떠나보내는 심정엔 미치지 못하리."라고 하였다.

22 술……전송하고 : 양관(陽關)은 고대 중국의 문명지역에서 서역으로 나가는 마지막 관문으로, 양관의 길로 보낸다는 말은 다시는 살아서 만날 수 없을지도 모르는 이별

으로 흐르는 물에게 물어보는[23] 것은 그 은근 살뜰한 정이 남긴 자취를 붙잡을 수 있을 듯하나 대개 다 술친구의 한바탕 봄바람 같은 정이지 오늘 우리의 뜻은 결코 아니다. 그렇다면 우리 귀국하시는 여러분은 그 일이 어디에 있고 그 뜻이 어디에 있는가. 사람들이 다 "긴긴 세월 혼정신성(昏定晨省)을 오래 빠트리다가 돌아가 부모를 문안하는 것이 여러분의 뜻이다."고 하더라도, 나는 이것이 아니라 할 것이요, 사람들이 다 "멀리 떨어진 곳에서 서로 은하수만 바라보다가 다시 처자식을 보는 것이 여러분의 뜻이다."고 하더라도 나는 이것이 아니라 할 것이다. 만리길 물에 뜬 부평초 신세로 형해를 깃들어 하늘 끝 한 구석에 세월을 사이에 두고서 번뇌를 빼개고 온갖 고난을 겪다가 학업을 쉬는 시기를 맞이하여 고국으로 돌아가려 하는데, 척호(陟岵)의 정[24]과 공가(孔嘉)의 즐거움[25]이 인정에 있지 않다고 누가 말하랴.

그러나 일에는 오히려 이보다 급한 것이 있으니, 아! 우리 대한국(大韓國)의 오늘날 정황이여. 살갗에 절실한 근심과 눈썹을 태우는 급박함이 아침 저녁 잠깐 사이에 닥쳤거늘, 한심하구나! 본국의 동포여. 목놓아 우노라! 본국의 동포여. 애석하구나! 본국의 동포여. 닭은 이미 울었고, 하늘이 밝아오려 한다. 봄꿈이 어찌 이토록 길며, 취기가 어찌 이토록 깊은가. 하늘과 땅이 달라진 터에 천둥번개가 치고 갑자기 맑아졌다 갑자기 흐려짐에 비바람이 몰려들고 처마와 지붕이 새어서 계란

을 한다는 의미이다.

23 장단설(長短說)로……물어보는 : 장단설은 종횡가와 같이 웅변에 뛰어난 사람의 말이다. '동으로 흐르는 물에게 물어본다'는 것은 이백이 〈금릉주사유별(金陵酒肆留別)〉 시의 구절로서 벗과 헤어지는 자신의 마음이 강물보다 더 길다고 하여 절실한 심정을 표현한 말이다.

24 척호(陟岵)의 정 : 고향에 있는 부모를 그리워하는 정을 이른다. 『시경』「위풍(魏風)·척호(陟岵)」에서 유래하였다.

25 공가(孔嘉)의 즐거움 : 부부 사이의 즐거움을 이른다. 『시경』「빈풍(豳風)·동산(東山)」의 "신혼이 매우 아름다우니, 구혼이야 어떻겠는가?"에서 유래하였다.

을 포갠 듯 형세가 위태롭다. 이때 함께 일어나 같이 움직여 마룻대 · 들보 · 서까래 · 대청 · 문지방 등의 목재와 지도리 · 지게문 · 용마루 · 탁상 · 벽 · 복도 등의 재료를 깎을 것은 깎고 자를 것은 자르며 쌓을 것은 쌓고 얽을 것은 얽으며 바를 것은 바르면서 각자 부지런히 일한 뒤에야 기초를 확정하고 큰 건물을 만들어야 거처할 곳을 점거할 수 있다. 그런데 아직도 반고(盤古)[26] 때의 사상을 가지고 앉아서 천황(天皇)[27]이나 담론하는 구습의 병통과 눈 멀고 귀 먹은 병통이 골수에 대단히 스며들어서 그 형세가 거의 형체를 잃을 지경이거늘 맹렬히 반성할 줄 모르고 토끼가 부딪쳐 죽은 그루터기나 묵수하고 있으니, 이처럼 하기를 그치지 않는다면 장차 연이어 빠져죽을 때 어찌하랴? 그러니 반드시 선지자와 선각자가 있어서 이끌어 가르치며 부르짖어 깨워 목표지점으로 함께 간 뒤에야 고래가 삼키고 범이 노려보는 소굴을 거의 벗어날 수 있다. 이러한 관점으로 보자면 오늘 여러분의 귀국은 그 뜻이 어찌 우연이라 하겠는가! 대저 큰 집을 세울 때 좋은 장인은 하루도 한가한 날이 없고 큰 업적을 이룰 때 지사(志士)는 눈 깜박할 사이도 편안할 때가 없다. 여러분의 이 시절 이 여정이 마음과 몸을 다해 나라 일에 이바지하여 종신토록 그치지 않음에서 나왔음을 비로소 알겠다.

아! 슬프도다. 돌아가는구나, 돌아가는구나. 여러분들이 돌아가는구나. 초라한 행장(行裝)에 쌓은 것은 무엇이오? 단지 수세단(壽世丹)과 비급환(備急丸)[28] 뿐이다. 얇디얇은 단삼(短衫)의 소매에 넣은 것은 무엇이오? 단지 지남철과 나침반 뿐이다. 수레에 오름에 개연히 깨끗할 뜻

---

26 반고(盤古) : 중국 신화에 나오는 태고의 신이다. 혼돈 속에서 거인으로 태어나 천지를 나누었고, 그가 죽자 온 몸의 부분들이 해, 달, 별, 강 등 세계를 구성하는 요소로 바뀌었다. 반고씨(盤古氏).

27 천황(天皇) : 중국 전설상 최초의 왕으로, 삼황(三皇)의 으뜸이다. 천황씨(天皇氏).

28 수세단(壽世丹)과 비급환(備急丸) : 세상 사람을 장수하게 하는 단약과 급할 때에 대비하는 환약이라는 의미로, 경세제민의 비책을 비유한 것으로 보인다.

이 있고 배로 건넘에 노를 두드려 물에 맹세하는 노래가 있어서 지혜의 검과 광명의 주먹으로 수천 수백 년 동안 미혹된 눈꺼풀을 깨부수는 것이 단연코 1개월 사이에 있을 것이니, 나는 말하기를 "여러분이 고향으로 돌아감이 실로 본국의 행복이 될 것이라" 하는 것이다.

외국에서 유학하는 아들에게
: 어머니의 편지 / 초해생(椒海生)

사랑하는 아들 복손(福孫)아, 이 웬일이냐. 너의 어미인 나는 신세를 자탄하고 세상사에 한을 느껴 밤이 지나도록 하루 저녁을 눈물로 새우다가 오늘 아침 너의 서신을 얻어 접함에 행여 좋은 기별이나 있어 심회를 자위할까 하였더니 웬일이냐 낙제가 무엇이냐. 재삼재사 펴보되 꿈속 일 같기만 하여 차라리 꿈의 일이나 되어라 마음으로 빌었더니 점점 의심이 풀려 황망히 깨달았다. 대체 어떤 까닭에 이러한 비참한 일이 생겼단 말이냐. 내 흉곽이 찢어질 듯 끔찍이 아프구나. 복손아, 너는 너의 부친 별세하신 일을 잊지 않았을 것이다. 추풍낙엽 스산한 비에 쓸쓸한 빈 방에서 너와 내가 적적히 상대하여 며칠 밤을 새우면서 너는 나에게 한 말을 잊지 않았을 것이다!

아아, 너는 그때 무어라고 말하였던가. "지금부터는, 세상에서 의탁할 바가 모친과 소자뿐이라 모쪼록 근실히 공부하여서 장래에 호장(豪壯)한 인물이 되겠으니 모친도 아무 병환 없이 계셔서 뒤만 잘 도와주시면 기어이 한때에는 가성(家聲)을 진동하며 조상의 영광(靈光)을 선양하는 날이 있겠으니 그때까지 참고 기다려 주십시오." 하였지. 네 말이 그러하기에, 나 혼자 궁금하고 적막히 지낼 것은 조금도 생각지 아니하고 너를 수만 리 타국에 유학 보낼 때 나의 소회가 어떠하였으며 남대문 밖 정거

장에서 모자 이별할 때에는 너도 무슨 생각이 있었을 것이다. 나는 그 후에 항상 너의 말만 믿고 바랐다. 대체 너는 어미를 어떻게 의지하라고 생각한 것이냐. 나는 그때의 일을 잊지 못하니, 들은 너의 어미는 잊지 않고 기억하는데 들려주던 너는 너의 말을 밥 먹듯 잊었느냐? 실언이냐 허언이냐 낙제라는 기막힌 말이 웬말이냐? 복손아, 너는 너의 어미를 슬피 흐느끼게 하고 너는 너의 어미를 고생케 하는구나. 이것이 가성을 진동케 하는 것이며 이것이 조상의 명예를 선양한다던 것이냐. 자욱한 안개 시름겨운 연기 석양의 하늘에 구름 낀 산을 멀리 내다보고 달빛 비치고 가을바람 부는 삼경(三更) 밤에 가사를 깊이 근심하던 너의 부친은 얼마큼 탄식하며 계실고? 떨어진 거리가 먼 것이 요행이다. 만일 이 수치의 소문이 타인에게 전해지면 너의 어미는 타인을 상대할 면목이 없을 것을…… 가장 먼저 너의 부친께 무어라고 심고(心告)할고? 너는 무슨 일이든지 전부 불량한 아들에게 꾀임을 당했다고 과실은 타인에게 떠넘기나, 네가 금년부터는 씀씀이가 넓어졌다고 말할 때마다 어미는 잘 알고 있지마는 속담에 이르기를 어버이가 자식에게 대하여서는 사족을 못 쓴다는 것과 같아서, 아마 본국 황성(皇城)만 하여도 시골과는 다른 처지인데 또한 하물며 외국에 가 있으면서야 각종 물가가 매우 높겠거늘 어찌 씀씀이가 적으랴, 화투를 하는지 술을 먹는지는 알지 못하나 이럭저럭 주저하느니 속히 보내는 것이 좋으려니 하고 매번 틀림없이 요청에 응해 즉시 보낸 것을 너는 어떻게 생각하느냐.

　"이같이 빈한한 세상사 중에 학자금을 타서 쓰는 이상에 노년의 모친을 떠난 것이 불초막심(不肖莫甚)이오나 앞으로의 과정이 겨우 4년간뿐이라 원컨대 어머님은 좀 더 참아주십시오. 아들도 가사의 빈한함을 잘 생각하옵고 남이 10환 쓰는 것이면 아들은 5환 쓰고 남이 5환 쓰는 것이면 아들은 3환쯤 쓸 가량으로 잘 주의할 터이니 조금도 염려치 마십시오."한 맹세를 배반하여 허무황량[孟浪跋闊]한 세상 인정같이 너의 어미를 기만하니 어찌 이처럼 무정한 심사가 생겼느냐?

어느 연월일부터 재정(財政) 정리한다던 결과로 자금유통이 심히 막혀 일본에서 1천만 환을 차관해다가 일본인들 거주하는 인천항 등지에 수도(水道) 부설을 한다고 국채를 박아 넣고, 사람의 병을 보는 의사도 없는데 동물의 질환까지 고치겠다고 수의사를 초빙한다. 무슨 고문 연회비라 무엇무엇 이렇저렁 짱뚱어 꼬리 잘라 먹듯이 하여 오늘날은 시문(市門)에서도 재로(財路)가 통하지 않아 여기서 문 닫고 저기서 폐점하고, 일용물품도 본국 것은 지극히 천하고 외국 것은 지극히 귀하게 여겨 상로(商路)가 꽉 막히고 푼전이라도 도는 처소는 외국인에게 빼앗겨 어떤 집안에서는 돈을 보면 통성명하려는 때에 애써 근근이 아껴 모은 미곡을 돈으로 바꾼다. 토장(土庄)을 매도하여 푼푼이 모은 돈을 너는 어떻게 허비하느냐. 가령 동료의 꾀을 당한 때라도 너의 정신만 수습하였으면…… 무얼 네가 분명 국사를 조금도 생각하지 않는가 보다. 작년 어느 날에 민(閔)·조(趙)[29] 여러 충신이 순절하신 일을 생각하거니와 너부터 공부 잘못하면 장래 타인의 노예뿐 망국뿐 멸종뿐임을 생각하여 주렴. 너도 목석이 아니거든 애국성(愛國誠)이 가장 많고 가장 풍부한 대한남자의 기혼(氣魂)을 망실한단 말이냐!

너는 가사라는 것을 망각하느냐. 연로한 너의 어미는 네가 어서 속히 공부에 성공한 후에 독립의 북을 내어 목전에서 크게 울리고 혁혁한 대한제국의 영광으로 너의 명예가 생기기를 고대하는 줄을 기억하여라. 이같이라도 의식(衣食)하는 것이 전적으로 너의 부친의 음덕인 줄을 장구히 잊지 말아라. 네가 작년부터 누차 무슨 잡지에 작문 1등상을 받았다고 하지마는 나는 아무것도 알지 못하고 다만 너의 출세만 고대하였는데 그만 낙제하였던 말이 무슨 말이냐. 근본부터 선친의 교훈을 단단히

---

29 민(閔)·조(趙) : 민영환과 조병세를 말한다.

받은 네가 소설 등 허랑한 담설(談說)에 미혹하여 필경 몸을 파멸되게 한 일은 이 어미는 아무리 생각해도 받아들일 수 없다. 너는 본시 그렇게 미련하지 아니하였건만……

그러나 과거 일은 아무리 떠들어도 되돌리기 어렵겠고 어미는 더 할 말 없다. 복손아, 너 아무쪼록 정신 차리고 심지를 잡아 완전하게 공부하여 가지고 훌륭한 인물이 되어주렴. 내 생전에 국가 부흥하는 것을 목도하자꾸나. 나는 여인이라 때때로 부질없는 일도 있겠고 도리에 맞지 않는 어구가 있겠으나, 늙어 굽은 미천한 몸이 주야로 네가 훌륭한 인물 되는 날을 고대하는 줄 생각하고 재차 틀어진 형편을 만나지 않도록 하여다오. 어미가 일생에 원하는 바요 날씨도 점점 가혹히 뜨거워지니 이방(異邦) 기후에 독한 감기라도 옮지 않도록 몸조섭 잘하였다가 하기방학에는 건강한 안색을 보여다오. 홑옷 한 벌을 우편으로 송부한다. 원래 요즘식의 유행품도 아니요 바느질도 불완전하지마는 내가 마음 기울여 지은 것이니 그렇게 새기고 입어보아라. 절절히 당부하고 다시금 부탁하니 부디 마음 편히 하여라, 복손아.

새 소리를 빌려 논하다 / 무하광(無何狂) 송욱현(宋旭鉉)

큰 바다처럼 아득히 긴 세월 위에 일장춘몽[30]이 황급히 지나가니 광객(狂客)이 "하하" 웃는다. 꼿꼿이 앉아 있다가 누워서 눈 부릅떠 과거를 거꾸로 거슬러가며 미래를 향해 헤아리다가 하루는 여름철이 당도하여 화운(火雲)이 모질게 눌러 찌는 듯한 더위를 견디기 어렵기에 서창(書窓)을 젖히고 꾸준히 먼 곳을 바라보니 대마도 외로운 모서리에 저녁 산이 쓸쓸하고

---

30 원문의 춘몽파(春夢婆)는 일장춘몽이라는 뜻의 고사성어이며, '춘파몽(春婆夢)'이라고도 한다.

큰 바다 온 면에 종횡으로 퍼진 안개가 사라져간다. 이즈음 외물(外物)을 감촉하여 상상하는 바가 전에 비해 다른 점이 있어 무료히 방황하던 차에 홀연히 건너편 방초(芳草) 사이로 펄펄 나는 두견이가 나의 여창(旅窓)을 끼고 지나며 "불여귀(不如歸)[31]" 우는 소리 두세 번 낸다.

이에 고국을 멀리서 추억하는 수색(愁色)이 한층 격렬해지므로 불쑥 가볍게 일어나 소매가 해진 기모노-옷 이름-를 휘휘 칭칭 거꾸로 입으며 이 부러진 아시다-나막신 이름-를 어정주정 급히 신고 미친 듯 술 취한 듯 비틀거리는 걸음으로 남인지 북인지 정처 없이 소리 따라 뒤를 좇다 한번 우러러 슬피 부르짖는다. "두견아, 두견아. 사람 마음을 아는가? 모르는가? 어찌하여 불여귀냐." 한숨 쉬기를 그치지 않다가 머리 돌려 사방을 돌아보니 이때는 어느 때인가. 서녘 해는 땅거미가 지더라. 먼 숲은 어둑어둑하고 시큰한 바람은 슈슈 부는데 두견이는 소식 없이 간 데 없네. 속절없고 어이없어 마음속으로 탄식하며 자책한다. "유정하고 유정하던 두견새야. 무정하기도 무정하구나. 어디로 갔느냐. 어디로 갔느냐." 짝을 잃은 듯이 향할 바를 알지 못하고 갈팡질팡 하는 터에 갑자기 저 개인 숲 가 적막한 곳에서 다른 범상치 않은 "간관(間關)[32]" 소리가 어렴풋이 귀로 들어오는지라 놀라고 이상하게 여겨 허둥지둥 따라가니 평소부터 익숙히 보고 듣던 복국조(復國鳥)-이 새는 포곡(布穀)이니 "복국"하고 우는 까닭으로 민속에서 복국이라 부른다-의 소리이다.

내가 그에게 물었다. "너는 무슨 불평한 일이 있어 바다를 건너와서 우느냐." 잠깐 만에 복국이가 소리를 그치고 머리를 숙이고 그 깃을 앵무새와 가깝게 하여 유창하게 대답하였다. "나는 옛날 한(漢) 황실(皇室)을 수복하지 못한 불행한 제갈무후(諸葛武侯)[33]의 유혼(遺魂)으로서,

---

31 불여귀(不如歸) : 소쩍새 소리를 한자어로 표현한 말로, '돌아가는 편이 낫다'라는 의미를 가지고 있다. 고대 촉(蜀)의 망제(望帝) 두우(杜宇) 설화에서 나왔다.
32 간관(間關) : 꾀꼬리 소리이다.

왕대(王代)가 바뀌고 사물은 변천함에 점점 떠돌아다니다 반도-대한-강산 조류 사회 가운데 일개 원조(冤鳥)로 화생(化生)하였다. 원한은 나라를 수복하는 것뿐이므로 원한을 토로하여 드러낼 때 울면 반드시 자연히 복국 소리이다. 마음과 몸을 다하여 나라에 이바지하되 죽은 뒤에야 그칠 경세적(警世的)인 태도로 복사꽃과 오얏꽃이 핀 궁궐문이든 뽕나무 삼나무가 자라는 태평한 지역이든 멀든 가깝든 구애되지 않고 동쪽에서 '복국'하고 울고 서쪽에서 '복국'하고 운다. 한 번 울고 두 번 욺에 재촉이 더욱 심해져 '복복국 복복국' 한다. 하지만, 아아! 저 나라 사람은 취생몽사(醉生夢死)로서 들어도 못 들어서 소리에 대응하는 자가 드물거늘 어찌할 도리가 없다. 세상 사람들은 내 소리를 못 믿겠거든 도리어 둥지로 돌아가 몸을 숨기는 것만 못하다 하고 빈 산 아무도 모르는 곳으로 가서 가을 달 봄바람이 이르는 곳에서 불평한 마음을 울었더니 나의 벗 김 공자-앵(鶯)-가 문명(文明) 화류국(花柳國)으로 가 유람하며 승경을 실컷 보다가 나에게 말하기를, '저 해외 삼도방(三島邦)-일본-에 유명한 새 하나가 있으니 부흥(復興)-이 새는 부엉이이니 부흥하고 우는 까닭으로 민속에서 부흥이라 부른다-인데, 그 기(氣)는 그대와 비슷하다.' 하거늘, 내가 생각해보니 '기가 같은 것을 서로 찾음은 이치상 그러한 것이다.'라 하고 천리 밖 먼 바다를 멀다 하지 않고 건너 와서 복국 복국 몇 번 울어도 부흥 부흥 응하지 않더니 이제야 그대가 와서 물으니 그대는 부흥이 아닌가." 오호! 우습다. 어떻게 대답을 막을 수 있을까.

　나 역시 2천만 동포 가운데 한 분자(分子)로서 사물을 헤아려 감촉하는 바에 도리어 부끄러워하기는 고사하고 눈물이 절로 가득하여 울음소리를 삼키고 머뭇거리며 말했다. "복국아. 복국아. 귀국하거라. 귀국

---

33 제갈무후(諸葛武侯) : 중국 삼국시대 촉한의 정치가 겸 군사전략가인 제갈량(諸葛亮, 181-234)의 별칭이다.

하거라. 주저 말고 귀국하거라. 이 뿐 답사(答辭)로다. 동포들아. 동포들아. 조국의 동포들아. 솥들도 귀가 있거늘, 일찍이 '복국'을 듣지 못했나. 부흥 사상을 잊지 못하고 복국 정신을 익히소. 저 새도 오히려 복국할 수 있거늘, 하물며 이 사람이 저만 못할까. 이 말 저 말 다 버리고 복국새를 돌려보내니 믿고 곧이듣고, 믿고 곧이들으소. 바라노니, 나의 동포여."

귀국하는 시찰 민원식(閔元植)을 전송하다

[送閔視察元植歸國] / 석소(石蘇) 이동초(李東初)

수레 가득 돌개바람에 저녁 어둠 흩어지고,	滿駕回風散暮陰
물이 깨고 산도 깨며 달은 막 떠오르네.	水醒山悟月新臨
큰 호수는 만 이랑에 삼천 척이나 되는데,	大湖萬頃三千尺
우리 공 보내는 슬픔과 어느 것이 더 깊을까?	孰與吾公別意深

○ 공립협회 총회장 송석준 씨의 부음을 듣고 추도(追悼)의 감흥이 일어 짓다[聞共立協會總會長宋錫俊氏訃音感追悼而作] 漢

/ 무하광(無何狂) 송욱현(宋旭鉉)

공립협회에서 홀로 우뚝 서신 몸이여.	共立協議獨立身
모두들 취향에서 홀로 깬 분이라 말하네.	多傳酒國特醒人
한반도의 정신을 둥근 달처럼 뇌에 새기고,	腦圓半島精神月
서양의 상태는 떨떠름한 먼지 밟듯 여겼네.	蹤澁西洋狀態塵
어찌하면 세상에 밝은 해를 되돌릴 수 있으랴?	世有何能回白日

하늘은 사적인 아낌이 없고 청춘은 빨리 가네.　　天無私愛速靑春
돌아가시더라도 만약 남은 혼령이 있으시면　　雖歸若或餘靈在
동쪽 구석의 우리 한 이웃을 돌아봐주시오.　　願顧東隅我一隣

동물원 기린을 보고
감흥이 일어나다[見動物園麒麟有感] 漢 / 춘포(春圃) 유종수(柳種洙)

동물원을 지나가며 기린을 보고자,　　行過園裡見麒麟
둘러친 울타리 닫힌 문에 이 몸을 기댔네.　　縈柵鎖門寄此身
성품은 일반 보통의 생물과 같지 않으나,　　性心不是猶凡物
태생은 원래 성인을 위한 것 아니라오.　　出處元非爲聖人
타지에서 세월 보내며 근심 속에 늙어가니,　　殊方日月愁中老
고향 풍광은 꿈속에서 매번 새롭다오.　　故國風光夢底新
장차 어느 해에 속전 내고 귀국길 올라　　將得何年還贖路
봄날 우뚝 서 계신 제왕과 함께 놀이를 즐길까?　　好遊獨立帝王春

객창에서 비오는 중에[客牕雨中] 漢 / 위재(爲齋) 이규영(李奎濚)

정월초하루 객지는 비가 오려는지 어둑한데,　　旅榻三朝雨意濛
누구와 대작하며 붉은 마음을 터놓을까?　　與誰對酌吐心紅
어둠과 밝음이 쉼 없이 돎이 하늘의 이치요,　　晦明天理環無息
강과 약의 세력이 다른 것이 사람의 권세로다.　　强弱人權勢不同
고향의 강산이 자주 꿈에 들어오지만,　　故國江山頻入夢
청년의 뜻과 학업은 공을 논할 만하도다.　　靑年志業可論功
원컨대 동포 여러분께 말하노니,　　願言同胞諸君子
정신을 귀중히 여기면 일맥으로 통하리라.　　貴在精神一脈通

태극학회 축사 漢 / 내당(來堂) 고원훈(高元勳)

서쪽의 한양을 바라보니 문득 슬퍼지는데	西望長安却悵然
아득한 바다 입구에 오색구름이 걸려있네	海門迢遞五雲懸
어느 집안에서 배출한 청년인가	誰家産出靑年子
큰 솜씨로 하늘의 밝은 해를 되돌리네	大手挽回白日天
온 천하의 풍조는 서방정토와 같고	四宇風潮方淨地
온 지역의 세월은 태평한 잔치 속이네	一區烟月泰平筵
후배들은 앉아서 유신(維新)의 역사를 읽으니	後人坐讀維新史
태극학회에 총명한 이 얼마나 되나	太極會中幾個賢

술회 漢 / 최창열(崔昌烈)

창가에서 새벽잠 깨자 부슬부슬 비는 내리고	晨牕睡罷雨濛濛
억지로 몇 잔 술 드니 얼굴 반쯤 붉어졌네	强把數盃顔半紅
가을 국화와 봄 난초는 때가 정해져 있지만	秋菊春蘭時有定
반딧불과 그믐달은 그림자조차 함께 하기 어렵네	流螢晦月影難同
온갖 재목으로 집안을 버팀에 화목의 힘 깨닫고	衆材撑屋知和力
좋은 옥 같은 문장에 조탁의 노고 보지	良玉成章是琢功
대다수 우리가 오늘날 바라는 바 있다면	多少吾儕今日願
당당한 국가사업이 크게 형통하리라	堂堂國業大亨通

| 잡찬 |

단편 / 우송(又松) 정인하(鄭寅河)

○ 세상 사람이 모두 탄생에는 기뻐하고 즐거워하며 사망에는 슬퍼하여 우니 얕고 유치한 우리 인간의 사려로써 심대한 그 욕심은 밥을 한 번 내뿜으며 웃음을 면하기 어렵지. 대저 우리 인간이 모태에서 태어나 세상으로 떨어져 고고한 울음소리를 부르짖은 최후 결과이고, 진짜 운명이 다한 것이지. 한 사람 두 사람 증가한다고 기쁨과 즐거움의 바람을 없애지 말고 죽어서 떠난다고 슬퍼하여 우는 참혹함을 가지지 말라. 태어났어도 그 하늘이 부여한 본래의 뜻을 이해하지 못하고 인생의 진가를 떨어뜨려, 자유와 권위를 외인(外人)에게 양도하여 주고도 의기(意氣)가 태연자약하여 입을 연 첫 소리가 바로 "좋은 계책이다."라고 하며 발꿈치를 이어 외인의 발아래에서 기는 자들이야 생사에 얼마만큼의 슬픔이나 기쁨이 있겠는가.

뜻 있는 이가 말하기를 "오늘날 우리나라는 단체가 급선무니, 한 사람 모임 두 사람 집단이 다른 점이 있고 처음에 고무하고 다시금 충고하는 것이 필요하다. 국권 회복도 단체요, 민족의 지보(支保)도 단체다."라고 하니 참 그럴듯하다. 그러나 웬걸 우리나라의 …… 이언만 오늘날 형편이 왜 이러한가. 이것저것 말하지 않고 두뇌 속에 각자 새겨둔 대한정신(大韓精神)이 말하지 않아도 절로 이해되어 특별한 단란함을 이룬 뒤에야…… 양기(陽氣)가 이르는 바에는 금석(金石)이 또한 꿰뚫는다고 하던 걸.

○ 수백 년 동안의 쇄고주의(鎖古主義)[34]가 시대 정세라는 소리 없는

---

34 쇄고주의(鎖古主義) : 옛것에만 집착하여 지키려는 주장이나 방침을 이르는 말로 생각된다.

탄환에 파쇄되어 강호의 지사(志士)들이 교육을 주창하여 집안의 전장(田莊)을 팔아 공익(公益)에 충당한다. 점심을 먹지 않고 밤낮으로 일념이 여기에 있어서일 것이다. 얽어 세운 취지에 대해 어떤 가짜 유지자(有志者)들은 불평을 쌍창(雙唱)하며 능숙하게 먼저 걸어 잠근 이 옛 자물쇠를 다시 사용하여 무한히 단순한, 유치한 국민들을 갈팡질팡 지도하고, 혹자는 협잡을 일삼아 개전(開展)의 명칭이 그 패려궂은 멸망주의(滅亡主義)의 소용돌이 속으로 따라 들어간다고 한다. 그러니 이 못난 양반들아! 이왕 시작한 것을 아무쪼록 발전하게 한다면 모르겠거니와 축소하여 거둠이 무엇인가. 협잡배들아! 이 백성이 없으면 너희들이 누구에게 협잡을 행하며 이 땅이 아니면 어느 곳에서 만행을 행할까보냐. 국내외에서 취학하는 동지들이여! 외국 놈 교사 고용해 들이지 않도록 다 각자 교육자와 교원이 되자고! 어……!

○ 명예는 소인을 교사(敎唆)하는 약이(藥餌)요, 권위는 오만을 콧김으로 불어내는 골계(滑稽)의 용구요, 황금은 수전노를 배출할 뿐 모두가 범범한 하루아침의 회진(灰塵). …… 나는 아무 것도 몰라. 다만 실력을 양성하여 무수한 결사단(決死團)을 따라서 나를 해치는 자를 벌하고 나를 침노하는 자를 박멸하고 백세(百世)의 청사(靑史) 위에 방명(芳名)을 남겨 뒷사람에게 통쾌함을 주자고. 이 역사를 보지 못하고 황토(黃土)에 묻혀 사라지는 길손은 다만 똥 덩어리일 뿐.

○ 태뢰(太牢)[35]의 좋은 맛과 용봉(龍鳳)[36]을 요리한 음식이라도 과도하게 포식하면 졸지에 질병을 빚어내니, 예락(醴酪)으로써 나라를 망하게 하는 자가 태어나리라고 단언한 하(夏)나라 우(禹)임금은 청식(靑息)을 숙도(宿吐)하였지. 보시오. 오늘날 일본인의 부강함은 경제에서 이르렀

---

35 태뢰(太牢) : 국가 제사에 소를 통째로 제물로 바치던 일로, 여기서는 쇠고기를 지칭한다. 대뢰(大牢)라고도 한다.
36 용봉(龍鳳) : 용과 봉황. 즉 진귀한 것을 이른다.

소. 우리나라 사람의 하루치 식비는 일본인의 사흘치 식비가 넘겠으니 하루치 음식의 삼분의 일만 저장하면 수만 톤의 군함이 1년 내에 몇 척이 될는지. 새 사건도 새 사건이거니와 이왕 시작한 국채보상들……

○ 오늘날 세계는 생존을 경쟁하는 시대라. 밖으로는 양의 얼굴이지만 안으로는 이리의 마음으로 재잘재잘 박애주의를 사칭하고 타인을 북돋워 군세게 하겠다고. 미친 놈! 제 창자를 미처 채우지 않고 남을 위해 주선하겠다고 눈 가리고 아웅 하는데 사기당하여 저놈의 것은 똥오줌이라도 나의 것보다 낫다 하여 구구하게 나아가는 형제여, 잘 주의하시오.

○ 하루는 걸식하는 자가 밥을 찾거늘, 내가 사발 하나에 담아서 주고 물었다. "그대는 하루에 몇 번 식사를 하는가?" 거지가 밥을 입에 머금고 답하였다. "많을 때는 열다섯 번이요, 적을 때는 일곱 번씩이외다." 내가 놀라서 말하였다. "세상 사람들은 아등바등 근로하여도 하루 세끼에 지나지 않는데, 그대는 힘쓰지도 부지런하지도 않고서 열다섯 번 식사는 정말 행복이구나." 거지가 말하였다. "내가 애초부터 걸식하려고 하지 않았건만 가산을 탕진하고 이렇게 된 뒤에 땀 한 방울 흘리지 않고서도 기근은 거의 면하였고 여기 돈 72전(錢)이 남아 있으니, 이것이 내 재산이라 사흘은 발가락을 움직이지 않더라도 될 것이니 구태여 하루 괴롭게 노동하여 1원 2원 수입을 얻어도 필요가 없습니다." 허허. 건장한 체격의 유위자(有爲者)가 스스로 만족함이 이와 같고 자포자기함이 이 같으니 저 걸식하는 자도 어느 때에 높고 큰 건물에서 안락을 누려볼까. 힘이 있으나 생각이 없으면 망하고 생각이 있어도 힘이 없으면 실행이 어려우리니, 생각과 힘을 서로 도와서 장차 뒷날의 극락을 공동으로 협력하여 누리자고요!

고학생(苦學生)의 정황

금일 우리 동포 중에 해외에서 유학하는 자가 이 비상한 고난의 시대를 당하여 누가 고학하지 않겠는가마는 그 중에서도 더욱 한탄스럽고 애석한 마음을 금할 수 없는 경우가 있다. 당초에는 고향 집에서 다달이 보내주는 근소한 학비로 해외에서의 온갖 풍상에 맞서 싸우며 힘들게 견디기를 마다하지 않고 열심히 학업에 종사하다가 근래에 본국(本國) 경제계에 심상치 않은 공황이 더욱 임박해 와서 상업을 경영하던 자가 상업에 실패하고 농업에 종사하던 자가 미처 입에 풀칠도 못하는 이 시기를 만남에 당초 간신히 마련한 예산으로 그 자제를 해외에 파견하였던 자들의 학비 중단은 일의 형세상 당연한 바이다. 더구나 근래에 군용지(軍用地), 목장지(牧場地) 등 명목으로 약간의 전장(田庄)과 가옥을 하루아침에 모조리 강탈당하고 빈손과 맨주먹으로 노인을 부양하고 아이를 보살피며 도로에서 방황하는 참담한 경지를 당한 부모가 어느 겨를에 그 자제의 지속적인 학비 지불을 돌보아 생각할 여력이 있겠는가. 오늘 우리 유학생 중에 불행히 이러한 곤경을 당하여 여인숙 식비를 갚지 못하고 학교의 매달 수업료를 납부할 길이 없어 부득이 학업을 중도에 그만두고 돌아오지 않을 수 없는 비참한 지경에 빠진 자가 매우 많으니 이것이 이른바 고학생 중의 고학생단(苦學生團)이다. 지난 달 말에 이 고학생 여러 명이 회합하여 상의하기를 "우리가 오늘 이러한 시대를 당하여 해외로 책상자 들고 건너온 것은 단지 일가일신(一家一身)의 번영과 즐거움을 계획한 것이 아니라 훗날 국민의 직분을 다하여 국가에 헌신하고자 하는 정신이 있기 때문이다. 만일 우리가 학업을 완성하지 못하고 고향에 돌아가면 무슨 면목으로 농포를 마주할 수 있겠는가. 일의 기틀이 이러한 지경에 이른다면 살아도 죽은 것만 못하다."라 하고 비록 어떠한 고초를 당하여도 차라리 죽을지언정 뜻을 굽히지 않기로 맹세하여 학업을 완수하기로 결맹하였으니 이 동포들의 딱한 처지에 대하여 의혈(義血)이 있는 자라면 누군들 동정의 피를 뿌리지 않겠는가. 그 동맹의 글과 성명은 다음과 같다.

고학생동맹취지서(苦學生同盟趣旨書)

대범 천하만사의 태평함과 비색함, 괴로움과 즐거움이 서로 번갈아 나타남은 예나 지금이나 변함없는 원리이다. 현재 우리 조국이 어느 경계에 근접했으며 우리 동포가 어떤 상태에 있는가. 우리 청년들은 우분의 혈성(血誠)을 품고 미래의 의무를 짊어지고서 이 해외에 건너와 온갖 고초를 견디며 온갖 어려움을 피하지 않고 단연코 학문 갈구를 목적에 둔 자들이니 그 뜻이 어찌 헛된 데에 있겠는가. 정신의 단결과 사상의 취향은 무릇 우리 학생이 관비(官費), 사비(私費)로 공부함을 막론하고 모두 똑같으나 우리 학생들은 불행히도 오늘 학자금이 중단되어 중도에 공부를 폐하는 상황을 면치 못하고 함께 정진하는 효과를 이루지 못하고 있다. 월사금 미납으로 인한 압박을 수시로 받고 하숙집에서 쫓겨남을 매일 당하여 이리저리 떠돌며 방황하니 쉬고 정착할 곳이 없다. 이역만리의 강산은 보는 족족 생소한데 하늘 끝 아득히 먼 곳에 누가 있어 구제해주겠는가. 과하(袴下)의 치욕[37]은 만나기 쉬우나 표모(漂母)의 밥 한 끼[38]는 구걸하기 어렵도다. 이번에 본 학생들이 한 곳에 함께 모여 결심 동맹하여 곤궁한 자의 손을 맞잡고 굶주림을 서로 주시하기로 하였다. 그 뜻을 더욱 견고히 하고 그 고초를 더욱 감내하

---

37 과하(袴下)의 치욕 : 한신(韓信)이 불량배의 사타구니 아래로 기어갔던 치욕을 말한다. 한신은 한(漢) 나라 건국에 공을 세워 초왕(楚王)으로 봉해진 뒤에 자신을 모욕했던 불량배를 중위(中尉)로 임명한다.

38 표모(漂母)의 밥 한 끼 : 한신이 빈궁하던 시절 성 아래에서 낚시를 하고 있을 때에 빨래하던 여인이 그의 굶주린 기색을 보고 밥을 먹여주었는데 한신은 초왕이 된 뒤에 그 여인을 찾아가 천금을 주어 은혜를 갚았다.

여 고국의 정신을 잊지 말고 전진하려는 사상을 잃지 않으면 황천이
위에 있어 정해진 이치에 어긋나지 않게 할 것이니 어찌 괴로움이 즐거
움으로 바뀌어 뜻을 둔 일이 발전하고 그리하여 우리 국세(國勢)와 민
정(民情)의 비색함은 가고 태평함이 오는 날을 보지 못하겠는가. 이는
마음속으로 축원할 일이다. 만약 천도가 무심하여 궁액이 예상(翳桑)에
까지 이르러[39] 이 몸의 목적을 끝내 이룰 수 없는 처지라면 차라리 죽어
서 대한(大韓)의 의로운 귀신이 되는 것 또한 달게 여길 것이다. 일구동
성(一口同聲)으로 이 서약문을 공포하노라.

광무 11년 6월 18일

이규영(李奎濚) 최창렬(崔昌烈) 고원훈(高元勳) 박제봉(朴濟鳳) 이승현
(李承鉉) 송욱현(宋旭鉉) 성각근(成珏根) 홍종오(洪鍾五) 김형기(金炯基)
조은호(趙恩鎬) 채기두(蔡基斗) 유목(劉睦) 강진원(姜振遠) 함병원(咸秉
元) 이희준(李熙駿) 조행준(趙行俊) 정태은(鄭泰殷) 홍주일(洪鑄一) 김윤
규(金崙圭) 유악수(柳樂秀) 방한익(方漢翊) 홍종희(洪鍾熹) 홍순옥(洪淳
玉) 남찬희(南찬熙) 이기형(李基형) 김병억(金炳億)

○ 이 무슨 괴이한 일인가

이달 15일 일본 도쿄 각 신문에 크게 게재되었으되, '한국 유학생
개탄'이란 제목 하에 이번 헤이그 한국 대표자 사건에 대하여 도쿄에
머무는 한국 학생들이 대단히 우려·개탄하고 이 건에 대하여 곳곳에
집회하여 논의를 거듭한다 하였고 또 우리 한국 신민이 입으로 감히
말하지 못하고 붓으로 감히 쓰지 못하는 등등을 운운하였다. 이 신문기
사에 대하여 유학생 등이 분개하고 절통해 하는 정황은 일일이 기재할

---

39 예상(翳桑)에까지 이르러 : '예상'은 옛 지명인데 식량이 떨어져 굶주린다는 의미로
쓰인다.

수도 없고 또 기재할 여지가 없거니와, 유학생들이 신하의 도리로 국민의 의무로 이를 십분 변명하지 않으면 안 될 필요가 있으므로 학생들이 이달 16일에 일제히 유학생 감독청에 집회하여 상의 후에 저렇게 신문에 게재한 사실 등이 우리 유학생계에 전혀 없는 사유를 열거하여 우선 유학생 감독 신해영(申海永) 씨에게 청원하고 각 신문사에 교섭, 그 기사를 취소케 한다고 한다.

이 신문기사가 허망·무근한 것은 변명을 기다리지 않고도 우리 일반 동포가 인식하는 바이나 그 각 신문에 기재한 바가 일시에 동일한 필법으로 나온 듯하니, 이는 어떠한 패류(悖類)가 못된 장난삼아 투서함인지 신문기자들이 잘못 듣고 잘못 게재함인지 아니면 어떠한 일종의 깊은 의미가 있음인지 우리 동포는 각자 헤아리고 판단할지어다.

○ 도쿄 유학생계에서 내국에 한 신문사를 창립할 차로 발기하였는데 유학생계에서 거둬 모은 의연금액이 7천여 환이요 해당 발기 취지서는 아래와 같다.

진리는 많은 말의 설명을 기다리지 않으니, 교육이 성하면 나라가 흥하고 교육이 쇠하면 나라가 망한다 함은 세계 인류의 공통 이상이요 우리 한민족의 시대정신이다. 그러나 일정한 목적에 달하고자 하면 일정한 방침이 필요하니, 한갓 국민교육론을 주창하기만 하고 상당한 방침을 세우지 아니하면 이는 공상에 불과함이니 어찌 깊이 반성치 아니하리오. 대개 교육에는 세 가지가 있으니, 가정교육·학교교육·사회교육 등이 그것이다. 이 세 가지에서 하나가 부족하면 완전한 교육이라 칭하기 어렵다. 그러나 오늘날 우리 한국 교육계의 정황을 깊이 살펴매 국민의 지식 정도와 생활 경우와 학령의 초과, 기타 제반 사정으로 말미암아 순서적 교육을 받기 불가능한 자가 가장 다수를 차지하니, 이들 국민에 대하여 사회교육이 가장 긴급하고 필요할 것은 명백히 알 수 있다. 사회교육은 상당한 기관을 요구하니, 도서관도 좋고 강연회도 좋으나 비교적 범위가 광대하고 방침이 편의한 것은 신문을 넘어설 만한 것이 없다. 서양인의 명언에 이르기를 "정부의 권리가 쇠하여 의회로 돌아가고 의회의 권리가 쇠하여 신문에 뜻을 둔다." 하니 근세문명 각국의 신문사업이 위대한 세력을 점유함을 이로서 가히 증명할 수 있다. 오늘날 우리 한국인의 사상계는 황혼의 기로에서 어디가 동쪽이고 어디가 서쪽인지를 알지 못함과 흡사하여, 걸핏하면 반드시 국권 유지요 실력 양성이라 운운하나 어떤 일이 국가 존망에 관계됨을 아득히 알지 못하여 매번 국권을 손상하는 행위와 국가 안위에 얽힌 일을 행하고 태평히 생각지 않고 있다가 남의 꾸짖음과 배척을 당하고서야 비로소 의심하고 비로소 놀라니 어찌 통탄하지 않겠는가. 이는 다름 아니라 불학무식하여 국가정신과 공동사상이 없기 때문이다. 그러니 어떠한 방법으로 이러한 폐해를 구제하겠는가. 건전한 이상가가 명확한 논리와 건실한 붓으로 매일 각성시키며 매 시각 지도하여 부패한 뇌근(腦筋)을 타파하고 공평한 덕성을 함양하여 국가와 자기가 일체되는 대원리를 확연 대오(大悟)케 함이 불이법문(不二法門)이라 하겠다. 역사가가 평하기를 '이탈리아 독립의 원동력이 수많은 영웅의 정책과 군략(軍略)에 있지 않고 마치니가 발간한 소년 이탈리아 신문에 기재한 독립사상과 자유정신에 있다'고 하니 지당하다 이 말이여. 지사의 붓끝이 전국 인민을 통일 · 단합하여 고취하고 활동케 하였도다. 오늘날 우리 한국은 준비시대요 교육시대라 영웅호걸도 교육계에 요구치 않을 수 없고 충신열사도 교육계에 기대치 않을 수 없으니 교육계의 책임이 중차대하겠다. 이에 본인들이 조국에 대한 의무를 잊을 수 없어 학생의 신분으로 얕은 견식에도 불구하고 신문사 발기회를 조직하고 약간의 의연금을 모집하고 사회에 공포하오니, 뜻있는 여러분은 일면으로 찬성하

시고 일면으로 지도하시어 만분의 일이라도 사회교육의 목적을 달성케
하도록 이끌어주시길 간절히 바라나이다.

○ 대한기독교청년회에서 지금까지는 도쿄기독교청년회를 빌려 모이
더니 이달 초순부터 간다구(神田區) 니시오가와마치(西小川町) 2정목 5
번지의 집 하나를 빌려 옮겨 모인다고 한다.

• 학계소식

○ 4인 졸업 : 도쿄 주오대학(中央大學) 법률과에 재학하던 박승빈(朴勝
彬) 씨는 매차 우등생으로 명성이 내외 학계에 혁혁하더니 이번 졸업시
험에 우등으로 졸업하고 이진우(李珍雨), 박용태(朴容泰), 현석건(玄奭
健) 씨 3인은 메이지대학 법률과를 졸업하고 이달 15일에 신바시 열차
로 길을 떠나 귀국하였다.

○ 샌프란시스코 공립회 이와테(岩泉) 지회장 황국일(黃菊逸) 씨는 환국
(還國) 차로 지난달 30일에 도쿄에 건너와 1주간 머물다가 이달 6일에
출발하였다.

○ 학생들 새로 도착 : 홍정도(洪廷鍍), 차재은(車在殷), 이학형(李學瀅),
오익영(吳翊泳), 김희린(金希麟), 신희섭(申熙燮), 오순형(吳舜형), 오하
형(吳夏형) 제씨가 해외유학의 장지(壯志)를 결단하고 이달 초에 도쿄에
건너왔다.

○ 광무 9년도에 이민으로 멕시코에 건너갔던, 본국 경성에 거주하던
김인수(金仁秀) 씨가 멕시코에 들어가 무수히 엄청난 학대와 참혹한 노
동으로 천신만고를 다하다가 몇 달 전에 호랑이 아가리 바깥으로 도망
하여 구사일생으로 미국 지방에 잠입한즉 미국 경찰관에게 구금·축출
을 당하게 되었다. 이번에 황국일(黃菊逸) 씨와 동행하여 도쿄에 도착하

였는데, 여비가 바닥났으므로 태극학회에서 발기하고 연조금(捐助金) 15원을 모집하여 귀국하게 하였다.

• 회원소식

○ 본 회원 중 금년 하기휴가에 근친(覲親) 차로 귀국한 분들은 아래와 같다.

원훈상(元勛常), 현희운(玄僖運), 김홍량(金鴻亮), 박인희(朴寅喜), 정세윤(鄭世胤), 류동수(柳東秀), 류용탁(柳容鐸), 백성봉(白成鳳), 곽한칠(郭漢七), 이인창(李寅彰), 박영로(朴永魯), 박정의(朴廷義), 홍성욱(洪性郁), 김진식(金鎭植), 변봉현(邊鳳現), 추영순(秋永淳), 심도례(沈導澧)

○ 본 회원 최석하(崔錫夏), 김지간(金志侃), 박용희(朴容喜), 전영작(全永爵), 우경명(禹敬命) 제씨는 하기 수학여행차 이달 초에 각 목적지로 출발하였다.

○ 본 회원 지희경(池熙鏡), 홍승일(洪承逸) 2인은 근친 차로 귀국하였다가 이달 초에 도쿄에 건너왔다.

• 신입회원

고원훈(高元勳), 김창하(金昌河), 홍정도(洪廷鍍), 정치건(鄭治鍵), 이원규(李源奎) 제씨가 입회하였다.

○ 본 회원 이승근(李承瑾), 정석내(鄭錫迺), 신상호(申相鎬), 오석유(吳錫裕), 채규병(蔡奎丙), 장계택(張啓澤) 제씨는 이번에 경무학교(警務學校)를 졸업하였다.

• 태극학보 의연금 출연자 명단

홍정도(洪廷鍍) 씨 3원

○ 고학생단(苦學生團)의 정황을 뒤늦게 들은즉, 고학생 27인이 지난달로부터 고지마치구(麴町區) 3번정(三番町) 입신관(立身舘)에 단체로 모여 유숙하며 고학의 방편을 연구하던 중 그 기간 몇 달의 숙식비가 수백여 원에 이르렀는데 주인의 재촉이 화급하고 대우가 냉혹하되 속수무책이어서 머리를 맞대고 서로 흐느끼는 정황이 사람을 매우 슬프게 하였다고 한다.

○ 이달 16일 도쿄 각 신문이 우리 유학생에 대한 허망한 사실을 게재한 이후로 유학생들의 격분이 극렬하여 연일 유학생 감독청에 함께 모여 이에 대한 제대로의 수습 방책과 유학생이 국민의 의무로 취할 상당한 수단을 토의·강구하던 중 20일 신문 호외에 경성 풍운의 급전(急電)을 듣고 일제히 땅을 치며 통곡하였다.

○ 본 회원 신상호(申商鎬), 박상락(朴相洛) 2인이 이달 22일 신바시 발 열차로 귀국하였다.

• 광고

◎ 특별공지

본 학보는 8월 한 달간 하기휴가 중에 임시로 휴간하오니 독자 여러분께서 밝게 헤아려주십시오.

태극학보 알림

광무 11년 07월 27일 인쇄
광무 11년 08월 05일 발행
메이지 40년 07월 27일 인쇄
메이지 40년 08월 05일 발행

•책값은 우편요금과 아울러 신화(新貨) 12전

일본 도쿄시 혼고구(本鄕區) 모토마치(元町) 2정목(丁目) 66번지 태극학회 내
편집 겸 발행인   장응진(張膺震)

일본 도쿄시 혼고구 모토마치 2정목 66번지 태극학회 내
인 쇄 인   김지간(金志侃)

일본 도쿄시 혼고구 모토마치 2정목 66번지
발 행 소   태극학회

도쿄시 교바시구(京橋區) 긴자(銀座) 4정목 1번지
인쇄소   교문관인쇄소(敎文館印刷所)

태극학보 제12호	
광무 10년 9월 24일	제3종 우편물 인가
메이지 39년 9월 24일	
광무 11년 7월 24일	발행(매월 24일 1회 발행)
메이지 40년 7월 24일	

광무 10년 8월 24일 창간
융희 원년 9월 24일 발행(매월 24일 1회)

태극학보

제13호

태극학회 발행

• **주의**

△본 태극학보를 구독하고자 하시는 분은 본 발행소로 통지하여 주시되 거주지 성명과 통호를 상세히 기재하여 보내주시기 바랍니다.

△본 태극학보를 구독하시는 여러 군자들 가운데 주소를 이전하신 뒤에는 시급히 그 이전하신 주소를 본 사무소로 기재하여 보내주시기 바랍니다.

△본 태극학보는 뜻 있으신 인사들의 구독 편의를 위하여 출장지점과 판매소를 다음과 같이 정합니다.

황성 중서(中署) 동궐(東闕) 파조교(罷朝橋) 건너편 주한영(朱翰榮) 책사 -중앙서관(中央書館) 내-

북미 샌프란시스코 한인공립협회(韓人共立協會) 내 -임치정(林致淀) 주소-

평안남도(平安南道) 삼화진(三和鎭) 남포항(南浦港) 축동(築垌) 김원섭(金元燮) 댁

• 투서주의

1. 학술(學術), 문예(文藝), 사조(詞藻), 통계(統計) 등에 관한 온갖 투서는 환영합니다.
1. 정치에 관한 기사(記事)는 일절 접수하지 않습니다.
1. 투서의 게재 여부는 편집인이 선정합니다.
1. 일차 투서는 반려하지 않습니다.
1. 투서는 완결함을 요합니다.
1. 투서는 세로 20행 가로 25자 원고지에 정서함을 요합니다.
1. 투서하시는 분은 거주지와 성명을 상세히 기재하여 보내주셔야 합니다.
1. 투서에 당선되신 분께는 본 태극학보의 해당호 한 부를 무상으로 증정합니다.

• 회원주의

본 태극학회 회원은 원적(原籍), 원거지(原居地), 현주소, 직업-학생은 목적-, 생년월일을 상세히 기재하여 보내주시며 현주소를 이전할 때 즉시 그 이전한 지명과 통호를 본회 사무소로 상세히 통지하여 주시기 바랍니다.

• 특별광고

○ 내외도서 출판
○ 교과서류 발매
○ 신문잡지 취급

○ 학교용품 판매

  황성 중서(中署) 파조교(罷朝橋) 건너편

  본점-중앙서관(中央書館)- 주한영(朱翰榮)

  평안북도(平安北道) 선천읍(宣川邑) 냇가

  지점-신민서회(新民書會)- 안준(安濬)

목차
태극학보 제13호

| 강단·학원 |

교육행정 / 정석내(鄭錫迺)

국가의 교육에 대한 관계는 각국이 그 제도가 같지 않아 혹은 영국과 같이 교육을 사인(私人)의 사업에 방임하고 국가는 다만 감독하는 데 그치는 경우도 있으며, 혹은 독일과 같이 국가가 교육 사업을 독점하여 사인에게는 허가하지 않는 경우도 있으며, 혹은 프랑스와 같이 국가에서도 경영하며 또 사인의 사업으로도 허락하는 경우도 있다. 지금 교육상에 그 우열을 비교하면 세 번째 주의가 가장 완전무결하니, 그 제도의 대요(大要)를 대략 논한다.

1. 취학의 의무: 교육행정에 관한 공법상(公法上)의 가장 중요한 원칙은 취학 의무이다. 그 내용은 자기가 보호하는 아동으로 하여금 일정한 기간에 일정한 정도의 교육을 받게 하는 데 있으니, 혹 그 취학하는 이의 정황을 말미암아 다소의 신축은 없지 않으나 대개 국민에게 어느 정도의 학식과 기능을 가르치는 것은 국가 존립의 첫 번째 요건이다. 그러므로 강제력으로써 취학하는 것을 의무로 부담하게 하는 것이다.

2. 학교의 부담(負擔): 국가는 한편으로 취학의 의무를 명하며 한편으로 교육의 설비를 요구한다. 이것을 사인의 사업에 방임하면 완전하기 어려우므로 반드시 국가의 공력(公力)을 기다려 혹은 국가가 스스로 설립하여 경영하며 혹은 공공단체에게 설립하여 유지하게 하니, 학교의 부담은 바로 이것이다. 그 구역 내 아동의 수를 따라 혹은 몇 마을에 학교 하나를 설립하며 혹은 한 마을에 학교 몇 개를 설치하되 감독관청이 이것을 정하고, 이밖에도 임의 사업으로 고등소학교와 유치원과 맹아학교를 설립한다. 고등지방단체의 의무로 설립하는 것은 바로 사범

학교와 중학교와 실업학교이다.

3. 수업료: 수업에 대한 보상이라 하여 학생이나 혹은 보호자에게 징수하는 공법상의 수수료는 취학의 의무를 인정하지 않는 학교에서는 법률명령을 기다리지 않고 관리자가 스스로 정하되, 납부하지 않는 이에 대해서는 국세 체납 처분의 예에 의거하여 강제력을 사용할 수 있다.

4. 재학생 및 졸업생의 특전재학 중인 학생과 졸업생에게는 학교의 종류에 따라 법률상 여러 가지 특전을 부여하니, 곧 입학시험을 치를 자격과 의사와 변호사와 관리와 학교교원이 되는 권리와 징병유예의 권리가 이것이다. 그리고 이것은 일정한 제한 아래에서는 사립학교에도 적용될 수 있다.

5. 교육에 관한 국가의 사무와 공공단체의 사무: 사립에는 그 학교의 일체 사무가 사인의 사업에 속하되 공립에는 물질적 설비와 비용의 지출은 공공단체의 부담에 속하고, 관리(管理)와 취학 의무의 독촉 및 면제와 교원의 채용과 면직에 관한 일은 국가의 사무에 귀속된다.

6. 교원: 관·공립학교의 교원은 국가의 관리와 동일하므로 그 임면과 징계의 권한은 보통 관리와 같이 국가기관에 속하여 일일이 그 자격을 심사한 뒤에 임명하고, 비록 하급의 중·소학교라도 그 적당한 자격을 심사하는 권한은 하급관청의 자유재량에 전임하는 것이 위험하다. 그러므로 법이 일정한 자격으로 교원면허장의 제도를 규정하여 사범학교, 중학교, 고등학교, 여학교의 면허장과 소학교 면허장의 두 종류로 나뉜다. 후자의 보통면허장은 전국에 유효하고 특별면허장은 한 지방에서만 통행할 수 있되 만일 금고 이상의 형에 처한 때에는 그 효력을 상실하고, 사립에도 임면권은 국가에 있지 않으나 그 자격에 관해서는 일정한 제한이 있다.

7. 교육과 종교의 관계: 현재 여러 나라가 교육과 종교가 각기 독립하게 하는 주의를 쓴다. 그러나 더러는 법령의 규정을 말미암아 학과

밖에 종교상의 교육과 의식(儀式)을 허시(許施)한다.

교수와 교과에 대하여 / 장응진(張膺震)

교수(敎授)의 목적은 현세 인류의 개화를 적당히 이해할 만큼 필요한 내용을 전수하여 아동의 지능을 계발하는 작용이다. 대개 국민교육이 목적하는 바는 사람이 이 세상에 나면 한 개인으로 또는 국가사회의 일원으로 상당한 품격을 보유하여 각자의 임무를 다하게 함이니, 이 목적을 달성하고자 하면 각 개인으로 하여금 현세를 이해하며 국민의 자격으로 국가 전체의 이상·목적을 지각하고 세상에 처하는 데 필요한 지식과 기능을 전습(傳習)하며 점차 그 주의를 도야하여 관찰을 영민히 하고 기억·상상의 작용을 증진하며 추리·판단을 정확하게 하여 처세상에 불편이 없게 하는 것임은 논의를 기다리지 않고도 자명한 것이나, 교수상에 가장 필요한 것은 그 시대정신에 가장 적합한 교과 재료를 정선함에 있다. 만일 지식을 다량 주입함을 위주로 하여 심적 도야를 돌아보지 않고 다만 잡다한 재료를 기계적으로 축적하면 그 사람의 인격을 고상케 하지 못할 뿐만 아니라 습득한 지식도 활용할 길이 없어 교수의 본의가 무효로 돌아가리니, 그런즉 심적 수련을 또한 경시하지 못할 것이다. 그러나 만일 심적 도야를 유일의 목적으로 삼고 지식의 수양을 경시하는 극단이 있으면 왕왕 편견과 좁은 도량에 빠질 뿐만 아니라 세상사에 소원하고 실제의 물정에 어두워 생활상에 실용의 효과를 얻을 수 없다. 그러므로 교수의 좋은 방법은 한편으로는 지식의 재료로 감관(感官)을 연마하여 관찰을 정밀히 하고 기억·예상을 증진하며 추리·판단을 정당히 하고 다른 한편으로는 심적 단련을 한층 더하여 사상을 고상하게 하고 감정을 조화롭게 하며 의지를 공고하게 하는 것이다. 이렇게 지적 도야와 심적 수양이 어느 쪽으로 치우치지 않아 양쪽이 더불어 나아간 연후에야 교수의 진정한 효과를 기대할 수 있으니, 그런즉 교과의 재료 선택과 그 순서·배열과 전 과목의 결합·통일 방법의 양부(良否)는 이상의 교수 목적을 이루거나 이루지 못하는 데 최대의 관건이 된다.

예로부터 오늘날에 이르도록 어느 시대와 어느 지방을 물론하고 학교에서 교수하는 과목은 다 당시의 이상적 목적을 따라 선택하는 것이니, 그러므로 교과를 선택하는 방법이 그 시대 이상의 변천을 따라 상이한 것은 자연스러운 이치이다.

지난날 동양 제국(諸國) 중에 특히 우리나라에서 채택하던 것으로 보자면 수신·도덕을 유일의 학문으로 삼아 고대 성현의 유서(遺書)를 통해(通解)하고 문자를 알며 문장을 짓는 것으로써 유일의 교과를 삼았다. 그 후 과거법이 시행된 이후로는 교육의 통일이 깨져 교수의 방법이 하나가 아니고 교육의 목적이 또한 일변하여 필경 유명무실한 심장적구(尋章摘句)의 여폐(餘弊)가 오늘날에 이르렀으되 완고한 부유(腐儒)와 경박한 개화자 부류는 시대를 통찰하여 이를 만회할 방책을 구하지 않고 비실제적인 의론과 편견을 주장하지 않으면 영리(營利)와 벼슬 꿈에 빠져 4천 년 미몽(迷夢)을 영구히 각성할 기회가 없으니 탄식치 않으리오.

서양의 고대를 거슬러 살펴보면 그리스에서는 교육의 목적이 심신을 원만히 조화·발달시켜 인생을 고상하고 완미(完美)케 함을 주안으로 삼았다. 그 교과는 체조와 문예 2과로 대별하니 전자는 신체를 단련하고 후자는 정신을 도야하여 양자가 서로 도와 조화를 이룬 연후에야 완전한 교육을 시행했다 하였다. 그 후 문명이 점진함을 따라 소위 문명적 교과는 최초에는 독법·서법(書法)·음악·창가 등으로 편성하더니 그 후에 다시 문법·습자(習字)·변론·산술·음악·기하·천문의 7과를 기본 교과로 삼으니 이 제도가 중세기까지 계속되었다. 로마에서는 그리스의 이상적 견해에 반하여 실지적 교과를 주장하고 직접의 필요와 공동의 이익을 위하여 언어의 숙달과 변론의 능통을 학과의 중심으로 삼고 문법을 중요한 교과로 이루더니, 중세기 경 종교의 세력이 확장된 후로는 종교·라틴어·문법·습자·변론술 등을 주요한 교과로 삼았다. 인도주의가 부흥한 시대에는 고학(古學)을 주안으로 하고 실과주의(實科主義)가 왕성한 때에는 자연과학과 수학을 기본 교과로 삼았고 실업주의가 세력을 확장한 때에는 실제 생활에 이익이 있는 교과, 즉 독서·산술·외국어·실업과 등을 주요한 과목으로 삼았다.

근세에 이르러서는 각 과학의 발전이 현저함을 따라 이들 과학을 전문으로도 연구하고 또 각 과학을 학교 교과 중에 편입할 의견을 주장함에 이르렀다.

이렇게 학교 교과는 시대 이상의 변천을 따라 상이하다. 또 교육이 어떠한가는 국가 성쇠에 직접 큰 관계가 있으므로 현 시대 개명한 각국에서는 국가가 대개 교육을 감독하고 이를 간섭함을 일대의 임무로 삼아 교과와 같이 교육상의 중요한 요소는 국가가 그 이상(理想)으로 삼는 목적을 따라 규정을 세우고 방침을 지도함에 이르렀다. 그러나 국가가 이상으로 삼는 목적도 일정불변하는 것이 아니라 시세와 인정을 따라 변하는 것이니 이를 항상 참작하여 개정하지 않으면 안 될 것이다. 또 한 나라 안에서라도 각 지방의 인정과 토지의 상태를 따라 이 규정을 헤아리지 않으면 안 될 것이다.

그런즉 보통교육을 시행하는 데 교과는 어떠한 표준을 따를까 하면, 첫째로 교과는 국민 개화의 전 범위를 포함한 총 요소를 선택할 것이요 교수의 재료는 국민 개화적 생활의 전 범위에서 선택하지 않으면 현재를 정당히 이해할 수 없고 교수의 목적을 달성할 수 없을 것이다. 이러한 요소는 대개 오늘날 소위 과학과 기술로 포괄할 수 있겠으나 이러한 과학·기술도 학교에서 직접으로 교수하는 교과와 직접으로 교수할 수 없어 각자 자유로 습득하는 과목이 없지 않으니, 간추려 말하면 교과는 각국이 당시의 상황을 고찰하여 취사선택하는 것이요 또 교과는 개화의 전반을 포괄치 않을 수 없는 것인즉 과학도 또한 심적 과학과 물적 과학이 적절히 조화하여 통일된 세계관을 얻게 하는 것이 필요하겠다. 그러나 각국의 상황이 각각 달라서 교과 선택의 방법이 또한 하나가 아니되 대개 주요한 과목을 차례로 거론하면 아래와 같다.

(1) 수신과(修身科)

수신과는 고래로 우리 동양 선진(先進) 제국(諸國) 교육상에 가장 필요한 과목으로 각 교과의 수위를 점한 것이었다. 서양 제국(諸國)에는 옛날 그리스·로마 시대로부터 별도로 수신과가 없었고 중세기 경에 이르러 예수교가 전파된 이후로는 각국이 교육상에 종교과를 특설하고-프랑스와 기타 몇 나라는 제외- 신학을 교수하여 이로써 각 교과의 으뜸 과목으로 삼아 오늘날에 이르도록 이 신학이 각 교과를 통일·연결하는 기초가 된 듯하다. 그러나 동양 제국에서는 사정이 이와 달라 고래로 수신·도덕이 거의 유일의 교과가 되었으므로 인민의 사상이 이 가운데 함양되어 도덕의 관념이 은연히 뇌수에 박혔으니 이후로는 교육의 길을 맡은 자가 단점은 버리고 장점은 취하여 이를 점차 개선·완성케 할 길은 용이하거니와 이를 근본적으로 변경할 필요는 없을 것이다.

대저 아동의 양심을 북돋고 덕성을 함양코자 하면 이를 먼저 지식의 방면으로 유도하여 선악의 구별을 진정하게 하고 선량한 이상을 구성하여 행위의 결과를 판단케 하는 작용을 계발할 뿐 아니라 수신과의 교수가 적당함을 얻음으로써 도덕적 요소를 배양하고 선을 행하고자 하는 의사(意思)의 작동을 흥분시킬 것이다. 우리는 원래 발달할 만한 역량이 있어 이는 자기 및 타인의 경험으로 말미암아 발달하니, 그러므로 교수상에 질서를 바르게 하고 감화를 베풀어 도덕의 실천을 주장하는 것이 필요하다. 혹 이르되 보통교육상에 특별히 수신과를 둘 필요가 없고 교수할 때에 각 교과를 수신에 관계가 있도록 전수하는 것이 편리하다 하나, 이는 각 교과의 고유한 목적이 아닌즉 다만 이렇게 하여서는 만족스러운 결과를 거두기 어려울 것이다. 그런즉 오늘날 동양 제국을 대체로 보면 수신과로 질서 있는 도덕적 교육을 시행하여 이로써 각 교과를 통일되게 하는 것이 필요할 듯하다. (미완)

역사담 제11회 : 시저전(3) / 박용희(朴容喜)

때에 기병대 일동이 국고를 차용하고, 돌려줄 방법이 없어 원로원에 감액해주기를 애원하되, 의원 등이 강력하게 불허하였다. 이에 시저는 백방으로 주선하여 대략 금액의 3분의 1을 면제해주었으니, 민심이 더욱 기뻐하여 은혜에 보답할 마음이 그치지 않았다. 이로 인해 그는 쉽게 갈리아 태수(太守)의 중임을 얻게 되었다. 당초에 시저가 폼페이우스를 백방으로 조종하여 협심하고 힘을 모으게 되었으나, 필연적으로 후일 큰 충돌이 발생할 줄을 스스로 예측하고, 큰 공명을 이루어 군대의 마음을 손에 넣고자 하여, 5년간 갈리아의 태수가 되기에 힘쓴 것이었다. 떠날 즈음에 뒤를 생각하면 화근이 될 키케로를 제거하고자 키케로와 숙원(宿寃)이 있는 클로디우스를 사용하여 민정관(民政官)에 임명하여 카틸리나(Catilina)의 난에 국법을 무시하고 관습을 고려하지 않은 죄를 물어 추방하게 하니, 이를 이유로 키케로 역시 어쩔 수 없이 그리스로 도망가게 되었다.

시저는 갈리아에서 지낸 약 10년간 크고 작은 수십 차례의 전투에서 3백 민족과 2백만여 인민을 정복하고, 8백의 도회와 백만 인구를 함살(陷殺)하며, 지금의 영국·독일·프랑스·오스트리아 등을 평정하였다. 또한 갈리아, 게르만 민족 등을 복종시키고 기원전 52년경에는 갈리아의 일족인 아르베니족의 추장(酋長) 베르킨게토릭스와 알렉시아에서 대전을 치루었다. 당시 갈리아 전 족속이 로마군에 대한 원망으로 추장 베르킨게토릭스를 총독으로 추대하고 갈리아 군 3·40만을 거느리고 알렉시아성을 원조하니 그 칼끝이 몹시 예리한 까닭에 로마군이 놀라서 뒤로 물러나야 했다. 이에 시저가 필생의 용맹과 절세의 뛰어난 포부로 또 싸우고 또 전진하여 드디어 알렉시아를 함락하고 베르킨게토릭스를 생포하니, 이후로 갈리아 전부가 시저의 무릎 아래에서 처분을 기다리게 되었고, 시저도 인심을 얻고자 관대한 정략(政略)과 막대한 폐물로 모든 추장을 은혜롭게 어루만지며, 때때로 성대한 호위를 대동하고 사방을 순유(巡遊)하니, 이후로 갈리아 등 모든 족속이, 독수리 기가 이르는 곳마다 두려워 엎드리지 않는 이가 없었다.

그 때에 로마의 경계 내에서는 시저의 명성이 인민의 머리에 깊이 박혀 세력이 날로 증가하므로 폼페이우스의 세력은 그에 따라 쇠퇴할 뿐이었고, 또한 크라수스와 틈이 벌어지므로 귀족 등은 권리회복에 진력하여 삼두정치가 와해에 이르게 된 상황이었다. 이에 시저가 두 사람과 루카에서 회견하고 재차 화합하여, 다음 해에는 두 사람을 집정관으로 천거하였다. 이와 같이 두 사람은 루카 조약을 실행하고자 하여 민정관 쓰레포니야[1]로 2종의 공문을 발행하게 하니, 곧 폼페이우스는 스페인, 크라수스는 시리아에 봉(封)하는 정령(政令)과 시저의 임기를 5년간 연장하는 것이었다. -후에 크라수스는 파르티아와의 대전 중 전사하였다.- 후에 불행하게도 크라수스가 전사하므로 삼두정치가 이두정치가 되니, 두 호랑이가 서루 싸우는 형세가 날로 긴박해졌다. 처음에 폼페이우스는 심히 시저를 경시하고 준비하지 않았다. 한편 시저는 밖

----

1 쓰레포니야 : 미상이다.

으로는 겸손하나 안으로는 계획을 세워 갈리아에 멀리 피하여 병사를 훈련시키고 기회를 기다리더니, 과연 로마의 실정(失政)은 시간이 갈수록 더욱 심하여 원로원의 위엄 있는 명령이 흙투성이가 되고 폼페이우스의 조치도 날로 공격받을 뿐이었다. 마침 키케로의 생사를 같이 할 정도의 벗 실라의 당과 클로디우스의 파가 선거 방해로 서로 싸워 로마 시내가 완전히 아수라장〔逐鹿場〕과 같았는데, 끝내는 실라 당이 클로디우스 파를 격파하고 클로디우스를 책살(磔殺)하였다. 이로 인해 국내외가 소동이 막심하나 막을 자가 없었다. 그러므로 식자는 다 난리를 예상하고 로마 정부의 근본적 전복과 높이 솟은 황제 체제를 차라리 갈망하여, 혼란의 일소와 질서의 회복을 이룰 커다란 수완가를 만민을 건져 구제할 앙망할 좋은 의사로 시인하고, 폼페이우스를 추선(推選)[2]하여 이 대임(大任)을 의탁하고자 하던 차였다.

폼페이우스는 이미 귀족과 손잡았을 뿐 아니라, 공교롭게도 그 처 율리아가 병사하므로 시저와 전연 서로 거리를 둔 차였다. 귀족파는 그를 딕타토르-임기간에는 제왕 같은 권한이 있다-로 추대하고, 그의 스페인 및 아프리카의 태수(太守) 임기를 연장하였다. 폼페이우스가 이미 최고 권력을 얻음에 곧 반란자를 체포하여 문책하고, 국내의 소란을 진압한 후에 곧 제2차로 시저를 타격하고자 하였다. 처음에는 폼페이우스가 시저를 어린아이처럼 축복하고 조금도 개의치 않았지만, 그 명성이 나날이 융성하여 자기 이상으로 오르는 것을 보고 시기심을 이기지 못하던 차였다. 드디어 시저를 내직으로 옮겨 병권(兵權)을 삭탈하고자 하여 소환한즉, 시저도 폼페이우스의 심사를 예측하고 임기 연장을 요구하였다. 폼페이우스가 그 세력의 뿌리 깊음에 놀라 단연코 일도 양단하고자 하더니, 마침 폼페이우스의 군사가 갈리아로 귀환하여 터

---

2   원문에는 '推撰'으로 되어 있다.

무니없이, "시저의 부하가 다 수년간 피로를 이기지 못하여 만일 교전하는 날에는 다 창을 거꾸로 겨누게 될 것이다."라고 말하였다. 폼페이우스가 크게 기뻐 더욱 준비하지 않고, 단지 공박(恐迫)의 수단으로 시저를 압박하고자 하여, 그날 후로 시저의 요구는 원로원 의원 등을 선동하여 조금도 허용하지 않게 하였다.

시저가 이미 자기의 요구를 조금도 수용하지 않는 것을 보고 칼을 어루만지고 미소지으며 "일이 이미 이렇게 되었으니 이를 이용해야만 한다."고 하였다. 그러나 절대적 최후 수단을 내는 것을 좋아하지 않아 적극적 온화주의 하에 원로원에 건의하기를 만일 폼페이우스의 스페인 태수 자리를 해임하면 자기도 기쁘게 따르겠다고 하였다. 이에 민정관 쿠리오(Curio), 안토니우스 몇 사람이 그 건의를 사람들에게 공포함에다 갈채로 찬성하였지만, 원로원에서는 완고하게 듣지 않고 시저를 공적으로 정벌하기를 주장하였다. 때에 또 시저에게 한 통의 편지가 도착하였는데, 곧 집정관 재선에 피임되기 전까지 갈리아의 태수를 유임하는 것과 레기온(legion)-약 6천 명이다-의 병사만 보유함을 간청한 것이었다. 그러므로 폼페이우스도 키케로의 권고를 거두어 승낙하고자 하던 차에 렌툴루스의 반대로 일이 수포로 돌아갔다.

때에 시저는 재삼 양보하였지만 조금도 효력이 없었을 뿐더러, 그들이 의회의 공의도 무시하고 자기를 공적으로 정벌하기로 선언함을 듣고 당일 군사를 일으켜 기선(機先)을 잡고자 병사를 다 알프스산 북쪽에 주둔시켰다. 이에 수하의 정병, 보병과 기병 약 6천여 명을 이끌고 로마로 즉시 향할 때, 먼저 심복 홀렌샤스에게 병사를 이끌고 먼저 가게 하고 자기는 침착하게 담소를 나누다가 일몰 후에 친한 벗 몇 명과 샛길로 군사를 끌고 루비콘 강가에 이르렀다. 그는 한참을 조용히 생각하다가 돌연 절규하며, "일은 이미 결판났다."라 하고, 즉각 강을 건너 아리미눔(Ariminum)을 쳤다. 때에 거국이 안도와 기쁨으로 즐거운 날을 보내다가 별안간 경보(警報)를 듣고 나갈 바를 몰라 동분서주하니, 명장 폼페이우스로서도 조금도 개의치 않다가 너무나 갑작스러워 당황하고 놀란 나머지 아연실색할 뿐이며, 비난의 소리가 사방에서 울렸다. 당초에 폼페이우스가 자기의 세력을 헛되이 믿고 사람들에게 말하기를 "만일 시저가 군사를 일으킬 때에는 내가 잠시 동안 로마성 밖으로 나가 일단 호령만 발해도 시저는 매우 간단해진다."고 하더니, 지금 그 당황스럽고 낭패 막심한 상황을 보자 쓴웃음만 나올 뿐이었다. 그때 폼페이우스의 수하에는 오히려 시저 몇 배의 전투력이 있었다. 그러므로 폼페이우스는 성을 등지고 한 차례의 기회로 삼고자 하나, 무능하고 겁 많은 귀족 무리에게 억제된 바 되어 부득이 이 로마성을 버리고 달아나는 경우에 이르렀다. 따라서 거국이 흉흉한 와중에 있는 것과 같았고, 남녀인사는 다 폼페이우스가 떠난 곳으로 따라 갔다. 만일 이때에 폼페이우스가 인심을 수합하여 안돈하게 하고, 시저와 성을 등지고 혈전하였다면 대진(大秦)-로마(羅馬)의 옛 명칭이다.-의 녹(鹿)과 그리스의 월계관이 누구의 손 안에 들어갔을지 알 수 없었으나, 당황하고 겁먹은 끝에 스스로 망하기에 이르니, 참으로 로마의 기둥 같은 인물, 곧 웅비의 명장이 이와 같이 운이 다하는 지경에 놓인 것에 대하여 동정하는 자는 눈물에 소매가 젖어도 모를 정도였다.

시저가 로마로 향할 때 모든 성이 다 폼페이우스가 패주한 것을 듣고, 문을 열고 나와 환영하였다. 그러므로 따로 저항할 힘도 없이 로마에 들어가 관대한 수단과 애를 어루만지는 정략으로 상하를 위로하고 달랬다. 대략 병사를 일으킴으로부터 10여 일간에 이미 로마를 통째로 가지게 된 것이다.

시저가 국회장에 들어서 자기에 대한 국회의 조치를 십분 논박하고 국적(國賊)을 공포했던 폭력적 상황을 질문한 후 분노하여, "내가 장차 이를 폼페이우스에게 따져 물을 것이다."라고 소리지르고, 자신의 광명

정대함과 피차의 시비곡직(是非曲直)을 절절히 통론한 후 "시비가 이미 분명하고 내 명예도 온전함을 얻었은즉, 이는 나의 행복이다. 나는 지금 예전의 분노를 망각하고 다시 폼페이우스와 악수하고자 하니, 여러분은 근심 말고 서로 도우라."라고 다시 일렀다. 그러나 폼페이우스가 패주한 때에 뱃심 좋게 자기와 함께 하지 아니하는 자는 다 시저와 같이 공적으로 간주한다고 말하므로, 겁내고 살피는 와중에 조화는 고사하고 입을 여는 자도 한 명 없었다. 때에 시저는 국고를 나누어 군비를 마련해주고, 북 갈리아 지방에 가서, 병사를 조련하고 말을 훈련시키다가, 돌연 폼페이우스 일당이 스페인에서 갑작스레 봉기했다는 것을 들었다. 그는 우선 파비우스(Fabius)를 파견한 뒤 친히 철기군 9백여 명과 나아가 도와 불과 한 달여가 지나기 전에 국내를 쓸어버리고, 로마에 귀환하여 약 11일 동안 대체로 필요한 개혁을 가하니, 곧 채권자의 권리 제한과 전후 추방자를 모두 귀국하게 함과 키살피나 사람에게 로마 시민과 동등한 공권(公權)을 허가하는 것이었다.

세계의 대형 동물 담론 / KNY생

이 지구상에서 생활하는 동물은 그 수가 수십만 종이다. 어떤 것은 크고 어떤 것은 작으며 어떤 것은 길고 어떤 것은 짧아서 그 형체가 과연 천차만별이요 각양각색이라 일일이 진술하지 못하고 여러 종류 중에서 큰 것만 골라서 아래에 진술하고자 한다.

(1) 포유류

현재 육지에서 살아 숨 쉬는 동물계 중에 가장 비대한 것은 코끼리이다. 이는 아시아와 아프리카에서 산출하는 큰 짐승이다. 몸의 높이가

8척에서-나무자-10척에 이르고 몸의 길이가 12척에서 15·6척이며 또 체구가 뚱뚱하여 비대하기 때문에 육량(肉量)이 매우 많고 무게는 750근에서 800여근에 이른다. 아프리카산 코끼리는 아시아 코끼리보다 다소 작은데 속언에 이르기를 "아프리카 코끼리의 앞니 두 개가 아시아 코끼리보다 커서 그 길이가 4에서 5·6척이며 무게가 50근에서 60여근이요 그 중 가장 큰 이빨은 100근에 가깝다고 한다. 또 코끼리는 몸이 클 뿐만 아니라 동물계에서 가장 장수하는 동물이다. 산야(山野)에 살면 통상 200살을 넘긴다고 하니 최대로 장수하는 동물이라고 말할 수 있다. 지금은 아시아·아프리카 두 대륙에서 산출되는 종만 진술하였으나 수천 년 전 고대를 거슬러 올라가 고찰해보면 '매머드'와 '마스토돈'이라고 하는 큰 코끼리가 있었는데 대륙은 물론이거니와 섬나라에도 서식했다고 한다. 몸 크기는 12척이요 몸 길이는 8척이며 길게 늘어진 털이 몸 전체를 덮어 가렸다고 한다.

코끼리 종류 외에도 하마(河馬)라 불리는 큰 동물이 있다. 이는 아프리카의 해안·늪·못 등지에서 서식한다. 몸의 높이가 7척 남짓이요 길이가 13·4척이다. 안면은 넓고 다리는 짧은데 몸의 뚱뚱한 정도는 코끼리처럼 후대하지 않고 조금 먼 거리에서 보면 작은 언덕 모양으로 보이며 성질은 느리고 무디지만 해당 지역 하류에서 뗏목 타고 왕래하는 토착민을 공격하여 뗏목과 사람을 모두 깨무는 일이 있다고 한다.

또 무소(犀牛)라 불리는 큰 짐승이 있다. 아프리카와 인도에서 산출되는데 인도 무소는 작아 높이가 5척, 길이가 10척이요 코에 뿔 하나가 달려 있고, 아프리카 대륙의 무소는 높이가 5척 남짓이요 길이는 12·3척이며 코에 뿔 두 개가 달려 있고 무소뿔의 길이가 2척 되는 것까지 있으나 그 형상이 소와 사슴의 뿔과는 크게 다른데 옛날 한의방(漢醫方)에서 이른바 조서각(鳥犀角)이 이것이다.

또 기린이라 불리는 짐승이 있다. 이전에 동양에서 성인이 나와야

이 짐승이 나타난다고 하였으나 원래 우리나라와 청나라 등지가 이 짐승의 산출지가 아닌즉 드물게 보이는 생물이기 때문에 이러한 속설이 있는지는 모르겠다. 그러나 아프리카의 넓은 들판에 이르면 이 기이한 짐승이 서식하는데 그 형상은 사슴과 흡사하여 목은 매우 길고 높으며 또 비대하고 몸통-목에서부터 엉덩이까지-은 다른 짐승보다 매우 짧고 앞다리는 뒷다리보다 길고 발굽으로부터 머리꼭대기까지는 통상 17・8척이나 20척 정도 되는 경우가 종종 있으니 대저 육지에 서식하는 동물 중에 몸 높이가 이에 미치는 것은 또 없을 것이다. 목이 상상 외로 길고 크기 때문에 지상의 음식물을 주워 먹는 데에는 자못 곤란하여 평상시 교목(喬木)의 잎을 따먹는다. 기묘하게도 좋아하는 나뭇잎이 매우 높은 나무에 있을 경우 혀가 길고 힘이 있어 신장에 비견될 정도의 높은 곳이라면 어디든 미치지 못함이 없으므로 혀를 뻗어 작은 가지를 아래로 구부린 뒤에 그 잎을 먹는 성벽(性癖)이 있다. 만일 물을 마시고자 하면 앞다리를 넓게 벌려 딛는 듯 선 자세를 공고히 한 뒤에 머리를 숙인다. 성품이 온유(溫柔)하여 평소 무리지어 사는데 만일 사냥꾼이나 맹수에게 후방 기습을 받으면 그 목이 길어 곧장 앞을 향해 달아나지 못하고 무리 전체가 머리를 다 좌우로 흔들면서 달려가니 이는 완연히 시계의 진자와 같아 하나의 기이한 경관을 나타낸다.

　다음으로 낙타라 불리는 큰 짐승이 있다. 이는 아시아 및 아프리카 사막지방에 서식하는 가축이다. 높이가 6척 남짓이요 길이가 12・3척이요 목의 길이가 4척 정도 된다. 청나라 지방산은 양봉타(兩峰駝)이니 등 위에 두 개의 혹이 있어 천연의 안장 도구를 갖춘 것이요 아프리카와 페르시아 지방산은 단봉타(單峰駝)이니 등 위에 하나의 혹이 있고 체격이 양봉타보다 작은데 등 위의 혹은 자양분을 저축해두는 주머니이다. 양육 방법의 좋고 나쁨에 따라 혹은 크고 혹은 작으며 또 물주머니가 있어 한 번 음료수를 저장해두면 10여 일 동안 물을 마시지 않고도 생명을 지탱할 수 있기 때문에 아라비아나 기타 지방 대상(隊商)들이 사막여행을 할 때는 이 짐승을 탄다.

코끼리·하마·무소·기린·낙타는 모두 외국산 동물이다. 우리나라 동물 중에 무엇이 가장 큰가. 아마도 소일 것이다. 이는 우리나라에서 가장 큰 짐승일 뿐 아니라 세계 우족(牛族) 중에서도 최대의 크기일 것이니 도리어 무소·낙타보다 클지도 모르겠다. 유럽과 미국의 들판에 서식하는 비존(Bizon)-버팔로-이라고 하는 들소가 매우 큰데 높이가 6척, 길이가 10척 이상도 있고 머리에서 목까지 구불구불한 털이 드리워져 있다.

또 물소라고 불리는 짐승이 있다. 이는 높이가 4척 남짓, 길이가 8척 남짓으로, 그 산지는 타이완 섬이다. 해당 지역 토착민들은 이 짐승을 부리기 좋은 한 동물로 삼는다. 아라비아 말은 높이가 5·6척, 길이가 10척 가까이 되는 것이 있으며, 낙타의 일종으로 크기가 노새〔騾馬〕에 비할 만한 낙양(駱羊)이라고 하는 짐승이 있는데 높이는 5·6척, 길이는 8·9척이다. 산지는 남미 대륙 페루이니 해당 국가에서는 중요한 가축이다. 청나라 만저우지방에 사불상(四不像)이라고 하여 사슴도 아니고 소도 아니고 낙타도 아닌 들짐승이 있으니 높이가 4척 남짓, 길이가 7척이며, 우리나라 장백산에는 호랑이와 곰과 같은 큰 짐승이 있다. 북극지방에는 순록(馴鹿)이라고 하는 귀한 짐승이 있으니 그 크기는 사불상과 동일하나 몸통이 비대하고 유럽과 아시아 북부에 서식하는 미록(麋鹿)은 높이가 소·말에 비견되는 것이 있으며 영국에서 발견된 사슴의 골격은 양쪽 뿔 사이가 11척이라고 하니 이는 물론 이전 세계 동물이다. 또 맥(貘)이라 하는 짐승은 인도와 아프리카에서 산출하는데 크기는 노새와 같다.

일본국 홋카이도의 곰은 길이가 8·9척이요 몸은 비대하고 힘이 강하여 뒷다리로 일어서고 앞다리를 드는데 소·말을 만나면 끌어안고서 산골짜기 속으로 던지는 일이 종종 있다고 한다. 보통의 곰은 함경도 및 평안북도 지방에 서식하니 길이가 4·5척이요 높이가 5·6척이며, 극한 지방에는 깊은 눈 속에 백웅(白熊)이라고 하는 큰 짐승이 서식하는데 길이가 8척 이상 되는 것도 종종 있으니 곰 부류 중에서만 대관(大關)이 될 뿐만 아니라 북극 육지 동물 중에는 비견될 것이 없다고 한다.

지금 순수한 육식 동물 부류 즉 묘족(猫族)을 들어 설명하건대, 그 중 가장 큰 것은 범이니 동남아시아 지역의 특산이다. 높이가 3척 남짓이요 길이는 10척에 가깝다. 그 다음은 모든 짐승의 왕이라고 하는 사자이다. 높이가 범과 비견되고 길이는 5·6척에 불과하며 아메리카 광야에 횡행하는 아메리카 사자〔米獅〕와 아메리카 표범〔米豹〕도 범에 버금가는 짐승이니 아메리카 표범의 높이는 2척 7촌, 길이는 5척 혹은 6척이며 보통의 표범은 높이가 1척, 길이가 4척에 불과한 작은 범 부류이다.

인류에 가장 가까운 원후류(猿猴類)를 진술하건대, 큰 것은 서너 종이다. 하나는 아프리카 서부에 서식하는 대리(大狸)이다. 신장이 6척인 동물이니 보통의 한국인보다 클 것이다. 다른 하나는 침팬지〔黑猩猩〕이니 역시 서아프리카에서 산출한다. 평생 무리지어 살면서 괴상하고 의아한 못된 장난으로 토착민을 곤란하게 하는 것들이다. 또 다른 하나는 오랑우탄이라고 하는 성성(猩猩)이니 남양주(南洋洲)의 보르네오·수마트라 두 섬의 특산인데 낮은 코 둥근 눈에 용모는 추악하고 앞의 팔이 조금 길어 3척이 넘는다. 그러므로 손가락이 땅에 닿으며 꼴리라칸반디³-원숭이 이름-보다는 몸 하나가 작으나 분노할 때에는 엽총을 구부러뜨릴 만한 거대한 힘이 있어 왕왕 부녀자를 낚아채간다고 한다. 이상 세 종류의 유인원은 체구의 크기와 생긴 모양이 인류와 흡사하기 때문에 토착민들은 이를 '산남(山男)'이라고 불러 인류의 일종으로 짐작했

---

3 꼴리라칸반디: 미상이다.

다. 동물학상으로도 이 세 종류는 특히 유인원(類人猿)이라고 하는 동일 소속으로 명명하였고 그 외에 동일 부류로 개코원숭이〔狒狒〕라고 하는 것이 있다.

남반구 대양(大洋)에 외따로 떨어져 있는 오스트레일리아 대륙은 다른 대륙과 특히 달라 고대의 포유류는 오직 대서(袋鼠) 한 종족뿐이요 그 외에 승냥이·이리·원숭이·여우 등은 전혀 없는데 대서 종족 중에서 가장 큰 것은 캥거루라고 하는 들짐승이다. 머리는 작고 목은 짧으며 몸의 앞부분이 뒷부분보다 매우 발달되어 있고 그 형체는 완연한 쥐이나 다만 앞발이 매우 짧고 뒷다리가 매우 길어 매양 뒷발로 뛰고 걷는 동작을 이루며 복부에 천연 주머니가 있어 위급한 경우를 당하면 새끼를 그 안에 숨겨 넣고 도주하니 이는 특별히 안보 기구를 가진 동물 종류이다. (미완)

아동 물리학 강담(3) / 초해생(椒海生) 김낙영(金洛泳)

갈릴레오 이야기

세계문명이 진전될수록 점점 분주해져 지구의 인류가 부강을 도모하고 빈약을 피하고자 할 때 우등하고 빠른 자는 얻고 열등하고 둔한 자는 얻지 못하게 된다. 그 우등함과 열등함, 빠름과 둔함을 무엇으로 표출할까 하면 이는 즉 시간이용의 능불능이다. 시간을 이용함에 고대에서는 태양 그림자의 출입으로만 표준을 삼아 날이 어둡고 컴컴한 날은 시간의 분수를 알지 못하고 밝으면 낮으로 알고 어두우면 밤으로 알아 생존경쟁이 천지의 혼돈을 벗어나지 못하더니 15·6세기경에 이르러 과학의 발전이 좋은 운을 열고 각종 기계를 발명할 때 시계라 칭하는 일대의 기묘한 기계가 발명된 이래 오늘날에 이르러서는 비록 어둠 컴

컴한 주간과 칠흑같이 어두운 밤이라도 이 기계만 가지면 시간의 흘러 감을 알 수 있어 막대한 편리와 비상한 진보를 꾀하는 고로 인간사회에는 어떤 장소를 물론하고 이를 갖고 사용하지 않는 자가 없으니 이는 정말 문명계의 큰 보물이다. 지금까지의 일을 독자 여러분이 숙지하는 바이겠지만 대개 학문이라는 것은 투철히 알아서 획득하지 않으면 안 되는 것인 즉 다음에 그 사실을 소개하고자 한다.

서력 기원 1564년경에 이탈리아국 피사(Pisa) 부의 가난한 한 귀족이 있었으니 이름이 갈릴레오이다. 어릴 때부터 영리함과 민첩함이 보통사람을 넘어서고 지혜가 남음이 있어 각종 용구와 기계를 다수 제조해내고 간혹 마음 아픈 일이 있으면 완구 제조로 스스로를 위로했다. 일찍이 플로렌스에 가까운 발롬브로사(Vallis Umbrosae)교회에서 가르침을 받고 라틴어와 그리스어 등 어려운 학자어와 또 논리학을 교수받았는데 그 부친은 그 아들이 음악과 수학에 비상하게 재질이 있음을 알고도 자기의 소견으로 의학을 권하려 하다가 그 아들의 성질에 부합하지 않은 까닭에 뜻대로 하지 못했다.

1581년 그는 나이 18세가 되었다. 피사부 대학교에 입학해 물리, 식물 및 기타 학문의 강의를 초록할 때, 하루는 같은 도시의 유명한 사탑에 이르러 그 위에 기어올랐는데 처마 끝에서 땅에 이르기까지 똑바로 매단 청동 등롱이 불어오는 미풍의 움직임을 따라 흔들렸다. 정신을 쏟아서 보니 이상하게도 폭이 넓게 흔들리던지, 좁게 흔들리던지 동일한 시간에 한결같은 모양으로 흔들렸다. 급히 생각하기를 진추-괘종의 추-라는 것은 흔들리는 폭에 관계없이 동일하게 흔들리는가보다 했다. 곧 3척쯤 되는 가는 실 끝에 납을 매달고 이와 같은 또 다른 하나를 만들어 박달나무의 수직 아래로 하고 다른 쪽의 납은 5촌쯤 가로로 끌고 다른 한쪽의 납은 1척쯤 가로로 끌어 동시에 놓으면 뒤쪽의 납은 앞쪽의 납이 흔들리며 가고 오는 길보다 배가 될 뿐 아니라 양편이 동일한 시간에 진동해 정지하기까지 틀리지 않으니 이를 등시성(等時性)이라 칭한다. 이 청년이 이를 응용해 오늘날 시계를 만들고자 해 먼저 맥계(脉計)라 말하는 맥박(脉搏) 세는 기계를 만들었고, 그 후 누차 변경해 지금의 괘종시계와 회중시계가 되었으니 저 괘종시계의 진추-혹은 진자(振子)라고 한다-를 자세히 들여다보면 언제든지 동일한 넓이로 좌우로 진동하고 그 폭이 넓든 좁든 위에서 진술한 것처럼 관계가 거의 없는 까닭에 시계가 진정으로 시간을 가리키게 된 것이다. 그 후 학자들이 실측한 바를 들어보면 대략 길이 3척 3촌쯤 되는 진추는 1초 사이에 한 번 흔들린다 하는데 회중시계는 괘종시계 진자 대신으로 태엽(spring)을 사용한 것으로 그 이치는 완전히 같다한다.

이 같은 대발명자가 된 학생이지만 그 때는 오히려 수학의 지식이 없었다. 앞서 진술한 것처럼 그 부친이 의사가 되게 하려고 수학을 교수하지 않았기 때문인 듯하다. 그러나 하루는 우연히 기하학강의를 방청하고 본래 지닌 천성적인 수학적 재질로 처음에 곧 그 재미를 깨닫고 근실하게 공부해 불과 얼마 되지 않은 시일에 비상한 진보를 이루었다. 그래서 원래 반대하던 부친도 이를 찬성해 임의대로 학습하게 하였지만 본래 집이 가난한 고로 학비가 부족해 학위도 얻지 못하고 중도에 대학을 그만두고 그 고향 플로렌스로 돌아왔는데 그 때가 1587년이요, 이때 나이는 23세였다. 얼마 되지 않아 플로렌스 중학교 교사가 되어 학생을 가르친 여가에 수학, 물리학 등을 연구해 빛나는 명예로 피사대학교 교관으로 임명되었다. 3년간 교편을 잡았을 때 다시 유명한 실험으로 앞서 제기한 학설을 바로 잡았다. 이는 옛날 아리스토텔레스라 칭한 학자가 주창한 바로 모든 물체의 하락은 무게 때문이라는 설이다. 무거운 물체는 가벼운 물체보다 먼저 떨어진다는 정의를 그 후의 학자들도 이에 덧붙여 주창했는데 갈릴레오 교관이 이것이 착오라고 주창해 다양한 논의를 일으켰다.

여러분은 어떻게 생각하는가? 역시 아리스토텔레스처럼 생각하는가? 이는 큰 착오이다. 실험으로 확실히 알고자 하면 20전 신화(新貨) 한 개와 1원짜리 한 개를 취해 높은 난간 위에서 아래로 하락시켜 보라. 필연적으로 동시에 땅에 떨어질 것이다. 갈릴레오 교관도 위에서 말한 근거처럼 반대파 학자들을 이끌고 피사부 사탑에 올라 크고 작은 두 개의 쇠구슬을 아래로 떨어트려 보니 그 무게의 차이에 조금도 구애받지 않고 동시에 떨어짐에 반대파 학자가 다 말없이 항복하였다. 그러나 이로 인해 대중의 분노를 사 동대학교 교관에서 해임-이미 승리한 자에 대한 싫음은 예나 지금이나 같다!-되었다.

물체 중량의 차이는 분명 있는데 어찌하여 그 낙하는 동일할까? 지금 이야기해보겠습니다. 사과 두 개 중 그 하나는 풀을 발라 오른 손에 쥐고 왼손에는 풀 바르지 않은 것을 쥐었다가 일시에 펴면 둘 다 동시에 땅에 떨어질 것이다. 풀을 칠하든 그렇지 않든 별로 관계가 없는 것이다. 만일 두 개가 같이 붙어 있으면 높이가 배가 되는 대신에 한 개씩 끄는 힘이 둘인 고로 인력도 배가 되니 어떤 힘으로 그 하나를 끌어서 떨어트리던지 그 배의 물체를 배의 힘으로 끌어 떨어트리는 것이 동일한 일이다. 말 한 필이 1000량의 무게를 지면 두 필은 2000량의 무게를 질 것이니 어떤 의아함이 있으리오. 이와 같은 이치를 대학자가 설명하였소. 그 후에 파도바(Padova) 대학 수학교관으로 임명되어 1592년부터 1610년까지 18년간 연속해서 시무할 때 그 명성이 이 때에서야 유럽 전체에 널리 퍼져 각국에서 배우러 오는 자가 2천여명에 이르렀다. 그 사이에 온도계의 기초를 발명하는데 이는 한쪽 끝이 차가운 유리관 속에 물을 주입해 채워 다른 수성기(水盛器) 속에 새우고, 관 속에 소량의 공기를 불어넣으면 공기는 가벼운 물체여서 위로 떠오를 것이니 심한 더위를 만나면 관 속에 있는 공기가 팽창하는 까닭에 관 속의 물이 아래를 누르고 춥고 차가움을 맞으면 관 속의 공기가 부족해지는 까닭에 물이 눌려 위로 가니 그 승강을 보고서 대체적인 추위와 더위를 측정하여 알 수 있게 되었소. 그러나 완미무결하지 못했는데 그 후 1670년경에 수은용 온도계가 발견되었소. 현세에 사용되는 것은 섭씨온도계와 화씨온도계 양종이니 주온도계〔柱寒暖計〕는 파렌하이트 (Gabriel Daniel Fahrenheit)라 칭하는 사람이 제작한 화씨온도계로, 인체의 온도는 98도이며 여름철 혹열 때는 100도요, 물의 비등점은 212도이며 빙점은 32도라 말하는 것이 다 화씨의 표(表)요,

　의사와 학자들이 사용하는 것은 셀시우스(Anders Celsius)라 칭하는 사람이 제작한 것인데, 비등점은 100도요, 빙점은 0도이며 인체의 온도는 37도라 말하는 섭씨온도계이니 어떤 것이든지 0도 이하에도 도표가 있어서 최저의 온도라도 측량할 수 있어야 그 때 영도 이하 몇도라 말할 수 있소. 대개 온도계가 어떻게 온도를 표시하는가 하면 관 속에 공기가 조금도 없는 까닭에 온도의 고저를 따라 구(球) 속의 수은이 혹 팽창 혹 수축해 매번 관 속의 수은주를 헤아려 승강시켜서 진정 바르게 온도를 볼 수 있는 것이다. 그 후에 이 학자는 망원경을 개량해 실물 32배의 경도(鏡度)를 만들어 달세계를 조사해서 달 속에 밝은 곳과 어두운 곳이 있고 밝은 곳은 산봉우리요, 어두운 곳은 계곡이라는 것을 발견하였다. 그 이외에 지금까지 어떤 것인지 알지 못하던 은하도 망원경으로 살피어 무수한 별들이 모여서 이룬 것이라는 것을 발견했다. 그 후 1610년에 교관을 사임하고 플로렌스부로 돌아가니 이 때 그 이학설이 로마 법황의 교의를 거스른다 해 로마 종교재판소로 소환되어 분노를 표하다가 요행히 풀려나 고향으로 돌아갔으나 불행이 맹인이 되었다. 그러나 오히려 다양한 연구를 계속해 1642년까지 부지런하게 하루도 게으름을 피우지 않고 앞서 진술한 것처럼 물체의 낙하를 조사해 지금도 유명한 낙하공식을 발명하였으니 대체로 오늘날의 세계문명은 이러한 현인이 만들어낸 것이라고 말할 수 있다.

이과(理科) 강담(1)

- 소학교 교원의 참고를 위해 - / 호연자(浩然子) 역술

개구리

중요사항

　개구리가 물과 땅, 두 곳에 서식하기에 적합한 상태를 갖춘 일, 개구리의 상습과 변태, 개구리의 종류와 변색, 개구리는 농업에 유익함, 척추동물과 무척추동물

　교수: 개구리는 통상 몸이 미끄러운 동물이니 이는 피부에서 점액-곱-이 나기 때문이요 또 피부에는 피지선(皮脂腺)이 있어서 악취 나는 액체를 분비해 외적을 방어하며 또 선에 저장하는 지방은 겨울철에 땅속에 매몰해 기생하는 영양분을 공급한다. 또 벌레를 포식하기에 간편한 큰 입이 있으며 혀는 그 표면에 주름이 많고 혀의 뿌리 밑은 아래턱 앞단에 부착되어 있는데 그 끝은 입 속에서 뒤집혀 바뀌어 벌레를 포식하고자 할 때 돌연히 토해내는데 항상 점액이 젖어 있기에 벌레는 일차 점착된 후에 도피할 수 없고 또 혀의 출입이 매우 민첩하고 빨라 파리, 등애 등이 도피할 것을 미리 정하고 날아오르고자 해도 부지불식간에 이미 그 입속에 사로잡히게 된다. 또 우리가 개구리를 볼 때 흔히 그 혀를 보기 쉽지 않은 것은 혀의 장단을 알 수 없는 것과 아울러 그 출입이 저렇게 민첩하고 빠른 까닭에 우리의 시각으로는 아무런 느낌도 받을 수 없기 때문이다. 고로 만일 그 혀를 보고자 하면 개구리를 잡아 얼마간의 담뱃대 기름-뒷진-을 그 혀 면에 칠해 두면 저는 분명 물가에 이르러 그 앞 다리로 이 기름을 씻어버리려 할 것이니 그 혀를 볼 수 있을 것이다.

　주의: 황색 줄무늬를 지닌 청개구리 한 마리를 잡아 관찰하되 가장

중요한 점은 신체가 미끄러운 것과 입이 큰 것만 상세하게 관찰하고 혀의 관찰은 다른 날로 양보해야 할 것이다.

또 새와 물고기는 털과 비늘이 있으나 개구리는 털과 비늘이 없는 차이를 언급해야 할 것이다.

개구리의 네 다리를 보더라도 물과 땅 두 곳에 서식하기에 적합한 것을 충분히 알 수 있을 것이니 이는 곧 앞 다리에 짧게 네 발가락을 갖추어 우리의 손처럼 동작을 할 수 있어 지상에서 몸의 앞부분을 지탱할 수 있고 뒷다리는 길게 다섯 발가락을 갖추어 도약에 적합할 뿐만 아니라 물갈퀴막-부채발-이 있어서 물속에서도 유영하기에 적합한 발이다.

주위: 앞다리는 발가락이 네 개요, 뒷다리는 다섯 개이며 또 물갈퀴막이 있음을 관찰할 것이오. 수컷과 암컷의 구별도 앞다리로서 관찰할 수 있으니 수컷은 다소 변형 되어 암컷의 앞다리보다 크게 부풀어 있으니 암컷과 수컷 두 마리를 비교해 보시오.

개구리는 겨울기간에 땅 속에서 칩복해 어떤 것도 먹지 않고 다만 피지선 속에 저장한 지방으로 영양분을 삼고 태연히 수면하는 것처럼-이를 동면이라 말함-하다가 봄날 온난할 때에 이르면 논 혹은 도랑 속에서 들어가 알을 낳으니 알은 단백질과 같은 물질을 포함하고 있어 추위와 더위의 극적인 변화를 방지하며 다른 동물에게 씹어 먹히는 것을 피하고 물속의 미생물의 기생을 억제하며 부화된 후에는 그 자리에서 양분을 만든다. 햇빛이 따뜻해져 알이 부화하면 올챙이가 되어 어류와 가까워져서 물에서 유영을 능히 하다가 며칠이 지나면 올챙이에게 뒷다리가 생기고 또 앞다리가 생겨 점차 그 꼬리가 소실되어 개구리가 된다. 이후에는 지상에서 벌레류를 잡아먹고 혹은 물속에서 유영을 할 수 있다. 유충이 되었을 때에는 오로지 물에만 서식하던 까닭에 어류와 동일하게 아가미-커섬치-혹은 커덜미 혹 귀지비 혹 지느러미가 있어 물속의 공기를 호흡하다 성충 시기에 이르면 아가미는 소실되고 그 대신 폐가 존재해 물속에 있을 때에는 호흡을 할 수 없게 된다. 만일 호흡하고자 하면 물위로 떠올라야 하니 개구리는 과연 양서류의 모범이 되었다.

주의: 영원(蠑螈)-장잠이류-도⁴ 역시 양서류이나 많은 시간을 물속에 있고 간간히 습지로 나오며 개구리보다 희소함에 이를 알지 못하는 아이도 있을 것이다. 만일 다수의 아이가 이를 알거든 "이 역시 양서류다"라고 언급하는 것이 맞을 것이오. 동면은 뱀류도 있는데 이들은 기후의 극적인 변화를 인내하기 어려움으로 추위와 더위가 매우 심하게 두드러진 토지에서는 동면이 매우 필요하나 1년 중 온도의 태반이 동일한 적도 근방에서는 필요가 없어서 동면도 없다. 형태의 변화는 곤충과 비교할 것이오. 물속에서 생활하는 상태-유충 혹은 성충-은 어류와 비교하며 산란은 다른 물고기 종류에 대강 비교하시오.

개구리는 종류가 매우 많다. 가장 큰 체격에 암갈색을 갖는 것은 두꺼비니 피부는 혹 모양이 되어 매우 추악하다. 보통 개구리는 전체 줄무늬가 있으니 즉 작고 예쁜 것이다.

청개구리는 발끝에 원형 흡판을 갖고 있어서 나무를 잡고 오르는데 교묘한 기구로 사용하며 어떤 경위에 맞추어 피부색이 변해 청색 혹은 갈색 등이 되어서 낙엽, 마른 풀 속에서 적의 눈을 피하기 편리하니 이는 보호색이요. 그 나머지 빨간 개구리, 뱀 개구리 등 부류가 있다. 다 벌레류를 날아가게 함으로써 농업상 유익한 점이 많다.

주의: 개구리 종류의 실물이 다 필요하지 않더라도 청개구리는 빨판을 관찰하기 위해 미리 준비해야 할 것이다.

새나 어류나 개구리 등은 다 등골뼈가 있음으로 이를 척추동물이라

---

4   영원(蠑螈): 양서강 유미목 영원과의 총칭으로 작은 도마뱀 같은 종류를 말한다.

하고 곤충과 거미 등은 등골뼈가 없는 까닭에 총칭 무척추동물이라 한다.

주의: 척추동물은 무척추동물보다 고등함을 발견하게 하며 우리도 또한 척추가 있음을 알게 한 것처럼 척추가 있더라도 우리와 다른 동물과 대다한 차이가 있음을 알게 한다. 새는 개구리보다 고등하고, 개구리는 어류보다 고등함을 언급하라.

응용: 개구리를 무익하게 죽이지 말라. 단지 해도 없을 뿐만 아니라 농업상에 이로운 동물이다.

밭을 경작할 때에 종종 동면하는 개구리를 발견하는 일이 있는데 죽은 것과 흡사해 겨우 움직일 뿐이다. 이를 돕고 보호해 흙 속으로 파고 들어가게 하라.

개구리 알은 건조하면 발육이 적합하지 않은 고로 알이 있는 논에 물이 조금 마르는 일이 있으면 물을 끌어와 개구리알이 수면 아래에 항상 있게 해야 할 것이다.

부기: 개구리의 이목구비 및 울음 주머니 개구리는 우리처럼 이목구비가 있으며 또 수컷개구리에게는 울음 주머니가 있어서 공기를 저장해 울리는 소리를 내는데 울음 소리는 암컷개구리를 부르기 위해 내는 것이다.

눈과 입이라는 것은 설명할 필요가 없으나 귀와 코는 설명해야 할 것이다. 귀는 눈의 후방에 있어서 외귀가 없으며 원형의 고막이 노출되어 있고 코는 머리 끝단에 있어 입에 가깝고 판을 갖고 있어 개폐(開閉)를 한다.

삼나무 식재조림법 / 초해생(椒海生)

삼나무는 원래 일본국 소산이다. 나무의 몸체는 노간주나무와 흡사하여 곧게 자라고 잎은 전나무 잎과 비슷한데 성장하는 정도가 매우 빠르고 또 재배하는 데에 공력과 비용이 지나치게 많이 들지 않을 뿐만 아니라 이식(移植)한지 10년경이면 좋은 목재가 된다고 하니 이는 일본 생산물 중에서 매년 수출액이 높아지는 품목이다. 나는 매번 관심을 갖고서 그 이식과 관련한 여러 가지 일을 물었다. 이 나무는 뿌리를 뽑은 이후 7·8일이 지나도 급하게 말라 죽지 않으므로 먼 지역이라도 이식하기에 편리하며 3년생-나무 길이 1척 5·6촌쯤 된 것-묘목 천 그루 가량의 대금이 우편요금까지 포함하여 15·6환이면 충분하다고 하니 황무지가 넓고 비옥한 우리나라 땅에 이 삼나무를 이식한다면 막대한 국부(國富)를 올릴 수 있겠다고 생각된다. 그러므로 이식조림법(移植造林法) 1편을 아래에 기술하여 농업에 뜻 있는 분들의 참고용으로 제공하고자 한다.

○ **적당한 토지:** 삼나무는 성장이 매우 쉽게 이루어져 어떠한 지질에서도 생육할 수 있으니 극한 극열 지방 외에는 어느 곳이든 재배를 시도해볼 것이나 그 성질이 본래 건조한 땅에는 적합하지 않고 습기가 있는 동향 혹은 북향의 산허리로서 오목하고 깊은 곳이라야 성장이 빠를 뿐 아니라 그런 곳에서 생장한 것이라야 재질이 양호하다. 적합한 땅에서 50년쯤 된 것은 높이가 8·90척이요 둘레가 3·4척에 이르며 오래되어 나이든 것은 높이가 150척에 달하는 것도 있다.

○ **종자:** 삼나무 꽃은 3월에 피었다가 열매 맺는것은 9월, 10월에 무르익고 종자를 뿌려 발아되는 양은 10분의 7·8에 달하되 발아한 뒤에 말라 죽는 것이 많으니, 1년생 묘목은 10분의 2·3을 넘지 못하며 1승(升)의 종자로는 무릇 4만 그루를 얻고 종자를 채집한 후 10개월이 지나면 발아력을 잃는다.

○ **종자의 채집:** 종자를 채집할 때에는 40년에서 100년생 정도 되어 건전하고 듬성듬성 서 있는 모수(母樹)를 선택하되 같은 나무 안에서도

윗부분에 맺힌 종자는 중간 부분에 맺힌 종자보다 그 성질이 하등에 해당하므로 되도록 중간 부분의 종자를 채집해야 한다. 종자를 채집하는 데에는 두 종류의 방법이 있으니, 하나는 둥그런 열매만 따는 것이고 다른 하나는 가지와 함께 절취하는 것이다. 가지를 함께 꺾을 때에는 나뭇가지의 손상이 다소 있으나 채집하기 쉽기 때문에 이 방법을 사용하는 것이 좋으며 채집 시기는 추분 전 1개월 사이가 가장 좋고 이미 채집한 종자 열매는 2·3주가량 건조시켜 비늘조각이 열리기를 기다렸다가 깔개 위에서 막대기로 후려치고 잘 건조시켜 먼지와 쓰레기를 제거한 후에 주머니와 자루에 담아 넣어 습기 없는 곳에 보관해둔다.

○ **모밭:** 모밭은 평탄한 땅이나 혹은 북향과 동북향으로 조금 경사지고 동·북·서 3면에 삼림(森林) 또는 제방을 두르고 또 급수(汲水)에 편리하게 깊은 지층(地層)으로 된 곳이 가장 적합하다. 새로 개간한 적지(跡地)에 큰 나무가 점점이 흩어져 있는 곳은 묘목을 잘 보호해주기에 모밭으로 꼭 알맞다. 모밭의 토지는 되도록 겨울철에 깊게 갈아 두었다가 파종 전에 다시 갈아 평탄한 방향에 폭은 3척 가량, 길이는 적당하게 둑을 만들고 둑 안의 토지가 만일 가볍고 경송(輕鬆)-거칠고 고르지 못함-하거든 발로 짓밟아주며 판편(板片)으로 밀어 고르게 펴주어야 할 것이요, 모밭을 매년 사용하던 장소가 척박한 땅이 되면 파종 전에 인분, 깻묵, 볏짚 재 등의 비료를 뿌려야 할 것이다.

○ **파종:** 파종은 땅에 따라 달라지는 것이다. 삼남(三南) 지방은 정월 하순이, 경기도·강원도·평안도·황해도 등지는 2월 말, 3월 중순이 적합한 절기이니, 모두 모가 발생할 시기에는 서리 내림이 없음을 보고서 씨를 뿌려야 할 것이다.

파종하는 양은 1평, 즉 사방 6척 정도 되는 땅에 2합(合)에서 4합이요, 생겨나기까지 3·4주 정도의 시간이 필요하다. 파종 방법은 보통 흩뿌리되 가령 1승의 종자면 5합씩 둘로 나누어 종횡으로 흔들어 뿌릴 것이요 파종한 후에는 초(鍬)-호미〔鋤〕-중심부 또는 판자로 눌러주고 둑과 둑 사이의 땅을 취하여 가새비 -가시나무 체〔荊篩〕-로 종자가 가려질 만큼 덮고 섞어 눌러주는 방법을 시행하고 그 위는 볏짚을 한데 벌여 죽 깔아놓되 죽간(竹竿)으로 눌러두는 것이 가장 좋은데 혹은 무엇이든 나뭇잎으로 덮어두었다가 그 중 두세 그루가 생겨날 때에는 나뭇잎을 제거하고 높이가 1척 가량 되는 시렁을 매어두고 그 위에 지붕 모양으로 이엉-덮는 풀〔蓋草〕-을 덮어서 폭우가 내리거나 장마가 오면 항상 덮어 두고 큰 비가 내릴 때 외에 통상 야간에는 철거하여 습기를 받게 해야 하니, 그러므로 시렁의 설치는 운반을 편리하게 함이 요구된다.

○ **모밭정리:** 망종(芒種)을 지나 정확히 폭염 시기가 되려 할 때는 모밭에 폭염 방어용 시렁을 설치하되 4·5척의 노염(蘆簾)을 사용하여 남쪽 면은 조금 낮게 하고 북쪽 면은 조금 높게 해야 한다. 이는 햇빛의 폭사(暴射)를 제거하는 데에 필요한 것이니 9월경에 이르면 철거해야 할 것이다.

모가 생겨날 때부터 여름철 삼복-소서 후 13일부터 입추에 이르는 사이-까지는 2·3주간에 매번 잡초를 뽑아 없애고 드문드문 분즙(糞汁)을 뿌려주어야 할 것이요 비료는 강우 전이나 가랑비가 내릴 때에 뿌려주는 것이 가장 좋고 그렇지 않으면 맑은 물을 대주어 분즙을 씻어 주어야 한다.

이미 9월 말 10월 초가 되었으면 이왕에 폭염 방어 도구로 사용하던 가렴(葭簾)과 모고(茅藁)를 서리 방어 도구로 삼되 폭염 방어 도구와 반 대로 남쪽 면은 높고 북쪽 면은 낮게 하거나 또는 낙엽과 짚 부스러기 등을 모 사이와 모 위에 산발적으로 펼쳐 서리의 해로움을 막는 것도 좋다.

○ **개묘(改畝):** 모가 생겨난 다음 해 봄이 되면 땅이 얼지 않은 때를 기다렸다가 제1회 개묘를 시행한다. 그 방법은 모의 아랫부분으로 낫

을 넣고 손으로 모를 뽑아 뿌리 끝으로 손바닥 너비만큼 잘라낼 것이요 개묘지도 모밭과 같이 3척 폭에 적합한 둑을 만들고 말뚝이나 손가락으로 사방 3·4척 되는 구멍을 뚫고 심을 것이요 이때에도 여름철 폭염이 연속될 때에는 폭염 방어 도구를 사용하고 또 이 해에는 수차례 잡초를 뽑아주고 비료를 뿌려야 한다. 개묘한 이듬해에 만 2년생으로 모의 길이가 8촌(寸)쯤 되면 이를 파내어 제2회 개묘법을 시행해야 하는데 이때에도 전과 같이 모의 뿌리 끝으로 한 손바닥 너비를 잘라내되 모와 모 사이 거리 간격을 5·6촌씩으로 하여 심고 폭염과 서리 방어는 다 할 수 없고 다만 잡초만 뽑아 비료를 뿌려주면 좋을 것이다. 이 같이 하여 만 3년생이 되면 높이가 1척 5촌쯤 생장하는데 이를 이종묘(移種苗)로 삼을 것이요 그 중 생장이 열등한 것은 아직 1년간 밭에 그대로 두고 넉넉히 생장시켜 이듬해에 이종묘로 삼아야 한다. 1승의 종자로만 3년 된 이종묘 3만 그루를 얻으면 그 종자도 양호하고 손질도 잘한 것임을 알 수 있다.

○ **산지에서 식출(植出)하는 계절:** 삼나무 싹이 점차 길게 늘어나는 때가 되어 시행하는 것이 좋은데 만일 부득이 때를 놓쳤으면 망종쯤에 식출하는 것도 괜찮다. 내리는 눈의 양이 많은 지방에는 가을철에 식출하는 것이 오히려 양호한 결과를 얻을 수 있으니 이는 눈이 내리는 지방에서는 한기의 해를 피하기 위해 그런 것이요. 보통 경성에는 2월 중순에서 3월 상순 사이까지, 관서·관북 지역은 3월 초순부터 4월 중순까지, 삼남 지방은 2월 초부터 2월 말까지 식출하는 것이 좋다.

○ **식출(植出) 준비:** 묘목을 파낼 때에는 적당히 그 뿌리 끝을 잘라내며 이종묘의 길이가 1척 5·6촌 되는 것은 뿌리가 퍼진 채로 직경 5·6촌을 남아 있게 하며 가지와 잎도 뿌리 밑으로부터 위로 4촌 사이는 다 잘라내며 상부 가지와 잎도 적당히 자르는 것이 좋다.

○ **묘목 심는법[苗木植付法]:** 이에 대해서는 열식(列植), 방식(方植),

삼각식(三角植) 등의 여러 가지 종류가 있는데 그 중 삼각식이 가장 좋다. 정삼각형△과 같이 각 정점에 심어 각 점의 거리가 동일하게 한 것이기 때문에 성장하는 데에도 각 나무가 서로 의지하여 눈과 바람에 전도(顚倒)되는 해가 적을 뿐만 아니라 동일 크기의 면적에서도 다른 방법보다 묘목을 증식하는 이익이 있다. 삼나무는 통상 구멍을 내어 심으나 너무 깊게 심거나 너무 강하게 뿌리 밑을 밟아 누르는 것은 좋지 않으니 토지의 차이에 따라서 하되 건조하기 쉬운 곳에는 조금 깊게 심고 바람의 기세가 강열한 땅에는 조금 세게 밟아줄 것이요 재배하는 거리는 처한 상황에 따라 다르나 1평방에 한 그루 혹은 두 그루쯤 세운다.

○ **보식(補植):** 이상과 같이 산지(山地)에 뿌리고 심기를 마친 뒤에 조림지에 잡초와 띠, 쑥 등의 풀이 무성하게 났거나 혹은 가뭄, 서리, 눈, 바람, 비 등으로 인한 해에 걸릴 때에는 말라죽는 묘목이 무더기로 생기니 다음해 봄이 되면 이에 보충해서 심는 일을 행한다. 보충해서 심을 때에는 되도록 빼어나게 큰 묘목을 사용할 것이요 또 빨리 심을 필요가 있을 것이며 그 다다음해가 되어 재차 보충해서 심을 필요가 있더라도 2년씩이나 늦게 심고 재배하는 것이 도저히 이전에 심은 것과 평행하게 생육하지는 못한다. 그러므로 다음해에 한 번만 이식하는 것이 조림상에 필요함을 잊지 말지어다.

○ **조림지의 정리:** 산지에 심은 뒤로 3년간은 매년 두 번씩 나무 밑의 풀을 베어주고 그 후에는 한 번씩 할 것이며 제8년 이후에는 다만 매년 하절기에 덩굴 풀만 뽑고 잡초가 너무 무성하지 않은 곳은 매년 1회씩 제초작업을 하는 것도 좋으며 잡초가 심은 묘목을 눌러서 넘어뜨릴 정도만 아니면 될 수 있는 대로 밑풀깎기를 생략하여 비용을 줄이는 것이 좋다.

밑풀깎기를 매년 두 번씩 행할 때는 초여름 초가을이 적당하고 한 번씩 행할 때는 여름철 삼복 때에 하는 것이 좋으며 초가을에 하는 것은 산 북쪽 면이 남쪽 면보다 빠르게 베어야 할 것이요 지면이 건조하기 쉬울 때는 심는 해를 한하여 여름에 하지 말고 초가을에 해야 할 것이다.

○ **가지치기**: 심은 지 8·9년이 지나 가지와 잎이 서로 연접(連接)하거든 가지치기 법을 시행해야 한다. 원래 가지치기를 행함은 마디 없고 가지 없는 좋은 재목을 만들고 임목의 생장상(生長上) 양육을 증진시키기 위하여 가지와 잎을 이용하며 산림의 화재가 감소하며 임지(林地)의 건조를 막는 것으로 필요한 목적을 삼는다. 가지치기의 방법은 예리한 낫 칼날로 가지 밑동을 말끔히 자르거나 혹은 가는 톱으로 베어내고 그 후에 낫 칼날로 매끄럽게 자를 것이며 보통 작은 가지 밑동에는 낫을 사용하고 큰 가지에는 톱을 사용하며 절기는 음력 10월 중순이 가장 적당하고 잘라낸 부분이 얼어붙을 염려가 있는 지역에서는 엄동 중에 행할 수가 없으니 그러므로 나뭇가지의 즙액이 흘러 움직이기를 멈출 가을철이 가장 적합하다.

○ **발취(拔取)**: 삼나무 숲이 점차 생장하여 서로 엉기고 뭉쳐서 연약한 상태를 이룰 때에는 발취법(拔取法)을 시행해야 한다. 발취라 함은 한 임목이 다른 나무를 눌러 덮거나 다른 나무에 의해 눌리거나 덮이는 방해를 없게 하여 삼림의 건전한 생육을 기약하고 또 그 재목을 이용하여 얼마간의 수입을 얻기 위하여 벌목기(伐木期)까지 매년 시행하는 것이다. 보통 발취하는 때에는 재목의 가지와 잎이 적어져서 서로 가리거나 닿지 않을 만큼 두는 것이 좋다.

○ **벌기(伐期)**: 벌기를 정함은 여러 가지 방법이 있어 삼나무의 재목을 이용하고자 하는 목적에 따라 다르다. 가령 유하목(流下木)을 만들고자 하면 4·50년, 100년 이상이 요구될 것이요 통나무를 만들고자 하면 10년에서 15년이 요구될 것이니 이렇게 벌기도 장단의 차이가 있으나 보통의 사용 재료를 생산할 때에는 60년생부터 100년생 정도까지 벌기로 선택함이 타당하니 이렇게 할 때 매우 많은 이익을 얻을 것이다.

○ **삼나무 숲의 보호:** 산림에 심은 후부터 벌채하여 이용할 때까지 오랜 세월이 요구되는데 그 사이에 엄습해오는 각종 위험한 재해가 적지 않으므로 삼림보호법을 부지런히 행하며 짐승류의 방해를 막아야 할 것이니 이러한 방해를 막는 데에는 혹 숲 울타리 주위에 적당한 목책을 설치한다. 또 폭풍·호우·대설 등의 해를 당할 때에는 임시 보호가 요구되니 즉 넘어진 것은 일으켜 세워주고 기울어진 것은 똑바로 세워주되 때때로 다른 나무 가장자리에 매달아 의지하게도 하며 만일 가망이 없는 것은 뽑아낸 후 다른 나무를 보충해 심는다. 삼나무 숲의 최대 공해(恐害)는 산불이다. 그 중에서도 20년생쯤 되었을 때에 가장 많으니 그러므로 산불이 나기 쉬운 조림지는 나무를 심을 초기부터 다섯 칸에서 열 칸 폭의 방어선을 설치하고 가을 10월경에 잡초를 전부 베고 항상 청결법을 시행하여 들불이 우연히 번지는 해가 없게 하며 또 방어선에는 불을 견디는 수종(樹種)을 심는 것이 가장 안전하니 여기에는 상록수 등이 가장 필요할 것이다.

양계설 / 김진초(金鎭初)

○ 양계의 필요와 이익

이에 양계의 필요와 이익의 개요를 진술한다. 계란이 자양(滋養)되는 것은 학문이 열리지 못한 몇 천 년 전부터 알려져 있지만 오늘날 학자의 분석에 의거해 보면 즉 계란은 우유보다 좀 부족하나 소고기보다는 조금 많은 자양분이 있고 실제적으로 보아도 1량 3전 가량되는 계란 10개가 중등 소고기 12량 가량의 자양분을 함유하고 있다. 보통 식용품으로도 첫째 다른 것에 비교할 수 없을 1종 상품(上品)의 좋은 맛이 있고 둘째는 소화가 잘되어 단단하게 삶은 것이라도 3시간 반 가량 되면 소화가 된다. 이와 같이 보물처럼 귀중한 식용품인 까닭에 세계 문명국들에서 애용하는 것은 당연한 결과다. 그런즉 문명국의 국민은 얼마나 계란을 식용하는가 말해 보면 1년 1인에 대한 소비수가 영국이 85개요, 독일이 75개요, 프랑스가 78개요, 미국이 85개요, 이탈리아가 45개요, 우리 대한국은 10여개 가량이다. 문명국들이 이렇게 다량으로 계란을 소비하니 그 사육하는 닭의 수도 실제로 많다. 즉 영국이 3천만마리요, 프랑스가 5천만마리요, 독일이 5천만마리요, 이탈리아가 2천5백만마리요, 미국이 8천만마리요, 우리 대한국은 1천만마리쯤 가량이다. 그러므로 국민의 위생 사상(思想)이 열림에 따라 계란의 수용이 점점 증가할 뿐 아니라 닭고기의 쓰임도 또한 증가한다. 닭고기는 특수하게 좋은 맛이 있어 고상담박(高尙淡泊)하고 또 육질에 중요한 자양분이 있는 고로 노인과 아이, 허약자, 병인 등의 식료에 가장 모자라서는 안 되는 영양품이다. 이와 같이 닭고기는 한편으로는 맛이 있음을 칭찬하고 다른 한편으로는 자양분이 많아 그 가격이 매우 비싸다. 비유하면 유럽의 보통 시장에서 생고기 1파운드에 소고기 16전이요, 돼지고기 20전이요, 닭고기는 30전 가량의 높은 가격이니 고기의 종류가 많은 유럽이라도 이와 같은데, 하물며 고기라고 말하면 우선 닭고기를 아는 우리나라에서야 어찌 저 가격이 점점 올라가지 않으리오. 고상하고 담박한 닭고기의 좋은 맛은 감탄하면서 풍요한 자양분으로 우리 대한국민의 건강을 보육하려면 바로 오늘날 이 사업이 발달되어 집집마다 부업으로 닭을 다수 길러 빈부를 물론하고 누구든지 계란의 수용이 용이하게 되어야 될 것이다.

그리고 또 닭 깃털과 닭똥의 사용이 매우 크다. 닭 깃털은 근래 서양에서 부인의 장식품으로 많이 사용되고 닭똥은 거름될 양분을 많이 함유한 고로 우리 대한은 예부터 이를 긴요한 비료로 알아 농업계에서 널리 사용해 풍성한 수확을 얻었다. 그러나 아직 닭똥이 넉넉하지 못함으로써 가격이 높아 임의로 이를 널리 전할 수 없다. 그러므로 지금부터 양계가 발달해 그 수를 늘리면 농업계의 수확도 매우 커지게 될 것이다.

지문학(地文學) 강담(1) / 연구생(研究生)

서언

지학(地學)이라는 학문은 옛 그리스인들 안에서 깨우쳐지고 열려 그 일부분이 대단히 발전되었는데 중세시대에 이르러서 제반 학문이 다 치우친 영역에 빠져 지학도 그 운명의 구렁텅이에 빠짐을 벗어날 수 없었다. 서기 9세기-백년이 한 세기가 된다-에 이르러서 스페인사람 라바누스 마우루스(Rhabanus Maurus)라 칭하는 사람이 쓴 당시 제반 학술에 관한 서적이 있으니 이를 근거해서 보면, 자연에 관한 학술이 당시에 얼마나 쇠잔하고 한미했는가를 알겠다. 고로 다음에 해당 서적 중 몇 구절의 예를 들어보겠다.

아프리카 에티오피아에 한 호수가 있는데 그 물이 매일 3도식 염수 혹은 담수로 변하고 같은 대륙 트리폴리 남쪽에 샘이 하나 있는데 그 물이 주간에는 얼음보다 한랭해 마실 수가 없고 야간에는 너무 뜨거워서 손을 댈 수 없으며 그리스의 빌나스에 샘이 하나 있으니 그 물은 능히 타오르는 불을 붙인다 하고 밀물과 썰물은 바다 밑에서 바람을 마시고 내시는 까닭으로 일어나는 것이니 이는 즉 해저풍을 불어낼 때에는 위로 오는 조수(潮水)가 되고 들이마실 때는 아래로 가는 석수가 된다.

아시아에는 에덴동산이라 말하는 낙원이 있어 항상 사시사철 봄에 추위와 더위가 없고 중앙에 샘이 하나 있는데 그 물이 흘러서 사하(四河)가 되고 정원 주위에 절벽이 둘러싸고 잠시도 끊이지 않는 화염을 뿜어낸다고 한다.

같은 주 펜타폴리스에 사과숲이 있으니 그 과일이 매우 맛있어 이를 주워 먹고자 하면 돌연 분쇄되어 먹지 못한다.

인도 연안에 타프로바네(Taprobane, 스리랑카)라 말하는 섬이 있는데 하나의 물이 그 중앙을 관통해 이 섬을 양분하고 그 한편에는 코끼리, 사자 및 각종의 짐승 무리가 서식하고 다른 한편에는 인간이 거주하는데 1년 중 봄, 여름, 겨울 세 계절을 2회 만난다고 한다.

수정(水晶)은 본래 눈덩어리이다. 눈이 다년동안 녹지 않을 경우에 단단히 굳어져 수정이 된다.

용석(龍石)이라 말하는 귀한 돌이 있는데 이는 용의 뇌수 속 저장물이다. 만일 살아있는 용에게서 취한 것이 아니면 가격이 없다. 살아있는 용에게서 이를 취함에 묘한 방법이 있는데 먼저 용의 수면 여부를 몰래 살피고 가만히 그 근방에 주초(呪草)를 산포하면 용이 즉석에서 혼몽하게 취하게 되니 칼을 지니고 있다가 빠르게 그 뇌를 쪼개어 열고 돌을 취하는 것인데 그 재질이 투명하여 동방제왕만이 홀로 갖는 것이다.

석면(石綿)이라 칭하는 돌이 있는데 철색을 띤 것이다. 한번 불을 붙이면 어떠한 방법으로든지 이를 소멸시킬 수 없다.

마노(瑪瑙)는 연기를 스며들게 하면 기묘한 상태를 보이니 이로써 큰 강의 빠른 흐름을 멈추게 하며 폭풍을 피하고 또 혀에 두면 미래의 일을 알게 된다.

하였으니 이상은 마우루스가 기록한 것 중 몇 구절이다. 어떤 것이든지 원리원론은 조금도 기록해 말하지 않고 마치 유치원 아동들을 가르치는 데 사용하는 비단에 그린 베낀 글과 같아서 이러한 서설(書說)을 저술하던 시대와 오늘날처럼 학술이 융성한 시대를 상호 비교하면 그 사이에 현격한 차이가 실로 하늘과 땅과 같다. 학술이 오늘날처럼 진전된 내력〔事歷〕은 겨우 수백년에 불과하니 즉 콜럼버스가 아메리카를 새로 발견해 신세계를 이 세상에 소개하고 그 다음에 바스코 다 가마와 마젤란 등 대항해자들이 여러 방면으로 세계를 배를 타고 돌아 학술발흥의 기운에 큰 자극을 준 원인이 되었다. 이러한 사람들 외에도 천문학,

물리학 등 학문을 대발견한 사람이 적지 않으나 먼저 이 세 사람이 간접으로 학술발흥을 독촉하고 권하게 하였으니 실제로는 학계 3대 위인이라 말함이 옳다.

콜럼버스가 1492년에 신세계를 발견한 것은 실제로 이전에 없던 대성공이다. 그 내력이 어떤 역사에든지 게재되어 세상 사람들이 일반적으로 모두 아는 바이거니와 기타 두 사람의 항해내력은 세인이 거의 알지 못하는 모양인즉 이는 큰불행이다. 대개 콜럼버스 자신은 신세계를 발견한 것을 알지 못하고 극단적 견해로 아시아 동쪽 도서를 발견한 것으로 생각했다. 고로 새로운 땅에서 유럽으로 돌아갈 때 서쪽으로 항해해 다플노파-나(스리랑카)섬에 이르고 거기에서 해로를 취하거나 혹은 육로를 취해 팔레스타인을 지나가는 방식으로 일을 행하려고 했다. 당시 포르투갈 사람 중에 콜럼버스가 발견한 땅이 동쪽에 있는 데더욱 인도에 근접한 땅이라는 것을 의아하게 여기는 사람이 있었는데 왜일까. 만일 스페인 사람이 새로운 땅으로부터 돌아오면 캘커타-인도국 수도-와 당시에 유럽에까지 유명하던 인도국 지방 이야기가 있어야 할 터인데 조금도 없음은 반드시 곡절이 있을 거라 생각했기 때문이다. 그래서 포르투갈국 주앙2세가 아프리카 남단 희망봉을 회항해 진짜 인도를 탐색하고자 하다가 결과를 얻지 못하고 사망하고 그 다음에 마누엘왕이 선왕의 유지를 이어 바스코 다 가마로 하여금 4척의 배와 148명의 선원을 이끌고 1497년 3월 25일 리스본항에서 닻을 올린다. 이는 즉 포르투갈이 스페인과 그 우열을 경쟁한 것이다. 가마가 왕의 명령대로 희망봉을 품고 돌아와서 유럽인이 일찍이 족적을 던지지 못한 미지의 영역으로 들어간다. 콜럼버스의 항해와 비교해보면 괴로운 고생을 겪은 바가 더욱 심해 희망봉에 이르기까지 폭풍, 거대한 파도, 용오름-속어로 해룡이 승천한다는 것- 등 변재(變災)를 수차례 만났을 뿐만 아니라 선원들이 미지의 땅으로 들어가는 것을 공포스럽게 여겨 동맹 파

업이며 반격 등의 일을 강행해 고국을 향해 뱃머리를 회항하기를 수차
례 청했다. 그러나 가마는 오직 전진만 함에 결국 어느 날은 뱃사람들
의 동요와 협박이 너무 심해 가마가 조용히 "군들이 아무리 소동을 일으
켜도 배를 회항할 수 없다. 그리고 수로의 지침에 다 자물쇠가 달려있
으니 지금부터 앞길을 지도하실 이는 오직 하느님뿐이다"라고 말하고
굽히지 않는 용감한 한마디의 말로 답을 하기에 선원 등이 괴로워하며
울다가 곧 그치는 일도 있었다.

　희망봉을 돌아 오랜 시간을 보내고 다음 해 1월 28일에 아프리카
동쪽 해안으로 나가 잔빼지 하구에 도착하는데 선체도 파손이 심하고
선원 중에 병자도 많은 까닭에 이 장소에 체류하며 병자도 휴양하게
하고 선척도 수리하여 재차 항해해 3월 1일 모잠비크항구에 도달하여
처음으로 인도 및 아라비아인의 상선을 만나게 되었으나 회교도들이
다른 나라의 배를 보고 적의를 가지고서 약탈하려고 하였다. 무장 충돌
로 이를 겨우 면피하고 큰 고난을 무릅쓰고 4월 15일에 말린디
(melinde)항구에 도착했는데 이곳에서 매우 환대하는 까닭에 수로선도
인을 쉽게 고용해 5월 17일 천기(天氣)가 여명(麗明)하고 녹음(綠陰)이
뚝뚝 떨어지는 듯한 경치 속에 인도 캘커타에 도착했다. 이때에 지금까
지의 꿈꿔온 경관을 둘러봄에 인도국을 바다 속의 등탑처럼 전망하고
해로(海路)를 확립한 듯 했다. 캘커타 왕 링의 조정에서의 여러 가지
재미있는 담화는 이만 줄인다. 같은 해 12월에 출발 귀로에 올라 1499
년 1월 8일에 말린디에 도착하고 3월 2일에 희망봉에 도달했으며, 그
후 각종의 위험을 거쳐 8월 29일 고국 타구스(Tagus)하구에 도착한다.
2년 5개월 사이에 배는 2척이요, 인원은 겨우 55인이었다. 포르투칼왕
이 크게 기뻐해 가마를 해군대장으로 임명하였다. 그 후 가마가 두 차
례 인도로 다시 항해해 1523년에 인도 고아(Goa) 총독이 되었는데 다
음해 12월 24일에 인도 코친(Cochin)에서 사망했다.

　콜럼버스와 바스코 다 가마보다도 더 긴 항해를 성취한 사람이 있는데 그 사람은 원래 포르투갈 사람으로 스페인 정부에 의해 임명된 사람이다. 스페인 사람은 포르투갈 사람이 동쪽 길로 인도에 도달하는 것을 보고 서쪽 길로 가도 차이가 없을 것을 알고 마젤란으로 하여금 수행하게 했는데 1519년 9월 20일에 5척의 배를 이끌고 스페인 산루칼에서 닻줄을 풀고 다음해 1월 10일에 남미 몬테비데오(Montevideo)에 도착하고 3월 31일에 파타고니아 상 줄리앙항에 도착하여 이 땅에서 시간을 보내고 11월 27일에 마젤란 해협을 통과하여 남태평양에 나갔고 다음해 5월 16일에 말레이 군도에 이르렀다. 이 항해도 양식의 결핍이며 선원의 반격 등으로 대단히 곤란했으나 이 회항으로 결국 지구가 구체〔團圓物〕라는 것을 확신할 증거가 마련되어 보통의 두뇌로도 매우 신속히 믿고 인정하게 되었다. 그 후 오랜 세월(永年) 동안 이상과 같은 소위 발견 항해며 또는 알지 못하는 나라 발견의 항해가 다양하게 속출하더니 제18세기에 이르러 그 목적이 일변해 학술적 탐험의 항해가 되니 그 결과가 크게 지학의 발달을 촉진하고 진보시켜 지금도 이러한 종류의 탐험항해가 왕성하게 끊이지 않고 계속되었다. 즉 19세기 중반경에 가장 유명한 영국 챌린저호의 해저탐사와 독일 까티엘레호와 미국 다스칼로아호의 항해부로 노르덴쉴드(Adolf Erik Nordenskiold) 남작이 베가호로 아시아 북부해안을 돌아 베링해협을 경유해 일본으로 온 것과 노르웨이 사람 난센의 북극해행(行)등이 있으니 이는 다 학술상 탐험의 대 사업이다. 챌린저호에서 모아온 결과는 50여권의 분량이 되어 세상에 출간되었으니 이로 말미암아 대양의 표면과 내면의 진상이 어떠함을 알게 되었다. 먼저 서언은 그치고 다음에는 지구지문으로 옮겨 진술하고자 한다.

| 문예 |

강산(江山)을 크게 부르다 / AB생 이승근(李承瑾)

아! 우리 강산아!

강산이 명성을 갖고 있음은 산이 높고 물이 깊은 데 달려있는 것이 아니라 영기(靈氣)에 달려 있고, 강산이 영기를 갖고 있음은 산이 곱고 물이 아름다운 데 달려 있는 것이 아니라 인걸이 모여서 나오는 데 달려 있다. 그러므로 인도의 히말라야와 이집트의 나일은 세계에서 가장 높고 가장 큰 산과 강이지만 지금 명성이 와시마(和島)의 후지산(富士山)과 비와호(琵琶湖)의 명성에 미치지 못하는 것이 진실로 까닭이 있는 것이다. 중고(中古)로부터 보건대, 지나대륙에 6국의 강산이 범 같은 진(秦)나라의 아가리에 삼켜져 들어갔으나 유방(劉邦)과 항우(項羽)의 무리가 굴기(屈起)하여 곤륜산(崑崙山)과 황하(黃河)의 영기가 천하를 흔들어 움직였고, 유럽 서반구에 프로이센과 프랑스의 산천이 30년 동안 화포 소리에 무너지고 갈라졌으나 나폴레옹과 비스마르크 무리가 이어져 강성한 파리와 베를린이 세계에 독립하였다. 이것으로 말미암아 보건대, 그 강산에 비상한 사람이 출현하여 비상한 업적을 이룬 뒤에야 비상한 명성이 그 강산을 드러냄은 이 논의를 기다리지 않아도 동서고금에 분명히 기록되어 있는 것이다. 오호라! 우리 강산은 단군과 기자의 오랜 나라요, 중화의 동방에 이웃한 경역(境域)이라. 땅은 아시아 동부의 반도를 차지하였고, 이름은 고구려, 신라와 백제라고 불렸다. 면적은 대략 1만 5천 평방 리(里)요, 인구는 2천여 만 동포에 지나지 않는다. 삼한(三韓)의 옛 나라에 오악(五嶽)과 삼산(三山)이라, 상백산(長白山) 지리산(智異山) 금강산(金剛山)의 준령(峻嶺)은 동북쪽에 솟아 있고 압록강(鴨綠江) 두만강(豆滿江) 대동강(大同江)의 긴 물결은 그

서남쪽을 안아 감돈다. 봉우리는 삼각산(三角山)에서 높으니 왕도(王都)
가 만년을 안녕할 것이요. 파도는 다섯 강에서 깊으니 군함이 백리에
늘어서 있다. 한강 북쪽으로 장안(長安)을 바라보고 숭산(嵩山)[5] 남쪽에
서 능묘(陵墓)를 배알한다.

성덕(聖德)이 하늘과 같음에 문(文)과 무(武)가 습속을 이루었다. 따
뜻한 봄날과 흰 눈은 문학하는 선비의 사종(詞宗)이요, 보랏빛 번개와
맑은 서리는 이장군(李將軍)의 무기고로다. 금·은·동·철은 토산품
의 풍부한 근원을 다투어 자랑케 하고 더위와 습기와 바람과 추위는
온대지방의 위치에 꼭 알맞다. 오호라! 바람과 구름이 모이는 때[6]는 그
세월이 얼마나 되었던가. 물이 빠지면 바위가 드러나니 강산의 진면목
을 다시는 알 수 없을 것이요. 사물은 바뀌고 세월은 흘러가니 인사의
변천은 이것을 좇아서 볼 수가 있도다.

아아. 우리 산악아!

너는 보지 못했는가, 구구한 삼도(三島)의 후지산이 명성은 천하 사
방에서 으뜸인 것을! 큰 산과 바위 같은 장군을 생산해내어 러시아의
백만 병사를 격퇴하였다.

아아. 우리 강물아!

너는 보지 못했는가, 구구한 삼도의 비와호가 오대양에 성가를 울리
는 것을! 해장(海將) 도고 헤이하지로(東鄉平八朗)를 생산해내어 해상의
발틱함대를 격파하였다.

또 보지 못했는가, 타이완의 신가오산(新高山)의 산빛이 만년 동안

5 　숭산(嵩山) : 서울의 진산인 삼각산을 이르는 것으로 보인다. 숭산은 중국의 오악(五
　　嶽) 중 중악(中嶽)에 해당하며, 중국 역대 왕조의 수도인 낙양(洛陽) 북쪽에 있는
　　산이다.

6 　바람과 구름이 모이는 때 : 현명한 임금이 어진 정승을 만나는 것을 이른 말이다.
　　구름은 용을 따르고 바람은 범을 따라 일어난다는 옛 관념에 따라 만들어진 말로,
　　용과 범은 뛰어난 임금과 신하를 비유한다.

악취를 풍기매 인간세상을 대할 면목이 없다.

또 보지 못했는가, 황해의 자오저우만(膠州灣)의 물이 천추토록 오열함에 사람을 부질없이 눈물 뿌리게 하는구나!

아아. 우리 강산아!

너는 영기를 가졌느냐! 네가 만약 영기가 있다면 내 장차 베리라. 나라가 태평한 지 4천 년에 비와 이슬처럼 젖어든 임금의 은혜가 이미 깊거늘, 아아! 너는 3천리에 금수강산이라는 이름이 부끄럽지 않은가! 또 네가 설령 후지산과 비와호의 높고 큰 것에 이름을 나란히 하기는 어려울 것이나, 차마 신가오산과 자오저우만의 경개(景槪)로서 참모습을 지을 것인가! 날짐승 길짐승이 놀라 움직임에 큰 우레가 팔방에서 울고 교룡이 성나 울부짖음에 한수(漢水)도 사흘을 □□□[7]하였다. 군대는 어양(漁陽)에서 흩어지고 말은 오강포(烏江浦)로 들어갔다.[8] 오호! 괴롭구나. 곤륜산(崑崙山)에 화염이 덮이자 옥과 돌이 모두 불타는구나. 강산이 끝났구나. 창생(蒼生)을 어찌하리오. 새로 변화하여 서식할까. 산림이 내 소유가 아니니 주살을 베풀 수 있을 것이다. 물고기로 변화하여 자맥질하여 숨을까. 천택(川澤)이 내 소유가 아니니 그물을 펼칠 수 있을 것이다. 애통하여 통곡하며 창천(蒼天)에 하소연하니 창천은 흐리멍덩하다. 지금 이 크고 무서운 참화(慘禍)는 하늘이 은혜롭지 않은 것이 아니라 강산이 신령하지 않은 것이니, 아아! 우리 강산아 네가 만약 영기가 있다면

오늘이라도……?

7　□□□ : 원본에는 술어에 해당하는 글자가 누락되어 있다.

8　군대는……들어갔다 : 당시 대한제국이 위기에 처한 것을 비유한 말이다. 어양(漁陽)은 안녹산(安祿山)이 반란을 일으킨 지역이며, 오강포(烏江浦)는 항우(項羽)가 유방의 군대에 쫓겨 마지막으로 결전을 치르고 죽은 장소이다.

관수론(觀水論) / 난석(蘭石) 김병억(金炳億)

하루는 내가 객을 따라 배를 타고 동쪽으로 바다를 건넜다. 당시 하늘이 맑고 날도 밝고 물결도 일지 않아 잔잔하였다. 작은 배를 가는 대로 두고서 고개를 돌려 눈동자를 내달리니 떠가는 연하(煙霞)는 부상(扶桑) 가지에 가로 비껴있고 점점이 엉긴 운무(雲霧)는 미려(尾閭)[9]의 관문으로 돌아가 쉬니, 넓은 만경 바다의 기세는 잔잔히 흘러 상하의 하늘빛이 끝없이 온통 푸르렀다. 흉금이 상쾌해져 세상과 떠나려는 생각이 일어나 명경대(明鏡臺) 위로 형체를 의탁하고 풍경을 거둬들일 때로서 흥취가 한결같다. 봉래산 낭풍원(朗風園)의 적송자(赤松子)는 멀리 있지 않고 무릉도원 낙화수(落花水)의 주진촌(朱陳村)[10]은 어디에 있는가. 채익선(彩鷁船)이 높은 파도 타고 달려도 펼친 돛이 무탈하여 밀물 때 거슬러 오르고 썰물 때 흘러 내려가니 부평초처럼 떠도는 삶이 곧 수국(水國)의 태평성대를 맞았다. 이에 객이 수조가(水調歌) 한 곡조 부르며 나에게 주어 화답토록 하니 그 노래는 다음과 같다. "좋은 배 타고 혼미한 길 건너는데, 파도가 일지 않네. 천년 동안 황하가 한 번 맑아지는 때이니, 광포한 초나라의 멱라강과 다르도다. 붉은 해가 떠올라 동방이 밝아지니, 육사(陸士)[11]의 충혼을 조문하노라. 아! 노중련(魯仲連)의 지난 자취여! 지금 누가 그와 함께 돌아갈까. 지주산(砥柱山)이 우뚝 황하 중류에 서 있으니, 만고토록 길이 거센 물결 막아주리. 이처럼

9 　미려(尾閭) : 전설상에 바닷물이 새어 빠져 나간다고 하는 곳이다. 『장자(莊子)』 「추수(秋水)」에 관련 내용이 나온다.

10 　주진촌(朱陳村) : 당(唐) 나라 때 백거이(白居易)의 「주진촌(朱陳村)」에 따르면 주진촌은 중국 서주(徐州) 고풍현(古豐縣)에 있는데 한 마을에 주씨(朱氏)와 진씨(陳氏) 뿐이며 대대로 두 성(姓)이 혼인했다고 한다.

11 　육사(陸士) : 당(唐) 나라 덕종(德宗) 대의 충신인 육지(陸贄, 754-805)를 말하는 것으로 보인다. 자는 경여(敬輿), 시호는 선공(宣公)이다. 그는 직간(直諫)으로 이름이 높았는데 모함을 받아 충주의 별가(別駕)로 좌천되었다가 그곳에서 죽었다.

아득히 쉼 없이 흘러가니 장마와 가뭄이 와도 늘고 줄지 않으리라. 지구를 빙둘러 육대주로 나누니, 장강과 회수의 종주될 기약을 위축시키고, 작은 물줄기를 저장하여 큰물이 되었으니 그 양이 끝없이 큼을 알겠도다! 붕새의 여정은 구계(九界)보다 멀고 수해(豎亥)[12]의 걸음은 천근(天根)에 달하였지. 계수나무 노와 목란 상앗대로 저기에 떠있으니, 평온하기가 마치 태을신께 가는 연잎 배와 같네.[13] 자애롭고 은혜로운 바다 파도가 영원하여 그대와 함께 가며 함께 즐기고 싶어라.”

 객의 노래가 이미 길고 나의 흥취도 사라지지 않던 찰나에 세속에서 갑자기 강풍이 먹구름을 불어내어 홀연 하늘이 폭우로 인하여 어두워졌다. 그리하여 무거운 짐을 진 비희(贔屭)[14]의 등 위로 우레와 천둥의 기세가 번뜩 진동하고 자라와 악어 굴속에 성난 파도와 스며든 물결 소리가 엎치락뒤치락하니 이리저리 표류하는 조각배가 위험한 지경에 처하게 되었다. 조(趙) 나라 한단(邯鄲)마냥 조만간 들이닥칠 적의 예봉으로 위급한데 존망의 계책을 펼치기 어렵고, 초(楚)·한(漢) 마냥 풍진 속에서 선봉대가 북진하여 생사를 점치지 못하는 격이라 살결이 떨리고 심장이 놀라며 입술이 타고 코끝이 시큰하여 아득한 앞길에 죽을 곳을 스스로 헤아렸다. 어느덧 표박하다가 섬 산허리에 이르러 겨우 물고기 뱃속에 들어갈 신세를 면하였다. 객과 손을 맞잡고 벽을 기어 섬에 올라 풍랑의 문제의 전말을 논하였다. 객이 엄숙한 표정으로 정색하고는 무릎을 가까이 대고 나를 보며 말하였다. “무릇 천지에서 만물

---

12 수해(豎亥) : 전설 속 우(禹) 임금의 신하로, 우임금의 명에 따라 동쪽 끝에서 서쪽 끝까지 5억 10만 9800보를 걸었다고 한다.

13 평온하기가……같네 : '태을'은 고대 신선의 이름으로 '태일(太一)'이라고도 한다. 송(宋) 나라 때의 화가 이공린(李公麟)이 그린 「태일진인도(太一眞人圖)」에는 태일진인이 커다란 연잎 배에 누워 책 읽는 모습이 담겨 있다.

14 비희(贔屭) : 휴귀(蟕龜)의 별칭으로 모양이 거북이와 비슷하며 무거운 것을 잘 받쳤다고 한다.

이 자연스런 성품을 품부 받고 감발(感發)의 정리(情理)를 갖추어 본래
의 인품과 용모를 이루는 것이다. 성정(性情)에 대해 체용(體用)을 논하
자면 정(靜)은 성(性)이요 동(動)은 정(情)이다. 그러므로 그 정을 움직
여 극에 이르면 그 성을 잃고 그 성을 잃어 극에 이르면 그 형이 달라지
고 그 형이 달라져 극에 이르면 변화하니, 변화란 풀이 썩어 반딧불이
되고 매가 바뀌어 갈매기가 되는 것 등이 바로 그것이다. 이를 미루어
보면 세상이 더욱 멀어질수록 사물도 더욱 변화하는 이치를 또한 예상
해볼 수 있다. 그렇다면 창창한 저 물이 퍽 하고 부딪혀 큰 파도가 산처
럼 이는 것이 어찌 풍기(風氣)의 격랑으로 그 정을 움직여 그 성을 잃는
조짐이 아니겠는가. 이와 같음을 멈추지 않는다면 한 번 변하여 염전이
되고 두 번 변하여 뽕밭이 되어 오늘의 뱃길이 내일은 말 달리는 마당이
될 것이다."

　내가 객의 말을 듣고 한숨 쉬고 세 번 탄식하여 부득이 그 말에 응하
였다. "그대의 말이 어찌 그리 격심하며 어찌 그리 극단인가. 대저 무궁
한 우주에 순환의 한결 같은 이치는, 조용하면 움직이고 움직였다가
다시 조용해지며 맑으면 탁해지고 탁해졌다가 다시 맑아지며 가득 찬
것은 이지러지고 이지러졌다가 반대로 가득 차며 성하면 쇠하고 쇠한
것은 다시 성해지며 밝으면 어두워지고 어둠은 다시 밝아지는 것이다.
그대는 오직 그 성을 잃고 형이 변하는 이치만 알고 그 성이 회복되고
형이 완전해지는 미묘함은 모르는가. 만일 한때의 풍기(風氣)에 의해
감발한 정(情)으로 인해 본성을 잃고 다른 형체로 변화한다면 상하 고
금 천백 년에 네모진 발과 둥근 머리를 가진 수많은 인류는 짐승의 굽과
새의 발자취 모양으로 변화하고 동서 종횡 천만 리에 별처럼 벌여 있고
바둑알처럼 펼쳐진 광명한 세계는 없어져 광막한 기장 밭이 되었을 것
이니 어찌 이러한 이치가 있겠는가. 저 형산(荊山)의 아름다운 옥이 좋
지 않은 때를 만나 진흙 속에 묻혀 있어도 온윤(溫潤)한 좋은 재질은

사라지지 않고 궁벽한 골짜기의 소나무·잣나무가 기구한 운명을 당하여 눈과 서리 밑에 깔려도 굳세고 강직한 바른 절조는 썩지 않는다. 그렇다면 하루의 풍랑으로 대해(大海)의 연혁을 단언하는 것이 어찌 주먹만한 돌을 보고 태산을 가볍게 여기고 하나의 법칙을 보고 천하의 발자취를 폐하고자 하는 것과 다름이 있겠는가. 그대가 실성(失性)으로 바다를 논한다면 나는 복성(復性)으로 바다를 바라보니 그대가 정말로 믿지 못한다면 물가에 물어보라. 『도덕경(道德經)』에 이르기를 '회오리바람은 온종일 불지 않고 소나기도 아침 내내 쏟아 붓진 않는다.'[15]고 하니, 모진 바람과 사나운 비가 삽시간에 개고 학과 물오리가 노는 물가가 눈앞에서 곧 평온히 진정될 것임을 늙은 귀갑(龜甲)으로 점치지 않아도 나는 이미 환히 예측할 수 있다. 옛날에 하우씨(夏禹氏)가 아홉 갈래 황하 물을 잘 다스려 백성들로 하여금 언덕을 내려와 평지에 살게 한 일[16]도 어찌 오늘에 일어나지 않겠으며, 여상보(呂尙父)가 목야(牧野)에서 날쌘 매처럼 활약하여 사해를 한바탕 맑게 한 일[17]도 어찌 오늘에 일어나지 말라는 법이 있는가."

말이 채 끝나기 전에 무지개가 개고 구름이 사라지고 기운이 가라앉고 바람도 멈춰 해계(海雞) 울음 두 번에 물의 기세가 한바탕 평정되니, 교룡과 악어는 멀리 강호(江湖)로 달아나고 용왕은 궁으로 돌아가고 물귀신은 살 곳 찾아 가는 등 수 만종의 수족(水族)이 각기 제자리를 얻으니 비로소 천리(天理)가 끝없이 왕복함을 알게 되었다. 이에 노를 돌려 바다를 건너 객을 전송하고서 이와 같이 논하노라.

---

15 회오리바람은……않는다 : 『태극학보』 원문에 나온 내용과 달리 실제 『도덕경』에는 "회오리바람은 아침 내내 불지 못하고, 소나기도 온종일 쏟아 붓지는 않는다"라고 되어 있다.
16 하우씨(夏禹氏)가……일 : 관련 내용이 『서경(書經)』「우공(禹貢)」편에 보인다.
17 여상보(呂尙父)가……일 : '여상보는 강태공(姜太公)으로 많이 알려져 있는 인물이다.

월하(月下)의 자백 / 백악춘부(白岳春夫)

대지를 홍로(紅爐) 가운데에 둔 듯 만물의 생기를 뇌쇄하던 지독히
더운 태양이 한바탕 내린 비와 서남풍에 그 광선을 차례로 거두어 싣고
서산(西山)으로 들어가자, 동해 위에 뭉게뭉게 봉운(峯雲)을 헤치면서
둥그렇게 솟아오는 보름달은 자비하신 천녀(天女)가 목욕한 뒤 새롭게
단장하고 웃는 얼굴을 반쯤 열고 새 생명과 평화의 복음을 일체로 부여
하는 듯하다. 삼라만상은 태허(太虛)의 연월(烟月)에 태평한 기상(氣象)
을 띠어 고요하게 조는데, 여름밤의 독무대로 이슬 젖은 풀밭에서 어지
러이 울어대는 벌레 소리만 찌르르르 찌르르르 우주의 비밀스러운 적
막을 깨치고 망망(茫茫)한 황해 바닷물은 호호(浩浩)한 만겁 세월에 무
구한 용태(容態)로 태고부터의 변천의 역사를 전하는 듯 무수한 비단
같은 물결을 번드치니, 그 더할 나위 없는 장엄과 최고의 평화로움이
범부(凡夫)로 하여금 육신이 해체되고 영혼이 생겨나 우주 영원의 지경
에 서게 하였다……

꺼리는 소리로

아아! 내 세상은 진실로 눈물이 많았도다!!

아아! 이놈은 천지간에 용납하지 못할 악한이로다!!

두 손으로 가슴을 안고 목이 메어 훌쩍이니 애끊는 더운 눈물이 그
고생을 하여 여위고 주름 잡힌 두 뺨으로 흘러내리며 우묵하고 안개
낀 두 눈은 감히 얼굴을 들어 푸른 하늘을 우러러보지 못한 채 인생의
무한한 비감(悲感)을 번민하는 한 노인은 황해안 절벽의 바위 끝에 바다
를 안고 달을 등에 지고 홀로 서서 일생의 눈물 어린 역사를 자백하도다.

노인은 잠시 말없이 섰다가 꺼리는 소리로 다시 말을 계속하되

아아! 제행무상(諸行無常)한 내 지나간 세상이여!!

내가 지금까지 세상의 공안(公眼)으로부터 숨어 피하고 도리어 양심

의 가책을 이기지 못하여 항상 나 홀로 부끄러워하고 나 홀로 근심하던 허다한 비밀이, 이것이 도리어 내 마음을 스스로 속이고 내 몸을 자멸하게 한 것이었구나!

나는 본시 반도국 귀족 문중의 외아들로 발이 흙을 딛지 않고 금의옥식(錦衣玉食)으로 생장하여 격렬한 세상의 풍랑을 조우하지 않고 일찍이 뜬세상의 영화(榮華)에 깊이 취하여 인간세상에서 생활하는 것이 다 이러한 줄 생각하였지!

내가 선조로부터 전래하던 문벌의 명성을 띠고 반도국을 쇠패(衰敗)하게 한 악습에 감염되어 천부(天賦)의 양심은 소실되었고 악마의 본성은 점점 늘어났으니 부귀 위에 부귀를 더하고 영화 위에 영화를 더 칠하고……

그러나 위로 국가도 모르고 아래로 동포도 모르며 보고들은 것이 아첨과 협잡뿐이요, 배운 것이…… (?) 이놈이 바람 앞의 등불과 같은 권세를 남용하여 무고한 동포를 사지에 모함한 일과 불의(不義)한 재물을 사기 쳐서 가지고 강제로 빼앗아 세상 사람들에게 허다한 원한을 사서 쌓은 것은 산과 바다도 여기에 미치지 못할 것이다.

아아! 나는 참으로 이 세상에 가장 불행한 미아로다!!

아아! 이것이 도무지 내가 내가 아니오. 악마가 나이지!!

○○년 무렵에 내가 명색이 목민의 직책에 있어 불효니 불목(不睦)이니 간음이니 사무사(事無事)니 하는 여러 가지 책임지지도 않고 근거도 없는 죄명으로 경내(境內)의 부호(富豪)를 모조리 잡아 명분 없는 수많은 금전을 토색질하고 탐내어 가졌음에도 아직도 범과 이리 같은 흉포한 마음이 부족한 줄 느껴 뙤약볕에서 고한(膏汗)을 흘리면서 남부여대(男負女戴)로 부지런히 노동하여 힘을 다 써서 간신히 아침저녁의 생활을 버텨가는 저 가련한 잔민(殘民)에게 다 이놈의 사복(私腹)을 채우려고 재차 법령 밖의 수렴(收斂)을 강제로 집행하다가 필경 뭇사람의 원

망의 초점이 되어 민요(民擾)를 당하였지.

아아! 죄 덩어리인 이 몸을 밝으신 상천(上天)이 어찌 지금까지 이 세상에서 생존하게 두셨노?

내 그 때에 어두운 밤중에 집안 식구를 데리고 피신하다가 불행히 사랑하는 아들 복길(福吉)이 열두 살짜리를 난민(亂民)이 던진 돌 아래에…… 아아, 생각하면 가슴이 터지는구나. 내가 권문(權門)에 부탁하여 그 난민의 수령 다섯 사람을 잡아서 온갖 악형(惡刑)을 다하다가 두 사람은 때려죽이고 그 나머지 세 사람은 종신토록 귀양과 징역에 처하여 지금까지도 수십 년 간을 ○○절해고도에서 고초에 신음케 한 것도 그 원인을 생각하면 원래 인민에게는 추호도 죄의 책임이 없고 완전히 이 악한의 이리 같은 마음과 뱀 같은 방자함이 빚어져 나온 결과에 기인한 것이로다! 노인은 목이 막혀 오열하며

그것뿐일까? 내가 그 뒤 명목이 제민(濟民)의 자리에 처하여 위로 국은(國恩)을 배반하고 아래로 수만 동포로 하여금 발을 디딜 여지가 없어 슬피 울부짖는 원성이 구천(九天)에 뿌려지게 하였으니

아아! 이놈아!!

네가 무슨 면목으로 생명을 끊지 아니하고 지금까지 세상에 살아있느냐?

아아! 우주를 주재하시고 무시무종(無始無終)의 경지에 계신 하나님이시여!! 이 불쌍한 죄인을……

굶주림에 울고 추위에 우는 수만의 동포가 전국에 충만하였는데 이놈은 그 불의로 그러모은 수만 동포의 고혈(膏血)을 화투판과 주색의 세계에 다 던지고 오히려 또 부족하여 아편과 양첩(洋妾)에 사치를 극도로 부리다가 가을밤 광풍(狂風)에 속세의 꿈을 갑자기 깨어보니, 가련한 어진 부인은 학대를 견디지 못했던가 세상사가 고되고 어려웠던가, 세 살배기 외아들을 안고 뒤뜰 우물 속에서 하룻밤에 돌아오지 못

할 쌍혼(雙魂)이 되었고 선조가 물려준 대저택과 높은 누각은 하루아침에 그림자도 없이 사라졌고, 누더기에 싸인 다섯 척의 이 몸만이 넓고 넓은 세계 위에 돌아갈 곳이 없도다.

아아! 오늘날에야 인생의 참 의미를 깨달았도다.

이놈은 국가의 난적(亂賊)이요, 인도(人道)의 공적(公敵)이요, 만고에 간역(奸逆)으로, 이 천지간에 용납되지 못할 놈이로다.

아아! 전지전능하시고 만유(萬有)의 주인 되시는 하나님이시여! 이 반도강산에 이놈과 같은 흉악한 놈이 있으면 성신(聖神)의 영화(靈火)로 일망타진하여 박멸하시고 이 세상에서 정의(正義)로 하여금 항상 패리(悖理)를 이기게 하십시오.

아아! 이 반도국 가운데 주소를 잃고 돌아갈 곳이 없어 떠돌며 울부짖는 수만의 가련한 종족이 산과 들에 가득합니다. 아아! 하나님이시여! 저 불쌍한 종족에게 커다란 은혜를 내리셔서 굶주린 이에게 음식을 주시고 추워하는 이에게 거처와 의복을 주시며, 슬퍼하는 이에게 기쁨을 주시고 우는 이에게 위로를 주시며, 목마른 이에게 성령(聖靈)의 물을 주시고 악한 자에게 성신(聖神)의 불을 내리옵소서.

이 세상에서 일체의 죄악을 쫓아내시고 지구상에 영원히 지극히 즐거운 천국을 건설하시옵소서!!

이놈을 어서 죄악의 수중에서 멸하시어 영원한 지옥불에 던져 주시옵소서.

노인이 말을 마치고 말없이 서서 황해를 바라보니 밤은 오경이라 해천(海天)은 무궁히 광활하고 천지는 평화의 신이 강림한 듯 사방이 적막한데

텀-벙 한소리에 바위 아래 거울 같은 수면 위의 달빛이 깨지니

바위 위에 섰던 노인은 홀연히 간 곳이 없다.

행일까 불행일까?

망향대(望鄕臺)에 올라
감흥이 일어나다[登望鄕臺有感] 漢 / 무하광(無何狂) 송욱현(宋旭鉉)

어릴 적 담력은 과연 어떠했던가?	少春膽氣果如何
스물넷 나이는 지나침 없이 적당하네.	廿四時年適不過
푸른 회계산에서 월나라 겁쟁이를 능가하고,[18]	會稽山靑超越劫
하얀 박랑 모래밭에서 진나라 마귀를 꾸짖었지.[19]	博浪沙白喝秦魔
몸을 빼내어 하늘 높은 곳에 닿을 듯.	拔身若到天高處
손 휘둘러 장차 혼란한 세상 풍파를 뒤집을 듯.	揮手將翻世亂波
묻노니 뉘집 사람이 뜻 같이 하는 벗인가?	試問誰家同志友
연시(燕市)에 울리는 건아의 노래를 귀담아 듣노라.	斜聽燕市健兒歌

조국을 추억하다[憶祖國] 漢 / 위와 같음

태극기 가장자리에 보이는 햇빛 아래 고향.	太極旗邊日下鄕
분란한 정황과 빛이 각기 평소와 다르네.	霏霏情色各殊常
걸출한 동량은 저 우뚝한 화산과 나란하고,	偉棟齊彼華山屹
보배로운 계통은 이 긴 한강처럼 이어지리.	寶統繼玆漢水長
작은 풀은 요임금의 우로에 몇 번이나 젖었던가?	小草幾霑堯雨露
한 치 실로 순임금의 의상에 수놓고자 하네.	寸絲欲繡舜衣裳
천 리 땅 해외에서 얼마나 고달픈가?	外洋千里么麽悃
서쪽 향해 무릎 꿇고 만세향을 피우누나.	西向跪焚萬歲香

---

18 푸른……능가하고 : 춘추시대 오왕(吳王) 부차(夫差)가 월왕(越王) 구천(句踐)과의
　싸움에서 승리한 것을 말한다.

19 하얀……꾸짖었지 : 한(漢) 나라 개국공신인 장량(張良)이 젊은 시절에 역사(力士)
　와 함께 순시 중인 진시황을 저격했던 일을 뜻한다.

해외에 있는 남편에게 보내다[海外贈郞詩] 漢 / 규중의 아낙네

꽃밭 위 달빛의 고움을 탐하지 마세요.	莫耽花月艶
꽃밭 위 달빛은 사람을 취하게 합니다.	花月醉人攸
마땅히 가는 세월을 아끼셔야 해요.	宜惜年華逝
세월은 물 따라서 흐르듯 갑니다.	年華逐水流
저는 난경에 비친 모습을 지키고,[20]	妾守鸞鏡影
당신은 오모(烏帽)[21] 쓰기를 기약합니다.	郞期烏帽頭
듣지 못하셨나요? 조지 워싱턴이	不聞華盛頓
나라를 세워 자유 제창한 것을.	建國倡自由
보지 못하셨나요? 이제독이	不見李提督
수항루에서 적군 격파한 것을.	破敵受降樓
남아라면 당연히 이와 같아야지,	男兒當如此
이 밖에 또 무엇을 구하겠어요?	此外更何求
백두산은 우뚝 솟고,	白頭山岑岑
황해 바다는 아득합니다.	黃海水悠悠
누가 알까요? 편지 부치는 이곳에	誰知寄書處
저의 한 조각 수심이 있음을.	我有一片愁

최우양의 「영웅숭배론부」를 읽고 「제국산하」 시에 차운하다[讀崔友洋英雄崇拜論賦次帝國山河] 漢

/ 석소생(石蘇生) 이동초(李東初)

청사를 살펴 붉은 점을 찍어보니,	按靑史而點朱

---

20 저는……지키고 : '난경(鸞鏡)'은 거울을 말하는데 남편 없이 홀로 지내는 여인을 비유한다.

21 오모(烏帽) : 검은 모자로, 고대에는 신분이 귀한 자의 평상복이었다.

땅의 이로움 앞세우면 나라가 태평했네.	先地利而國泰
국토 소유로는 러시아의 육지요,	有國土者露陸
서양 품에 안음은 영국의 바다라네.	抱太西曰英海
사물은 적당한 땅에서 비로소 성하고,	物始盛於地宜
만사의 이루어짐도 절로 그것에 달렸네.	萬事成之自在
인걸이 배출되어 신령한 기운 모이고,	人傑出而鍾靈
문물은 새롭고 점차 발달되어 가네.	文物新而進化
묻노니, 대한제국은 어떠한가?	問如何耶帝國
그 산과 물이 몹시 빼어나네.	盖絶秀其山河
만장보다 높은 봉우리가 진을 치고,	鎭峯嵩於萬丈
삼면을 끼고 있는 바다가 호위하네.	衛海擁於三面
산은 아름답고 물은 깨끗하니,	山之佳兮水麗
분명 인재가 있고 반드시 뛰어나리.	必有人兮必勝
맑은 기운이 옛 도시에 엉겼고,	淑氣凝於舊都
상서로운 빛이 새 고을에 서렸도다.	瑞色蟠於新府
천년의 운이 돌아왔도다!	千年運之回歟
강은 맑고 봉황은 우네.	河兮淸鳳兮鳴
목성(木星)이 하남에서 비추니,	福星昭于河南
영웅의 풍모가 산동에서 일어나리.	英風起乎山東
방망이 하나 들고서 북을 치노니,	把一椎而擊皷
새로운 소리가 청구에 가득하네.	維新聲滿靑邱
3천리 강토여.	三千里之版圖
2천만 동포여.	廿百萬之同胞
곧장 잠자는 사자를 깨워	驀地驚破獅睡
함께 눈 부릅뜨고 팔뚝 걷어 올리세.	齊瞠目而振腕
나아가세 나아가세 앞으로 나아가세.	進兮進兮前進
온갖 장애물은 바람에 쓸리듯 사라지리.	萬障除如風靡

| 공정하고 평등한 대권(大權) 아래에서 | 公且平大權下 |
| 동포들이 만세토록 함께 즐거워하리. | 群生同樂萬歲 |

또 읊다[又詠] 漢

백두산 푸른 하늘에 우뚝 솟으니,	白頭山削出青天
중국이 그 뒤요 한국이 그 앞이로다.	漢在後而韓在前
금수 강산 잔잔함이 3천리요,	地金片片三千里
성인 교화 찬란함이 5백년이라.	聖化熙熙五百年
작은 강토를 한하지 마라.	莫恨版圖稍蕞爾
예상건대 뛰어남이 완연하리라.	將想優特在宛然
어찌 한신에게 다리 아래 기는 치욕을 주었던가?	肯命韓將股下辱
회음 저자의 아이가 가엾어라.	淮陰市子可堪憐

가련함 열 가지 / Funny AB생

가련하다. 고국 3천리에 사면팔방 대포 소리라.

가련하다. 귀공자는 지금에야 큰 꿈을 깨었는가.

가련하다. 가을밤 연밥 따는 아가씨는 강 너머서 아직도 아리랑을 부르네.

가련하다. 시골 농사꾼은 윗들과 아랫들서 수심가(愁心歌)를 부른다.

가련하다. 창해(滄海)의 낚시꾼은 가랑비와 비끼는 바람 속에 반나마 있구나.

가련하다. 성인의 소학동(小學童)은 삼삼오오 무리지어 애국가를 부른다.

가련하다. 골목 어귀의 모군꾼은 예전처럼 다투어 탁주가(濁酒歌)를 부른다.

가련하다. 낭군 보낸 아리따운 아낙은 누워서 한 해 두 해 헤아리며 보낸다.

가련하다. 서녘서 온 두견이는 강산의 도처에서 뻐꾹뻐꾹 소리 낸다.

가련하다. 해외 유학생은 뜻 가진 지 10년에 칼 가는 소리를.

가을 감흥 / 고원훈(高元勳)

바람이 쏴쏴 불고 비가 부슬부슬 내리는 객창(客牕)의 외로운 등불 아래에서 뜰과 섬돌을 청소하고는 정색을 한 채 옷깃을 여미고 꼿꼿이 앉아서 머리를 긁으며 서남쪽 하늘을 서글피 바라보았다. 그때 바람이 높이 불고 서리가 깨끗하며 은하수가 밝게 빛나며 도는데 눈에 가득한 모든 것이 쓸쓸하니 고국을 떠나 고향을 마음에 품은 사람의 일대 비관 (悲觀)이 아님이 어디 있으랴! 벌떡 일어나 창문을 밀쳐 한참을 우두커 니 있다가 잠깐 서성이고는 문득 다시 앉아 봄과 여름의 시절을 생각해 보니 동녘 동산의 복사꽃 오얏꽃과 온갖 나무의 무성한 그늘이 아늑하 고도 짙어서 꾀꼬리 노래와 나비의 춤으로 1년 365일 중에 아마도 이 시기가 가장 번화하리라. 아아! 대거 천시(天時)가 변천하고 물화(物華) 가 변모하니, 예전에 이른바 아늑하고 짙다고 했던 것이 이제 흔들려 떨어져 쓸쓸해졌고, 꾀꼬리 노래와 나비의 춤이란 것이 이제 벌레 소리 와 기러기 울음이 되어서 번화하던 시절이 갑자기 비관(悲觀)의 세계가 되었으니, 이는 진실로 심양자(潯陽子)[22]가 관직을 버리고 집으로 돌아 가던 날이요 석범로(石帆老)가 검을 걸어두고 병서를 읽던 밤이라 하겠 다. 천시와 물화도 이같이 변하거늘, 유독 우리 사람의 사상만 어찌 어리석음을 바꾸어 지혜롭게 되고 어두움을 버리고 밝음으로 나아가지

---

22 심양자(潯陽子) : 중국 위진남북조 시대의 전원시인 도잠(陶潛, 365경-427)을 이 른다. 그의 고향이 심양(潯陽) 시상(柴桑)이므로 지어진 별명이다.

않겠는가? 낙엽이 산처럼 쌓인 곳에 가서 우리의 몽매한 지식과 완고한 구습을 낙엽에 싸서는 적막한 빈 산에 인적이 닿지 않는 곳에 가서 만길 구덩이를 파고 매장시켜 비록 백만 번 윤회하더라도 함부로 머리를 들고 세상으로 나와서 우리의 수많은 좋은 장부들을 유혹하지 못하도록 하고, 돌아와서 독서하면『남화경(南華經)』의 가을 강물〔秋水〕이 책상머리에 바야흐로 생기고 광릉(廣陵)의 파도가 문 밖에 이를 것이다.[23] 그 사람은 사상이 고명(高明)하고 취향이 맑고 순수하며 그 학문도 뇌뢰낙락(磊磊落落)하여 장차 큰 성취가 있을 것이니, 이날이 바로 천시가 변환하여 성공을 거두고 인사가 다행히 흥감하여 발로할 바 있을 것이다. 『시경(詩經)』에 이르지 않았던가! "갈대가 무성함에 흰 이슬이 서리가 되었구나."[24]라고. 마음에 품은 바가 누구인가. 아마 우리 청년 중에 뜻을 함께하는 여러분일 것이다. 초목의 영락을 보지 않았는가. 서리를 겪은 뒤 반드시 그 재목을 이루는 법이니, 여러분이 바로 쏟아지는 물결 속에 서 있는 돌기둥이요 큰 집의 마룻대와 들보이다. 빠른 바람이 불어도 그 형세가 더욱 거세지고 한겨울에 추워져도 그 절개가 시들지 않는다. 그 재목으로 큰 집을 얽어 만들어 우리 20만 추운 선비를 덮어주는 때야말로 어찌 가을이 아닌가!

△장래의 희망

희망이란 목적을 지정한 곳이니 바로 앞으로 나아가는 제일의 요점이다. 사람이면 누구라도 이 희망이 없겠는가마는, 실의하여 원하는 것을 얻지 못하게 되면 본디 희망했던 마음이 쉽게 풀어져 느슨하게

---

23 남화경(南華經)의……것이다 :『남화경』은『장자(莊子)』의 별칭이며 '추수(秋水)'는 그 편명이다.

24 갈대가……되었구나 :『시경(詩經)』「진풍(秦風)·겸가(蒹葭)」의 첫 구절이다. 이 시는 화자가 물가의 한쪽에 있는 어떤 사람을 따라다니지만 만나지 못하는 상황을 노래하였다고 풀이되어 왔다.

되어 포기를 스스로 감내한다. 오호라! 그래서야 되겠는가! 우리 위대한 청년 동지는 실의할수록 희망을 가져서 반드시 포기하지 않는 사람이 되고야 말 것이다. 이로부터 희망이 나날이 진보하여 앞서 문장가와 명필가가 되려는 희망이 지금은 변하여 상업가·공업가·법률가·정치가의 졸업증서가 될 것이고, 앞서 대신들의 상주(上奏)에 황제가 친히 내린 칙령으로 벼슬에 임명되려는 희망이 지금은 변하여 육군·해군·포병·공병 같은 군인의 사상이 될 것이며, 앞서 국민을 전제(專制)하고 정부에 의지하려던 희망이 지금은 변하여 자유 독립의 인권이 될 것이니, 어찌 그 뜻을 이루지 못함을 두려워할 것이며 어찌 그 목적을 이루지 못함을 걱정하겠는가! 오늘날 청년에게 희망하는 것은 이처럼 요긴하고 청년이 전적으로 짊어져야 할 것이 이처럼 중하니 다만 우리 동지는 그 의지를 잃지 말고 이 희망에 부응해야 할 것이다.

△시간의 귀중함

천금은 다 써서 흩어버려도 다시 돌아오지만 흘러간 물은 다시 돌아오지 않는다. 시간은 물과 같아 빨리 가되 쉬지 않으며 한 번 가면 돌아오지 않는다. 한때의 아쉬움이 어찌 단지 천금의 귀중함 같을 뿐이겠는가. 옛사람이 위대한 사업을 성취함은 사실은 시간을 이용함에 달려 있었다. 바람이 구리를 갈고 산의 여울물이 바위를 뚫는 것은 멈추지도 쉬지도 않기 때문이다. 두렵도다 시간이여! 시간이 쌓여서 마침내 하루·한 달·한 해의 많은 때가 된다. 시간을 이용하는 자는 청년시절에 사업을 성취할 것이요, 시간을 헛되이 보내는 자는 어느덧 흰 머리가 될 것이다. 궁벽한 오두막에 낙엽이 지는 가을에 여한을 좇을 수 없다. 시간이 곧 청년의 자본이요 시간을 이용함이 곧 학문의 요소이다. 귀하노라 시간이여!

서글픈 가을 노래 / 무하광(無何狂) 송욱현(宋旭鉉)

동방(東房)에선 간밤 뇌우소리에 경천동지 하였도다.
부지불식간에 이내 근심 홍수가 하늘까지 넘칠까 여겨
밤새도록 전전반측 생각하다가 심란하고 어지러운 채로 잠드니
비몽사몽 어렴풋한 사이 어떤 백발노인 하나가
짧은 대지팡이 해진 짚신 붉은 발로 독립관(獨立冠)을 벗어 들고
울음 반 탄식 반으로 하는 말이 우리는 본래 동쪽 지역 변방 종족으로
획야분주(劃野分州)²⁵ 황제(黃帝) 때에 백두산 신령 되어
3천리의 넓은 강역 보전토록 힘썼더니
상전벽해 바닷물로 뒤바뀜에 백두산이 씻겨갔네.
깃들어 있을 처소가 없어 정처 없이 가던 길에
너도 역시 대한의 자식이라 이러한 사정 하겠더니
때의 완급을 알지 못하고 잠자는 것은 무슨 일인가.
이러한 듯 하는 소리 베개 위에 잠깐 자던 잠을
훌쩍 깨어 일어나니 남가일몽(南柯一夢) 아닐런가.
사방 벽만 그저 서서 적막한데 창틈에서 우는 바람
길손 회포 돋우는 듯. 침상머리 세워둔 금서(琴書)
냉락(冷落)하기 짝이 없다. 이렇게 슬픈 마음을 누구에게 말할까.
울지 못하고 하는 노래 대한혼(大韓魂)아 어디 있나.
물색이나 구경하려 망사대(望思臺)로 올라가니
어젯밤 장마비가 이렇듯 무정했던가.
하늘까지 넘나드는 천 칸 만 칸 대저택에 비가 스며 야단났네.
한 층 더 올라 눈 비비니 들판 쓸려 모래 불어 딱하더라.

---

25 획야분주(劃野分州) : 땅을 구획하여 주(州)를 나누는 일이다. 하(夏)나라 우(禹)임
금이 치수(治水)를 마치고 중국을 구주(九州)로 나누었다고 『서경(書經)』에 기록되
어 있지만, 한편으로는 전설상 중국 최초의 왕인 황제(黃帝) 헌원(軒轅)의 치적이라
고도 한다.

남은 자손 애달픈 형편 기둥 안고 마룻대 잡고 슬피 울면서
목동 어부 동동거림 목장 낚시터 잃었더라.
정색하고 옷깃 여미며 동자 불러 묻는 말이
"하룻밤 세월이 이러한가, 시기(時機)가 덧없음이 어찌도 많은지."
어이없다는 동자의 대답, "정신없구나, 무하광(無何狂)아.
우물가 오동나무의 매미소리 무엇으로 듣고 있소.
광무(光武) 시절 늦여름 비가 간밤 사이 지나가고
융희(隆熙) 원년 새 가을바람이 산 동쪽 모서리에 불어오오."
이 말 듣고 대경실색 "헛말이냐, 정말이냐.
너의 말이 정말이면 득의(得意)하는 가을이냐, 낙엽 지는 가을이지."
우리 동포 청년들아, 이 시대가 어떤 시대요.
뭇 산 속에 홀로 남은 밤 육방옹(陸放翁)이 큰 소리로 병서(兵書) 읽던
때라.[26]
내년 봄날 다시 온다고 팔짱 끼고 가만있지 마소.
보라, 저 남산의 지는 잎이 지고 싶어 질까보냐.
무정한 세월, 가을바람에 내린 서리가 원수 되고 원망 되지.
아아! 위급한 우리 집 일은 닥칠 화를 헤아리면
지금보다 더 심하니 매서운 겨울 기운이 당장 멀지 않았구나.
저 초목이 뿌리가 굳세지 않다면 엄동설한 어찌할까.
엄동설한 겁을 내어 뿌리 얼고 중심 죽게 되면
따뜻한 봄이 다시 오더라도 잎과 가지 무성할 수가 없네.
동포들아, 동포들아, 초목 같은 목숨의 동포들아.
뿌리 중심 굳세었던가, 동지섣달 추운 바람에
자강(自強) 불굴(不屈) 하고 나서 독립관(獨立館)을 중수(重修)할까.

---

26 육방옹(陸放翁)이……때라 : 국가의 존망이 위기에 처하였다는 의미이다. 방옹은
    남송(南宋)의 애국시인 육유(陸游, 1125-1210)의 호이다.

해저여행 기담 제5회

- 함장은 비분강개하여 인간세계와 절연하고 세 사람은 고생스럽게 별세계에 떨어지다 - / 박용희(朴容熹)

각설하고, 아로낙스 씨 주복(主僕)이 네드 랜드 씨의 폭행을 말리다가 홀연히 문 밖에서 한 장사가 프랑스어로 연이어 부르는 것을 듣고 혼이 몸에 붙어 있지 않아 어찌할 바를 몰랐다. 그 장사가 조용히 들어오는데 다른 사람이 아니라 바로 일전에 영어, 프랑스어, 독일어 및 라틴어를 이해하지 못하던 자였다. 세 사람이 겁이 나서 얼떨떨한 채로 각자 한 모퉁이에 숨듯 서 있으니 그 장사가 의자에 조용히 앉으면서 세 사람더러 이르기를 "내가 영어, 프랑스어, 독일어 및 라틴어에 모두 능통하지만, 일전에 모르는 체 가장한 것은 다름이 아니라 여러분이 내력을 서술한 바가 일치하는지를 알고자 한 것이니 과연 여러분이 서술한 바가 대동소이할 따름이다. 그러므로 진위를 판별하여 이해하였다."라고 하는데, 어조가 유창하여 혀가 황하를 쏟아내는 듯하였다. 조금 뒤에 또 이르기를 "여러분은 나의 지체됨을 괴이하게 여기지 말라. 여러분은 바로 내 생활을 방해하려 하다가 내게 의탁한 것이다. 그러므로 내가 여러분을 어떻게 대우할까 생각하여 이처럼 지체된 것이다."라고 말하기에 아로낙스 씨가 대답하여 말하기를 "그렇지 않다. 우리는 귀하를 방해하려고 온 것이 아니라 단지 우연히 의탁한 것이다."라고 하였다.

그러나 그 장사가 논박하여 "귀하가 어떠한 말로 해명하더라도 해명이 안 된다. 링컨 호가 수개월 동안 우리를 수색한 것을 어찌 우연이라 할 것이며, 여러분이 고의로 우리 배에 옮겨 탄 것을 어찌 우연이라 할 것이며, 그대들이 몇 번이나 나의 함체를 포격한 것을 어찌 우연이라 할 것이며, 네드 랜드 씨가 작살로 나의 함체를 저격한 것을 어찌 우연이라 하는가. 만일 이를 우연이라 칭탁하면 세간에 어떤 일을 막론하고 다 우연이라 칭탁하지 못할 일이 있겠는가." 하는데 말 속에 절로 분기(憤氣)가 있었다. 아로낙스 씨가 다시 해명하여 "귀하가 말한 바가 진실로 이치가 있으나, 그렇다면 귀하는 무슨 까닭으로 항해하여 오가는 선박에 충돌하여 무고한 생령(生靈)을 어룡(魚龍)의 먹이가 되게 하였으며 피와 땀을 흘린 결과를 해조(海藻)와 동화하게 만들었는가. 이러한 까닭에 온 세상이 전율하여 괴물로 오인하고 미국정부는 인류를 위하여 화근(禍根)을 제거하고자 하여 수만의 황금을 허비하고 원정대를 선발 파견하여 괴물을 추적한 것이지, 귀하의 함선인 줄은 조금도 생각하지 못하였다. 이것은 귀하의 적절한 견해로 불을 보듯 뻔한 일이거늘 핍박함이 어찌 그리도 심하오?"라고 하자, 그 장사가 세 번째로 따져 "그렇다면 그대들은 저들이 우리 함선을 괴물이 아니라고 시인하는 마당에는 공격하지 않을 줄 확신하는가?" 하는지라, 아로낙스 씨가 지금 유럽 여러 나라가 다 괴물이 어떠한 물체이던지 이를 제거하여 항로의 안존(安存)을 회복하는 데 열중할 것을 추측하고 머리를 숙이고 한참동안 묵묵부답이었다.

그러자 그 장사가 빙그레 웃으며 "그렇다면 우리가 그대들을 적대시하는 것도 까닭이 없지 않을 것이다. 그러니 이미 적으로 보는 마당에 그대들의 처리는 내 임의대로 할 것임도 그대들이 반드시 자각할 것이다. 그러나 만일 내가 악의를 품었으면 여러분이 함선 위에 있었을 때 버렸을 것이다. 하필 함선 안으로 인도하였겠는가." 하였다. 아로낙스 씨가 대답하기를 "다른 사람이 막 죽어가는 것을 보고도 구원하지 않는 것은 야만인의 권리이지 문명사회의 소행이 아니오."라 하니 그 사람이 반론하여 "나는 문명사회의 분자(分子)가 아니다. 까닭이 있어서 속세를 포기한 지 이미 한참이라 인간세계의 법망에는 조금도 거리낄 것이 없으니, 인간세계의 일에 대해서는 다시는 길게 이야기하지 말라. 나는 이미 인간세계의 소문을 듣기를 바라지 않는다." 하면서 안색이 변하며 무언가 생각하는 듯하더니 홀연 다시 분기가 얼굴에 가득하고 뜨거운 피가 공중을 찌르며 비분강개에 피눈물이 눈에 가득하였다.-이 장사가 뜬세상에 부합되지 않는 무엇이 있어서 이처럼 세상에서 도피할까? 모르는 사이에 보는 이가 거듭 의문하고 연이어 느끼게 되는데, 어쩌면 유명인사가 함부로 날뛰고 뭇 소인배가 널리 퍼진 것에 분개해서일까?- 아로낙스 씨가 그 장사가 이와 같이 분개하는 동정을 관찰하고 슬며시 생각하여 이르기를 '오호라! 누가 저 심중을 알겠는가. 만일 저이가 신이 있다는 걸 확신한다면 필연 저이의 마음속을 이 신명이나 밝게 알리라.' 하고 생각하며 왔다갔다 하였다.

그 장사가 한참 지나서 다시 이르기를 "내가 비록 인간세계의 법률에는 구속되지 않으나 인자한 마음은 다르지 않다. 그러므로 나는 인자한 눈으로 여러분을 상대하여 이 함선 내에서 더없는 자유를 부여하리라. 그러나 내가 여러분에게 한 가지 요구가 있으니 받아들이겠는가." 하였다. 아로낙스 씨가 응대하여 묻기를 "어떤 요건입니까." 하자, 그 장사가 "지금 이후에 만일 여러분과 같이 인간세상의 법망에서 벗어나지 아니한 자가 목격하지 않아야 할 것을 목격할 때에는[27] 여러분을 하는 수 없이 한 방에 가두어둘 터이니 이 한 건뿐이요, 그밖에는 함선 내에서 모두 여러분의 자유에 맡기겠소." 하는지라, 아로낙스 씨가 그 이면은 알지 못하나 좌우간 허락하니 그 장사가 아로낙스 씨에게 이르기를 "내가 그대의 고명(高名)을 안 지가 이미 그대의 『해저비밀(海底秘密)』이라는 저서를 애독한 때부터다. 그러나 그대에게 가진 유감은 그 저서가 일부일 뿐이요 완성되지 못했다는 것이니, 귀하는 가히 나의 함선 내에 지내며 『해서비밀』의 진상을 열심히 연구할지어다."라고 하였다.

아로낙스 씨가 그 후의에 매우 감동하여 말없이 감사하고 한참 지나

---

27 인간세상의……때에는 : 원문에는 '人間의法網에未脫흔者를目擊시키지못홀時에눈'이라 되어 있으나 문맥을 고려하여 이와 같이 번역하였다.

서 그 성명을 물으니 그 장사가 대답하였다. "나는 본함(本艦)의 함장
네모-네모는 프랑스어이니 우리나라의 무명씨와 같다-요. 이 함선의
이름은 노틸러스-노틸러스는 프랑스어이니 앵무조개라는 뜻이다. 함
선 내에 작은 방이 많은데 그중 가장 큰 곳에 어떤 동물이 산다는 말이
니, 곧 함장이 자신을 동물에 비유하고 함선을 조개껍질에 비유한 것이
다-다." 말을 마치자 사환에게 명하여 두 사람에게 요리를 대접하라 하
고 아로낙스 씨를 향하여 함께 가기를 청하거늘, 아로낙스 씨가 네모를
따라 약 12야드의 복도를 지나 좌측의 문 하나를 열고 들어가니 바로
식당인데 구조가 대단히 화려하고 진열된 물품은 지나 도기(支那陶器),
일본 칠기(日本漆器), 이집트 유리제품, 프랑스 리옹 직조 탁자보며 기
타 금은주옥(金銀珠玉)은 휘황찬란하고 내놓은 요리는 자라의 고기와
돌고래의 간장과 고래의 유락(乳酪)과 해로새우의 전유어(煎油魚)였다.
　밥 먹는 중에 아로낙스 씨가 네모에게 물었다. "귀하가 해양을 애호
하는가?" 네모가 대답하였다. "나는 매우 해양을 애호한다. 대개 해양이
라는 것은 동물, 식물, 광물 등이 무진장이라. 가지고자 하면 가지고
그만두고자 하면 그만두기를 나의 자유에 맡겨두고 또 공기가 맑고 상
쾌함에 한결 같이 건강에 알맞아 침상에 누워 있을 걱정과 병마의 근심
도 없다. 뿐만 아니라 물은 육지에 비하여 약 세 배의 넓이를 차지한
까닭에 한 번 도망하여 나오지 않으면 폭군의 주구(誅求)와 간리(奸吏)
의 유린(蹂躪)도 미치지 않는다. 그러니 이곳을 애호하지 않으면 무엇
을 애호할 것이며 이것을 가지지 않고서 무엇을 가지겠는가?" 이 소리
에 한편으로는 선경(仙境)에 우뚝 선 듯하고 한편으로는 옛일을 회고하
는 생각이 더욱 간절하였다. 이윽고 네모가 아로낙스 씨에게 이르기를
"만일 귀하가 본 함선을 두루 관람하고자 하면 내가 수고를 잊고 인도하
겠다." 하거늘 아로낙스 씨가 그 호의에 두터이 감사한 뒤에 몸을 일으
며 따라가서 식당 뒤편의 두 겹 철문을 열고 들어섰다.

칠기는 일본이 세계에 유명함

「자기 및 도기는 18·9세기경까지 청나라, 곧 지나가 동서양에 유명하였더니, 요즈음에는 프랑스에 그 성가(聲價)를 뺏겼다.

비단도 15세기까지는 지나산(産)이 우주에 명성을 울려 심지어 로마 부녀는 황금 한 근과 명주 한 근을 교환하여 극상(極上)의 사치품으로 착용하였다. 동로마황제 유스티니아노스(Justinianus)가 기독교도 2명을 지나에 보내 잠종(蠶種)을 유럽에 이식한 이래로 유럽 인사가 이 사업에 헌신하여 종사하여 지금은 비단 지나에 비해 그 염직(染織)의 정교함이 우월할 뿐만 아니라 프랑스 리옹 산물은 구대륙 인사는 차치하고라도 신대륙-남·북아메리카 두 대륙을 가리킴- 부녀자가 해마다 수만의 황금으로 독점적으로 사서 쓴다. 대개 지나는 완고하고 어리석음으로 옛 모습만 고수하다가 현재 상업, 공업, 농업 등에도 자승자박격으로 이익을 다 백인의 수중에 가게 하였으니, 슬프다.」

| 잡록 |

○ 세계 인구의 증가 대세

10년간에 증가한 인구의 비교

나라 이름	1895년	1905년
러시아	125,000,000인	141,200,000인
미국	68,934,000	83,143,000
독일	52,279,000	60,605,000
일본	42,271,000	47,975,000
프랑스	38,459,000	39,000,000
영국	39,221,000	43,221,000
이탈리아	31,296,000	33,604,000
오스트리아	24,971,000	27,241,000
헝가리	18,257,000	20,114,000
스페인	18,157,000	18,909,000
기타	47,732,000	54,166,000

1895년부터 1905년까지 10년간에 증가 수가 6,300여만 인인데 러시아가 최고위를 점유하였다.

○ 국토 면적과 인구의 비교

나라 이름	면적: 평방마일	매 평방마일 당 인구
합중국	3,567,371	21.4인
유럽 러시아	2,052,400	51.3
스페인	194,744	95.5
헝가리	125,392	153.6
프랑스	204,312	190.7
오스트리아	115,802	225.8

독일	208,727	290.4
일본	147,476	316.9
영국	121,371	301.6
네덜란드	12,559	406.4
벨기에	11,370	588.7

1평방미터에 인구가 가장 많은 곳은 벨기에니 588인씩이요 가장 희소한 곳은 미국이니 21여 인이다. 도회처 중에 인구가 가장 조밀한 곳은 독일 함부르크 시이니 1평방미터에 3,327인이다.

o 구미(歐美) 각국 국채(國債)와 세출 표

나라 이름		
러시아	223,675,000파운드	747,518,000파운드
미국	150,022,000	296,222,000
영국	146,961,000	769,736,000
프랑스	143,889,000	1,038,379,000
독일	110,444,000	161,314,000
이탈리아	74,219,000	517,274,000
오스트리아	72,282,000	386,489,000
헝가리	50,640,000	226,343,000

이상 9개국은 4백억 환의 국채를 지니고 있다.

o 종래 기차에는 2선 철로를 부설하여 사용하더니 영국인 루이스, 쑤레난[28] 씨가 팽이를 응용하여 1선 철로식을 발명하였다 한다. 인구가 극히 많은 도회처에는 연락하기 용이한 이익을 얻겠고 더욱이 전시(戰時)에 철도를 급히 설비할 필요가 있을 때에는 하루에 120마일을 부설할 수 있으니 병사가 움직여 나아가는 데 더할 수 없이 신속한 행동을

---

28 루이스, 쑤레난 : 미상이다.

성취하겠다 하며 운행 휴지 간에도 일정한 장치가 있어 임의로 휴지하며 굽이진 곳을 만나도 이에 상당하는 설비로 아무 염려가 없게 제조하였다 한다.

o 화성에 관한 신학설

미국 보스턴의 모스(Edward S. Morse) 교수는 화성에 대하여 심도 있는 연구를 쌓은 자이다. 그 주창하는바 학설이 과연 진정할 것 같으면 화성에 거주하는 소년인은 6-70근 중량의 물체를 지구에 거주하는 우리가 축구공을 들어 사용하듯이 용이하게 움직일 수 있을 것이다. 원래 화성 거주인은 지구 거주인과 대체로 특별히 다른 차이가 없으나 유독 폐부는 대단히 거대하니 이는 다름 아니라 공기가 희소한 까닭으로 우리와 같은 폐부라면 서너 번 호흡 안에 필히 죽을 것이라 한다. 또한 최근 발견에 따르건대 화성 거주인은 어른·아이를 막론하고 연초를 피우며 물의 귀중함이 우리 지구의 황금과 동일하며 또 그 광대한 표면은 사하라 사막을 보는 것과 흡사하니 과연 모래벌판인지도 모르겠다. 또 대단히 광대한 운하가 많이 있어 지구상의 운하와는 도저히 비교하지 못하는데 그중 한 운하는 3천 마일의 길이를 지니고 뉴욕에서 샌프란시스코에 이를 만한 거리의 깊이를 지녔으며 지구에서는 근래에야 무선전신과 무선전화 등을 사용하지만 화성에서는 옛날부터 이러한 것이 발달되었다 한다.

o 우리가 토해 내는 탄산가스

우리가 하루 밤낮에 토해 내는 탄산가스는 17온스-13냥 6전-라 하니, 즉 8시간 수면하는 동안에 거의 6온스-4냥 8전 무게-의 유독가스를 토해내는 것이다. 그러므로 다수 여객(旅客)이 한 방에 숙박할 때에는 공기 유통이 필요함을 이해할 수 있을 것이다.

ㅇ 인체를 분해하여 얻을 수 있는 것

한 강건한 남자의 중량이 112근 5냥 무게라는데 이 신체를 분해하면 기체 3,649입방피트-3,649입방척-로 넉넉히 자기 한 몸을 태워 올릴 만한 경기구(輕氣球)용 수소를 얻겠고, 또 7개의 평두형 단추를 제작할 만한 철분이 나올 것이요, 연필심 9,200자루를 제조할 만한 탄소와 8,064 갑의 성냥을 제조할 인(燐)과 그 외 소금 여섯 그릇과 설탕 한 단지를 얻겠고 그 나머지는 수분 9갤론 반, 즉 두 말 넉 되가 되겠다 하였다.

ㅇ 직업과 뇌병(腦病)

프랑스 통계가의 보도를 따르면 각 직업 천 명에 대하여 정신병 환자를 비교하면 아래와 같다고 한다.

상업가	0.42	종교가	1.80
공업가	0.66	의사	1.85
노비	1.55	법률가	1.85
관리	1.77	미술가	1.86
문학자	1.77	육해군인	2.00

ㅇ 두부(頭部)의 근육 수

두부에는 77개의 근육이 있는데 눈 및 눈꺼풀에 8개, 코에 1개, 입술에 8개, 뺨에 8개, 혀에 11개, 목구멍에 11개, 머리와 머리의 운동에 사용되는바 17개, 두피에 1개, 눈썹에 1개라 한다.

ㅇ 가장 낮은 토지의 거주민

세계 인민 중 가장 낮은 토지의 거주민은 보헤미아의 탄갱 광부이니 해면 2천 피트-2천 척-의 땅에 거주한다고 한다.

ㅇ 개 소리가 들리는 거리

경기구 승객의 실험담을 들은즉 지상에서 4마일 높이에는 개 소리가
전해진다고 한다.

ㅇ 세계에서 가장 깊은 우물

독일 스페렌페룽[29]의 한 우물은 4,190피트의 깊이요 미국 센틀니의
우물은 3,843피트요 프랑스에는 2,950피트요 헝가리에는 3,883피트
의 깊은 우물이 있고 현재 채굴 중에 있는 미국 피츠버그 근지의 석유
우물은 6천 피트에 달할 예정인데 벌써 5,005피트-1마일 남짓-에 달하
였다 한다.

ㅇ 전 세계 사람의 발이 닿지 않은 곳

전 세계에 아직 상세히 탐험치 못한 토지가 2천만 평방마일인데 그중
아프리카에 있는 곳이 650만 평방마일이요 북극지방에 360만 평방마일
이요 남극지방에 530만 평방마일이요 호주에 200만 평방마일이요 아시
아에 200만 평방마일이요 기타 여러 섬에 9천만[30] 평방마일이라 한다.

ㅇ 지하 시가

겔-란드 쁘시아[31]라 하는 지방에는 유명한 지하 시가가 있으니 인구
가 일천 남짓이다. 이들 인민은 일생 일광을 보지 못하고 마는 자가
반을 차지한다고 한다. 지하 깊은 곳의 이 시가는 육칠백 개의 공간이
있는데 천정과 네 벽은 다 암석으로 둘려 있고 그 안에 인가와 극장,
요리점, 고탑(高塔), 사원 등이 있으며 건축물 중에는 사원의 구조가

---

29 스페렌페룽 : 미상이다.
30 9천만 : 표기의 실수가 있었던 듯 하다. 앞의 수를 더해 대략적으로 환산하면 '9만'
　　혹은 '90만'이 되어야 한다.
31 겔란드 쁘시아 : 미상이다.

특히 미려하여 조각상을 많이 배치하고 시가는 극히 정결하며 밤낮 전기등을 켜둔다고 한다.

o 유럽의 최고 시부(市府)

유럽 제국(諸國)의 수도 중에 가장 고지의 자리를 점유한 곳은 스페인 경성 마드리드이니 고산 중턱에 위치하여 해면상 2,200피트가 된다 한다.

o 최고 온도의 온천

유럽 최고 온도의 온천은 이탈리아의 네로 온천이니 온도가 180도에 달한다 한다.

o 뽕잎의 효용

머리를 깎을 때에 생뽕잎을 뜯어 잘 비벼 그 즙액을 머리에 바르면 비누 대용의 효용이 있고 인분 및 그 오물을 가져다 쓴 후에 뽕잎으로 손발을 닦으면 냄새를 제거하는 기특한 효과가 있다 한다.

o 세 학교 연합

도쿄에 있는 한인 태극·광무·동인(同寅) 세 학교는 올가을부터 연합하기 위하여 이달 초에 각 학교 임원들이 회동·협의하여 합동하기로 결정하였다. 학교 위치는 간다구(神田區) 니시오가와마치(西小川町) 2정목 5번지 대한기독교청년회관으로 임시로 정하고 합성 학교명은 청년학원이라 칭하여 한편으로 제반 설비를 하고 한편으로 생도를 모집하는데 이에 응하여 모인 생도 수가 40여 명이다. 이달 16일에 개교식을 거행하고 17일부터 개학하였는데 등급을 갑·을 두 종으로 나누었으니 갑종 과목은 영어·일본어·일본문법·회화·독본·받아쓰기·수학·역사·지리·수신 등이요 을종 과목은 영어·일본어·문법·받아쓰기·독본·회화·수신·산술이다. 교사는 어윤빈(魚允斌), 임규(林圭), 한상우(韓相愚), 강대철(姜大喆), 윤태진(尹台鎭) 등 제씨가 교편을 잡고 열심히 교수하니 장취(將就)의 희망이 많다.

　ㅇ 학생 도래(渡來)

　하기방학에 근친(覲親) 차 귀국하였던 일반 학생들이 이번 개학기를 맞아 연속 건너오는데 새로 온 학생도 전에 비해 증가하는 모양이다.

　ㅇ 성대한 기념회

　이달 15일은 본회 창립 제2회 기념일이다. 회장은 혼고구(本鄕區) 하루키마치(春木町) 가부키자(歌舞伎座)로 정하고 당일 오전 8시에 회원 및 내빈 도합 100여 명이 모였다. 회장 장응진(張膺震) 씨가 개회사를 한 후 김홍량(金鴻亮), 전영작(全永爵), 최석하(崔錫夏) 제씨가 연이어 등단하여 본회의 발전한 내력과 국내 동포가 유학생을 고대하는 등의 이야기며 기타 준엄한 의론과 활발한 동작으로 일장 연설하니 만장(滿場)의 회중이 박수 갈채하여 솟아 넘치는 기상이 없지 않았다. 따라서 정규 의식은 폐하고 다과식을 거행할 때 각양의 가무로 여흥을 다하고 같은 날 오후 1시에 폐회하였다.

　ㅇ 본회 통상 회의일은 매 일요일이었는데 8월 30일 임원회 회의로 이후에는 매 토요일 오후 2시 반으로 정하고 회의 장소는 간다구(神田區) 니시오가와마치(西小川町) 2정목 5번지 대한기독교청년회관으로 임시로 정했다.

● 회원소식

　ㅇ 올해 7월에 메이지대학 경무과를 졸업한 본 회원 오석유(吳錫裕),

신상호(申相鎬), 정석내(鄭錫迺) 씨 3인은 지난 7월에 귀국하고 장계택(張啓澤) 씨는 경무 실습에 종사하고 이승근(李承瑾) 씨는 와세다 대학에 입학하였다.

○ 본 회원 박재희(朴載熙), 이윤찬(李允燦), 강인우(姜鱗祐), 이희철(李熹喆) 제씨는 와세다대학에 입학하고 문일평(文一平), 이보경(李寶鏡) 두 분은 메이지 학원 중학부에 입학하고 이규정(李圭廷), 오익영(吳익泳) 씨 2인은 아오야마학원(靑山學園) 중학부에 입학하고 민재무(閔在貿), 양대향(梁大鄕), 양치중(楊致中), 김용진(金龍鎭) 제씨는 메이지대학에 입학하였다.

○ 본 회원 김홍량(金鴻亮), 김진식(金鎭植), 추영순(秋永淳), 배영숙(裴永淑), 곽용주(郭龍周), 최린(崔麟), 이윤주(李潤柱), 류동수(柳東秀), 변봉현(邊鳳現), 류용탁(柳容鐸), 조동희(趙東熙), 김지간(金志侃), 박용희(朴容喜), 박인희(朴寅喜) 제씨는 하기 휴학 중에 근친 차로 귀국하였다가 이달 초에 일제히 건너왔다.

• 태극학보 의연금 출연자 명단

이덕교(李德敎) 씨	2환
송욱현(宋旭鉉) 씨	50전
정제원(鄭濟原) 씨	2환
권중현(權重顯) 씨	30환
이지용(李趾鎔) 씨	30환
이규정(李圭廷) 씨	1환
장영한(張永翰) 씨	10환
민영기(閔泳綺) 씨	30환
이인학(李寅鶴) 씨	20환

광무 10년 08월 24일 창간
융희 원년 09월 20일 인쇄
융희 원년 09월 24일 발행
메이지 40년 09월 20일 인쇄
메이지 40년 09월 24일 발행

•책값은 우편요금과 아울러 신화(新貨) 12전

일본 도쿄시 혼고구(本鄕區) 모토마치(元町) 2정목(丁目) 66번지 태극학회 내
편집 겸 발행인   장응진(張膺震)

일본 도쿄시 혼고구 모토마치 2정목 66번지 태극학회 내
인 쇄 인   김지간(金志侃)

일본 도쿄시 혼고구 모토마치 2정목 66번지
발 행 소   태극학회

도쿄시 우시고메구(牛込區) 벤텐죠(辨天町) 26번지
인 쇄 소   명문사(明文舍)

태극학보 제13호	
광무 10년 9월 24일	제3종 우편물 인가
메이지 39년 9월 24일	
융희 원년 9월 24일	발행(매월 24일 1회 발행)
메이지 40년 9월 24일	

융희 원년 10월 24일 발행(매월 24일 1회)

태극학보

제14호

태극학회 발행

• 주의

△본 태극학보를 구독하고자 하시는 분은 본 발행소로 통지하여 주시되 거주지 성명과 통호를 상세히 기재하여 보내주시고 대금은 우편위체(郵便爲替)로 본회에 교부하여 주시기 바랍니다.

△본 태극학보를 구독하시는 여러 군자들 가운데 주소를 이전하신 분은 시급히 그 이전하신 주소를 본 사무소로 통지하여 주시기 바랍니다.

△본 태극학보는 뜻 있으신 인사들의 구독 편의를 위하여 출장지점과 특약판매소를 다음과 같이 정합니다.

황성 중서(中署) 동궐(東闕) 파조교(罷朝橋) 건너편 주한영(朱翰榮) 책사 -중앙서관(中央書館) 내-

평안남도(平安南道) 삼화진(三和鎭) 남포항(南浦港) 축동(築垌) 김원섭(金元燮) 댁

평안북도(平安北道) 정주군(定州郡) 남문(南門) 내 홍성린(洪成鱗) 상점

북미 샌프란시스코 한인공립협회(韓人共立協會) 내 -임치정(林致淀) 주소-

• 투서주의

1. 학술(學術), 문예(文藝), 사조(詞藻), 통계(統計) 등에 관한 온갖 투서는 환영합니다.
1. 정치에 관한 기사(記事)는 일절 접수하지 않습니다.
1. 투서의 게재 여부는 편집인이 선정합니다.
1. 일차 투서는 반려하지 않습니다.
1. 투서는 완결함을 요합니다.
1. 투서는 세로 20행 가로 25자 원고지에 정서함을 요합니다.
1. 투서하시는 분은 거주지와 성명을 상세히 기재하여 보내주셔야 합니다.
1. 투서에 당선되신 분께는 본 태극학보의 해당호 한 부를 무상으로 증정합니다.

• 회원주의

본 태극학회 회원은 원적(原籍), 원거지(原居地), 현주소, 직업-학생은 목적-, 생년월일을 상세히 기재하여 보내주시며 현주소를 이전할 때 즉시 그 이전한 지명과 통호를 본회 사무소로 상세히 통지하여 주시기 바랍니다.

• 특별광고

○ 내외도서 출판
○ 교과서류 발매
○ 신문잡지 취급
○ 학교용품 판매

황성 중서(中署) 동궐(東闕) 파조교(罷朝橋) 건너편

본점-중앙서관(中央書館)- 주한영(朱翰榮)

평안북도(平安北道) 선천읍(宣川邑) 냇가

지점-신민서회(新民書會)- 안준(安濬)

목차

태극학보 제14호

| 논단 |

노동과 인생 : 쓰나시마 료센(綱島梁川) 선생의 절필(絶筆) -『주오공론(中央公論)』에 실린 글-

이 논문은 일본 정신계(精神界)의 위대한 인물인 고(故) 료센 선생의 절필이다. 본 역자가 당돌하게도 아직 부족한 사상과 숙련되지 못한 필력으로 이를 독자 여러분에게 소개하는 지위에 서게 되었으니 원작자의 진의(眞意) 소재를 몰각할 우려가 있을 뿐만 아니라 새로운 글의 체재가 왕왕 옛 문체와 현격히 달라 이해되도록 하기 어려울 염려가 매우 많으니 바라건대 독자 여러분들은 혜량해주시오.

백악춘사(白岳春史)

(1)

대장(大將) 윌리엄 부스(William booth)-예수교회에서 구세군 조직을 창립한 영국인이다. 지금도 생존 중이다-가 말하기를 "노동하고 그 위에 노동하고 또 다시 한 번 노동하라"고 하였으니 그는 80년 생애를 끊임없는 활동으로 노동한 사람이다. 그의 노동은 권화(權化)[1]이다. 나는 부스의 이름을 들을 때마다 먼저 이 한 가지 일에 생각이 이르러 스스로 생각하되, 그의 생애에서 다른 것 일체를 제거하더라도 이 한 가지 일-노동-이 충분하기 때문에 그로 하여금 불후의 사람이 되게 할 것이다. 독자여 오해하지 말지어다. 내가 여기서 '노동'이라고 하는 것은 반드시 그가 군대-구세군-조직을 가지고 사회적 자선 사업을 하여 그것이 세상

---

1 권화(權化) : 부처나 보살이 중생을 구제하기 위해 임시로 인간이 되어 나타난 것 또는 그 화신(化身)을 말한다.

사람들의 이목을 환히 끌게 하는 것만 의미함이 아닌 것을. 외형으로 나타난 사회적 사업은 아직 내가 이른 바 노동의 내용을 다 포함한 것이 아니다. 손을 움직이고 발을 움직이는 것과 같이 눈에 보이지 않는 정신 상의 사색 명상도 노동이 아닌가. 현실적, 물질적 공로만 활동이라고 말하기를 멈출지어다. 천지의 유구한 데로 생각을 달리고 천년 뒤로 걱정을 기탁하는 것 역시 위대한 활동이 아닌. 지극 정성으로 염불하는 이라도 남을 위해 받드는 것 역시 인도(人道)에 대한 동작(動作)이다. 마땅히 놀 곳에 노는 것이 또한 형체를 바꾼 동작이요 활동이다.

(2)

'노동'이라 하는 한마디 말에는 누구에게든지 숙연하게 할 만한 권위의 울림이 있도다. 예로부터 철인 성자(哲人聖者)는 항상 노동의 신성함을 제창하였도다. 그러나 '노동신성(勞動神聖)'이라고 하는 이 권위 있는 한마디도 지금은 점차 그 문자와 함께 옛 것으로 사라져서 다시 현대 청년의 마음을 깊숙한 곳에서부터 충동시킬 만한 새로운 기세로서의 복음(福音)이 되지 못하는 듯한 경향이 있도다. 이를 주창하는 자는 헛되이 소리 높여 자못 노동하라 부르짖고, 듣는 자 또한 이로써 평소와 다를 바 없이 동정의 눈물도 없는 경세가(經世家) 무리들의 언설로 간과하여 내버려두려고 한다. 생각건대 세상의 식자들이 소위 노동신성관(勞動神聖觀)을 일종의 부적과 같이 휘두르고 선동하여 현대 청년의 일면(一面)의 번민병이 나타난 곳을 조리 퇴치(調理退治)할 것 같이 사유하는 것이 혹은 무리하지 않은 일이라고 하더라도 저들의 노동관이라고 하는 것이 이처럼 기적의 위대한 공로를 세울 수 있을 만큼 철저한 의미가 있는 것인가.

또 저들은 항상 말한다. 사고(思考)하지 말고 무엇이든지 일심불란(一心不亂)으로 노동하고 활동하라고. 또 말한다. 번뇌를 해결한 후에 노동하는 것이 아니라 먼저 노동하라. 노동하면 노동하는 중에 자연히 번뇌가 해결되리라고. 혹자는 또 말한다. 너희들은 이치(理致)를 따지지 말고 먼저 살-생(生)-지니라. 생존의 계책을 세울지니라. 생존은 노동과 서로 의지하는 것이므로 생존하고 활동한 후에 일체 인생 문제의 해결은 자연히 너희들의 수중물(手中物)이 될 것이라고. 그들이 세상의 청년을 위하여 꾀하는 일념의 노파적 친절은 실로 사양할지어다. 그러나 그들은 혹 학식이 달통한 살아있는 유자들인가. 자못 애석하노니 저들의 언설에는 조리(條理)의 공허하고 천박함을 보이는 관점이 자못 있도다.

저들은 말하기를, 무엇이든지 먼저 노동하라. 노동하는 중에 번민은 사라질 것이라고 한다. 그러나 세상의 청년을 대신하자면 이 노동이라 하는 것은 신중한 해결을 필요로 하는 당면의 문제이다. 저들은 또 이구동성으로 생존의 필요를 말하며 생존이 있은 뒤에 번민의 해결도 착수할 여지가 있다고 하나 이 생존이라 하는 것이 세상의 청년들로 하여금 현재를 번민하게 만드는 걸림돌〔躓石〕-보행할 때에 발부리에 채이면 걸려 엎어 넘어지게 하는 돌-이 아닌가. 자못 이뿐만 아니라 저 청년 중에는 자기와 온갖 존재 그 물건에 대하여 심각하게 무한한 회의감을 품고 있는 자도 있도다. "무한한 공간의 영원한 침묵은 사람으로 하여금 전율케 한다."라고 절규한 블레즈 파스칼(Blaise Pascal)의 말과 같이 일종의 말할 수 없는 번민의 경험은 저 청년들이 대개 공유하고 있는 바가 아닌가. 세상에서 이른 바 식자들이 만일 이를 가지고 일종의 철학적 공상병(空想病)에 불과하다고 여겨 냉소하여 묵살하고자 한다면 이는 저들이 아직 진성(眞誠)의 자각과 동정심으로 현대 청년의-적어도 일부분-번민 문제에 직접적으로 대면하고 접촉하지 않은 것이라 말할 수 있다.

결국 오늘날 교양 있는 청년의 번민 문제는 세상 일부 식자들의 손가락 끝에 닿아 있는 것보다 한 단계 더 심오한 곳에 닿아 있는 것이다. 식자들이 혹 방긋 웃으며 "이러한 것은 그만 상식을 뛰어넘는 것이니,

논외의 문제로 놔둘까." 그러나 사실 아직 주눅 들린 얼굴이 아니다. 단언한다. 인생 문제의 노동이니 생존이니 운운하는 것은 오늘날 일부 청년에게는 생사를 걸어도 해결이 필요할 가장 장엄하며 침통하고 더없이 간절한 일개 문제라고.

(3)

 현대의 청년으로서 만일 눈앞의 물질적 사공주의(事功主義)에만 안목을 두는 경향이 있다든지, 혹은 또 공상에 탐닉하여 감정을 희롱하는 경박한 여성적 감정적 일-감상주의〔Sentimentalism〕-에 빠지는 병폐가 있다든지, 혹은 또 이 도도한 의지 박약자 부류 외에 진정한 정신과 견실한 자각을 가진 청년이 시대의 사조로 인한 회의(懷疑) 번민의 큰 풍파 속에 말려들어가는 운명에 봉착한다든지, 이러한 비참한 시대의 치료법으로 노동신성관을 제공하는 것이 가장 좋은 대증약(對症藥)임을 잊지 말라. 우리 역시 칼라일처럼 일체의 의문에 대한 궁극적 해결이 '노동'에 있음을 믿는 자이다. 다만 노동은 주문(呪文)이 아니요 부적〔護符〕이 아니요 자못 이것을 입으로 제창하고 벽에 붙이는 것으로써 즉각 효력이 나타나는 영험함을 보고자 하기엔 현대병이 너무 복잡 정치(精緻)하도다. '노동'이라는 것은 무엇을 의미하는가. '노동' 안에는 어떠한 찬란히 빛나는 실험적 의미가 포함되어 있는가. 더 나아가 어떠한 모습으로 노동하는 것이 진실로 유효한 노동이 될 수 있는가. 이러한 것들과 이러한 것들에 관련한 문제에 대하여 내가 아래에 제출하고자 하는 해답이 만일 조금이라도 독자의 마음속을 울릴 만한 어떤 것이 있을 수 있다면 이는 나의 영광이요 또 실로 나의 영광스런 노동이로다. 그대들은 혹은 가래로 노동하고 혹은 도끼와 톱으로 하며 혹은 끌과 망치, 서적, 금전, 변설(變說) 등으로 노동할 것이고 나는 지금 붓으로 노동하니 각각 다 노동이로다.

(4)

　노동은 인생몽환관(人生夢幻觀)과 모순-상반된다는 뜻이다-되도다. 세계와 인생을 몽환시하는 것에 무슨 진정한 노동이 있겠는가. 노동은 꿈뿐이요 환화(幻畫)뿐이요, 흐르는 물에 공중의 꽃 그림자를 좇는 것뿐이니 그러므로 노동의 관념과는 심히 서로 용납되지 못하도다. 노동은 진정한 것이다. 엄숙한 것이다. 곧 우리의 마음과 정신에 메아리처럼 울리는 힘의 소리이다. 사실의 소리이다. 노동은 천지인생(天地人生)을 장엄한 사실로 보는 근본적 예상(豫想) 위에 번영할 생명의 큰 숲이다. 이러한 까닭은 노동이라 하는 것이 장엄한 사실이기 때문이다. 인생몽환관은 필경 진정으로 위대한 노동을 산출하는 국토가 아니로다. 메이지 시대의 선각자인 고 후쿠자와 유키치(福澤諭吉)씨와 같은 경우는 천지 인생을 '몽(夢)'과 '희(戱)'로 보는 근본 입장에 서있으면서 아직 이 일장(一場)의 '몽'과 '희'를 '몽'과 '희'로 보지 않고 자못 참되고 바르게 노동하는 곳에 처세의 묘미가 있다고 설파하였으니, 나는 일찍이 이를 기괴한 모순관으로 배척하였도다. 인생이 만일 환몽에 의해 희롱을 당하면 노동도 또한 진정함을 얻지 못할 것이요 노동이 만일 참되고 바르면 인생은 환몽에 의해 희롱될 수가 없을 것이다. 한쪽 방면의 관점이 엄밀하여 다른 방면의 관점과 서로 배치된다. 후쿠자와 옹의 이러한 인생관이며 처세관은 결단코 성실한 인심(人心)의 요구를 만족시켜주지 못한다. 인생은 노동이니 노동을 떠난 인생은 없도다. 노동은 인생의 참되고 바름을 요구하도다. 듣지 못했는가. 단철공(鍛鐵工)이 망치를 한 번 휘두름에 '인생은 진정'-인생은 진지한 것〔Life is earnest〕-이라 하는 침통한 울림이 있는 것을. 노동은 사실이다. 인생이 사실인 것과 같은 사실이다. 실로 노동에 대하여 엄숙한 흥미를 가진 자는 천지인생을 일장의 환몽으로 보지 못할 것이다.

(5)

노동은 또 발달이나 진화라고 하는 것과 치밀하게 부합-서로 합치된다는 뜻이다-되도다. 우리는 사물의 발달 진화와 분리하여 찬란히 빛나는 노동의 의미를 포착할 수 없다. 우리가 노동하는 것은 자못 살아가기만을 위함이 아니요 한층 더 좋은 상태에서 살아가기 위함이다. 발달 진화의 관념이 활발한 곳에 손이 스스로 움직이고 발이 스스로 전진한다. 현실은 작은 것이요 발달은 큰 것이다. 우리가 지금 어떠한 좌절을 당하더라도 날이 쌓이고 달이 쌓인 뒤에 큰 행위가 있을 것이라는 일념이 목전에 나타나면 우리를 초월하는 용맹한 마음이 솟구칠 것이요, 인생이 만일 하등의 발달 진화가 없고 자못 똑같은 하나의 일, 똑같은 상태를 영원히 반복하는 데에 그칠 뿐이라면 사람은 홀연히 단단히 얼어 멈춰 선 물레방아와 같을 뿐. 바람이 불고 구름이 떠다녀서 천지에 굳센 움직임이 있고 우주에 끊임없는 생장이 있도다. 군자는 자강불식하니 건전한 덕이 밤낮으로 전진 발전하여 새로워지는 바이다. 우리는 인격과 사업에 발달 진화라고 하는 생명의 조류(潮流)가 끊어짐 없이 맥박질함을 자각함이 있음으로써 우리는 저녁을 보내는 꿈이 편안하고 아침을 맞이하는 기도가 용맹함을 얻는 것이다. 도달과 획득의 희열은 우리가 항상 경험하여 알고 있는 바이다. 그러나 동시에 또 여기에 도달하는 경로 즉 발달 그 물건에도 비할 데 없는 희열이 있음은 우리가 또 경험한 바이다. 우리는 풍부한 인생경험의 일면으로 '발달의 맛'이라고 하는 것을 제창하노라. '발달의 맛'에 살아가는 자는 영구히 죽음을 알지 못할 것이다. 그러나 발달의 맛이라 하는 것은 결국 노동을 벗어나서는 존재할 수 없는 것이다. 노동의 맛은 곧 발달의 맛이 아닌가.

노동이 우리 마음속의 희열이 되는 것은 그것이 우리로 하여금 항상 현재의 '나'보다 '한층 더 높은 나'로 전진하게 하는 데에 말미암는 것이 아닌가. 사상이 깊은 한 시인이 '인생은 자못 부분에 있도다. 그러나 전부에 있기를 바라노라'라고 노래-가(歌)-한 것은 일반적인 궤도를 뛰어넘은 진리이다. 사람이 밤낮으로 바쁘게 노동하는 것은 결국 이러한 희망이 있는 데에 기인한다. 빈천한 참조개-대합조개〔蛤〕이다-파는 아이-대합조개로 장사하는 아이-가 그 참조개 광주리를 짊어지고 우리 집을 나갈 때마다 그 안면에는 오늘은 어제보다 더 많은 판매 값을 얻겠다는 희망의 낯빛이 반짝이는 것을 본 적이 있지 않은가. 날로 새롭고 또 날로 새롭다고 하는 발달 진보의 관념은 사람으로 하여금 일념의 근저에서 도약하게 한다. 위대한 사람은 남들이 수면을 탐하는 동안에도 잠깐 쉬어 정신을 놓는 일이-방심(放心)-없고 조용히 노동하여 능히 그 성대함을 이룩하도다. 우리는 저 역사적 발달의 관념이 결여된, 적어도 이에 소원한 인도인이 결국 엄숙한 노동의 흥미를 지니지 못한 것을 당연한 일로 생각하노라. 우주는 생장하고 인생은 발달하도다. 우리는 노동으로써 이 진화의 큰 조류에 노를 저을 수 있는 것이 아닌가. 노동을 벗어난 진화 발달이라 하는 것은 다시는 있을 수 없도다. (미완)

분투 생활의 준비 / 석소(石蘇) 이동초(李東初)

여러분! 조망하는가? 저 분투장의 광경을. 소나기 같은 탄환이 쏟아져 내리고 안개 같은 포연이 짙게 끼어 있다. 부월을 메고서 의기양양한 자는 다 강건한 건아이고, 비늘을 감추고 날개를 접으며 중얼중얼 울어대는 이는 다 심약한 졸자이다. 맹렬함과 결단력으로 반드시 승리하면 위훈을 아뢰어 영달하거니와 취약함과 엉성함으로 스스로 패배하면 오명을 뒤집어쓰고 낮게 물러나는 것은 사리상 원칙에 있고 이치상 상도에 가깝다. 우리의 분투의 생활을 행하는 바가 어찌 전장을 오가며 괴롭게 싸우는 실경과 차이가 있는가?

아아! 처세하는 청년이여. 인류로 태어난 이상 한 번 호응함에 분투의 의사를 요하지 않을 수 없으니 작은 자는 작게 분투하고 큰 자는 크게 분투하는 것이다. 애초에 각오하여 내 마음을 갖추어 두면 세로를 걸음에 어긋나지 않을 수 있거니와 봄바람 가득한 지경이라 오해한다면 과연 처세를 실책하는 일대 원인이 된다. 그러므로 이 인생의 대전장에 임해서는 마땅히 그 온몸의 용기를 떨쳐서 굽히지 않음을 생각하고, 열렬히 분발해 싸우기를 마치 성 나서 크게 외치는 병사처럼 해야 명예의 월계관을 쓸 수 있을 것이다.

3척의 추상같은 칼날도 칼집에 감추고 쓰지 않으면 녹이 슬어 버리고, 천리나 가는 청총마(靑驄馬)도 마구간에 두고 타지 않으면 어찌 다리를 펴겠는가. 이에 분투를 논설하면 혹시라도 비관적 생각과 불안한 생각이 있을 수 있지만 결코 그렇지 않다. 원래 우리는 천명을 받았으니 그에 참여하여 각자 그 천직의 의무를 다하지 않음이 없는 것이다. 이러한 까닭에 각자 그 천직을 다하여 분투하고 고전하는 것은 바로 천부의 본능을 활용하는 것이다. 이 본능의 활용으로 인하여 인생의 진가를 온전히 하여 인물의 증광을 발휘할 수 있는 것이다. 요즘 문명이 나날이 광채를 발하고 사회가 수시로 혁신하니 이 시대에 처한 청년이 마땅히 이 분투의 능력을 갖춘다면 자신과 가문에 반드시 더할 나위 없는 영광이 있을 것이며 국가와 세계에 손꼽히는 탁월한 인재가 될 수 있을 것이다. 그러나 이 분투의 능력을 갖추지 않는다면 자신과 가문에 영광이 없을 뿐 아니라 세계에 도와줄 이가 없어서 간혹 절망과 번민과 실패의 중벌을 받고 스스로 비운과 불행의 선고를 받을 것이다.

여러분! 보고 들었는가? 이른바 야만인종을. 먹기만 일삼으며 살기만 꾀하고 몸을 구부린 채 똑같은 형편에 갇혀서는 초월하여 나아갈 수 없는 것은, 무엇 때문에 그러겠는가? 편안히 지내고 즐거움을 탐내며 한가하게 시간을 허비하기 때문에 하늘이 부여한 본래 능력과 의무

바로 분투하는 능력을 이른다—를 다할 수 없는 것이 아닌가? 굉장하구나, 분투하는 능력이여. 시원스럽구나, 분투하는 능력이여. 장차 생존 경쟁의 극렬한 마당에 들어갈 이는 분투할 자격을 갖추지 않을 수가 없다. 그렇다면 무엇을 분투의 자격이라고 하는가? 산을 뽑을 힘을 이르는가? 바다를 뛰어넘을 기술을 이르는가? 아니다. 저 산을 뽑고 바다를 뛰어넘을 육신의 힘과 개인의 기술과 같은 것은 아마도 수고로운 일과 괴이한 능력에는 도움이 될지 모르겠지만, 그러나 이 은연(隱然)한 생활의 분투에는 도저히 쓰일 데가 없다.

분투의 자격은 오직 여기에 있으니, 용감함·기민함·충실함·참을성·강건함 등이 이것이다. 참으로 이 크고 강한 무기를 지녀야 분투를 감당하고 용감하게 곧장 앞으로 나아갈 수 있는 것이다.

이른바 용감함·기민함·충실함·참을성·강건함 등은 비록 처음에는 하늘이 부여한 성품을 말미암으나 역시 수양하여 얻음이 없지 않으니 바로 배워서 아는 이가 이 사람이다. 대저 사람의 재질도 물질과 흡사하여 연마하지 않으면 케케묵고 빛바래니 이러한 까닭에 비록 하늘이 낸 재주라 하더라도 훈련의 공력을 들이지 않으면 점차 아둔해져 영구히 지속할 수 없다. 하물며 평범하고 못나서 자격이 없는 부류임에랴!

절차탁마하여 정신이 한 번 수양의 경지에 이르면 무슨 일을 이루지 못하며 어디로 간들 이르지 않겠는가. 이제 이 좋은 주제 아래에 함부로 내 못난 견해를 늘어놓아 보겠다.

용감함은 상황에 임하고 일에 처하여 맹렬히 움직이고 과감히 하는 단서이다. 그 사용의 덕 됨이 모름지기 가는 배에 높이 단 돛과 같아야 하니, 돛을 걸고 순풍을 맞이하면 파도를 가르고 바다를 다스려 화살처럼 나아가리라. 상쾌하구나, 용감함이여! 남아가 분투장에 출전하면서 차갑게 날선 청룡도(靑龍刀)를 가졌노라고 거짓으로 일컬을 것인가?

　기민함은 기회를 얻어 민활하게 포착하는 것이니, 바로 무릇 사물 상에 신속하게 마음먹으며 예민하게 움직여 때를 어기지 말아서 그 성공을 알리는 것이다. 그러나 세상에서 이른바 불우함을 탄식하고 운이 막힘을 슬퍼하는 자는 기민성을 결한 까닭으로 좋고도 좋은 기회가 오고 왔는데도 느리고 둔하며 무성(無性)하여 악착하여 꽉 쥐지 못하고서 항상 다른 사람에게 밀려난다. 이것을 말미암아 보건대 성공하는 기회는 늘 내 눈앞에 있어 내가 오기를 기다리고 내가 가기를 기다린다. 마땅히 나의 기민성을 닦아서 나를 기다리는 저 기회를 만날 수 있다면 큰 승전보를 쾌히 알리고 반드시 승리를 얻으리라. 묘하구나, 기민함이여! 사람이 경쟁의 장에 출정하면서 천리 가는 자류마(紫騮馬)를 탔다고 거짓으로 일컬을 것인가?

　충실함은 사유에 삿됨이 없어 그 성명(性命)을 따르고 인사를 다하고서 천명을 기다리는 것이다. 극기복례(克己復禮)로 자신을 반성하여 표리부동하지 않으며 태연히 융화함으로 남을 대하여 은원(恩怨)을 짓지 않고, 일을 처리하되 힘을 극진히 하고 정성을 다하여 나와 남, 크고 작음의 다름을 나누지 않아, 넓디넓은 사회가 이 사람을 불러 찾기를 목마른 듯 황급하게 해야 한다. 유능한 청년이여, 더욱이 직무를 맡아 소홀히 하지 않으면 반드시 영화로운 복록을 줄 것이며 큰 훈위(勳位)에 오를 수 있을 것이다. 좋구나, 충실함이여! 청년이 전장의 화살과 돌 사이에 서서 천금의 가죽으로 만든 큰 갑옷을 입었다고 거짓으로 일컬을 것인가?

　참을성은 휘지도 구부러지지도 않아 온갖 장애를 타파하고 한 가지 뜻을 관철함을 이른다. 장차 큰 공을 기약하는 청년이여, 잠시도 떼어 놓아서는 아니 될 것이 이 참을성이다. 이 공정을 돌아보니 높은 것은 점점이 솟은 산이요, 저 세로(世路)를 보니 종횡으로 얽힌 것은 조각조각 의운(疑雲)이다. 이러한 때 마음에 주견(主見)이 있는가. 스스로를

믿고 스스로를 중시하라. 나로써 나를 믿음이여, 누가 움직여 옮기겠는
가. 하나의 목적을 선택하거나 어떤 사업에 착수하여 믿음으로 나에게
맞추어 스스로 알게 된 뒤에는 확고히 인내하여 장해와 유혹을 청소하
고 성공의 비석을 창립하라. 숭상하라, 참을성이여. 남아가 뜻을 세워
양관(陽關)²을 나서는데 큰 간성(干城)으로 막듯 방종하는 뜻을 막았다
고³ 거짓으로 일컬을 것인가?

　강건함은 신체가 강왕(康旺)하고 기력이 활발하여 유쾌한 심신은 사
시 중의 봄철을 오랫동안 가지고 시원하고 활발한 정신은 항상 해 뜨는
아침에 가까워서 일해도 수고로운 줄 모르며 즐기고도 탈나는 줄 모른
다는 말이다. 만약 우리가 비록 짧은 순간이라도 이 강건함을 상한다면
만사에 취미도 느끼지 못하고 마음도 따라서 유쾌하지 않아 권태와 이
완이 차츰 엄습해올 것이다. 그러므로 위가 건전하지 않은 자와 뇌가
건전하지 않은 자와 영양이 좋지 않은 자와 수면이 부족한 자와 기(氣)
가 짧고 피가 적은 자와 운동이 부족한 자 따위는 거동이 약하며 태도가
못나서 밖으로는 생생한 의기(意氣)가 없으며 안으로는 따뜻한 화기(和
氣)가 적어 계속해서 용감하지 않고 음울하여 즐겁지 않으니 이를 어떻
게 참겠는가. 이 때문에 강건함은 일신의 행복이요 만기(萬機)의 기본
이니, 크구나, 강건함이여! 분투하는 생활의 전장 속에 날마다 군량을
배급하는 방법이라 할 수 있을까?

　사람이 위에 진술한 분투의 도구를 넉넉히 준비한 터라면 어디로 간
들 극복하지 못하겠으며 무엇을 꾀한들 이루지 못하랴. 위훈(偉勳)과
대업(大業)의 성취에 어찌 정한 바가 있겠으며, 옥당(玉堂)과 금마(金馬)

2　양관(陽關) : 둔황 서남쪽에 있는 실크로드 남로의 관문으로, 중국에서 가장 서쪽
　변방에 있다. 관문을 나서면 사막과 황무지가 펼쳐져 있다.

3　큰 간성(干城)으로……막았다고 : 주희(朱熹)의 『경재잠(敬齋箴)』에 "입 조심하기
　를 병 막듯이 하고, 방종한 뜻 막기를 성을 지키듯이 하라."고 한 말을 인용하였다.

가 어찌 인연이 없겠는가? 오늘은 바로 문명이 진보하는 날이요, 이 시대는 바로 사회가 발달하는 시대이다. 장차 실업계(實業界)로 질서가 완미(完美)해지고 또 문무대(文武臺)로 규율이 정돈되리니 이 시대에 한 번 도약하여 영달하는 도가 어찌 힘써 이루기 어렵겠는가! 비록 그렇지만 일은 우연히 일어나지 않고 요점은 힘껏 수련함에 달려 있으니 한뜻으로 정연(精研)해야 할 것이다.

수련에는 방도가 있으니 먼저 그 지식을 요구한다. 그 지식을 알려고 하건대, 서적을 부지런히 창 앞으로 향하여 읽으라. 서적이라는 것은 바로 고왕금래(古往今來)에 위인과 부호가 남겨놓은 자취와 형상이니 오늘날 청년이 답습할 만한 궤도이다. 그러므로 많이 읽고 자세히 음미하여 성공과 실패의 원인을 연구하고 끌어당겨 자기의 모범을 삼되, 성공의 기초는 적극적으로 찾아서 가지며 실패의 재료는 되도록이면 기피하여 자기 방침의 귀감을 비출 것이니, 이것이 청년이 성공하는 표본이요 분투하는 생활의 준비라고 말할 수 있다.

분발해야 한다, 여러분! 옛날부터 지금까지 방탕하고 게을러 넋 놓고 단잠 자다가 공을 이루고 이름을 전한 사람이 있었던가……

날이 더디 가는 초당(草堂)에서 봄잠을 몽롱하게 자며 옅은 구름 뜬 앞개울에 꽃과 버들이나 찾아다녀 외견으로는 마치 게으른 잠을 자며 한가하게 지내지만, 그 머릿속 그 가슴속에는 고민하여 안(案)을 세워 분투를 성공하게 할 설계도를 쌓아둔 자가 아니겠는가.

재능도 반드시 근고(勤苦)를 좇아서 얻는 것이니 정근(精勤)하여 한 층 또 한층 맹렬히 분발하고 용감히 도약하여 대기(大器)를 이룬 뒤에 관직에 나아가도 걱정하고 관직에서 물러나도 걱정하여야 내 나라를 태평하게 할 수 있고 내 백성을 편안하게 할 수 있을까?

학생의 규칙 생활 / 연구생(研究生)

대개 청년의 신상에서 가장 중요한 사건이 세 가지 있으니, 첫째 위생 둘째 학문 셋째 도덕 등이 그것이다. 이미 성장해 독립한 사람에게는 이 외에 경제 등이 중요한 조건이지만 우리 청년은 아직 그렇게 까지는 미치지 못한 것이 통례임에 아마 이 세 가지가 가장 중요할 것이다. 그 중에서 순서를 논하자면 위생이 제일이니 왜 일까? 도덕을 닦던지 학문을 연구하던지 만일 그 신체가 건강하지 못하면 몇 십년간 고생하고 노력해도 어떤 성공을 기대할 수 없으며, 몇 십년간 오로지 조용히 닦아도 도저히 그 목적을 이루지 못해 귀중한 일신의 본무를 어쩔 수 없이 종결하게 된다. 고로 학문과 도덕을 물론하고 전체적으로 이러한 중대한 사건을 달성하는 기초가 과연 건강이 제일 아니겠는가. 건강을 유지하려면 결국 위생이라는 것이 필요할 것이다. 그래서 위생·학문·도덕 이 세 가지가 균등하게 중요한 조건인 가운데 그 순서는 위생이 우선이라 말하는 바이니 정말로 인간만사에 기초라 말할 만한 것이다. 고로 쇼펜하우어 씨가 유명한 인생철학을 저술할 때도 건강을 첫째 요지로 삼은 것이 이 때문이다.

자포자기해 세상만사를 버리고 쓰러져 버리는 사람은 논외로 치고 진실로 지식을 연구하고 덕행을 닦아 이상적 인물이 될 것을 마음에 두고 잊지 않는 사람은 불규칙한 생활을 영위해서는 안 된다. 불규칙한 생활은 위처럼 목적을 다다름에 최대의 손해를 받게 한다. 근본부터 누구든지 인류가 된 이상 완비한 기계처럼 규칙이 정확하고 정교하기는 쉽지 않지만 칸트(독일학자) 같은 이는 거의 기계처럼 규칙적 생활을 보냈다 하니, 다름이 아니라 그의 운동출입 시간이 시계보다 더 정확하고 정교하다 된 것임에 칸트 같은 자는 예외이거니와 보통사람으로는 도저히 정확하고 정교한 생활을 영위하고 보내기 어렵지만 그러나 가능하고 할 수 있는 정확하고 정교한 규칙을 확립하고 진수(眞粹)한 생활을 보내는 것이 인생발달진보의 상책이 됨을 알 수 있다. 한두 가지 사례를 다음에 써보겠다.

(가) 먼저 아침저녁으로 일어나고 잠드는 것을 대개 일정하게 하는 것이 생활상의 규칙을 세우고 정하는 시작이다. 이것도 근본적으로 1분 1초도 차이가 없이 기계적으로 매일 잠자리에서 일어나기가 아무래도 어려운 일이며 또 야간에라도 우리의 용건이 다수의 방면이 있고 생활의 변화도 역시 각양이기에 1분 1초를 차이 없이 같은 시각에 취침할 수 없겠지만 대략은 할 수 없는 일이 아니다. 가령 오늘 아침 6시에 잠자리에서 일어날 것을 작정하였으면 처음에는 아무래도 되지 아니할 듯 하지만 타인이 깨워줌을 받아서라도 반드시 그 목적을 이루도록 하면 결국은 습관이 되어 동시간이 되면 감은 눈이 스스로 깰 것이요 또 취침할 때라도 오후 10시면 반드시 취침토록 해 점차 습관이 되면 규칙적 생활을 기약할 수 있을 것이다. 그러므로 그 사람을 따라 소위 규칙적 생활을 굳게 행하는 것이 매우 불규칙해, 아침에는 평상적으로 일찍 일어나겠다고 스스로 정했는데 의외로 아침잠을 면할 수 없고 밤에도 반드시 늦게 잠들겠다고 정했는데도 도리어 스스로 일찍 잠자리에 들어 불규칙한 생활을 보내고 만사가 다 정돈하지 못한 상태를 만드는 일이 종종 있으니 이는 결코 선량한 청년이 본받을 바가 아니다.

(나) 아침 저녁으로 일어나고 잠들 뿐 아니라 공부도 대략 일정하게 하는 것이 긴요하다. 긴요하다는 것은 오랫동안 공부를 계속하기 위해 일정하게 해야만 할 필요가 있음에서이다. 불규칙하게 공부하는 것은 결코 길게 지속할 수 없으니 고로 어떤 시간부터 몇 시까지는 넉넉히 공부하고 몇 시부터 몇 시까지는 휴식하기로 약정해 두면 과연 그 방편이 양호하다. 그러나 두려운 것은 스스로 세운 규칙을 스스로 쉽게 훼손하고 파괴함이다. 그런고로 항상 장래의 굉대한 목적을 낙관하고 불규칙한 공부에 빠지지 않도록 노력하는 것이 학자가 평생 잊기 어려운 요소다. 또 공부에 다대한 방해를 주는 것은 잡담이니 이로 말미암아 결국에는 공부

하는 것도 심지어 불규칙함에 빠져버림이 매우 많다. 대개 잡담이라는 것은 두 셋의 친구와 서로 모여 허튼소리를 함부로 말하는 것으로 귀중한 시간을 어떤 이익도 없이 허비하게 함으로 진정으로 수학(修學)할 시간이 엄연히 축소되어 곤란을 면할 수 없다. 곤란의 여파로 구차한 계책의 배를 띄워 밤색이 늦고 깊도록 공부를 하지 않을 수 없게 되니 이것이 바로 세운 규칙을 파훼하는 원인이다. 그러므로 친구를 선택함에 대개 그 손익을 주의할 것이며 청년이 학업을 부지런히 힘쓸 때에 무익한 친구들이 있는 것은 진정으로 실책이 됨을 알아야 할 것이다. 혹 일요일에나 그 방편을 따라 친구들과 서로 만나고 유익한 학문상의 담화와 기타 인생 생활과 장래의 목적에 필요한 일을 강론하는 것은 관계가 없거니와 실제로는 그렇지 않아서 공연한 낭설과 헛된 대화로 귀중한 시간을 소비하는 것이 많으니 이를 빠르게 피하지 못하면 공부할 시간도 결국 일정할 수 없을 것이다. 그러나 잡담을 완전히 금지하고 폐하라 함이 아니니 할 수 있는 대로 친절한 친구를 맞아 서로 싫어함이 없고 전혀 간사함이 없는 잡담으로 유쾌하게 담소하는 이는 도리어 건강에 적당한 유익함을 얻을 수 있으니 다만 그 범위를 잘 정하는 것이 옳을 것이다.

(다) 이 가운데 시험기일이 가까이 오면 침상을 맞대고 철야하는 사람이 적지 않으니 그릇되도다! 철야는 위생상에 매우 해독하고 생활상으로 불규칙을 만들어내는 이유이니 준엄하게 생각할 바이다. 가장 주의할 것은 평소에는 대수롭지 않게 한가롭게 지내어 종종 불규칙한 독서를 일삼다가 시험 기일을 맞아 낮밤으로 매우 앞의 것을 복습하나 준비가 미치지 못해 낭패를 당하니 심지를 항상 평범하고 태연히 가져 규칙적 생활을 보내라. 만일 철야한 그 다음날은 수마를 감당할 수 없을 것이니 설령 야간에 준비한 것이 있다한들 다음 날의 귀중한 시간을 꿈 속에서 보내면 어떤 필요가 있으며 철야하며 공부하더라도 밤중에는 잠이 침투해 들어와 뇌 속에 들어와 물들지 않는다. 이와 같이 할 바에는 차라리 취침 시간에 취침해 정신을 휴양하고 신체를 안전하고 건강하게 한 연후에 다음 아침 청신한 두뇌로써 공부를 해 다시 섭렵함이 도리어 훌륭한 계책이 될 것이니 세상에서 철야하는 사람보다 우준(愚蠢)한 사람이 없을 것이다.

신시대의 사조 / 일세생(一歲生)

다행인지 불행인지 모르겠지만 우리는 신시대에 출생한 민족이다. 4,300여년 국가역사가 하루 아침에 상전벽해의 변천을 지나고 있으니 이는 역사상 신시대요, 국가 통치권이 그 주체의 권한과 기관의 조직을 일변하였으니 이는 정치상 신시대요, 농공상업의 활동력이 다른 힘의 제한을 받아 오래된 것은 유지할 수 없고 새로운 것을 이용할 수 없어 수출과 수입의 원동력이 우리에게 있지 않고 남에게 존재하니 이는 실업상의 신시대요, 동방의 바다 모퉁이에 위치해 천하대세를 눈 밖에 두고 자농자상(自農自商)으로 혼돈시대의 생활을 자기 힘으로 영위하던 국민이 하루아침에 강자우자(强者優者)와 공동으로 경쟁해 자연도태와 우승열패의 원리원칙의 관할을 받게 되었으니 이는 생활상의 신시대요, 국성(國性)이 변개하고 시국이 변천해 국민의 사상이 일변하지 않을 수 없으니 이는 교육상 신시대이다.

아! 우리가 이 신시대에 처해서 어떤 이상을 가짐이 옳을까. 어떠한 방침을 세우는 것이 옳을까. 이는 실제로 우리 민족의 생존멸망에 관한 큰 문제이다. 세계열강의 문명사를 관찰하니 대세를 잘 살펴 자국의 국시(國是)를 대세와 조화한 자는 흥하고 완고하고 미욱함을 고집해 이해(利害)와 선악을 구분하지 못하고 오직 보수주의의 선을 긋고 지켜 천하대세에 낙후한 자는 망했다. 대개 시세를 거스르는 것은 급류를 거스르는 것과 같아서 우리의 능력으로 좌우할 바가 아니다. 영웅이 시세를 만든다 말함은 진리상으로 판단하면 하나의 비유에 불과한 격언이다. 왜일까?

시세라 말함은 넓고 좁은 두 뜻이 있으니 작게 말하면 한 지방에 한 지방의 시세가 있고 한 국가에 한 국가의 시세가 있다. 크게 말하면 동양에 동양의 시세가 있고 서양에 서양의 시세가 있으며 천하에 천하의 시세가 있다. 한 지방과 한 국가의 시세는 이해관계를 공동으로 하는 민족 사이의 산물이다. 그 나라에 절대 영웅이 생겨나 정치제도를 통일케 하며 사회제도를 합일하게 하며 인민사상을 종합하게 하면 가히 시세를 만들 수 있지만 국가와 국가 사이에는 어떠한 대인물이 탄생해 양쪽에 동일한 시세를 조성하고자 하더라도 인종 관념과 종교관념, 이해관계와 경쟁관계 등으로 말미암아 도저히 동일한 시세를 만들 수 없다. 그러므로 시세에 대소의 구별이 있음은 이상에서 논한 바이다.

시세의 세력강약이 그 대소를 따라 서로 다르니 예를 들어 말하면 세계의 시세가 몇 국가의 시세를 이기고, 몇 국가의 시세가 한 국가의 시세를 이기고, 한 국가의 시세가 한 지방의 시세보다 낫다. 고로 한 지방의 시세는 한 나라의 시세변천을 따라야 변화하고 한 나라의 시세는 세계 시세변천을 따라야 변천한다.

보아라! 백여년 이래로 보수주의를 고집하던 북미합중국이 근래를 맞아 왜 제국주의를 주창해 판도확장에 열중하는가? 이는 다름이 아니다. 천하 만방이 모두 제국주의를 주창함에 자기 한 나라로는 도저히 먼로주의로써 국가를 보존할 수 없는 까닭이다. 그러므로 우리는 시세에 대해 어떠한 방침을 가짐이 옳은가. 시세는 우리의 능력으로 좌우할 바가 아닌 즉 수수방관함이 옳은가 하나의 운명으로 아는 것이 옳은가. 결코 아니다. 아니다! 보아라. 저 태양은 우리의 능력으로써 그 소재를 좌우할 수 없으나 우리의 능력으로써 그 광선을 이용할 수 있다. 이와 같이 우리는 시세의 산출을 절대적으로 방어하기 어렵지만 그 산출한 시세를 이용할 수 있으니 이제야 우리에게 시세에 대해 절망보다 희망이 많고, 비관보다 낙관이 많으며, 공포보다 용기가 많고, 배척보다 환영이 많다. 보지 못했는가! 넓고 큰 물결에 물고기 떼가 두려워서 엎드리지만 고래는 홀로 춤추지 아니한가. 오늘날 우리 대한의 경우가 어떤 지경에 처했는가. 한마디로 요약하면 4,200여 년 국사를 파괴한 망국시대이다. 이 시대를 가리켜 우리는 신시대라 말하는가. 신시대라 말함은 무엇을 말함인가. 정치상으로 하나의 물건도 없고, 사회상으로도 하나의 물건이 남지 않음을 말함이니 개벽시대라 말함과 비슷하다. 그런즉 우리 대한의 오늘날 이후 역사는 단군을 계속한 역사가 아니오, 우리가 창조한 신역사요. 우리 대한의 오늘날 이후의 민족은 단군의 혈통을 이어 받은 민족이 아니오, 우리 자신이 창조한 민족이다. 이 말이 기괴한 듯 하지만 정치상으로 보면 이와 같은 논단을 내리지 않을 수 없다. 왜일까? 우리 인류를 정치적 동물이라 가정하면 금후 한민족은 자율적 정치 범위를 벗어나 타율적 권력에 복종하지 않을 수 없는 까닭이다. 이 방면에서 보면 한민족은 자기의 역사와 자기의 정치, 자기의 의력(意力)과 자기의 자유를 갖지 않은 자이니 한민족이라는 명칭은 여전하지만 그 민족이 일변해 완전히 무국성(無國性)의 민족이 되었다.

　아 슬프다! 우리 대한의 민족이 이 신시대를 맞아 어떠한 새로운 이상을 만들어내어 최후의 희망에 이를까. 그 방침에 대해 필연적으로 논의가 있으나 이 논의가 천태만상으로 나와 혹 교육이라 말하고, 혹 실업이라 말하며, 혹 정치라 말하며, 혹 사회적 사업이라 칭한다. 그러나 우리 동포여! 아무리 좋은 방침이라도 가장 건강하고 가장 고귀한 주의에서 나오지 않으면 그 방침은 무의미하다고 말할 수 있다. 비유컨대 여기에 갑을 양국이 있는데 갑국이 을국에 대해 만반교제의 방침을 친절하고 간절하게 하는데 그 주의는 양국의 평화와 이익을 위함이라 하면 갑국의 을국에 대한 외교방침은 양호한 주의에서 나온 것이다. 그 방침을 건전하다고 할 수 있으나 반대로 갑국이 을국에 대하여 친절한 수단을 사용하는 것은 자국의 평화를 기준으로함도 아니요, 자국의 이익을 기준으로함도 아니요, 다만 을국의 환심을 사고자 함이라 하면 갑국의 외교방침은 무의미한 수단이라고 말할 것이다. 이와 같이 우리가 어떤 사업을 경영하던지 우선 가장 건강하고 가장 높은 주의를 정하고 그 후에 그 주의에 상당하는 방침을 세워야 그 최후 목적을 겨우 이룰 수 있다. 그러므로 오늘날 우리 대한의 민족은 제반 사업을 경영하기 전에 먼저 주의를 확립함이 옳다. 그 주의에 대해서는 각종 인물이 각종 의견을 품고 혹은 고식주의 혹은 급진주의, 혹은 개량주의 혹은 조화주의, 혹은 사회주의를 품고서 양보하지 않는 기개를 펼쳐 보이는 듯하다. 나는 이 주의를 논평하지 않고 나의 소신을 기탄치 아니하고 세상에 발표하고자 하니 이는 무엇을 말함인가. 즉 민족적 건설주의이다. 이 말은 간략하고 단순해서 설명의 필요를 요한다.

아! 오늘날 한국에 남겨진 물건이 어떤 물건인가? 이를 정치에서 구해보니 통치권의 일부분도 남은 것이 없고, 이를 실업계에서 구하니 역시 하나의 물건도 없고, 사회상으로 구하니 어떤 것도 없다. 다만 남아 있는 것은 2천만 민족이다. 이에 우리의 목표는 이 민족의 경영을 이상으로 삼는 것 외에는 다른 방책이 없는 까닭에 무릇 사업을 이 민족의 주의로 계획하는 것이 가장 건전하다. 민족이라 함은 국민의 일부분을 말함이 아니요 국민전체를 표준으로 함이기에 국민 중 한 계급의 활동과 국민 중 한 지방의 활동은 민족적이라 말할 수 없으니 이 주의를 극단으로 예를 들면 안 중에 2천만 민족의 일부분이 아니라 다만 2천만 인이 있을 뿐이다. 그 다음으로 건설한다 함은 무엇을 말함인가. 만반 사업을 창조하는 주의이다. 그런데 왜 우리 대한의 건설주의를 온건하다 하는가. 대개 건설이라 함은 전무한 것을 새롭게 만든다 함이니 오늘날 우리 대한의 정황을 관찰함에 정치상 어떤 것이 존재하며 사회상에 어떤 것이 존재하는가. 한마디 말로 이를 표현하면 텅 텅 비어서 어떤 것도 없으니 이것이 건설주의를 요할 수밖에 없는 소이이다. 건설주의는 한 면으로 파괴주의와 인과가 있으니 대개 파괴는 2종으로 구분할 수 있다. 첫째, 건설적 파괴요, 둘째 무건설적 파괴이다. 건설적 파괴는 건설하기 위해 파괴함을 말함이니 비유하건대 부패한 가옥을 전부 무너트리고 새로 기초를 세우고 가옥을 건설하는 것이오. 무건설적 파괴는 비유하건대 부패한 가옥을 다만 파괴할 뿐이요, 건설할 목적이 없는 것을 말함이다. 지금 세계문명을 관찰함에 파괴주의와 건설주의가 건전하게 나란히 가는 국가는 필연코 발달 전진한다.[4]

어째서 그러한가. 우리가 파괴보다 개량을 선량하다 주장하나 어떠한 시대와 어떠한 국가를 물론하고 이 원칙을 일일이 적용할 수 없는 경우가 있어 도저히 개량할 수 없는 것은 도리어 파괴하고 새로 건설함만 같지 못하다. 유럽 프랑스의 역사를 보지 않았는가. 세 차례 격렬한 혁명에 만일 파괴적 수단이 없었다면 어찌 건설의 아름다운 과실을 거두었으리요. 동아의 일본 섬나라의 역사를 보지 않았는가. 메이지유신에 만일 고식주의로써 근본적 정치제도와 사회적 제도를 파괴하지 않고 좌막파의 말과 근왕파의 말을 흐릿하게 조화시켜 부분적 개량주의를 행했다면 어찌 오늘날의 저와 같은 건설의 아름다운 과실을 볼 수 있었겠는가. 이러한 역사를 참고하면 어떤 시대에는 파괴적 건설이 고식적 개량보다 우승함을 증명해보여주지 아니한가. 건설주의는 일면으로 조화주의와 차이가 있으니 조화라 함은 두 주의가 충돌될 때에 각각 몇 부분식 양보하는 것을 말함이니 진리 위에서 말하면 조화주의는 무의미주의라 말할 것이다. 왜일까? 갑을 두 사람의 의견이 충돌될 때 갑이 자기 의견의 반분을 양보하고 을이 자기 의견의 반분을 양보해 하나의 새로운 의견을 만들어낸다 하면 이는 갑의 의견도 아니요, 을의 의견도 아니다. 그러나 건설주의는 어느 정도까지는 조화주의와 합일하지만 이 주의는 본래 고식(姑息)과 호도(糊塗)를 배척하고 근본적 개조를 하는 고로 어떤 경우에는 도저히 조화주의와 일치할 수 없다.

건설주의는 일면으로는 개량주의와 차이가 있으니 대개 개량은 전체

4　원문에는 단락이 나뉘지 않았으나 문맥에 따라 임의로 나누었다.

를 개조함이 아니요, 부분결점을 개정함이니 근본적 개조를 주안으로 하는 건설주의와 상이할 것은 많은 논의를 할 필요도 없다. 이상에 논한 것같이 도저히 부분적 개량으로 목적을 이룰 수 없는 경우에는 차라리 전체를 개조함만 같지 못하다.

아! 오늘 우리 대한이 어떠한 지위에 처했는가. 중언부언하면 텅텅 비어 어떤 것도 없다. 이와 같은 경우에 처한 우리 대한 민족은 정치상, 사회상 만반사업을 경영할 때에 이 건설주의를 표준삼아 실행하지 않을 수 없는데, 한 걸음을 잘 못하면 그 건설한 사업이 역시 불완전함을 벗어나지 못할 것이니 이에 우리는 한층 주의를 필요로 한다. 그런즉 어떠한 방면으로 우선 건설주의를 실행할까. 교육상, 실업상 기타 제 방면으로 착수하려니와 나는 우선 정치에 대해 관찰해 국제 관계와 내치(內治)관계로 이분해 논술하고자 한다. 첫째 국제 방면에 대해 논급하면 오늘날 한국민족은 정치상으로 열방(列邦)과 교제할 수 없는 것은 설명할 필요가 없다. 사인(私人)의 국제관계는 의연히 존재해 외인이 감히 간섭할 바가 아니다. 예를 들면 종교의 자유와 학문의 자유, 만유(漫遊)[5]의 자유 등의 일이다. 이러한 방면으로 열국과 교제하는 것은 어떠한 압제정치의 수단으로도 금지할 수 없기에 개인의 국제 관계는 항상 우리의 손바닥 속에 있는 권리라 말할 수 있다. 그런즉 우리는 어떤 나라 사람과 교제하는 것이 옳을까. 구미의 각국 사람과 교제하는 것도 양호하고 일본인과 교제하는 것도 양호하지만 우리 민족과 가장 치밀하고 중대한 관계가 있는 민족은 지나국 사람이다. 은나라 황제 혈통 기성(箕聖)[6]이 우리 나라에 찾아와서 제반 문물을 개량하고 나라의 기초를 놓았으니 서로 종족의 관계가 아닌가. 5천년 문명사를 가진 지나가 오늘날에 이르러 쇠운을 맞았지만 천하대세가 동으로 갈지 서로

---

5 만유(漫遊): 이곳저곳을 두루 돌아다니면 노는 것을 말한다.
6 기성(箕聖): 기자(箕子)를 높이 부르는 칭호이다.

갈지와 동양평화의 최후 이상이 이 지나에 있지 아니한가. 오늘날까지 우리 대한 민족이 지나인과 교제함에 주의하지 않음은 큰 유감이라 말하겠다. 금후로는 우리가 지나인과의 교제와 관련해 3대 요건이 있다.

    1. 첫째 다수 유학생을 지나에 파견해 지나 학문을 연구해 지나의 역사와 언어, 문학과 정치, 습관을 정세하게 닦는 일
    1. 둘째 경제정책으로 양국의 이익을 함께 도모해 밀접한 관계를 만드는 일
    1. 셋째 뜻 있는 인사가 지나 각 지방에 만유(漫遊)하고 체류해 양국의 정의를 소통하게 할 일

이상 세 건이 지나에 관한 민족 교제의 희망이다. 만약 이처럼 실행하면 장래 국성회복의 날에 한 가닥 광명이 생길 것이다. 대개 국가가 국가와 더불어 교제할 때에 공동이익의 관계를 갖지 아니하면 결국 동정(同情)의 관념이 없다. 우리 대한과 지나의 관계는 정치상, 지리상, 역사상으로 관찰함에 순치(脣齒)의 관계가 있으니 금일 우리 대한 민족의 이상적 외교가 이 지나를 제외하고 그 이상 더 없다. 그 다음으로는 내치관계에 대해 말하겠다. 오늘날 우리 대한민족의 내정을 관찰함에 추호도 자동이 없고 완전히 타동력의 관할을 받게 되어 입법상, 행정상, 사법상 통치 작용이 스스로 크다고 여기나 지극히 작아 외부의 권력 수중에 들어가니 민족의 정치적 활동력은 이미 멈추었다. 이에 한 가닥 생로를 찾았으니 즉 민족의 자치제도이다.

오늘날 우리 대한은 국성이 이미 사라져 버렸고 남아 있는 것은 민족뿐이다. 국가의 이익과 백성의 행복을 도모함에 가장 건전한 정치 활동은 그 여지가 더 이상 없으니 형세상 어쩔 수 없이 이 수단을 민족에서 구해야 한다. 그러나 아무리 민족의 활동이라도 다른 자유 국민에게 비하면 구름과 진흙의 차이[7]를 벗어나기 어려운 것은 많은 말을 할 필

요가 없을 것이다. 민족의 자치제도는 다른 것을 말함이 아니라 사회적
으로 자체제도를 제정해 민족의 자유정신을 보존하고자 함이다. 내가
자치라 함은 오늘날 문명 각국에서 습관적으로 쓰는 행정상 자치와 서
로 비슷한 점도 있으나 상이한 점도 적지 않으니 대개 행정상 자치라
함은 한 나라 내에 존재하는 지방단체가 자기의 의사로써 그 존재의
목적이 되는 공공사무를 스스로 처리함을 말함이다. 고로 행정상 자치
관념에는 3요소가 필요하니, 첫째 공공사무를 처리하는 지방단체의 자
격으로써 자치함을 필요로 하는 고로 한 개인이 스스로 처리하는 사무
는 설사 공공사무라도 자치라 칭하지 않음이요, 둘째 지방단체가 그
존재의 목적되는 사무를 처리할 것을 필요로 하는 고로 공공사무를 처
리함이 없으면 자치라 칭하지 않음이요, 셋째 지방단체가 자기의 독립
의지로써 공공사무를 처리함을 필요로 하는 고로 국가의 명령으로써
처리하는 사무는 자치라 칭하지 않음이다. 그러나 내가 자치라 말함은
이와 같은 학리적인 것과 연혁적인 것을 오로지 힘써서 창도하는 것이
아니요, 민족의 자유사상을 보존하기 위해 창도하는 하나의 의견이므
로 법률학상 자치제도와 차이가 있음을 벗어나기 어렵다. 다음에 자치
제도를 거론한다.

1. 경성에 최고 자치단체를 설립하되 어떠한 명칭이든 관계없음. 학술
연구회라고 해도 되고 교유회(敎有會)라고 해도 됨. 이 단체는 결코 정
치상으로 관섭(關涉)치 않고 다만 각 지방자치단체의 고문이 되어 지방
자치제도의 통일을 오로지 힘써서 그 조직과 권한 등을 가르쳐 그 행동이
보통궤도를 넘어서지 않게 할 일
1. 각도 관찰부 아래 자치단체를 설립하되 어떠한 명칭이든 관계없음.
이 자치단체는 각 군의 자치단체를 잘 지도해 극단으로 달려가는 폐단이

---

7 구름과 진흙의 차이: 원문인 운니지차(雲泥之差)는 서로의 차이가 매우 큼을 뜻한다.

없게 하여 각 군의 자치단체의 발달진보를 도모하되 경성에 있는 최고단체의 지도를 따를 것을 요함.

경성에 있는 최고 자치단체는 다만 고문의 역할에 그치고 부(府) 아래 자치단체는 다소간 실행을 요하는데 각 군에 있는 자치단체의 중요사무에 대해 조력을 하되 결코 간섭으로 넘어서지 아니할 것을 요함.

1. 각 군에 군자치단체를 설치하되 이는 군회라 함이 적당함. 이 군회는 각 촌 자치단체를 지도하되 정치상 정책에 관한 사항은 일체 관여하지 않을 것을 요함. 그런즉 어떠한 사무에 관여하여 지도함이 가능할까. 정치상 성질을 갖지 않는 공공사무, 예를 들어 말하면 각 촌과 각 리의 교육방법과 위생방법, 경세상 방편과 사회도덕의 발달 등의 일을 잘 지도해 한 군내의 인민사상을 일치하게 함을 요함.

이 군회의 중대 임원은 각 촌 인민이 선거법에 의거해 투표하고 선거할 것을 요함.

각 촌 각 시에 촌시자치단체를 설립하되 이상 진술한 최고자치단체 하 자치군 자치는 명의상으로 자치라 칭하지만 지도방면(指導方面)이 많고 실행방면이 적다. 그러나 이 촌시 자치단체부터는 모두 실행방면이니 자치제도를 실행하는 이상(理想)은 이 촌과 시로부터 시작한다. 왜 그러한가. 위의 최고자치단체는 정부의 간섭이 자연발생하고 활동의 범위가 너무 넓어 실행하기 매우 어렵지만 이 촌과 시 자치단체는 범위가 협소하고 또 종래의 관습이 있어서 실행하기 용이하니 이 자치단체로부터 더 한층 치밀한 사색이 필요하다. 창졸간에 입안한 까닭에 결점이 많이 있으므로 선진자들께서 개정할 것을 부탁드리며 대략적으로 얕은 견해를 진술한다.

(1) 촌자치단체는 고래의 우리나라 관습을 다소 참고함이 옳음. 예로부터의 관습을 본 즉 각 지방이 다소 차별이 있지만 큰 촌에는 큰 촌장이 있고 작은 촌에는 작은 촌장이 있어 그 촌내의 공공사무를 관리하고 집행

하였는데 대 촌장은 군수가 선정하였으나 작은 촌장은 인민이 자유롭게 선정하였다. 이 옛 사례에 의거해 촌시에 자치단체를 설립하되 촌에는 촌회라 하고 시에는 시회라 해서 인민이 자유롭게 이 회를 조직해 촌과 시의 공공사무를 처리함

(2) 촌시 자치단체는 회중임원을 투표로 선정할 필요가 있음. 이는 내가 민족의 자치제도를 주창함에 있어 가장 주목하는 바이다.

대개 우리 대한 민족은 예로부터 압제정치 아래에서 두뇌를 양성해 복종의 관념만 있고 자유정신이 없는 까닭에 악정(惡政)에 달갑게 복종해 정부가 인민의 안락과 근심에 크게 관계되는 어떠한 정치를 행하더라도 묵묵할 뿐 감히 말하지 않아 독립자유사상이 모조리 사라져 안으로 좋은 정치를 행해 국리민복을 도모하지 못하고 밖으로 열강의 압박을 받더라도 태연하게 알지 못해 추호의 분발력(憤發力)이 생기지 않아 오늘날 이 같은 경우를 당하게 되었다. 이에 이 폐해를 구제할 방책은 즉 촌시자치단체 제도이다. 이 제도를 실행하면 인민이 자치사상을 깨달아서 설사 바로 지금 국성(國性)이 없더라도 점점 자유사상을 발생시켜 훗날 국성(國性)을 만회할 정력(精力)이 생길 것이다. 그러므로 자치제도 중 가장 필요한 주안점은 인민의 자유선거이다. 선거는 인민에게 정치상 공덕심(公德心)을 양성하는데 가장 건전하고 고귀한 방법이다. 어째서일까. 선거는 인민이 자유사상을 가지고 자기를 관할하고 보호하는 가장 공평한 인물을 선정하는 것을 말하니 이 사상이 발달하면 입헌국 정치를 기도할 수 있고 독립사상을 깨닫고 알 수 있을 것이다. 고로 나는 촌회와 시회에서 임원은 일체 인민의 투표와 선거에 의거하는 것이 옳다고 말하고자 한다.

(3) 촌회와 시회의 공공사무 : 이 공공사무를 논술하기에 앞서 한마디 말이 필요하다. 오늘날 우리 대한 민족이 정치적 수단으로 행복을 도모하기 어려운 것은 다름이 아니라 현재 우리 대한 정치의 이익의 표준점이 한민족에 있지 않고 다른 민족에게 있어서다. 이러한 정치로 어찌 우리의 행복을 도모하겠는가. 자기의 이익은 자기가 도모함만 같지 못하니 불완전을 벗어나지 못하는 우리는 촌시자치수단으로 인민의 행복을 도모해야만 한다. 그러므로 촌시자치단체의 공공사무가 우리민족의 성쇠에 크게 관계되니 주의해야만 한다.

촌시회에서 이상적으로 실행할 사무를 다 일일이 들어 말할 수 없지만 그 가운데 가장 중대한 사무를 거론하자면 첫째는 교육이요, 둘째는 경제요, 셋째는 위생이요, 넷째는 교통이다.

첫째 교육에 관해 논하면 오늘날 우리 대한의 교육문제는 인민여론에서 제일 초점이 되는데 이 이상적 교육을 실행하기 어려운 것은 타력의 간섭으로 말미암아 우리 대한민족의 국성(國性) 교육이 많은 장해를 받아 자유롭게 행해질 수 없기 때문인 즉 촌시에서 인민이 선진(先進)에게 의견을 물어 국성교육 방침을 정하면 대단히 유익할 듯하다.

둘째 경제는 우리 대한 민족의 생멸에 관한 문제이다. 그러나 이 역시 정치적 수단으로 발달하게 할 수 없으니 촌시회에서 유지인에게 의견을 물어 농공상업의 발달방침과 매일의 생활의 중요한 길목을 연구해 토지의 보전방법과 재산의 보전방침, 재산의 확장방침과 외인과의 통상하는 방침과 기타 제반 방침을 실행함이 옳다.

셋째 위생문제는 실제로 민족의 성쇠에 관련되므로 촌시의 인민에게 위생사상을 주입해 나쁜 돌림병을 예방하고 체력을 건강하게 해서 인민에게 행복을 향유하게 함이 옳다.

넷째 교통문제는 정부의 조력을 빌리지 않으면 실행할 수가 없지만 내가 한마디 하고자 한다. 정부 우편 이외에 각 촌시에서 통신부를 설치해 중요하고 신속을 요하는 소식은 이 기관에서 실행하는 것이 옳다.

아! 이상에 대략 논한 것은 내가 신시대에 처해서 일개 국민의 의무관념에서 급작스럽게 쓴 초고의 의견이다. 많은 결점이 있으니 동포들은 단점을 개정하고 장점을 채용해 국리민복(國利民福)에 만분의 일이라도 보탬이 있으면 나는 만족하는 바이다.

| 강단 |

교수와 교과에 대하여 (전호 속) / 장응진(張膺震)

(2) 언어과 : 국어 및 외국어

언어 수양과 심적 도야는 밀접한 관계를 지니니, 보통교육상에 언어의 수양은 가장 필요한 것이다. 우리는 언어를 의사 표시와 사상 발전의 중요한 수단으로 사용할 뿐이 아니라 이로 말미암아 인류 발전의 경로와 국민 개화에 다대한 영향을 미친 허다한 기록을 이해할 수 있다. 그러므로 상고로부터 교육 설비상의 최초에는 언어를 교수하여 서책을 읽게 하고 또 그 의의를 이해함을 중요한 과목으로 삼았으니, 이는 필경 이러한 학습으로써 시대 국민의 심적 생활을 보유케 하고 또 보통교육의 기초를 이루도록 꾀하는 것이다.

오늘날 보통교육을 시행하는 학교에서 정도의 여하를 불문하고 일반 자국어를 중심으로 삼는 것은 세계 각국이 일반이다. 옛날에 인도주의가 부흥하던 시대에는 고어를 연구하여 옛사람의 유서(遺書)를 이해하는 것에만 힘쓰고 외국어를 자국어보다 도리어 존중한 폐단이 있었으나─우리나라의 종래 교육이 우리나라 국문은 비천하다 하여 배척하며 사용하지 않고 한문만 오직 숭상하였으며 한문에서도 또 고자(古字)·전자(篆字)와 궁벽한 문자 등을 다수 탐구하여 고서를 많이 해독하는 것으로 학식의 존비(尊卑)를 비교함과 같음─, 이러한 잘못된 견해는 과거 시대에 이미 속한 것이고 각국이 다 그 자국어를 교육의 중심으로 삼는다. 이는 즉 국민으로 하여금 각자의 의무를 다하게 하고자 하면 일찍이 국가의 명분과 의리에 동정을 표하여 애국의 정을 환기케 해야 할 것이요, 또 국어는 그 국민의 사상·감정을 표출하는 것이라 동포를 결합함에 가장 유력한 방편이기 때문이다. 이렇게 국민학교 정도에서는 다만 자국어로 국민 현재의 상황을 이해함에 만족할 것이나, 만일 한층 더 나아가 이 연구·이해의 힘을 심원케 하고자 하면 그 유래의 연혁을 명백히 관찰하고 타국의 개화와 비교하며 타국민의 사상·감정을 탐구할 필요가 있다. 그리하여 국민학교 이상 정도 되는 학교에서 국어를 공부하며 외국어를 공부하는 것은 부득이한 이치다. 특히 타국의 문화를 받아들여 이를 자국의 발전에 공급하는 나라에서는 한층 그 필요를 보이니, 그러므로 현재는 어떤 나라를 막론하고 중학 정도 이상되는 학교에서는 자국과 가장 밀접한 관계를 지닌 한두 개 외국어를 공부케 하고 이와 동시에 자국 문학을 한층 더 연구하여 자국 문학의 진수를 완미하며 특질과 묘미를 감득케 하여 연설과 문장상의 정교함을 극에 달하도록 하려고 힘쓰는 것이다.

(3) 수학과

수학은 지난날 동양 학문계에서 육예(六藝) 중 한 과로 중시되던 것이다. 원래 수학은 외물(外物)에 관한 지식을 연구하는 것이니, 이로 인하여 외계에 관한 적당한 관념을 얻으며 그 여러가지 현상과 관계를 이해할 수 있고 일상생활상에 수입을 계획하고 지출을 절약하며 사소한 오류도 생기지 않게 하여 처신을 알맞게 하며 근검·저축의 관념을 양성한다. 특히 상공업에 종사하는 자는 이 관념이 있은 연후에야 경제상 직업상에 정당한 위치를 잡을 것이다. 또 근래 각종 과학이 발전된 이후로 수학의 지위가 한층 긴요함을 인식하게 되었으니, 즉 수학은 자연계의 현상과 법칙에 대하여 정밀한 인식을 우리에게 주는 것이라 수학은 즉 과학 발전의 중요한 원인이요 또 과학 연구의 중요한 방편이다. 우리는 수학으로 인하여 확실한 진리를 인식하며 감관-오관(五官)-으로 얻은 지각을 정당히 하며 경험 이외의 식견을 환히 열어 인과의 법칙을 적확히 하고 또 이를 엄밀히 증명하여 자연력을 제어·이용한다. 기타 여러 가지 효용에 이르러서는 일일이 열거할 겨를이 없다. 이렇게 수학은 우리의 일상생활상에만 필요할 뿐 아니라 다른 학과 연구에 기초가 되므로 각국이 초등학교에서는 일상의 비근한 사실에 대하여 정확·신속한 계산을 위주로 하는 산술을 교수하고 중학 정도에 이르면 수학으로 거의 전 학과의 수위(首位)를 점유케 하는 경향이 있다.

(4) 역사과

역사는 인생의 고심한 경영과 사업 성패와 행위의 선악과 국가·사회의 흥망성쇠와 인류 발달의 경로와 여러 가지 과거의 사실을 일일이 명시하여 우리로 하여금 남을 대하며 국가·사회를 대할 때 동정을 진작시키고 양심을 불러일으키며 인생 제반에 대한 지식을 급여하는 것이다. 그런즉 역사는 수신과 또 밀접한 관계가 있으므로 예로부터 도덕적 교훈 상에 왕왕 역사를 채용한 사실이 있었으나, 역사를 한 교과로 편입하여 보통교육상의 과목으로 가르친 것은 18세기 경부터 시작하였고 근래에 이르러서 역사는 인격을 도야하고 국가적 관념을 양성하며 사회적·정치적 지식을 전수하는 데 적당한 것으로 인정되어 보통교육상에 중요한 교과가 되었다. 초등교육에서는 자국 역사를 위주로 하여 역사상 관계를 보이더라도 자국 역사로 충분할 것인즉 소학교 역사 교과는 각국이 대개 자국 역사를 표준으로 한다. 그러나 어떤 나라를 막론하고 그 나라의 문화 발전은 이와 밀접한 관계를 지닌 타국의 영향을 받음이 적지 않으니 자국 개화 발달의 연원을 규명하고자 하면 부득불 이들 관계국의 역사를 또 참고할 필요가 있다. 그러므로 중등 이상 교육을 시행하는 학교에서는 외국 역사를 교수하는 것이 오늘날 각국 교육계의 통칙(通則)이다.

(5) 지리과

지리학은 지구 및 지구의 표면 상태와 또 지구상 인류 생활의 상태를 명료히 하고 토지와 인류의 관계를 설명하는 학과다. 즉 천체에 대한 지구의 관계와 지구 표면상에 산재한 자연물 및 그 현상과 지구상에 생식하는 생물-동식물-과 인류 생활의 상태를 명시하고 또 이 사이에 존재하는 인과의 관계를 설명하여 인적(人的) 교과와 물적(物的) 교과의 양쪽 지식을 결합하는 교과이다. 본시 보통교육에서는 아동이 생활하는 본 지방과 본국 및 본국과 중요한 관계가 있는 인접국의 지리적 현상을 교수한다. 이것들은 사실 지난날 교통이 열리지 않아 나라 문을 걸고 자활(自活)하던 시대에는 직접 생활상에 필요를 느끼지 못하므로 이 학문의 역사가 유구함에도 불구하고 유치한 정도를 벗어나지 못하다가 근세에 이르러 비로소 이를 교과에 편입하였다. 이는 근래 각종 교통기관이 크게 열려 멀리 떨어진 지방을 이웃인 듯 교통함에 이르러 이들 지리적 지식이 실제 생활상에 필요하게 된 연유다. 특히 인류 생활의 상태는 일일이 자연적 상태의 영향을 입지 않음이 없으니 인류 생활을 이해하고자 하면 이들 상호 관계를 연구하지 않으면 안 될 것이요. 또 자기가 생활하는 지방 및 자국의 정치·경제상의 상태와 외국에 대한 자국의 지위 등은 이를 타 지방·타 국토와 비교·대조함으로 인하여 분명히 깨달을 수 있다. 그런즉 지리 교수는 국민교육과 처세·생활상에 중요한 가치만 있을 뿐 아니라 이과(理科) 연구상에 또 빠지지 못할 교과이다.

(6) 이과(理科)

이과의 목적은 자연물 및 자연의 현상을 설명하여 이것이 총체적으로 일정한 원리·법칙하에 지배되는 것을 증명하고 또 자연물 상호 간의 관계와 인생에 대한 자연물의 관계를 이해하여 한편으로 자연을 제어·이용하며 한편으로는 우리 인류의 생활 상태를 증진케 하는 것이니, 그 범위는 동물·식물·광물 3계로부터 물리적·화학적 현상과 인간 신체의 생리·위생에 걸친 광대한 재료를 포괄한다. 이들 여러 교과를 이처럼 결합하여 초등학교에서 교수케 하는 것은 초학자가 자연을 해석할 때에 상호 간에 관련한 현상을 낱낱이 분할하지 않고 다방면으로 관찰하여 정당한 이해를 얻게 하려는 것이다. 그러나 중등교육 이상 정도에 달하면 점차 과학적 교수를 시행치 않으면 안 되므로, 이들 여러 재료를 각각 분과로 만들어 순서를 따라 교수케 한다. 대개 우리가 이 세상에 생활하는 이상에는 잠시라도 자연물과 자연의 현상을 조우·상관치 않을 수 없으니, 이들 자연물의 성질을 탐구하고 현상과 원리·법칙을 분명히 깨닫는 것은 실제 생활상에만 필요할 뿐 아니라 이를 이용하면 자연력을 제어하여 인생의 개화를 증진케 한다. 따라서 현세 개화를 이해하는 데에 빠지지 못할 교과이니 실로 실업의 발전과 물질적 진보는 전적으로 국민의 이과적 지식 진보 여하에 있다 하겠다.

역사담 제12회 : 시저전(4) / 박용희(朴容喜)

시저가 이미 내정 개량을 가한 후 곧 정병 수만을 거느리고 아드리아 해를 몰래 건너 에피루스에 도달하여, 마르쿠스 안토니우스의 군대와 합력하여 곧 폼페이우스와 디라키움 성 아래서 전투하다가, 병력이 적어서 불리한 까닭에 병사를 수습하고 테살리아에 침입하였다. 당시 귀족 일동이 적은 이익을 얻고 몹시 기뻐하여 폼페이우스에게 추격을 거듭 재촉하였다. 폼페이우스는 비록 적은 이익을 얻었지만 오합지졸과 화살에 다친 병사로는 도저히 자웅을 결정하기 어렵다는 점을 헤아리고 잠시 후퇴를 도모하려고 하였다. 하지만 귀족의 반대가 극심한 까닭

에 어쩔 수 없이 마침내 테살리아로 진군하여 파르살루스 평야에서 시
저의 군대와 접전하였다. 당시 시저는 폼페이우스를 오래도록 기다리
다가 폼페이우스가 오는 것을 보고 크게 기뻐하니, 자신의 전투력을
삼군으로 분할하여 폼페이우스의 군대에 육박할 때 자기가 친히 좌익
을 이끌고 폼페이우스의 정예를 돌격하며, 또 6천여의 유격대를 편성
하여 적군의 기병(奇兵)을 엄습토록 하였다. 잠시 동안 나팔이 애절하
게 울리고 함성이 슬프게 울리더니, 양군이 섞여 싸운 지 반여 일에
폼페이우스 군이 대패하였다. 이에 폼페이우스가 단신으로 도주하여
이집트 왕 프톨레마이오스에게 의탁하고자 하였더니, 불행히도 국민의
간계에 빠져 비명에 횡사하였다. 시저가 자리를 옮겨 싸우며 뒤를 따라
가다가 이집트인이 그 수급을 보낸 바 되었다. 옛 우의와 눈앞의 불행
을 생각하고 슬픔을 이기지 못하여 눈물을 뚝뚝 흘리고 후의로 장례를
치러주었다. 시저가 폼페이우스의 잔당을 토벌한 뒤, 로마에 개선하여
계급의 악폐를 개정하며, 사회의 질서를 회복하고, 로마 법률을 편찬하
며, 줄리어스-시저의 성(姓)이라 력(曆)을 정하였다.

> 소위 명시력(明時曆) 즉 음력은 곧 이 줄리어스력이니, 독일인 천주교
> 목사 아담 샬-시헌력(時憲曆)이라 칭하는 것을 만든 이가 이 사람이다.
> 명나라에 와서 신종을 뵙고 하늘의 감시를 공경하여 역서(曆書)를 정
> (訂)하고 수학을 초(抄)하며 음양을 논하고 주포(鑄砲)를 감독하였다
> 과 이탈리아인 마테오 리치-등이 개정(改訂)하여 널리 전파하였다.

대개 줄리어스력의 근본 유래는 이집트의 국력(國曆)인데, 시저가 그
나라를 정복한 후 그 역법을 참정(參訂)하여 로마 국내에 통용케 하였
다. 이와 같이 시저가 크고 작은 일 할 것 없이 참작 개정하며 폐단을
제거하고 혁신하게 하였다.

때에 로마 인민이 다 시저의 공덕을 찬송하여 종신 임페라토르

(Imperator)-지휘자-의 호칭과 딕타토르(Dictator)-명령자-및 켄소르 (Censor)-주재자(主裁者)- 등의 작호를 봉상(奉上)하니, 이후로는 시저 가 명칭은 비록 제왕이 아니었지만 실상은 제왕 이상의 권능을 집행하 였다.

대저 공명이 날로 현저하면 시기와 추함, 혐오와 의심도 날로 커진다 고 하더니, 과연 진실된 말이었다. 폼페이우스의 잔당이 시저를 날로 질시하여 몰래 서로 결탁하여 카시우스와 부르투스-이 사람은 시저가 사랑하는 아들과 같이 여긴 자이다-를 수령으로 꾀어 올리고 기원전 44년 3월 15일에 시저를 국회의장에서 습격하여 찌르는데, 시저가 혼 자서 맞서 싸우다가 부르투스가 칼을 꺼낸 것을 보고 크게 부르짖어 "부르투스, 너냐" 하고 폼페이우스 상(像) 아래서 죽으니, 나이 56세였 다.-두 사람의 죽음이 어찌 서로 이다지도 닮은 것인가-

이때 변고가 졸지에 가족에게 도착하여도 어찌 되는지 모르다가 흉 보(凶報)가 들리니, 그 조카 아우구스투스-로마 제일의 인걸이요, 세계 절륜의 영웅이다. 후에 국민이 황제로 추존하니, 즉 로마 황금시대가 그때요, 또한 더욱 주목할 만한 것은 같은 황제 재위 연간에 구주 예수 가 그 통치영토인 유태국에 탄생한 일이다.-와 그 사위 안토니우스가 국민에게 그 원통함을 슬프게 호소한 후 곧 반당(反黨)을 포획하여 주 살하게 되었다.

-주의- 지금 러시아황제를 차르라고 칭함과 독일황제 및 독일제국을 카이저-시저를 각국 국어음으로 또 카이사르라 칭함은 이미 설명함-라 칭함은 곧 시지의 이름을 황제의 존호로 대신 사용함이니, 옛날 바깥의 야만인이-지금으로부터 1천여 년 전에는 로마가 지금 영국·프랑스· 독일·러시아를 야만이라 지칭함. 대개 그들 제국이 지금은 문명국이 라고 자랑하나 과거에는 야만의 풍조를 탈피하지 못했음을 미루어 알

수 있다.-이 시저를 얼마나 경외하는지를 알 수 있다.

지금 독일·러시아 국기에 독수리 문양을 사용하는 것도 시저가 사용하던 독수리 기를 앙망하여 사용함이니, 대개 과거 시저의 당년에 독수리장이 가는 곳마다. 그리고 시저가 도착하는 곳에는 바람에 쓸려 나가지 않는 곳이 없었다. 그 명성이 우레가 귀에 울리는 듯하므로, 지금까지 머리에 각인되어 있으므로 이와 같이 습관적으로 사용되어 온 것이다.

다만 러시아가 이로 국기를 정한 것은 동로마 황제 유스티니아누스가 제국의 동국(同國) 기장(旗章)을 나누어준 이후였다.

| 학원 |

아동 물리학 강담(4) / 초해생(椒海生) 김낙영(金洛泳)

어류가 수중에 사는 것과 같이 우리는 대기-공기-중에 살면서 이를 호흡하고 생존한다. 그렇다면 대기는 어떤 물건인가. 지구를 둘러싸고 있는 가스-기(氣)-체의 층이니 우리 눈에는 보이지 않기 때문에 예전에는 대기라고 칭하면 아는 자가 적었으나 쉽게 실체를 보고자 하면 손을 펴서 빠르게 흔들어보라. 어떤 일종의 기체가 손에 닿아 느껴질 것이니 이것이 대기의 현상(現象)이다. 보통 바람이라 하는 것도 실은 대기의 흐름과 움직임에서 생기는 것이니 대기는 매우 가벼운 기체이나 또한 상당한 중량이 있다.

지금 이 대기를 비유하면 계란과 같다. 계란의 노른자를 지구로 비유하면 흰 자는 대기의 층[圈]이다. 이 층이 어느 곳까지 무한히 넓고 높은 것이 아니요 대략 지면에서 150-160리 정도까지에서 그치고 250-260리 이상에는 거의 흔적도 없다고 하나, 어떤 학자는 유성 관측으로 700-800리 이상 높은 곳까지 존재한다고 하는데 50-60리만 공중으로 올라가도 점차 희박하여 얇은 면직물을 겹겹이 쌓은 것과 흡사하다. 위쪽의 중력에 의해 압력을 받아 아래쪽일수록 농밀(濃密)하고 위쪽일수록 조박(粗薄)하여 고무공을 쳐서 물속에 넣더라도 곧장 떠오르는 것과 같이 대기보다 가벼운 물체는 대기 중에서 곧바로 떠오르니 저 경기구(輕氣球)가 비상하는 이유는 여기서 나온 것이다. 잠시 그 구조를 들어보면, 큰 공을 견직물로 만들어 밀랍으로 그 직물의 결을 다 칠하고 그 속에는 가벼운 가스-기(氣)-를 끌어다 넣고 그 아래에 수레를 매달아 그 안에 타면 기계의 지휘에 따라서 하늘에 떠오른다고 한다. 이를 시작한 자는 누구인가. 지금으로부터 7백여 년 전에 서양인 몽골피에(Joseph Michel

Montgolfier)라고 하는 사람의 형제가 창시한 것이요, 이 경기구에 대하여 여러 가지 재미있는 이야기가 있다.

이 대기 전체를 거론하지 않고 일부만 거론하면 공기라 칭한다. 그러나 대기와 공기는 별도의 사물이 아니요 완전히 같은 것인데 다만 전체와 부분의 차이만 있을 뿐이다.

서력 1608년에 이탈리아 파엔차(Faenza)라 하는 지방에 토리첼리라 일컬어지는 사람이 있었으니 그 부친은 일찍이 사망하고 숙부의 주선으로 승려에게 교육을 받았으나 태생적으로 수학과 물리학의 천재였다. 그래서 이에 관한 학문을 수학하고자 하여 20세에 당시 학문의 중심지였던 수도 로마에 유학하여 유명한 피렌체의 대학자인 갈릴레오의 제자가 되었는데 갈릴레오 대학자가 세상을 떠나자 로마에 돌아오려 하던 차에 벌써 그 명성이 세상에 퍼져서 피렌체 중학교 수학교사로 추천되어 선발되었다. 이에 일찍이 맹렬한 연구로 지금 세계 모든 나라에 공동으로 사용되는 펌프-무자위-를 깊은 우물에 설치하여 매달고 물을 길어 올리고자 하는데 3장 3척의 높이까지는 물이 올라오는데 그 이상은 올라오지 않음을 보고 이상하게 여겨 갈릴레오 선생에게 찾아가서 그 이유를 물었더니 그와 같은 대학자도 분명히 알지 못하여 다만 "대기는 진공을 꺼리기 때문에 그렇다"는 대답뿐이었다. 토리첼리는 이것으로 만족해하지 않고 '이는 무게 있는 대기의 압력으로 말미암은 것이다'라 생각하고 또 스스로 생각하기를, '그러면 물보다 30배 반이나 무거운 수은은 관(管) 속에서 3장 3척의 13분의 1, 즉 2척 5촌만 상승할 뿐, 그 이상은 상승하지 않을 것이다'라 하고 한쪽 끝이 막힌 3척의 유리세관을 가져다가 수은을 가득 채우고 수은을 담은 다른 그릇 안에 거꾸로 세웠더니 수은이 조금 내려가 관 속 윗부분에 빈 공간을 남긴 채 그 높이가 2척 5촌쯤 되는 곳에서 멈추었다. 비로소 정확히 실험을 한 뒤에 물이 관속에서 올라감은 대기의 압력에 기인한 것인데 3장 3척

밖에 상승하지 않는 것이나 수은이 2척 5촌밖에 더 상승하지 않는 것이나 수십 리 되는 대기의 압력이나 작용을 동일한 것으로 확정하였다. 이와 같이 대기의 성질을 다 이해한 후에 학문이 점점 더 진보하여 경기구 등이 생긴 이후로 지금까지 한층 해석하기 쉬워졌다. 그리하여 어떤 경기구 탑승자가 가을 9월 초순경에 9만 입방척(立方尺)의 석탄가스-공기 중량의 3분의 1가량-와 각종 물건의 중량으로 7천량의 무게 정도 되는 경기구를 타고 올라갔는데 39분 후에 2만 1000척 높이에 달하니 그때 온도가 0도 이하 10도이고, 50분 후에 2만 6200척 높이에 달하니 그때 온도는 한층 더 내려가 0도 이하 15도가 되었고, 52분 후에 2만 9000척 높이에 이르니 온도는 0도 이하 16도였다. 그 이상에는 찬 기운이 더욱 격해지고 대기는 더욱 엷어져서 탑승자가 정기(正氣)를 잃는 경우를 당했다고 한다.

이 대기의 압력이 지면에서는 수은주 2척 5촌쯤-자세히 말하면 해수면에서부터 76cm의 높이까지이니 이를 1기압이라고 함-이나 높아질수록 점차 줄어들며 그뿐 아니라 기타 각종 별별 이유로 시시각각의 변이(變異)가 생기니 이는 물이 지면에서 항상 증발하기 때문이다. 이 수증기는 대기보다 가벼우므로 대기 중에 수증기가 다량 포함되어 있으면 대기의 압력이 감소됨으로 인해 수은주의 높이도 또한 감소될 것이다. 만일 대기 중에 수증기가 많을 때에 온도가 내려가면 이 수증기는 곧바로 응결하여 비가 되니 이는 강우의 전조로 봄이 좋을 것이요, 이와 반대로 수은주가 점차 상승함은 수증기가 감소하기 때문이니 날이 개어 맑아질 전조로 봄이 좋을 것이다. 이 수은주로 비가 갤지 여부를 측량하는 기계를 청우계(晴雨計)라 하고, 유리관 상부의 빈 곳에는 어떠한 기물(氣物)도 없으므로 발견자의 이름을 따서 '토리첼리 진공'이라 하고, 이 관을 '토리첼리의 관'이라 한다.

지문학(地文學) 강담(2) / 연구생(硏究生)

세계문명이 발전됨을 좇아 오늘날은 삼척동자라도 지구의 형체가 구형(球形)을 이루어 있는 줄을 확신하거니와, 잠깐 고대를 거슬러 기억하면 동·서양인이 거의 서로 같은 학설을 주창하였다. 동양에서는 "하늘은 둥글고 땅은 네모다."라 하였고 서양에서도 그리스 호메로스와 쎄혜숫드[8] 시대에는 세계는 원반 모양이 되어 있고 그 주위에는 물이 둘러싸고 그 위에 천구(天球)는 장막 상태로 크게 펼쳐진 줄로 이해하고 있었는데, 지금으로부터 2천여 년 전에 유명한 학사(學士) 피타고라스(Pythagoras)가 지구 구형설(球形說)을 처음 주창하다가 다수의 승려들이 극렬히 반대하므로 그 뒤에는 다대한 배척을 받아 거의 전폐되는 지경을 겪었다. 중고시대(中古時代)에 이르러 아라비아 학자가 구형설을 다시 주장함에 독일의 고명한 승려 코페르니쿠스(Nicolaus Copernicus)가 그 사실을 증명하여 세상에 공공연히 발표하였으니, 이는 현재 통용되는 지리서에도 게시한바 범선이 해상 원거리에 있을 때는 돛대만 보이다가 점차 근거리에 있으면 선체까지 보인다는 것이다.

그러므로 지구가 대체로는 구형인 줄 확실히 알았지만 실은 양극(兩極)이 조금 평평한 타원형임은 영국 물리학자 뉴턴(Isaac Newton)이 물리학 방면으로 처음 주창하였는데 이는 17세기 프랑스 국왕 루이 14세가 페루트라쁘랜드[9]에 파견한 학자의 실측으로 확정한 바이다.

지구는 실측에 의거하는 것 이외에는 이것을 이해하기 불가능하며, 또 실측에는 필연코 약간의 차이가 생기므로 지구의 크기를 매거(枚擧)한 숫자도 실측한 사람에 따라 차이가 또 있으니 대저 지구의 크기를 절대적으로 정확하게 이해하기는 도저히 불가능한 일이다. 50여 년 전

---

8 쎄혜숫드 : 미상이다.
9 페루트라쁘랜드 : 미상이다.

에 베셀(Friedrich Wilhelm Bessel)이 당시에는 가장 정밀한 실측이라 평가되던 계산으로 적도의 반지름을 637만 7,397m로, 양극의 반지름을 635만 6,079m로, 지구의 극의 평도(平度)를 299분의 1로 측산(測算)하였더니, 지금으로부터 10여 년 전에 할크네스[10]가 발표한 최근의 계산은 적도의 반지름이 637만 7,972m요, 양극의 반지름이 635만 6,727m이며, 극의 평도가 300분의 1이라 하였다. 두 계산의 차가 지구의 크기에 비하면 실은 사소한 것이요, 우리 척도로 환산하면 불과 2,400척의 차이며 할크네스의 계산을 우리 척수(尺數)로 환산하면 다음과 같다.

적도의 반지름은 21,044,448척 -목척(木尺)-

양극의 반지름은 20,977,352척 -목척(木尺)-

지구 위에는 창천(蒼天)이 빈 구(球) 모양으로 부재(覆載)하였고 태양과 기타 별자리는 매일 동방으로부터 서방으로 전향(轉向)하는 모양을 짓고 있으니, 이는 지구가 스스로 서에서 동으로 자전하기 때문이요 태양과 별자리는 움직이지 아니하는 것이다. 그러나 상고인(上古人)들은 역시 태양과 별자리가 움직이는 줄로 생각하였으나 중고(中古)에 이르러 코페르니쿠스가 지동설을 주창하여 '지동설신서(地動說新書)'를 새로 저술하여 세계에 소개하였으니, 이것이 지문학(地文學)의 중흥시대(中興時代)이다. 그 결과로 오늘날에 와서는 한 사람이라도 이것을 의심할 자가 없게 되었으니 과학계에는 더없는 행복이다. 그러나 실제의 증거를 세워 세상 사람들이 수긍할 만큼 신인(信認)하게 한 것은 1,851년에 프랑스 수도 파리에서 시행한 진자시험(振子試驗)이다. 이는 간단히 말하면 다음과 같은 이치이다. 먼저 평탄한 원판의 연변(緣邊)에 마주하는 2개의 수직 장대를 곧게 세우고 그 두 상단은 가로 장대로 잇대

---

10 할크네스 : 미상이다.

어 붙이고 그 중심으로부터 줄을 드리워 내리고 줄의 끝에는 연구(鉛球)를 부착하여 매달면 그 구(球)는 원판의 중심을 향하여 곧게 드리워질 것이다. 이제 그 연구를 건드리면 구는 앞뒤로 진동하여 그 방향이 언제든지 결코 변경되지 않는다. 또 그 아래 방향의 원판을 직선을 따라 늘어뜨려 내린 점, 즉 중심점을 축으로 삼고 서서히 회전하면 위 방향의 가로 장대는 따라서 돌지만 구의 진동하는 방향은 그냥 원본의 방향을 유지하려 한다. 지금 가령 매우 긴 진자를 북극이나 남극에 가지고 가서 이곳에서 이것이 진동하는 것을 상상하면, 원래 진자의 진동방향-진동면(振動面)-은 앞에 기록한 것과 같이 변하지 않는 것이나, 만일 지구가 자전하는 것이면 진동면은 24시간에 동에서 서로 지반(地盤)을 한 번 돌 터이니 이는 실상 진동면이 한 번 도는 것이 아니라 지구가 한 번 도는 것이다. 그러나 우리는 지구의 운동을 감지하지 못하는 까닭으로 진동면이 한 번 도는 것처럼 보이는 것이다. 또 우리가 남북 양극의 극점에 가서 도달하는 것은 불가능한 사실이나, 그러나 그 밖의 지점에서도 극의 원근을 따라 진동면이 다소 돌 것임은 의심이 없을 것이다. 따라서 우리는 위도 몇 십 도에서는 얼마나 돌았는지 계산할 수 있는 것이며, 또한 이것을 실험한 결과로 견주어도 어긋남이 전혀 없으니, 이로 말미암아 지구가 자전체(自轉體)임을 미루어 알 수 있다. 일찍이 프랑스 수도 파리에서도 이것을 실험하였고 그 뒤에 독일에서도 실험할 때 높은 사원(寺院)에서 길이 150척 되는 진자를 사용하였는데 진자 아래의 구를 뾰족한 추 모양으로 만들어 진동하는 방향을 그 아래 방향의 고운 모래에 찍어서 그리게 하였다.

이과(理科) 강담(2)

- 소학교 교원의 참고를 위해 - / 호연자(浩然子) 역술

식림(殖林)

중요한 사항

삼림의 효능은 극히 광대함

삼림의 번식과 보호의 필요

교수(敎授)

원래 재목(材木)을 만드는 처소는 삼림이다. 한 지방에 만일 삼림이 없으면 가옥을 짓고 교량을 가설하는 데에 다른 지방 재목을 요할 터이고 나라에 만일 삼림이 부족하면 다른 나라에서 사오지 않을 수 없을 것이니, 다른 고장 다른 나라에서 재목을 구입하면 그 가격이 뛰어오를 것은 가히 예정된 것이다. 그러므로 세계 만국이 다 식목을 중요 임무로 삼는다.

특별히 독일인은 밭두렁 사이의 적은 공터라도 남는 땅이 없도록 삼림의 증식을 급선무로 여겨 한 번 저 나라에 유람한 자는 감히 찬탄치 않을 자가 없다 하니, 이것이 어찌 재목만 위함이겠는가. 과연 여러 가지 기능이 있으나 일일이 열거할 겨를이 없다.

1. 삼림은 기후를 조화롭게 함

토지에 삼림이 없으면 추위·더위가 공히 매서워 사람의 생활만 불리하게 할 뿐 아니라 농업상에 막대한 손해의 영향이 있다. 가령 사막 지방으로 말하면 한낮의 광선을 막아주는 것이 없어 주간에는 극서(極暑)가 되고 심야에는 열의 방산(放散)을 막아주는 것이 없어 극한(極寒)이 되니, 즉 식림은 인공으로 기후를 조절하는 가장 좋은 방법이라 할 수 있다.

주의: 여름날 숲속에 청량한 바람이 있음은 확연한 사실이니 아동에게 반드시 실제 체험케 할 것이요, 또 겨울날 서리가 많이 내린 이른 아침에 깊은 숲 아래 있는 풀만 특별히 서리가 없는 것도 실제 체험케 할 것이다. 기타 동일한 예를 들어 말하도록 한다.

2. 삼림은 강우를 많게 함

비의 양을 많이 함유한 것은 구름인데 구름이 산에서 생김은 산의 수목이 이를 생기게 하는 것이니, 민둥산-수목 없는 산-에는 도저히 불가능하다. 그러므로 전국이 다 민둥산이면 그 나라에 강우가 적음은 저 사하라 사막에 강우가 없음으로써 가히 증명된다. 그러므로 강우를 많게 하고자 하면 먼저 식림을 중요 임무로 삼을 것이니, 이는 간접으로 농업을 조성(助成)하는 것이다.

3. 삼림은 홍수를 예방하고 수원(水源)을 만듦

삼림에 지엽이 무수히 많음과 같이 땅속에는 종횡으로 뻗은 신구·대소의 뿌리가 역시 무수히 많이 모여 있고 삼림 밑에는 퇴적한 낙엽과 소태(蘇苔)가 역시 무수히 많이 쌓여 있다. 이러한 지엽·뿌리·낙엽·소태 등이 물을 상당히 머금는 까닭에 큰비가 내려도 일시에 유출됨이 없으니 통상 강우량의 절반을 머금는다. 그러므로 홍수의 해를 예방함에 있어 수해를 완전히 피하지는 못하지만 감소시킬 것이요, 또한 이뿐 아니라 그렇게 머금은 것이 있기에 가령 매일 약간의 수량(水量)을 증발하며 어느 정도 수분을 개천과 바다로 흘려보내도 며칠 사이에 그 수분을 완전히 잃지는 않는다. 그러므로 설령 가뭄이 한 달을 넘겨도 삼림에서 유출되는 천원(泉源)이 갑자기 고갈되지 않음을 미루어 알 수 있다.

주의: 삼림을 베어낸 후에 홍수의 해가 있는 실례가 그 지방에 있거든 이를 반드시 물을 것이요 아동이 만일 모르거든 자세히 설명하라.

삼림의 기능이 직접·간접으로 우리에게 다대한 이익을 줌은 대략 이와 같으니, 그런즉 산야는 잡초의 번식에 일임치 말고 몇 보의 남는 땅이라도 토지에 적당한 수림을 심어 삼림의 증식을 독일처럼 급선무로 삼기를 간절히 바라오.

주의: 비옥한 밭에 수림을 심으라는 것이 아니다. 과수 및 뽕, 삼, 곡물 등이 경작되지 않는 토지가 거친 곳이 있거든 거기에 수림을 심게 하는 것이지 식림을 중히 여겨 다른 농업을 가벼이 하라는 등의 말은 일절 없도록 주의하라.

삼림의 증식은 근본적으로 필요한 것이니, 현재의 삼림을 애호하고 남벌(濫伐)을 엄금할 것이다. 가령 목재의 가격이 폭등해도 상당한 성목(成木)이 되기 전에는 일시의 작은 이익에 미혹되어 벌목하는 일이 없도록 하고, 만일 성목을 작벌(斫伐)한 후에는 다시 묘목을 심어둔다. 항상 고목(枯木)을 제거하고 잡초를 베며 들불이 들어서지 않도록 방어하고 해충의 구제(驅除)를 계획하여 묘목의 생육을 돕고 삼림의 번성을 반드시 도모하여야 한다.

응용

1) 산림은 관유(官有)·민유(民有)를 막론하고 그 부근에서 잡초를 태우지 못하게 하되 특히 바람 부는 날에는 이를 엄금할 것이다.

2) 삼림에서 조수(鳥獸)를 사냥할 때에는 벌레를 억제하는 새를 잘못 죽이지 않도록 주의하라. 삼림의 해충 제거는 이들을 이용하는 것 외에 별다른 방법이 다시 없다.

3) 묘목은 종류를 선택함이 마땅하니 좋은 종을 특별히 그 적당한 토지에 심어두면 마르거나 시드는 폐가 없고 성장이 매우 빠를 것이다.

〔부기〕 삼림의 기능

(가) 삼림은 토사의 붕괴를 막음.

(나) 삼림은 공기를 청결케 함.

(다) 삼림은 오존-산소가 합하여 된 기체-을 발생시켜 공기 중에 유해 물질을 없앰.

　주의: 식림에 관한 지식을 십분 교수할 필요가 있는 지방에는 1주간에 3·4시간을 배당하라.

천문학(天文學) 강담(1) / 앙천자(仰天子)

1. 천문학의 유래

　천문학이라는 말은 그리스의 방언으로 별의 규칙이라는 뜻이니 최고 (最古) 시대부터 전개된 학문이다. 고대를 거슬러 올라가 상고하건대 태곳적 유민(遊民)들이 창공 아래에서 밤낮 구분 없이 살아 숨 쉬며 혹은 유목생활을 경영하며 생존하는 때에 자연히 그 찬란한 빛의 형체를 주시하며 그것이 움직여 굴러가는 것을 관찰하여 결국은 오늘날의 천문학 기초를 구성하였다. 또 다른 방면으로 보면 일종의 여행이나 이주나 항해를 목표로 크고 넓은 공중의 광체가 자연히 주시되어 사람의 지식이 증진할수록 그 필요가 더욱 늘어나고 그 관찰이 더욱 정밀하여 결국 오늘날의 천문학까지 진보하여 이르게 된 것인 듯하다. 역사상으로 보건대 천문이 가장 먼저 관측된 것은 현재의 페르시아국 티그리스강과 유프라테스강 사이에서 서력(西曆) 기원전 2,300년경에 가장 성대했던 갈라티아(Galatia)국인 듯한데 지나의 역사를 살펴보면 서력 기원전 2천 년경에 전욱고양씨(顓頊高陽氏)가 역상(曆象)을 정했으니 그렇다면 천문 관측은 태곳적 시대에 행한 것으로 생각된다. 그러나 갈라티아와 지나 양국 중에는 그 선후를 자세히 살피기 어렵다. 그 다음은 이집트인 듯하니 전해오는 역사가의 설에 의거하건대 그 건국이 매우 옛날일 뿐 아니라 그 지형에 광막한 벌판과 평원 사막 등이 많은 까닭으로 만 리까지 시야를 차단함이 없고 다만 밝게 비추는 것은 크고 넓은 공중의 천상(天象)뿐이다. 그러므로 자연과 천문 관측을 촉진한 듯하며, 어떤 전해오는 말에 의거하면 이 나라의 천문학자들은 천문 관측에 매우 열중하여 야간에 천체를 응시하면서 나아가다가 발아래 깊은 우물에 빠져 떨어진 자가 있다고 하니 동일 국가에 천문학이 성했던 것은 이 한 가지 일로도 충분히 예상할 수 있다만 당시에는 정밀한 기계가 없으므로 초창기 천문 관측이 정확하지 못한 결과를 얻게 되었다.

2. 우주의 조립(組立)

(가) 우주의 별자리

고요한 밤에 하늘을 우러러보면 모든 사람의 눈에 들어오는 것은 온통 별들이요 더욱이 망원경으로 살펴서 헤아리면 그 수가 한층 더 많고 좀 더 큰 망원경을 사용하면 매우 늘어나 실상 무수하게 보이거니와 망원경은 한계가 있는 사물이자 거울이므로 그 외에도 별의 숫자가 오히려 더 많을 것이며 또 광채가 우리 눈 안에 들어오지 않는 것도 있음을 감안할 때 우주의 별 숫자는 순전히 상상외에 있는 것이라고 할 수 있다. 빛의 속도는 본래 매우 빨라 1초 사이에 18만 5천 마일을 나아간다. 이러한 속도로 빛이 나아가더라도 우리 지구까지 도달하려면 6만 년이나 걸리는 원거리에 있는 별까지 굉장히 큰 망원경으로 살펴볼 수 있으니 그 중간에는 별 아닌 것이 없을 것이다. 그러면 별의 숫자는 어떻게 하여 그렇게 많으며 우주는 어떻게 하여 그리 광대한가.

(나) 별자리의 계통

우주에는 별들이 이렇게 잡다하나 모두 상호간의 인력(引力)으로 인해 강제로 이끌려 각각 계통을 이루었으니 그 형상을 생각건대 그 중앙에는 우리 태양 같은 별이 있고 그 주위에는 우리 지구와 같은 천체들이 회환(回環)하고 또 그 중앙의 별은 주위의 유성(遊星)을 인솔하고 다시 다른 일정한 지점의 주위를 회환하니 저 밤중에 찬란한 빛을 발하는 별이 다 우리 태양과 동류의 별인데 그것을 항성(恒星)이라 한다. 우리 지구와 같은 별은 한 개도 광채를 스스로 내놓지 못하고 다만 태양빛을 빌려 우주에 반조(返照)할 뿐이니 이는 유성(遊星)이라 한다. 유성에는 한층 더 작은 별이 딸려 붙어있어 우리 지구에 태음(太陰)-달[月]-과 같이 주성(主星)의 주위를 회환하니 이는 위성(衛星)이라 한다.

3. 태양 계통

1) 태양

(갑) 태양 계통의 유래

태양 계통은 중심에 태양이 있고 그 주위에는 8개의 유성과 4백에 가까운 소유성(小遊星)과 밖으로 혜성(彗星)이라고 하는 일종의 별이 돌고 있으며 그 외에 20개의 위성이 유성의 주위를 돌고 있는데 그러한 사실은 하루아침 하루저녁에 확정한 것이 아니요 장구한 세월이 요구된 뒤에야 비로소 일반적으로 준신(準信)하게 된 것이다.

지구와 다른 유성이 태양의 주위를 돌고 있다는 사실은 서력 기원전 5백년 경에 그리스의 대 이학자(理學者)인 피타고라스가 처음 주창했으나 그 외의 관점은 반대로 전혀 달라서 태양과 그 외 천체가 동쪽에서부터 서쪽으로 지구를 서회하는 것이었다. 당시 사람들은 모두 피타고라스의 이 견해를 준신하지 않고 지구가 모든 천체의 중심에 자리해 있는 줄로 생각하였다.

아폴로니우스라고 하는 천문학자는 모든 천체가 태양을 중심으로 삼고 그 주위를 돌며 또 태양은 각각의 별을 인솔하고 우리 지구의 주위를 돈다고 하였다. 또 이집트 천문학자 프톨레마이오스는 말하기를 "우주는 수많은 중공(中空)의 구(球)로 성립되어 있고 이 중공의 구들은 각각 포개지고 합쳐져 그 각각의 구를 태양, 위성, 유성 및 기타 모든 천체가 상대하고 있는 중심에 우리 지구가 존재하므로 각 구는 각 천체를 짊어지고 우리 지구의 주위를 24시간마다 항상 동에서 서로 회전하며 또 각 구는 결정질(結晶質)이기 때문에 투명하여 내부의 구가 외부의 천체를 가리지 못한다."라고 논하였으니 이는 16세기경에 성행한 학설이다. 저 유명한 프로이센의 대 천문학자 코페르니쿠스가 나와 그 미신을 전복시키고 피타고라스의 설을 부활시켜 진리를 떨쳐 드러내니 그는 프라우엔부르크와 알렌슈타인의 기거지를 근거로 하고 24년간 침식을 망각한 채 천체의 운동을 관측하여 1530년에 유명한 천체론을 완성하였다. 그러나 박해를 두려워하여 오랫동안 비밀로 감추어두었다가 친구의 권고에 따라 1543년에 비로소 출판하니 그 당시에는 찬성을 얻지 못하고 이탈리아 대 물리학자 갈릴레오가 세상에 나온 이후에야 점차 확실히 정해졌다.

갈릴레오가 당시에 유행하는 망원경을 개량하여 실물의 32배로 제조하고 이를 사용하여 천체의 운동을 관측하며 코페르니쿠스의 학설을 확정하였으나 고루한 학자들 중에는 이를 반대하지 않는 자가 없었다. 갈릴레오가 목성(木星)의 네 개 위성을 발견하여 발표하자 저들은 그것을 버려두고 인정하지 않았다. 당시 플로렌스 지역에 있던 한 천문학자의 재미있는 이야기가 있으니, "우리 머리에는 두 눈과 두 귀와 콧구멍과 입의 7개 구멍이 있고, 또 금속에는 금·은·동·철·납·주석·아연의 7개 금속이 있으며 한 주(週)에는 7일뿐이니 유성도 역시 7개뿐이다. 수성·금성·화성·목성·토성·해·달의 7개 별의 숫자가 이미 충분하다."라고 하여 갈릴레오가 발견한 네 개 위성을 헛된 설로 돌려보냈으니, 지식이

미개하면 괴론(怪論)이 생김은 예로부터 정해진 사실이다. (미완)

양계설 (전호 속) / 김진초(金鎭初)

ㅇ 닭의 종류

닭은 동물학에서 척추동물의 조류 중 유흉기류(有胸起類) 계족(鷄族)의 하나이다. 그 형질에 여러 종(種)이 있어 현재에는 그 일반으로 통하는 일정한 형질을 들기 매우 어렵지만, 그러나 이에 그 특수한 점을 들면 아래와 같다.

머리 위에는 닭 볏을 꼭 이고 있으니 이에 2종이 있다. 하나는 살이 융기한 것인데 이를 육관(肉冠)이라 칭하고, 다른 것은 깃털로 덮인 것인데 이를 모관(毛冠)이라 칭한다.

부리는 매우 견강(堅强)하고 다소 휘우듬 굽어 지면을 긁어 흩는 습성이 있고

아래턱에는 통상 육염(肉髥)이 있으나 혹은 육염이 없고 수(鬚)를 가지고 있으며

다리는 강대(强大)하여 잘 달리며 발톱은 2종이 있어 발가벗은 것과 깃털을 입은 것이 있는데, 수컷은 며느리발톱을 가졌고

꼬리는 항상 14개의 꽁지깃을 가졌는데 수컷은 또 그 위에 장대한 것을 가지며 암수의 구별은 판연하여 수컷은 암컷보다 깃털이 선명하고 체형이 커서 음성도 크며 자세가 우월하다.

무릇 동물은 인위적 도태와 자연적 도태의 결과를 거쳐 그 형질을 변이함이 심한 까닭으로, 원종(原種) 빵궤 닭으로부터 그 처지의 다름에 따라 점차 변화하여 끝내 오늘날과 같이 다수의 품종이 생기기에 이른 것이다.

△ 닭의 분류

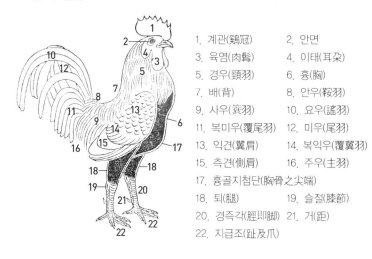

1. 계관(鷄冠)　　　2. 안면
3. 육염(肉髥)　　　4. 이태(耳朶)
5. 경우(頸羽)　　　6. 흉(胸)
7. 배(背)　　　　　8. 안우(鞍羽)
9. 사우(簑羽)　　　10. 요우(謠羽)
11. 복미우(覆尾羽)　12. 미우(尾羽)
13. 익견(翼肩)　　　14. 복익우(覆翼羽)
15. 측견(側肩)　　　16. 주우(主羽)
17. 흉골지첨단(胸骨之尖端)
18. 퇴(腿)　　　　　19. 슬절(膝節)
20. 경즉각(脛卽脚)　21. 거(距)
22. 지급조(趾及爪)

닭을 분류하는 기준은 허다하나 여기에 그 주요한 것을 들면 대체로 다음과 같으니

(1) 그 종류가 성립된 지역으로 분류하는 법

(2) 그 형체의 대중소와 깃털의 빛깔과 용도의 여하-고기닭, 알닭-로써 분류하는 법

(3) 꼬리뼈의 유무와 발가락의 수와 다리 깃털의 유무와 닭 벗, 계염(鷄髥)의 형질과 깃털의 형상 등으로 분류하는 법

위와 같은 분류의 기준이 많은 것과 같이 닭은 그 생활의 처지를 말미암아 형질이 심히 변화하기 쉬워 그 종류가 현재와 같을 뿐만 아니라 장래에 점점 그 종류가 증가할 것이니 분류가 더욱 곤란할 것이다. 이에 지역의 분류법으로 그 중요한 종류를 들면

(1) 아시아 계류(鷄類) : 이 종류의 주요한 것은 코친(Cochins), 량산(Langshans), 브라마(Brahmas), 오골계, 장미계 등이요,

(2) 영국 계류 : 이 종류의 주요한 것은 도킹(Dorking), 햄버그(Hamburgs)
등이요.

(3) 지중해 연안 계류 : 이 종류의 주요한 것은 미노르카(minorcas),
안달루시안(Andalusians), 스패니쉬(Spanish), 레그혼(Leghorns) 등
이요.

(4) 프랑스 계류 : 이 종류의 주요한 것은 크레베코(Crevecoeurs), 라
플래시(La Fleche), 우당(Houdans), 구일도밧트[11] 등이요.

(5) 미국 계류 : 이 종류의 주요한 것은 '플리머스 록(Plymouth Rocks)',
'와이안도트(Wyandotte)' 등이요.

(6) 앞에 기록한 분류 이외의 닭 : 이 중에 포함된 것은 '홀랜드(Hollands)
(포-란트)', '반탐(bantam)' 즉 왜계(矮雞), '케-로' 즉 압계(鴨雞) 등이다.

아시아 닭의 '코친'은 본래 코친차이나(Cochin China)[12]에서 나온 뜻
으로 코친이라 칭한다. 그러나 기실 원산지는 즉 지나의 중부 및 북부
요, 코친차이나는 아니다. 몸은 비대하여 충실하고 닭 중에 무거운 것
이니 수컷은 높이가 2척-일본척(日本尺)-이요 몸은 120-140냥쭝이며,
암컷은 좀 낮아 몸무게가 80-120냥쭝쯤이다. 그러므로 고기양이 꽤
많고 비육(肥育)이 또한 용이하니 참으로 육용(肉用)에 적당한 계종(雞
種)이라 할 수 있다. 알은 1냥 4·5전중(錢重) 가량 되고 적갈색 또는
황갈색인 것을 1년에 100개 가량씩 낳는다.

'량산'은 원산지가 시베리아의 남동부, 지나의 북동부 만저우 등지이
다. 몸이 길고 충실하며, 그 특징은 거칠고 사나운 기후와 풍토 하에도
잘 생존하며 또 부란(孵卵)을 열심히 하고 병아리 키우기를 잘한다. 수

---

11 구일도밧트 : 미상이다.
12 코친차이나(Cochin China) : 베트남 남부 메콩강 삼각주를 중심으로 한 지역의 이
름이다.

컷은 몸무게가 120냥쭝이요 암컷은 90냥쭝이며, 알은 적황색 혹은 고황색(藁黃色)인 것을 1년에 120-160개 가량씩 낳는다. 육질이 특히 우량하고 비육성(肥育性)이 풍부하여 고기닭에 적당한 계종이다.

'브라마'는 그 기원이 불명하나 그 명칭은 서력 1850년 보스턴에서 박람회가 열렸을 때 넘어온 것이다. 그 자의(字義)로 보면 인도의 브라마푸트라(Brahmaputra) 하안(河岸)이 원산지로 생각된다. 체격은 크고 충실하여 몸통이 대략 사각형을 이루고 키도 크며 머리는 작고 안면은 털이 없고 매끄러워 선홍빛을 띠며 닭 볏은 낮아 3열로 되어 있다. 이 닭의 특징은 몸이 커서 코친에 비하면 조금 높아 그 몸무게가 수컷은 120-150냥쭝 혹은 180냥쭝 이상에 이르고 암컷은 90-130냥 가량 되고 뼈가 가늘어 고기양이 많으며 그뿐만 아니라 육질이 좋고 살찌우기가 또한 용이하니 고기닭에 적당하고 알은 1냥 4·5전중 가량 되는 적갈색인 것을 1년에 120개 내지 150개씩을 낳으니 겨울에는 산란용 닭으로도 알맞다.

오골계는 아시아 동부가 원산지인데, 깃털은 유연하고 가늘게 갈라져 명주실 모양을 이루고 그 색은 순백인 것이 많으나 검은색인 것도 있고, 피부 및 뼈는 암자색을 띠고 고기도 또한 짙은 색을 조금 띠며 발톱은 다섯 개다. 수컷의 몸무게는 30냥쭝 가량 내지 40냥쭝이요, 암컷의 몸무게는 25-30냥쭝 가량이다. 자세는 대략 '코친'과 유사하고 이마 부분 전방에는 오디 모양의 육관(肉冠)을 이고 후방에는 모관(毛冠)을 이고 있다. 이 닭은 체질이 허약하여 질병에 걸리기 쉬우니 먹이를 관리할 때 특히 주의해야 한다. 알은 황색이며 작고 산란의 수도 적으며 육질도 짙은 색을 띠어 사람의 혐오를 부르니, 이것은 애완용 닭이라 경제상에 유리한 계종이 아니다.

장미계는 일본산이다. 몸이 가늘고 길어 일견 경쾌하며 꽁지깃이 길어-2장(丈) 남짓- 애완할 만하고 체질이 약하여 먹이를 관리할 때 특히 주의를 요한다.

| 문예 |

한(恨) / 초해생(椒海生)

소슬한 가을밤아, 어이 그리 적막한지. 정처없이 비틀거리는 발로 저벅저벅 북창 난두(欄頭)에 올라서니 아득한 밤빛은 맑고 깨끗한 기운을 더욱 보내오고, 높고 씻은 듯한 푸른 유리빛 허공에 가을 기운을 가득 실은 한 점 구름은 숭고한 학의 날개옷으로 움직이지도 않고 날지도 않고, 은 표주박 같은 달빛은 뜰앞 오동 낙엽 진 연못에 비추어 바람에 이는 물결에 어른거리고, 북방으로 곧장 뻗은 한 길 은하, 종종종 한 글자를 써둔 듯이 무한히 흘러가고, 낙엽 진 섬돌 밑 겹겹 흙구덩이에서 찌르르 찌르르 귀뚜라미 소리는 천지에 떨어지는 잎을 무한한 감상으로 비애하는 듯.

아아, 소슬한 가을밤아, 나 혼자 헤매는 고독한 그림자를 지상에 끌고 다니면서 오토나시강(音無川)의 물가에 우두커니 서서 회심의 한 구절을 낮게 읊조리고 멀리 고향산을 내다보니 오늘까지 머물러온 반생의 역사가 도무지 피눈물이로다. 대갈일성(大喝一聲)에 음마(陰魔)를 저주하면서 주먹을 말아 굳게 쥐고 마운(魔雲)을 흩어버리고자 하던 차에 건너편 다락 아래 어두운 방 안에서 신음하는 소리 들리거늘, 분한 중에도 헤아려 보되 우주 삼라만상의 인간사회에는 나와 같은 불평객도 있나 보다.

괴악한 이 세상아, 질고(疾苦)가 어찌 이같이 다 모였느냐, 과부 설움 과부가 안다 하니 어디 서로 위로나 하여 볼까 하여 어정어정 내려가니, 우울한 신음 한 번에(慰呻吟一聲) "아이구 아부지" 재차 호출하는 것이다. 비로소 황국(皇國) 방언에 경악하며 걸음을 재촉하여 인기척을 차리면서, "어떤 형제인지 기운이 불편하시오", 그 사람의 안면은 보이지 않고 개미 소리 같은 음성으로 "네, 병이 좀 들었소" 하는 대답이 뇌성

(雷聲) 같이 들리는지라, 방 안에 들어서서 포켓-주머니-에 있던 당성 냥을 그어서 촛대를 찾으니 한 편 방구석에 평생 닦지도 않은 등피(燈皮) 한 개가 떼구르르 석유는 한 방울도 없으니 촛불은 기대하기 어렵도다. 병인 곁에 가만히 앉아 조용히 문병한즉 그 병인은 대답은 고사하고 오열하고 슬피 흐느끼는 음성으로 "어떤 어른이 이 같은 병객을 위문하시오? 나는 병든 지가 벌써 달포인데, 본가에서 학비가 오지 않아 배고프고 추운 것은 물론이고 약값 한 푼이 없어서 약 한 번도 먹지 못하고 병 기운은 속병뿐 아니라 전신에 아픈 데가 한꺼번에 생겨 내외가 모두 아프니 이제는 별수 없이 죽음뿐이라. 원컨대 형은 내가 죽은 후 석유 한 사발이나 사서 숯불에 이 신체를 불사르고 내 집에 기별이나 하여 주소." 하는 소리, 비통하던 나의 심회 부지 중에 양쪽 소매를 적시도다. 한 시간 경을 정신없이 흐느껴 울다가 병인의 손을 마주 잡고 세세한 사정을 자세히 들으니 어제가 옛적이다.

모(某) 연월일 정변 이후에 밀려든 우국의 걱정을 견디지 못하여 어디 외국에 유학이나 하여 볼까 하고 일본에 건너와 어렵고 힘든 어학을 먼저 익혀 밥 달라는 말이나 겨우 감당하겠기로 몇월 모 중학교 제○○급에 입학하고 잘하든지 못하든지 1학기 시험 성적에는 명색 우등이라고 하기에 나도 스스로 기쁨을 이기지 못하여 미상불 공부에 다대한 취미를 얻으려 하였더니 일가를 감독하시는 내 가친께서 술독〔酒鄕〕에 빠지시어 학비는 한 푼도 보내지 않고 병이 들었다고 기별하여도 아무 회답도 없음에 가족과의 서신이 끊어진 지가 벌써 예닐곱 달이라 나는 결국 외국에서 객사하여 한 덩이 흙이 될지언정 처음 목적은 기어이 달성하겠다고 끄떡도 하지 않았더니 이제는 골수에 병이 들어 다른 남은 희망은 하나도 없소외다…… 여보 이 병인의 부친 되신 양반이여, 지금이 어느 때이기에 엽주(獵酒)와 호색(好色)으로 화류연월(花柳烟月)에 취한 꿈을 깨지 못하는가.

아아, 가련하다. 작년 가을의 낙양(洛陽) 지사 호근명(扈根明)이 재현함을 보려는가. 아무리 인도(人道)에 몽매한들 그 친자를 해외 만 리에 멀리 버려 자애로운 인류의 정을 어떤 까닭으로 쫓아버리고 훤칠한 7척 장부를 수역(殊域)의 원귀가 되게 할 인두겁의 짐승이 이 천하 이 지상에 붙어 있단 말인가. 몸이 국가 사회의 일원이 되어 그 사회로 향상적 진전을 이루지 못하게 함도 우리가 선현에게는 대죄인의 이름을 벗을 수 없겠거늘, 더군다나 20세기 문명한 세계에 처한 우리 인류가 이러한 짐승 같은 행위를 저지른단 말인가.

여보시오, 좀 생각하여 보오. 낙심은 무엇이며 절망은 무엇이오. 우둔하여 그러하오, 유치하여 그러하오, 무식하여 그러하오, 유지(有知)하여 그러하오. 언필칭 우리나라에는 경제계가 말라버려 그저 남을 돌아볼 여력은 없다 하니 돈 두었다가는 필경 무엇을 하려고…… 죽은 후에 가지고 갈 터인가. 사회가 멸망되고 국가가 위기를 당하여 나의 골육(骨肉)의 친자가 해외를 떠돌다 백골이 되더라도 나 혼자 배불리 먹고 따뜻하게 입으며 일생을 지내다가 황금관 유리무덤에 귀한 비단과 보석으로 치장한 부자 황천객이 되려는가. 국가도 예외고 인족도 예외며 일세의 영화가 첫째로 벼슬이니 ○○부(府)에 금화 수만 환을 은밀히 바치고 ○○고문에게 청하여 박차(薄茶) 한 단지만 얻어먹으면 세상 왕후 공작의 영광을 다 얻은 듯이 아첨하고 빌붙어 정3품 옥관자(玉冠子) 두 개만 빌려 가지려 함인가. 세상만사가 친애하는 가도(家道)를 무너뜨리고 알맞기 그지없는 국가 행복을 역경으로 내모는 죄악인에게는 지옥 무저갱의 독형(毒刑)을 줄지니, 이럴 줄 알고도 ○○○○ 명색과 같이 내 자유를 타인에게 넘겨주고 목을 길게 빼어 타인의 살육을 고대하려는가. 무슨 까닭에 친애하는 그 자제를 버리고 보지 않는가.

아아, 패악한 이 세상아, 어찌 그리 자만(自慢)·자회(自悔)가 이토록 극에 달하였는고. 금수도 그 자식을 위하여는 생명을 돌볼 겨를이 없고 곤충도 그 보금자리를 지키는 데에 여간의 고초를 견디지 않는가. 수만 년의 역사상 진미(眞美)한 우주에서 수천 년 발전한 인문을 고찰한들 망측하고 악독한 죄악을 달게 지은 자가 이외에 또 어디 있으리오. 어서 묵묵히 맹성(猛醒)하여 인류대사의 상리(常理)를 완전히 하고 인민 의무의 원칙을 굳게 지켜 가애·가련(可愛可憐)한 그 자제에게 은혜로운 비와 동풍으로 봄을 맞듯 생명을 회복할 약을 속히 보내어 그 자제가 먼 지방 풍마(風魔)의 음통(陰痛)을 깨끗이 씻고 학문의 바다 만 리에 성공의 배를 띄우면 금수강산 3천리에 장생불로 대제국이 만세 무궁 대평화로 우주 만회권(挽回權)을 손에 쥘 듯……

해저여행 기담 제6회 / 자락당(自樂堂)

- 네모는 바다를 통틀어 금옥(金玉)처럼 아름다운 것을 다 가졌고, 전기가 빛을 내어 함선 안이 낮과 같았다 -

이야기하자면, 아로낙스 씨가 네모를 따라 이중철문을 열고 들어서니 곧 도서실이었다. 오목(烏木)-화튜-에 금은을 상감[13]한 서안(書案)을 좌우에 벌여놓고 수많은 서적을 순차로 늘어놓았으며 중앙에 다리 하나로 된 원탁이 있는데 연갈색(鳶褐色)의 프랑스 가죽 보자기로 네 귀 맞추어 덮었으며, 주위에는 금화능라(錦花綾羅)의 의자를 설치하였고 천정 네 모퉁이에는 전기불이 찬란하여 마치 한낮의 해처럼 희고 밝았다.

아로낙스 씨가 그 장식이 화려함에 놀라 한참동안 혀를 내두르다가 의자로 가서 앉으니 네모가 말하였다. "그대가 박물관에 머물러 있을 때와 비교하여 어떤 감지(感知)가 생기는가?" 아로낙스 씨가 말하였다.

---

13 상감 : 해당 원문은 '揷刻'인데 여러 사전에서 찾을 수 없고 용례도 보기 힘들다. 글자의 뜻과 문맥에 따라 이와 같이 번역하였다.

"정한(靜閑)하고 화려한 점은 형용할 수가 없으며, 특히 놀라운 일은 서책이 많은 것이오." 네모가 "이 서책들은 내가 진세(塵世)를 이별하고 무하유향(無何有鄕)[14]에 들 때 가지고 온 것이라, 비록 보잘것없으나 귀하가 참고할 일이 있거든 마음대로 보시라." 하거늘, 아로낙스 씨가 사례한 뒤에 서안에 이르러 자세히 살펴보니 철학, 이학(理學), 논리학, 심리학, 생리학, 윤리학 등으로부터 물리학, 화학, 천문학, 지리하, 역사학, 수학, 어학, 전기(傳記) 등에까지 있지 않은 것이 없었으며, 심지어 청어독습(淸語獨習)과 극동지역 고적(古籍)인 사서삼경(四書三經)까지 다 구비되어 있었다. 아로낙스 씨가 가만히 생각하기를 "나도 문학을 평소에 좋아하여 지나 서적과 극동 문학까지도 손에 넣은 바가 꽤나 있거늘, 저이는 극동 문학은 물론이요 말레이 토착어도 뜻대로 통하는 모양이니 참 감탄스럽기 그지없다. 그러나 경제서(經濟書)만을 소유하지 않은 것은 저이가 해양을 독점하였으므로 경제의 필요가 없어서구나."라 하며 이리저리 생각하였다.

이때 네모가 다시 아로낙스 씨를 인도하여 흡연실에 들어가기에 아로낙스 씨가 괴이하게 여겨 물었다. "공이 해저에 있으면서 담배를 어디에서 구해오오?" 네모가 웃음을 머금고 말하였다. "내 천성이 원래 끽연을 좋아하므로 비록 아바나(Hāwǎnà) 국(國)-아마 여송도(呂宋島)[15]를 가리키는 듯-과 서로 통하는 것은 아니지만, 해저에도 육지산 담배에 뒤떨어지지 않는 향미를 가진 담배 종(種)이 있으므로 내가 이를 정제하여 핀다." 또 어떤 방에 들어가니 곧 길이 30척, 넓이 18척, 높이 15척의 아라비아-옛날 대식국(大食國), 대완국(大完國) 등이 있던 지역

---

14 무하유향(無何有鄕) : 『장자(莊子)』에 나오는 말로, 그 무엇도 없이 끝없이 펼쳐진 광막한 곳을 뜻한다.
15 여송도(呂宋島) : 루손 섬(Luzon). 필리핀에서 가장 큰 섬으로, 여송연의 주요 산지이다. 단, 아바나를 이 섬으로 생각한 건 역자의 실수이다.

이다-풍의 양옥인데 매루(林樓)[16]에는 화전(花氈)을 깔았고 사방 벽에는
프랑스, 이탈리아 등 나라의 미술품과 인도산 반표(班豹) 가죽을 걸어
서 펴냈으며 사이사이 천축산(天竺産) 홍보옥(紅寶玉)-일명 야광주이다
-과 브라질-남아메리카 주 동북방에 있는 나라 이름이다-의 금강석을
황홀하게 배치하였고, 시렁 위에는 유명한 올헤네스[17] 시대에 제작된
오르간, 피아노, 바이올린, 자명음악기(自鳴音樂器), 유성기(留聲器), 사
진기, X선 시험기 등이 하나하나 구비되었으며, 한편에 유리함 여러
개가 있고 함 속에는 진귀한 보배가 많은데 호주산 산호와 실론산 진주
등의 청·황·적·백·흑 오색이 영롱하여 저 페르시아 왕이 수년 전
에 300만 달러에 사들인 진주는 명함도 못 내밀겠더라.

이때 네모가 또 아로낙스 씨를 편실(便室)로 인도하는데 명칭도 모르
고 쓰임새도 모르는 기계가 즐비한데 곧 항해에 필요한 기구인 원동나침
반(圓動羅針盤), 온도계, 청우계(晴雨計), 험온기(驗溫器), 험풍기(驗風
器), 방향지침기(方向指針器), 육원의(六圓儀)-태양의 고도를 따라 위도
를 측량하는 기계-, 시진기(時辰器)-경도 측량기-, 천체(天體)를 관찰하
는 대망원경(大望遠鏡), 박테리아를 찾는 현미경, 태양 반점과 지진 및
화산 등의 폭렬을 대비하는 예보기(豫報器), 반사경(反射鏡), 해평측량경
(海平測量鏡) 등이었다. 아로낙스 씨가 이들 기계를 어떻게 사용하며 노
틸러스가 어떻게 항해하는지 물어보니 네모가 말했다. "이들 기계가 필
요치 않은 것이 없으나 본함(本艦)을 한층 더 유용하게 하며 한층 더
신속하게 하는 것은 천기(天氣)의 밀도를 측량하면 해수의 압력과 해저
의 깊이를 탐지하는, 형용하기 어려운 하나의 동력이 있어서이니, 이
동력은 곧 본함의 생명이다. 이 동력을 말미암아 본함을 운전도 하며
식물을 삶고 굽기도 하며 빛도 얻으며 활동도 가능하니 다름 아니라

---

16 매루(林樓) : 다락으로 추정되나 어떤 것인지는 분명하지 않다.
17 올헤네스 : 미상이다.

곧 전기이다." 아로낙스 씨가 놀라며 말했다. "전기가 과연 이러한 공효가 있소?" 네모가 말했다. "그러하다. 귀하가 아시는 바와 같이 바닷물을 분석하면 1천 그램 중에 100분의 96.5까지는 순수한 물이며 100분의 2⅔는 식염(食鹽)이요, 이밖에 사소한 마그네슘, 나트륨-포타슘-이 있으므로 수분을 제거하면 다량의 식염을 얻는 것은 명백한 것이다. 내가 바닷물 가운데서 이 식염을 거두어들여 이를 이용하여 막대한 전기를 활용하며 또 그 전류를 이용하여 임의로 작용하니, 그러므로 이 전기는 곧 본함의 영혼이며 본함의 생명이라 일컫는 것이다." 아로낙스 씨가 말했다. "그렇다면 귀하가 본함 안에서 호흡하는 공기도 역시 이 전기를 이용하여 만든 것이오?" 네모가 말했다. "그렇다. 그러나 본함이 해수면에 떠오르는 것은 자유자재이므로 소비하는 산소를 별도로 제조할 필요가 없고, 다만 외계에 통하는 즉통(喞筒) 하나를 열어놓으면 며칠 소용하는 공기를 본함 내에 유통한다. 또한 어귀(魚龜)가 소유한 부레와 같은 하나의 비밀 즉통이 있어 한 번 그 고동만 트는 때에는 비록 몇 년 몇 달이라도 해저에 잠적할 수 있으며 함내 제반 기계도 다 그 전력을 응용하는 것이다. 그러니 귀하는 이 시진기-시계-를 보라. 이 또한 전기의 작용을 이용한 것이라 비록 한평생 태엽을 틀어주지 않더라도 한 푼도 외계의 정확한 시종(時鐘)과 차이나는 바가 없으며, 함내에 해와 달의 비추임과 주야의 구별이 없으므로 내가 이탈리아 시계와 같이 24시간을 나눌 필요가 없으나 편리상으로 그 시계 경·위도 분칙(分則)을 모방하여 일반적으로 편리하게 사용하는 것이다." 아로낙스 씨가 다 듣고 감사하며 말했다. "귀하의 은근하고 정성스러운 정담을 말미암아 진세에서 듣지도 못하고 보지도 못하던 발명과 발견의 영광을 세례 받았으니 감사하기 이를 바 없으며 또한번 듣고자 하는 것은 본함의 속력은 몇 해리인가?" 네모가 "저 구형의 유리그릇이 곧 그 속도를 지시하는 지침이니 본함의 속력은 한 시간에 15리 내지 20리-1리는 우리나라 10리이다-의

거리를 달려가기는 손바닥 뒤집는 듯하니, 이는 다 현재 외계에서 발명되지 않은 바 전기의 작용이다."라 하고 말을 마쳤다.

또 별실로 맞이하거늘, 아로낙스 씨가 그 뒤를 따르니 노틸러스 중앙에 철 사다리 하나가 있었다. 아로낙스 씨가 물었다. "이 사다리는 어디로 통하는가?" 네모가 말했다. "보트로 통하는 사다리이다." 아로낙스 씨가 말했다. "그렇다면 보트를 타고 해수면에도 나갈 수 있소?" 네모가 말했다. "그렇다. 본함 안에도 역시 설치된 보트가 있어 배아(陪阿)[18]가 밤에 울자 하백(河伯)이 한숨을 쉬며, 고래가 숨을 삼키고 뱉음에 연어와 방어가 근심스레 휘파람 불고, 밝은 달이 천천히 감에 항아(姮娥)가 솜씨를 드러내며, 맑은 바람이 서서히 불어옴에 물결이 일지 않는 때에는 저 잣나무 배를 띄워 중천에 표류하여 한니발-한니발은 카르타고의 명장이니 일찍이 알프스 산을 넘어 카르타고의 원수 로마를 석권하다가 국가를 경영하는 로마 조정의 방책이 감쇄되지 않아 드디어 나라는 엎어지고 자신은 죽는 환란을 당하였다-을 카르타고의 성첩(城堞)에서 조문하며 코시치우슈코(Kościuszko)-폴란드 말년에 러시아·독일·오스트리아 삼국이 폴란드를 첫 번째 분할하는 것을 보고 분개함을 이기지 못하여 부흥전쟁을 일으켰다가 일이 여의치 않아 일패도지(一敗塗地)하였다. 이에 미국에 가서 워싱턴과 회견하고 평소의 소회를 서로 간에 밝힌 뒤에 워싱턴과 서로 힘을 모으고 마음을 다하여 합중국의 독립을 완성한 뒤 고국이 멸망하고 동포가 짓밟힘에 대해 절치부심하여 합중국의 지사들과 부두에서 피눈물로 결별하고 고국에 돌아가 두세 차례 거사하였다가 실패로 끝나고 러시아 군의 난도질 아래 안연(晏然)히 천당으로 갔다-를 튜노스[19] 강가에서 곡하고, 멱라수(汨羅水)에서

---

18 배아(陪阿) : 고대 중국인이 존재한다고 믿었던 귀신의 하나이다. 『장자(莊子)』에는 '배아(倍阿)'라고 되어 있다.

19 튜노스 : 미상이다.

술을 따라 삼려대부(三閭大夫)[20]를 흠향하게 하며 구주(救主)에게 절하고 오미(五尾)를 바친 일은 내 평생 자위하는 것이다." 하는 소리가 강개하고 비장함에 눈물 없이 우는 듯하며 소리 없이 하소연하는 것 같아, 간장이 쇠나 돌이 아닌 이상에야 오열을 금하기 어려웠다.

피차 감회가 격렬하여 오랫동안 묵묵히 있다가 아로낙스 씨가 다시 물어보았다. "돌아갈 때에는 어떤 수단을 쓰는가?" 네모가 말했다. "나는 줄-선(線)-이 없어도 있는 것보다 곱절로 나은 전선-어쩌면 네모가 무선전신[21]을 가리킨 것인가?-으로 노틸러스를 불러 맞이하러 오게 한다." 하였다. 말을 마치자 기계부를 구불구불 지나 한 방으로 들어가니 이 방은 바로 기계실이었다.

---

20 삼려대부(三閭大夫) : 전국시대 초나라의 충신 굴원(屈原)을 이른다. 앞의 멱라수는 그가 초나라의 미래를 비관하여 투신자살한 강이다.

21 무선전신 : 원문에는 '無線電話'라고 되어 있으나, 시대 상황을 감안하여 번역하였다.

| 잡보 |

○ 유학생 대운동회 : 이달 17일에 도쿄에 있는 우리 유학생 추기(秋期) 대운동회를 오쿠보(大久保) 넓은 벌판에서 거행하였다. 당일 날씨가 청명하고 참여자가 무려 200명 가량이라 활기발발한 기상으로 오전 9시부터 시작하여 200야드 달리기, 400야드 달리기, 눈가리고 달리, 계산하는 달리기(計算競走), 높이뛰기, 멀리뛰기, 다리 힘 겨루기 등 각종 운동으로 십분 환락을 다하고 각 우등자에게 상품을 나눠준 후 오후 5시경에 군가를 제창하고 흩어져 돌아갔다.

○ 청년회 운동 : 대한기독교청년회에서는 이달 19일에 오쿠보 넓은 벌판에서 추기 대운동회를 거행하였다.

○ 대한기독교청년회에서 동양 감리교회 감독 해리스 박사를 초청하여 이달 첫 번째 토요일 저녁에 유학생 감독청 내에서 연설회를 열었는데 우리 학생 참석자가 200여 명이요 이형우(李亨雨) 씨가 통역하였다.

○ 유학생의 영면 : 전라도 용담(龍潭)에 거주하던 박의혁(朴宜赫) 씨는 나이 17세인데 금년 봄에 유학 차로 도쿄에 건너와 지금까지 어학과 보통학을 연구하더니 불행히 열병에 걸려 고지마치구(麴町區) 카이세이병원(回生病院)에 입원·치료 중 백약이 무효하여 이달 18일에 병상에서 영면하였다 하니, 듣는 자가 애석하지 않을 수 없다.

• 회원소식

○ 본 회원 표진모(表振模) 씨는 도쿄 경무학교(警務學校)에서 수학하고 작년 10월 중에 귀국하여 그간 경무청 신문과(訊問課) 총순(總巡)으로 봉직하더니, 올해 8월 중에 의병 진압 차로 남도에 출장하였다가 임무를 마치고 9월 초 상경하는 길에 저번 경부선 철도 기차 탈선 때에 불행

히 중상을 입었다. 그 이래로 치료를 받았는데 치료의 효과가 끝내 없어 갑자기 세상을 떴다는 비보가 홀연 도착하였으니, 그의 전도를 위하여 실로 애석의 정을 금할 수 없다.

○ 본 회원 김재문(金載汶) 씨는 평북 의주 사람이다. 재작년에 유학 차로 도쿄에 건너와 그간 여러 가지 고초를 맛보면서 열심히 어학과 보통학을 익히고 올가을 오지양잠학교(王子養蠶學校)에 시험을 쳐서 좋은 성적으로 합격하여 입학하였는데, 그의 본가에서는 어떠한 사정이 있는지 근래 8·9개월간 학비는 한 푼도 보내지 않고 누차 편지 하여도 회답이 전혀 없다 한다. 지금 여관 식채(食債) 100여 원을 변상할 길이 없어 매일 여관 주인의 독촉과 학대가 남들조차 그냥 듣기 어려운데, 더하여 심려의 소치로 전신에 병이 한꺼번에 생겼으나 치료할 방책이 전무하고 이번에 날씨가 점점 추워져 병든 몸에 홑옷 한 장을 걸치고 여관방 병상에 홀로 누워 신음하고 눈물 흘리며 밤낮을 기다린다 하니, 애석하도다. 이분의 가친 되시는 이여, 오늘날을 맞고서도 외국 유학이 불필요하다고 생각하시오. 황금을 잘 쌓았다가 관 머리에 묻고 가려는 것이오. 저러한 자제를 신용치 아니하시오. 유위(有爲)한 20세 남자로 하여금 천애 만 리에 의지할 데 없는 한 덩이 흙이 되도록 한 연후에야 안심하시려오. 맹성(猛省)하기를 간절히 바라노라.

△ 본 회원 중 하기방학 중에 근친 차로 귀국하였던 정인하(鄭寅河), 남궁영(南宮營), 박정의(朴廷義), 박상락(朴相洛), 신성호(申成鎬) 제씨는 이달 초에 도쿄에 건너오고 이원붕(李元鵬), 이창균(李昌均) 씨 2인은 교토부에 건너와 사립 교토 호세이대학(法政大學)에 입학하였다.

○ 본 회원 이승현(李承鉉) 씨는 긴급한 사고로 인하여 이달 7일 열차로 떠나 귀국하고, 김익제(金益濟), 정태은(鄭泰殷) 씨 2인은 이달 3일에 유학 차로 요코하마(橫濱) 발 기선 만추리아호를 탑승하고 북미합중국을 향하여 출발 길에 올랐다.

○ 본 회원 김찬영(金燦永), 장운경(張雲景), 한익섭(韓益燮) 씨 3인은 메이지학원 중학부에 입학하고, 배영숙(裴永淑), 최준성(崔俊晟) 씨 2인은 메이지대학에 입학하고, 황석교(黃錫翹) 씨는 와세다대학에 입학하고, 이진하(李珍河), 김기정(金基珽) 씨 2인은 도쿄 의학교에 입학하고, 김인수(金仁壽) 씨는 게이오의숙(慶應義塾) 중학부에 입학하고, 강전(姜荃) 씨는 사립 일본대학 사범과에 입학하고, 김재건(金載健) 씨는 사립 도쿄축산학교에 입학하고, 이은섭(李殷燮), 류동진(柳東振), 최원식(崔元植), 이원관(李源觀), 박종렴(朴宗濂), 장응만(張膺萬), 이시복(李始馥), 임회직(林會稷), 노문찬(盧文燦), 김우범(金禹範), 강태하(康泰夏), 이원식(李源植), 이상진(李相晋), 최재원(崔在源), 이정하(李庭河), 이영형(李瑩瀅)[22], 정인동(鄭寅洞) 제씨는 청년학원에 입학하였다.
○ 영유군(永柔郡) 지회 평의원 김연호(金淵祜)[23] 씨는 유학 차로 지난 9월에 도쿄에 건너왔다.

• **신입회원**

오익영(吳翊泳), 김익제(金益濟), 정태은(鄭泰殷), 정태일(鄭泰一), 선우확(鮮于擭), 김연옥(金淵玉), 이정하(李庭河), 박원희(朴元熙), 이은섭(李殷燮), 이원관(李源觀), 박종렴(朴宗濂), 장응만(張膺萬), 이시복(李始馥), 임회직(林會稷), 노문찬(盧文燦), 김우범(金禹範), 강태하(康泰夏), 이원식(李源植), 이상진(李相晋), 최재원(崔在源), 박의식(朴義植), 김찬영(金燦永), 이학형(李學瀅), 정인동(鄭寅洞), 장운경(張雲景) 제씨가 이번에 본회에 입회하였다.

---

22 이영형(李瑩瀅) : 아래의 〈신입회원〉에 나오는 '이학형(李學瀅)'의 오류로 보인다.
23 김연호(金淵祜) : 원문에는 '金祜淵'으로 기재되어 있으나, 18호 '회사 요록'을 참조하건대 오류로 보여 고쳐 기재하였다.

• 회사요록

지난 9월은 본회임원 총선거기간이었다. 동 28일에 총회를 칸다구 (神田區) 청년회관에서 열고 총선식을 거행했는데 임명된 사람들은 다음과 같다.

회장	김지간(金志侃)
부회장	최석하(崔錫夏)
총무원	김진초(金鎭初)
평의원	강인우(姜麟祐) 박용희(朴容喜) 장응진(張膺震)
	전영작(全永爵) 김낙영(金洛泳) 박상락(朴相洛)
	이윤주(李潤柱) 김연목(金淵穆) 최린(崔麟)
	문일평(文一平)

9월 29일 오후 7시 반에 임원총회를 본사무소에서 열고 사무원 이외 각 임원을 선정할 때 임명된 사람들은 다음과 같다.

사무원	김영재(金英哉) 고의환(高宜煥) 이승현(李承鉉)
	김낙영(金洛泳) 박상락(朴相洛) 김응율(金應律)
회계원	박용희(朴容喜) 김연목(金淵穆)
서기원	김낙영(金洛泳) 박상락(朴相洛)
사찰원	장계택(張啓澤) 김재문(金載汶) 이윤찬(李允燦)
편집서기	이훈영(李勳榮) 김영재(金英哉)

○ 평안북도 용천 의주 양부의 유지인사 백진규(白鎭珪), 최임정(崔任廷), 정제원(鄭濟原), 정제승(鄭濟乘), 백원묵(白元默), 김익현(金益鉉), 최선옥(崔善玉), 백정규(白廷珪), 김응희(金應禧), 한중교(韓重敎), 이인

적(李仁迪), 임영준(林英俊) 제씨가 지회를 발기하고 청원하는 고로 9월 22일 임원회에서 허가를 결의하고 본회 회원 정석내(鄭錫迺)씨로 하여금 상세히 조사한 후에 9월 28일 총회에 보고했다.

○ 평북 용의지회 발기인 사람들이 지회를 조직하고 임원을 선정한 후에 본회에 보고했는데 회원명부와 임원 씨명이 다음과 같다.

• 회원명부

백진규(白鎭珪)	최인정(崔仁廷)	정제원(鄭濟原)	정제승(鄭濟乘)
백원묵(白元默)	김익현(金益鉉)	최선옥(崔善玉)	백정규(白廷珪)
김응희(金應禧)	한중교(韓重教)	이인적(李仁迪)	임영준(林英俊)
정진주(鄭鎭周)	장관한(張觀翰)	문정화(文精華)	정상묵(鄭尙默)
한도욱(韓道旭)	김준희(金濬禧)	정제민(鄭濟民)	김준호(金濬浩)
김정식(金禎湜)	이기순(李基淳)	백신묵(白愼默)	차득환(車得煥)
백운호(白運昊)	백의서(白義瑞)	백낙구(白洛龜)	김용선(金龍善)
박창준(朴昌峻)	이근영(李根泳)	백용일(白鏞一)	한처원(韓處元)
김학준(金學俊)	김세관(金世寬)	박세현(朴世賢)	김병근(金柄根)
한영하(韓永河)	백준서(白峻瑞)	백학관(白學龍)	김정곤(金定坤)

• 임원록

회　장	정제원(鄭濟原) 부회장 최인정(崔仁廷)
총무원	백진규(白鎭珪)
평의원	정진주(鄭鎭周) 김익현(金益鉉) 차득환(車得煥)
	장관한(張觀翰) 백원묵(白元默) 문정화(文精華)
	정상묵(鄭尙默) 정제민(鄭濟民) 백운호(白運昊)

	김응희(金應禧)
사무원	김준희(金濬禧) 한상욱(韓道旭) 백묵원(白默元)
	한영하(韓永河) 차득환(車得煥) 김정식(金禎湜)
회계원	임영준(林英俊) 김준호(金濬浩)
서기원	백의서(白義瑞) 김용선(金龍善)
사찰원	이인적(李仁廸) 최선옥(崔善玉) 백정규(白廷珪)

• 광고

본 태극학보 대금 수납의 편의를 위하여 경성(京城)과 평안북도(平安北道)에 위탁수금소를 설치하였으니 경성에서 본 태극학보를 구독하시는 분은 대금을 경성 북서(北署) 원동(苑洞) 이갑(李甲) 씨 댁에 거처하는 김기옥(金基玉) 씨에게 보내주시고 평안북도에서 구독하시는 분은 평안북도 정주(定州) 남문(南門) 내 홍성린(洪成鱗) 씨에게 보내주시기 바랍니다.

　재일본 도쿄 태극학회 알림

• 광고

본 태극학회 사무소를 이번에 도쿄(東京) 코이시카와구(小石川區) 카미토미사카쵸(上富坂町) 30번지로 이전하였기에 널리 알립니다.

　　　　　　　　　　　　　　　재일본 도쿄 태극학회 알림

광무 10년 08월 24일 창간
융희 원년 10월 20일 인쇄
융희 원년 10월 24일 발행
메이지 40년 10월 20일 인쇄
메이지 40년 10월 24일 발행

• 대금과 우편료 모두 신화(新貨) 12전

일본 도쿄시 혼고구(本鄉區) 마사고쵸(眞砂町) 38번지
편집 겸 발행인　장응진(張膺震)

일본 도쿄시 혼고구 마사고쵸 38번지
인 쇄 인　　　김지간(金志侃)

일본 도쿄시 코이시카와구(本鄉區) 가미토미사카쵸(上富坂町) 30번지
발 행 소　　　태극학회

도쿄시 교바시구(京橋區) 긴자(銀座) 4정목(丁目) 1번지

일본 도쿄시 우시고메구(牛込區) 벤텐죠(辨天町) 26번지
인 쇄 소　　　명문사(明文舍)

태극학보 제14호	
광무 10년 10월 2일	제3종 우편물 인가
메이지 39년 10월 24일	
융희 원년 10월 24일	발행(매월 24일 1회 발행)
메이지 40년 10월 24일	

광무 10년 9월 24일 | 메이지 39년 9월 24일 | 제3종 우편물 인가

광무 10년 8월 24일 창간
융희 원년 11월 24일 발행 (매월 24일 1회)

태극학보

제15호

태극학회 발행

• **주의**

△본 태극학보를 구독하고자 하시는 분은 본 발행소로 통지하여 주시되 거주지 성명과 통호를 상세히 기재하여 보내주시고 대금은 우편위체(郵便爲替)로 본회에 교부하여 주시기 바랍니다.

△본 태극학보를 구독하시는 여러 군자들 가운데 주소를 이전하신 분은 시급히 그 이전하신 주소를 본 사무소로 통지하여 주시기 바랍니다.

△본 태극학보는 뜻 있으신 인사들의 구독 편의를 위하여 출장지점과 특약판매소를 다음과 같이 정합니다.

황성 중서(中署) 동궐(東闕) 파조교(罷朝橋) 건너편 주한영(朱翰榮) 책사 -중앙서관(中央書館) 내-

평안남도(平安南道) 삼화진(三和鎭) 남포항(南浦港) 축동(築垌) 김원섭(金元燮) 댁

평안북도(平安北道) 정주군(定州郡) 남문(南門) 내 홍성린(洪成鱗) 상점

북미 샌프란시스코 한인공립협회(韓人共立協會) 내 -임치정(林致淀) 주소-

• 투서주의

1. 학술(學術), 문예(文藝), 사조(詞藻), 통계(統計) 등에 관한 온갖 투서는 환영합니다.
1. 정치에 관한 기사(記事)는 일절 접수하지 않습니다.
1. 투서의 게재 여부는 편집인이 선정합니다.
1. 투서의 첨삭권은 편집인에게 있습니다.
1. 일차 투서는 반려하지 않습니다.
1. 투서는 완결함을 요합니다.
1. 투서는 세로 20행 가로 25자 원고지에 정서함을 요합니다.
1. 투서하시는 분은 거주지와 성명을 상세히 기재하여 보내주셔야 합니다.
1. 투서에 당선되신 분께는 본 태극학보의 해당호 한 부를 무상으로 증정합니다.

• 회원주의

본 태극학회 회원은 원적(原籍), 원거지(原居地), 현주소, 직업-학생은 목적-, 생년월일을 상세히 기재하여 보내주시며 현주소를 이전할 때 즉시 그 이전한 지명과 통호를 본회 사무소로 상세히 통지하여 주시기 바랍니다.

• 특별광고

○ 내외도서 출판
○ 교과서류 발매
○ 신문잡지 취급

○ 학교용품 판매

　황성 중서(中署) 동궐(東闕) 파조교(罷朝橋) 건너편

　본점 ‒중앙서관(中央書館)‒ 주한영(朱翰榮)

　평안북도(平安北道) 선천읍(宣川邑) 냇가

　지점 ‒신민서회(新民書會)‒ 안준(安濬)

목차
태극학보 제15호

• **광고**

본 태극학보를 구독하시는 여러 군자들께서 본 태극학보 대금 미납액
을 금년 12월 그믐 내로 정산하여 주시기를 지극히 바랍니다.

태극학회 알림

태극학보 제15호
융희 원년 11월 24일
메이지 40년 11월 24일 [발행]

| 논단 |

노동과 인생 (전호 속)

/ 쓰나시마 료센(綱島梁川)·백악춘사(白岳春史) 장응진 역술

(6)

"하느님께서 빛이 있으라 하시니 곧 빛이 있었다."고 하니, 삼연(森然)한 천지에 이를 하나로 관통하는 개념은 오직 하나의 '동(働)'-Work, 활동 혹은 노동의 뜻이니 속세의 말에 일한다는 뜻-뿐이다. 우주 개벽의 역사는 이 위대한 노동으로 그 권두의 첫 페이지를 장식한다. 노동은 천지 역사의 시작이자 끝이다. 옛 성인[1]이 말씀하기를 "하늘이 무슨 말을 하던가. 사시(四時)는 운행되고 만물은 생장한다."고 하셨고, 또 예수께서 말씀하기를 "우리 아버지께서 지금까지 일-노동-하신다."고 하셨으니, 천지에 대해 우리가 마음을 비우고 먼저 살펴볼 것은 한순간도 중단됨이 없는 기화(氣化)의 유행(流行)이기에 노동이라 한 것이다. 만물은 노동으로 인하여 항상 풍부하고 항상 완전하고 항상 충만하도다. 노동이 있다〔有〕는 것은 곧 '모든 것이 있다〔萬有〕'고 할 때의 '있다〔有〕'를 말한다. 하느님은 곧 노동이요 노동은 곧 하느님이다. 어떠한 노동도 없는 적정열반(寂靜涅槃)이라 하는 것은 모순된 말이다. 적정열반은 노동의 극치, 활동의 극치, 충실의 극치를 가리킴이 아닌가. 이와 같은

---

1   옛 성인 : '공자'를 말한다. 다음의 "하늘이…생장한다."는 『논어』「양화(陽貨)」에 나온다.

관점으로 보지 않는 완전히 소극적이고 허무적인 열반관은 천지의 실상을 적실히 묘사하지 못한 언어이니 도저히 우리의 인심(人心)과 깊고 밀접한 교섭을 가질 수 없도다. 천지의 실상을 노동으로 보고 활동으로 본 뒤에야 인법(人法)의 표준이 세워지고 도의(道義)의 문호가 열릴 것이다. 그러므로『주역(周易)』의 작자는 하늘의 운행이 굳센 것을 통해 군자의 자강불식(自彊不息)하는 규범을 세웠고, 유태(猶太)의 신인(神人)은 "하늘에 계신 아버지께서 지금도 계속 노동-일-하시니 나도 노동한다."고 힘주어 설파하셨다. 또 유럽에 있는 현시대의 학문 대가들이 대개 실재(實在)하는 천지의 본성은 노동에 있다는 불변의 법칙의 관점을 세우고 이러한 관점에서 덕교(德敎)·이륜(彝倫)의 온갖 계통론을 펴고자 한 것은 사람들이 다 아는 바이다. 밭두둑 사이에서 몸을 일으킨 우리 니노미야 손토쿠〔二宮尊德〕[2]가 한 자루 삽으로 수많은 폐전(廢田)을 일구어 궁벽한 농촌을 구제한 비결은 마음을 세밀하게 힘차게 움직이는 천지의 쉼 없는 유행(流行)을 의탁했기 때문이라고 하지 않는가.

(7)

노동이란 현재를 노동하는 것이니, 지금의 일념(一念)을 노동하는 것이다. 지금의 일념을 노동하지 않는 노동은 없다. 노동은 현재를 채우는 것이 아닌가. 과거는 좇아가지 못할 것이요, 미래는 구름과 안개 속에 떨어진 듯 혼미하다. 진실로 우리에게 있어서 존재한다고 말할 것은 자못 현재 뿐이다. 과거를 생각하고 미래를 예측하는 것 또한 현재의 노동이다. 현재를 채우는 노동 가운데에서 빛나는 이상(理想)도 샘솟듯 하고 위대한 희망도 꽃처럼 피어난다. 너의 현재를 채워라. 현재는 너의 온 우주요, 너 자신이다. 참되고 바르게 노동하는 자는 가장

---

2 니노미야 손토쿠〔二宮尊德〕: 1787-1856. 일본 에도시대의 농정가(農政家)로, 오다와라 번을 비롯한 간토지방의 농촌 구제를 위해 각종 사업을 일으켰다.

절실히 현재에 서서 현재를 채우고자 한다.

그런 사람은 당면한 한 가지 일과 한 가지 생각에 온 심혼(心魂)을 다하여 다시 다른 것을 돌아보지 아니하도다. 그런 사람에게 있어서는 현재가 유일한 사실이다. 그런 사람은 빈천한 현재 처지에 맞게 빈천한 대로 행하고 부귀한 현재 처지에 맞게 부귀한 대로 행하고 병든 현재의 처지에 맞게 병든 대로 행하고 건강한 현재 서시에 맞게 건강한 대로 행한다. 그러한 사람에게 있어서는 건강·병·부귀·빈천 등이 반드시 신경 쓰는 바가 아니요 자못 이러한 각종 현재 사실의 경우에 처하여 자신의 온전한 인격이 지닌 일념을 충실히 하는 것이 유일한 소원이다. 자기 현재의 일념을 충실히 하는 것을 도외시하면 다시 노동이라 하는 참되고 바르며 이치에 부합하는 형식의 해석은 있을 수 없다. 칼라일이 이른바 '가장 가까운 의무'에 중대한 뜻을 부여한 것은 자연히 우리의 뜻과 서로 비슷하지 않은가. 만일 노동의 의미를 이렇게 해석한다면 여기에 문득 심령상(心靈上) 두 가지 귀중한 하사품이 있도다.

첫째 우리는 일생 동안 어떠한 위치와 경우를 만나더라도 일관된 평안을 얻을 것이요, 둘째 아무리 서로 다른 위치와 경우의 사람을 만나도 모든 사람이 다 평등의 존엄을 자각하게 될 것이다. 내가 어제는 가난하고 병들고 오늘은 부유하고 건강하나 현재의 일념을 충실히 하는 '노동'의 인간으로서는, 나는 어제나 오늘이나 똑같이 평안한 태도를 지속해온 것이 아닌가. 저 사람은 천하의 넓은 곳에 서 있고 나는 띠풀로 엮은 집에 살면서 명성이 없는 사람이다. 그러나 현재의 일념을 충실히 하는 '노동'의 인간으로서는 저 사람과 내가 나란히 서서 동일한 존엄의 자각을 갖고 있지 않은가. 꽃봉오리는 꽃봉오리가 가진 현재의 일념을 충실히 하고 꽃은 꽃이 가진 현재의 일념을 충실히 한다. 꽃봉오리는 꽃봉오리의 일념에만 집중하여 꽃 피울 생각을 하지 않고, 꽃은 꽃의 일념에만 집중하여 열매 맺을 생각을 하지 않으니, 그 현재의 일넘을 충실히 하는 노동에 대해서는 피차간 서로 우열을 가릴 바가 없도다. 생각건대 참되고 바르게 노동만을 충실히 하는 자는 이와 같지 않을 수 없을 것이다. 저것이나 이것이나 모두 똑같이 천지 노동의 실제 사실이다.

(8)

노동이란 현재의 일념을 충실히 하는 현재주의가 되지 않을 수 없다. 내일 화로 속의 불이 될 두려운 자기의 운명을 걱정하지 않고 예쁘게 지금의 일념 가득히 정성스럽게 핀 향기로운 야생초와 골짜기의 꽃은, 슬프도다! 우리 인생이 모범으로 삼을 만한 현재주의의 고상한 곡조 일절이 아닌가. 그러나 현재주의라는 말은 왕왕 오해를 불러일으키기 쉽도다. 우리가 여기서 제기하는 노동상의 현재주의는 저들이 통상 말하는바 세속적 현재주의와는 철저히 그 의의와 정신이 다르다.

세속적 현재주의는 금일주의(今日主義)이다. '그날을 지내는' 주의이니 이는 어부와 나무꾼, 기타 일반 노동자에게 통상 나타나는 생활 형식이다. 세속적 현재주의라고 해서 반드시 그른 것은 아니다. 그 현재에 있는 바에 만족하여 담박하게 욕심 없이 얽매임 없는 생활을 보내는 점에 있어서는 자못 자연을 벗하던 옛 성인의 유의(遺意)를 얻었다고 말할 수 있을 것이다. 저들의 단순하고 간소한 생활은 왕왕 강직함과 의연함과 질박함과 어눌함의 인(仁)을[3] 보임으로써 명성과 이익을 추구하여 시끄럽고 번잡한 저 거리에서 잠시도 일념의 경영을 포기하지 못하고 세속에 크게 물든 조열자(燥熱者) 무리들을 부끄러워 죽게 하기에 충분하도다. 그러나 세속적 현재주의는 결국 노동의 진정한 복음(福音)이 되기에는 부족하다. 세속적 현재주의와 내가 말하는 노동상의 현재

---

3 강직함과……인(仁)을 : 『논어(論語)』「자로(子路)」에 나오는 말로, 공자는 강직함〔剛〕과 의연함〔毅〕과 질박함〔木〕과 어눌함〔訥〕을 어진 사람의 품성으로 보았다.

주의는 그 현재를 누리는 형식에 있어서 서로 비슷하나 이를 수용하는 바의 의미에 있어서는 현격한 차이가 있도다. 저쪽에 있어서의 '나'는 현재에 파묻힌바 되어 다시 현재 이상을 초탈하지 못하는 뜻이 있는데 반해 이쪽에 있어서의 '나'는 현재를 처리하여 서있도다. 세속적 현재주의는 현재가 길의 끝이니 현재의 노예일 뿐이요, 우리의 현재주의는 현재 안에 있으면서 현재를 우리에게 포섭·수용하여 우리의 인격 발휘의 의미 있는 기구를 만든다. 저쪽은 현재가 하나의 얕은 여울에서 부침(浮沈)하는 것이나 이쪽에 있어서는 현재가 원대하고 유구한 생활을 열어주는 심오한 만족의 의식이다. 단 하나의 현재주의는 사람을 얽매어 펴지 못하게 하나 그와 다른 현재주의는 사람을 개방시킨다. 무릇 현재의 일념을 충실히 함으로써 스스로 만족하는 우리의 현재주의는 유유(悠悠)히 불후(不朽)한 생활의 맛이 있도다.

우리가 이와 같은 현재주의에 서있으면 그리스도와 같이 "내일의 일은 내일 걱정하라. 하루의 괴로움은 그 날에 겪는 것만으로 충분하다."라고 한 말을 얻을 것이요, 공자와 같이 팔베개를 하고 자며 맹물을 마시는 중에도 유교에서 말하는 즐거움의 경지를 누릴 수 있을 것이다.[4] 여기에 심령(心靈)의 향기가 있고 이상(理想)의 광채가 있고 천지의 은총에 모조리 맡긴 귀의의 조화가 있도다. 그리스도, 아시시의 프란체스코 같은 이는 모두 이러한 의미의 현재주의적 노동자이다. 염불을 정업(正業)으로 보고 의식주와 기타 온갖 행동을 조업(助業)으로 본 호넨성인(法然聖人)[5]과 같은 이도 이러한 의미의 노동 복음을 제창한

---

4 팔을……것이다 : 『논어(論語)』 「술이(述而)」에 나오는 "공자가 말하기를, '거친 밥을 먹고 맹물을 마시며 팔뚝을 구부려 베더라도 즐거움이 또한 그 안에 있다."라고 한 말을 활용한 것이다.

5 호넨성인(法然聖人) : 1133-1212. 일본 가마쿠라 시대의 승려이자, 정토교계의 선구자이다. 그는 염불만 외우면 누구든 극락정토에 갈 수 있음을 설파하여 민중의 지지를 받았으나 기성 교단의 시비로 염불 정지와 유배를 당하기도 했다.

자라 말할 수 있다. 이것을 가지고 '우리는 오늘 마시고 또 먹을 것이며, 내일 바로 죽을 것이다.'라고 하는 것 같은 저 천박하고 비루한 물질적 안전주의(眼前主義), 감각적 공리주의(功利主義)와 타락하기 쉬운 세속적 현재주의에 동일시하면 오해가 막심할 것이다. 만일 일체의 사색 명상을 배척하고 자못 손과 발로 움직이는 노동만 노동으로 이해할 경우 그러한 일종의 현재주의가 우리가 말하는 현재주의와 용납되지 못함은 굳이 깊은 변론을 요하지 않을 것이다.

(9)

노동은 신성한 것이다. 사람으로 하여금 자기의 수완을 발휘하여 독립의 생활을 영위하게 한다. 대저 노동하지 않고 보수를 얻으려 하는 것처럼 세상에 기괴하고 부자연스러운 모순이 없듯이 노동하고 보수를 얻는 것처럼 천연(天然)하고 순정(順正)한 일의 상태는 없다. 노동 없이 우리는 생존의 이유가 없으니 우리는 최후의 한 숨을 쉴 때-죽음-까지 어떠한 형식으로든 힘들여 일하지 않음이 없도다. 노동하지 않고서 보수를 얻으려 하는 사상은 인류의 치욕이요 개인의 타락이요 국가의 멸망이다. 우리는 '노동하지 않으면 먹지 않는다.'고 하는 경각심 위에 서지 않으면 안 된다. 이러한 경각심과 이러한 정신과 같이 사람으로 하여금 굳세고 용감하게 하는 것은 더 이상 없다. 혹 힘들여 일하고도 아직 먹을 것을 얻지 못했다고 말하는 자가 있는가. 생각건대 이러한 사람은 아직 진정으로 노동하지 않은 자, 즉 현재의 일념을 충실히 하는 노작(勞作)을 경험하지 않은 자의 핑계에 불과하도다. '자연'의 조직은 노동하는 자에게 먹을 것과 입을 것을 베풀어주지 않고 가난하고 춥게 할 만큼 그다지 부자연스럽고 인색하지 않도다. 어떠한 종류의 노동이든지 노동에는 반드시 그에 상당하는 자연의 보상이 있도다. 직물을 짜는 사람은 옷감을 얻고, 밭 가는 자는 농산물을 수확하며 혹

남에게 노동을 빌려주고 일정한 임금을 받는 것 또한 자연스러운 보수의 일종이 아닌가. 자기가 이마와 얼굴에 정직한 땀을 흘리고 청백한 양심으로 획득한 보수는 그것을 모두 다 하늘이 부여한 보수라고 칭할 수 있다.-자못 어떠한 근원에 의해 들어온 보수가 자신의 진정한 땀을 더럽히지 않고 양심을 만족시킬 것인지, 이를 결정하는 표준이 어떠한가는 자연히 별론(別論)에 속할 것이다. 우리는 남을 괴롭히고 해치며 남을 때리고 넘어뜨려 얻은 것 같은 악한 자의 재물을 수입하고서, 이것을 가지고 우리의 정직한 노작(勞作)을 장식하는 보수라 말할 수 없다. 이는 우리도 역시 이러한 보수를 받음으로 인하여 간접적으로 남의 살인적 악행에 관여하는 것이니 우리의 양심은 어디까지고 이러한 보수의 수입을 거절한다 우리의 청백한 양심으로 획득한 보수는 그것이 진정하고 공명하며 순정하여 한 점도 속세의 냄새나 색채를 띠지 않는다. 이 진정한 노작(勞作)과 이 순결한 보수, 세상에 이렇게 상쾌하고 아름다운 일의 상태는 또다시 있지 않을 것이다. '야상곡'이라 하는 것은 이렇게 상쾌하고 아름다운 실험을 그려낸 말이라고 할 수 있다.

(10)

혹 하느님의 은총을 믿는 자가 아직도 자력의 노동을 신뢰하는 것은 교만하고 불경함이 심하다고 할 수 있을까. 그렇도다. 하느님의 무한한 은총은 우리의 노동으로는 형언하기에 부족하니 노동으로 말하는 것은 쓸데없는 일이다. 우리의 구구한 노동이 하느님 앞에서 어떠한 빛을 내겠는가. 하느님의 은총은 보잘 것 없는 우리의 노동과 모든 행위의 유무, 대소 여하에는 관계치 않는다. 이것은 고상하고 아름다운 사상이요 겸허의 태도요 귀의함이 깊고 두터운 신앙이다. 그러나 아직 한 걸음 더 깊이 들어가 생각해보면 하느님의 은총이라도 우리의 노동이 전혀 없는 곳에는 내려줄 리 없으니, 여기에도 노동에 대한 보수의 원리가 깊숙하고 엄정하게 행해지는 바를 볼 수 있다. 하느님은 세상의 죄인을 연민하시어 저들을 구원하기 위해 가장 사랑하는 외아들로 하여금 십자가 위에서 참담한 피눈물을 뿌리게 하셨으니 이것이 어찌 하느님의 큰 노동이 아니겠는가. 다시 우리 가운데 십자가를 우러러보는 자는 그 큰 사랑에 감동하여 돌연 회개하는 새 생활로 들어갈 수 있으니 이것이 어찌 신앙하는 자의 큰 노동이 아니겠는가. 이렇게 한 후의 십자가는 결국 하느님 즉 사랑하는 자의 노동과 사람 즉 사랑 받는 자의 노동을 연결한 심령(心靈)의 구원하는 도이다. 어느 누가 십자가를 어떠한 동작도 없는 기적적인 은혜의 속죄법으로 보는가. 십자가는 하느님과 사람의 빛나는 동작이 감응한 것이다. 우리로 하여금 은혜를 베풀어주실 때에 멋대로 노작(勞作)을 등한시하지 말지어다. 염불을 하더라도 큰 소리로 제창하는 동작이 없는 곳에는 여래(如來)도 큰 슬픔에 손을 대기 시작하는 모양새가 없는 듯 하도다. 저들은 이른바 보살과 인연 맺는 일이 없는 중생이다. "공로가 없어도 의로워진다"는 프란체스코의 신앙과 "의로운 사람은 신앙으로 인해 산다."는 루터의 신앙은, 이것을 모두 진정한 의미에 있어서의 심령의 동작이라 칭할 수 있는 것이 아닌가. '신앙'이란 두 글자는 말하기가 결코 쉽지 않도다. 신앙은 우리의 전(全) 인격을 근저에서 충동(衝動)케 하는 힘이요 동작이다. 형식(形式)과 의문(儀文)의 외적 동작은 우리로 하여금 하느님의 은총에 관여하게 할 수 없다. 오직 신앙만이 능히 하느님의 은총에 관여할 수 있게 함은 무엇 때문인가. 신앙은 영혼의 위대한 동작인 까닭이다.

　-이상의 논문은 고(故) 료센 선생(梁川先生)이 병석에서 초안을 잡으신 것이다. 집필하는 도중에 10년 동안 앓았던 지병이 크게 도진 나머지 전편을 완결하지 못하고 영원히 세상을 떠나셨다. 독자라면 누구라도 비통한 감정이 없겠는가.-

청년의 입지(立志) / 김지간(金志侃)

우리 인류는 자유와 도덕의 동물이다. 각자 자유의지를 품고 각자 옳고 그름에 대한 지능을 갖추었으며 각자 권리가 있고 각자 의무가 있어 그 다해야 하는 책임을 다하며 그 지켜야 하는 도리를 지킨다면 비록 지위가 낮은 인력거꾼도 우주에 서있는 자유 독립의 몸이다. 세계에서 생존한 인류는 어떤 종족을 막론하고 비록 천제(天帝)라도 한 터럭만큼 이라도 그의 인권을 범할 수 없다. 왜인가 하면, 만약 큰 능력과 큰 권리가 있더라도 선량한 자를 벌하고 무고한 자를 해치는 것은 결코 그 정의의 본성에서 허용되지 않는 바이다. 옛날 암흑시대에는 강자가 약자의 인권을 초개(草芥)처럼 여겨 생사여탈이 모두 강자의 손바닥에 있었지만 오늘날 20세기 문명시대에서는 그렇지 않아 인류도덕의 범위 안에 자유롭게 행동하고 독립적으로 생활함은 우리 인류의 생존원칙이다. 하늘이 부여한 우리의 자유 인권으로 이 세상에 서서 국가에 대해 짊어진 의무를 정정당당하게 실행하면 비록 천제의 앞이라 하더라도 거리낄 바가 없는데 하물며 같은 인류 사이에서 거리끼리오. 그 역시 인간이고 나 역시 인간이다. 또 그가 머리 셋이고 나만 오로지 머리 하나만 있는 것이 아니요. 그가 손이 천 개고 나만 오로지 손 두 개만 있는 것이 아니다. 독립자유의 세계에서 그와 나의 우열이 미리 정해진 것이 아니요, 우리가 자포자기해서 스스로 그 화를 취하는 것이다. 세계에는 한 종류의 인류가 있으니, 이 인류는 자기가 인류 된 자격을 잃고 자기가 달갑게 받아들여 타인의 개도 되고 타인의 돼지도 되어 이유 없이 채찍질 당해도 화낼 줄 모르고 귀를 늘어트리고 꼬리를 흔들며 아첨하고 아양을 떠느라 바빠서 타인에게 어떻게 사기를 치고 어떤 흉계를 꾸미는지 알지 못하고 타인의 구레나룻 아래 포복하고 타인의 그늘 아래 요행히 개도 되고 돼지도 되어 몸을 의탁하고 목숨을 훔치는 계책을 찾다가 하루아침에 타인의 기호품이 되면 마침내 도살되는 사태를 면치 못할 것이다.

오호라! 이 같은 비루한 근성(根性)을 끊어버려라. 이러한 개돼지의 거동은 빨리 끊어버려야 한다. 우리가 개돼지가 되어 살 바에는 차라리 사람이 되어 죽는 것만 못하다. 우리가 신뢰하고 아끼는 대한 청년 남자여! 원컨대 자유 천지에 서서 내가 하늘로부터 받은 자유 인권을 남에게 뺏기지 말고 개돼지와 같은 대접을 받지 마시오. 우리의 운명은 스스로를 소중하게 여기고 분발시킴이 얇은가 두터운가와 뜻하여 바라는 바의 크고 작은 것으로부터 확대되거나 줄어들 것이다. 속담에 "하늘은 스스로 돕는 자를 돕는다."고 하고, "너의 팔로 너의 운명을 만들라"고 하고, 또 서양 사람들의 격언에 "나는 정의와 선량 사이에서 자유롭게 행동할 뿐이요, 세상 평판이 어떠한가와 시대의 변천이 나에게 어떤 관계가 있겠는가. 내가 천년을 돌아보든, 만년을 돌아보든 나는 나일 뿐이다."고 하니, 대체로 천하에 큰 이름을 걸고 대업을 이룬 사람은 다 이와 같다. 사람이 사람 되는 가치를 얻으려면 독립독행해서 타인에게 의뢰하는 근성을 끊고 타인에게 압제 받는 근성을 끊어야 한다. 스스로가 풍파를 무릅쓰고 스스로가 운명을 만들어라. 성현도 사람이요, 영웅도 사람이요, 철인도 사람이다. 우리는 사람이 아닌가.

양민주의(良民主義) / 석소(石蘇) 이동초(李東初)

여기에 한 마을이 있다. 산이 끝나는 곳에 물이 있고 땅은 평평하고 토산물이 넉넉하여 별천지라 부를 만하다. 이를 귀한 보물로 간식할 만하다⁶고 여겨서 혹 10명이 모이고 또 100가구가 되어서 닭 울고 개

---

6 기이한……간직할만하다 : 여기에 해당하는 원문인 '기화가거(奇貨可居)'는 전국시

짓는 마을이 자연히 이루어졌다. 마을 사람들은 토질을 이용하여 농사 짓는 것을 생업으로 삼았는데 땅의 성질이 매우 알맞은 까닭에 온갖 곡식의 씨를 뿌렸더니 곡식이 성대히 풍요해졌다. 그리하여 8월 바람 서늘하고 달빛 밝은 때에 배불리 먹고 배 두드리며 격양가(擊壤歌)를 부르고 한바탕 양양곡(洋洋曲)[7]을 선창하고 화답하니 태평(太平)의 기상이 있어 사람마다 술에 취하였다.

　이로부터 저 전준(田畯)이 생겼으니 '전준'은 곧 권농도감(勸農都監)이다. 농가의 농부들을 감독하여 해가 뜨면 일하고 지면 쉬도록 권장하고 봄철의 밭가는 일과 가을철의 수확하는 일을 그 때를 잃지 않게 하는데, 뻐꾸기가 곳곳마다 봄 재촉하는 소리를 낼 때에 농민에게 찾아가 봄이 왔다고 알려주어 각자 서쪽 밭에 나가 송아지를 몰아 밭 갈고 김매게 하고, 온 땅에 누런 구름 같은 벼가 이미 익으면 가을이 올 것을 경계시켜 남녘 밭에서 농사일을 시작하여 타작한 것이 창고에 가득 차게 하였다. 그렇게 하니 온 고을 농부들이 전준에게 녹봉을 후하게 주어 봉양하고, 공경하고 우러르며 따르고 믿었다. 전준이 쉼 없이 소의간식(宵衣旰食)[8]하여 부지런히 경계하고 실제로 힘써서 그 책무를 잘 이행하면 농민들 또한 감복하여 봄에 농사지어 가을에 거두는 일이 순리대로 잘 된다. 그러나 전준의 자격이 본래 부족한 자이면 굼뜨고 무성의하며 게으르고 방탕하여 날마다 진탕 취하니 봄철과 가을철 지나는 일은 술병 속 꿈일 뿐이다. 절기의 변화를 거의 망각하니 권농(勸農)이 웬 말인

대에 여불위(呂不韋)가 조(趙)나라의 수도 한단에 볼모로 와있던 진왕(秦王)의 아들 자초(子楚)를 두고 한 말로, 특별한 기예나 재능 등을 쌓아두었다가 훗날 좋은 기회가 있을 때 이용한다는 뜻이다.

7　양양곡(洋洋曲) : 백아(伯牙)가 종자기(鍾子期)에게 연주해 주었다는 아양곡(峨洋曲)으로 보인다.

8　소의간식(宵衣旰食) : 날 밝기 전에 일어나 옷을 입고 해 진 뒤에 밥을 먹는다는 뜻으로, 나랏일에 열중함을 비유한다.

가. 한갓 정해진 녹봉만 먹으니 과연 밥주머니 같도다. 이에 농민들 또한 그를 좇아 우둔하고 거만하여 가족들과 생산할 일과 자신의 업무를 생각하지 않고 헛되이 빈손만 벌리고 있을 뿐 시간을 아끼지 않는다.

이미 농사철이 되었는데도 농민들이 다 말하기를 "전준이 오지 않으니 어찌 밭 갈고 씨 뿌리겠는가."라고 하고, 이미 가을철이 되었는데도 농민들이 다 말하기를 "전준이 오지 않으니 수확을 어찌 하리오."라 한다. 봄은 이미 취중에 보냈는데 가을도 겨우 꿈속에 지나가고, 어느덧 엄동설한이 갑자기 내습하니 강산은 냉담하고 눈보라가 어지러이 날린다. 어리석고도 슬프도다. 온 시골 농민들이여. 굶주림과 추위가 뼛속까지 스며드니 어찌하면 좋은가. 곳간은 텅 비었는데 곡식으로 배 채울 계책을 마련하기 어렵도다. 베 짜는 일을 열심히 하지 않았으니 몸에 옷 걸칠 방법이 있겠는가. 입을 뻐끔거리는 형세는 마치 수레바퀴 자국에 괸 물속 물고기[9]와 같고 애석한 그 기세는 흡사 등불로 뛰어드는 불나방 같다. 이러한 곤궁한 지경을 당하여 온 고을 농민들이 원망해 울며 호소하기를 "너 전준아. 너 전준아. 오직 네가 우리를 굶주리게 했고 오직 네가 우리를 춥게 했도다. 처벌해야 할 자는 전준이요 주살해야 할 자는 전준이다. 네가 능히 전준의 직임을 다했다면 우리가 어찌 농민으로서의 책무를 잘못했겠는가."라고 하더라.

기자가 또한 탄식하며 가슴을 쓸고 온 고을 농민들에게 다음과 같이 충고하노라. "경애하는 우리 고을 농민들이여. 한 번 물어보노니, 그대들은 기억하는가. '농사철이 막 되었을 때 전준이 오지 않으니 밭 갈고 씨 뿌리기를 어찌 하리오'라고 했던 일을. 또 그대들은 뉘우치고 깨달았는가. '이미 가을철이 되었을 때에 전준이 오지 않으니 수확을 어찌 하리오'라고 말했던 일에 대해. 그대들이 만약 기억한다면 어찌 그를 원망

---

9 수레바퀴……물고기 : 여기에 해당하는 원문인 '학철지어(涸轍之魚)'는 『장자(莊子)』
「외물(外物)」에 나오는 표현으로, 매우 곤궁하고 절박한 상황에 처함을 비유한다.

할 것이며 그대들이 만약 뉘우치고 깨달았다면 어찌 스스로를 책망하지 않는가. 얄밉게도 저 전준이 자신의 직무를 소홀히 하고 맡은 임무를 다하지 않는 것은 법적으로 용인될 수 없는 일이다. 그러나 아! 농부들아 그대들 전장(田莊)의 땅이 본래 전준의 소유가 아니며 그대들의 농작물 또한 전준이 점유한 바가 아니거늘, 밭 갈지 않고 수확하지 못하고 자신의 직무를 수행하지 못했다는 것이 무슨 뜻인가. 먼저 책망할 것은 자신의 과오이니 청컨대 남을 원망하거나 탓하지 말고 반성하고 스스로 경계하여 각자 힘써 스스로 경영하라. 스스로 자신의 분수를 지키고 각자 자신의 책무를 다하여 내가 헤아리기에도 남음이 있으면 남들이 미심쩍어 하지 않으니 온 고을 농민들이 모두 이와 같다면 어찌 이와 같은 전준이 있겠는가."

대저 불가사의한 것이 인간만사이다. 좋은 명성과 칭송 따위의 아름다운 일은 하나같이 억지로 자신에게 공을 돌리고자 하면서 패배의 원인이나 나쁜 결과 같은 추악한 죄는 하나같이 매번 남에게 그 화를 전가하려 한다. 비록 원대한 천하를 살펴보면 국가의 흥망성쇠는 서로 차이가 있어서 그 양상이 한 가지가 아니다. 그러나 일정한 영토 범위 내에 이른바 국가라는 것이 형성된 이상에는 반드시 정부와 인민의 관계가 생겨서 하나는 다스리는 자가 되고 하나는 다스림을 받는 자가 되어 질서를 유지해 생활을 온전히 하려는 조직상의 경위(經緯)는 거의 같다.

이른바 정부는 원래 국가의 대표 기관으로서 그 유일한 목적이 국가의 안녕과 질서를 보존하고 유지하며 인민 행복의 원천을 증진케 하는 것이다. 그러므로 국가가 선량한 법률을 제정하여 온갖 행위의 규칙을 조성하고 확실히 보존할 치도(治道)와 제재의 수단을 오로지 이 제도에서 말미암아 법을 제정하되 결단코 사적인 측면을 허용해서는 안 되니, 그것은 정치가 위로 융성하고 풍속이 아래로 아름다워져 인민이 각자 직분상 당연히 해야 할 바를 다하고 열심히 노력하여 그 사회의 생활을 온전히 하기 위한 것이다.

지금 20세기 이후로 융성한 국가들은 그 법이 점차 완비되고 이러한 도(道)가 잘 행해져 정부 기관의 행정 방법과 계책이 결코 당국자 그 사람의 사적인 의견에서 나오지 않고 하나같이 제정한 원칙을 따르기 때문에 각기 그 기관의 성질에 따라 적합한 자격자를 선임한다. 그러므로 사법권의 집행은 법리를 달성한 자가 하고 행정력의 관장은 정치학에 숙련된 자가 한다. 이미 예리하고 민첩한 상식으로 절차탁마의 공정을 덧붙이되 해외로 나가 견문을 넓히고 연구를 축적해 더욱 지혜를 밝혀 만일 국제적으로 침해하거나 능욕할 수단이 있으면 신속하게 조정(調停)하며 치안상 조금도 지장을 주는 행동이 없도록 활발하게 제어하여 조화롭게 하는 부류가 각기 제 자리에 있으니, 관청은 여유가 있고 백성은 집 담장 안에서 편안하여 각자의 직분을 지켜 자신의 힘을 다한다. 그러므로 문학의 장려도 이로부터 시작되고 실업의 발달도 힘차게 일어난다. 위로는 정부가 권리를 확실히 가지며 아래로는 인민들이 별도로 의무를 다하여 상하가 합심해 공경하고 조화를 이루며 전국 곳곳이 잘 섞이고 녹아들어 태평하니 이를 부강국·문명국이라 한다.

이와 반대로 쇠퇴한 국가들은 법조문이 시행되지 않고 치도(治道)가 사라져서 이른바 위에 있는 정부는 실제 치안의 기관이 아니요 과연 적해(賊害)의 소굴이다. 비록 좋은 법규가 적힌 해묵은 책이 있더라도 공허한 조문으로만 취급할 뿐 전혀 활용하지 않으며, 혹 달통한 식견과 민첩한 수완을 가진 뛰어난 인재가 있더라도 연줄이 없어 등용되기가 어렵고 단지 귀족신분의 높은 문벌로 그 자리를 세습하여 말이나 소에 옷 입힌 격인 자[10]들이 대부분 그 자리를 차지하니 국체(國體)의 보유와 정화(政化)의 보급을 어찌 생각이나 한 적이 있겠는가. 나라에서 주는

---

10 말이나……자 : 여기에 해당하는 원문인 '마우금거(馬牛襟裾)'는 도리에 밝지 못하거나 예의를 모르는 자를 조롱하여 한 말이다.

녹봉을 탐하여 자기 배를 채울 생각만 하고 민중을 멸시하여 지푸라기 대하듯 하니 이에 국민들의 마음이 크게 붕괴하여 절망하고 번민한다. 그리하여 가혹한 정치에 통렬히 시달리고 허황과 방탕이 만연하여 게으른 성질이 습관이 되었다. 학교의 정사가 닦이지 않으니 국민들이 모두 말하기를 "정부가 공정하지 않으니 학문에 힘쓰는 일이 어찌 가능하겠는가."라 하며 실업의 일이 떨쳐 일어나지 못한다. 국민들이 다 말하기를 "정부가 부패하니 사업의 진흥이 어찌 가능하겠는가."라 하여 스스로 신경을 쓰지 않고 취한 듯 몽롱하니 고을의 학교와 서당의 글 읽는 소리가 들리지 않고 황폐한 들판에서 논밭을 개간하는 기미를 보기 어렵다. 이러한 까닭에 교화가 쇠락하고 풍속이 퇴패하여 곳곳마다 기근의 풍색이요 여기저기 입을 삐끔거리며 탄성 소리를 낼 뿐이다.

　국민이 이와 같으니 국가의 형세를 알만하다. 이웃 나라와 먼 국가가 기회를 엿보고 국경을 넘어 돌연 함부로 침입하고서 점점 잠식해갈 교묘한 장치를 크게 설치한 뒤에 안으로는 녹이고 밖으로는 활활 태우니 슬프도다. 국민들이여! 설상가상이로다. 강산이 어찌 아름답지 않겠는가마는 한 줌의 흙도 내 소유가 아니요, 천지가 어찌 넓지 않겠는가마는 5척의 몸도 허용하지 못하도다. "이 해는 언제 없어질까. 내 너와 함께 망하리라."[11]라고 하여 원한이 구천(九天)을 뚫는다. 수만 명이 일제히 제창하기를 "악하도다! 정부여. 악하도다! 정부여. 오직 네가 나라를 패배하게 했고, 오직 네가 나라를 망하게 했도다. 먼저 토벌할 것은 정부요, 먼저 사라질 것은 정부로다. 기관의 책무를 충분히 다했으면 우리 국가가 어찌 이 지경에 이르렀겠으며 우리 억조창생이 어찌 이 지경에 이르렀겠는가. 이를 참을 수 있다면 무엇인들 참지 못하겠는

11　이 해는……망하리라 : 『서경(書經)』 「상서(商書)・탕서(湯誓)」에 나오는 말로, 하 나라 백성들이 자신들의 임금인 걸(桀)의 포악무도함을 원망하여 나라가 망하지 않음을 탄식하며 한 말이다.

가."라고 하더라.

　기자는 탄식을 참고 눈물을 삼키며 가슴에 가득한 피를 기울여 쏟고서 국민들에게 다음과 같이 경고하노라. "깊이 반성하고 돌이켜볼지어다. 깊이 반성하고 돌이켜볼지어다. 국가의 곤궁함이 누구의 잘못이며 국민의 마음이 무너짐은 누구의 잘못인가. 오직 저 정부의 당국자가 국가의 중요한 자리에 앉아 영전(榮典)이나 지나치게 벌이고 국민이 고혈을 짜내기를 부추겨서 정작 자신만 살찌우며 국사를 나날이 그르치거늘 뻔뻔히도 부끄러운 기색이 없음은 매우 괘씸하고 가증스럽다. 하지만 저들 역시 국내 동포 중의 한 구성원이다. 본래 같은 구성원인데 어찌 그리 서로 급박하게 들들 볶는가. 국가는 그 사람만의 국가가 아니요 또 그 사람만의 영토가 아니니 온 나라 사람 각자의 국가이자 영토이다. 그런데 그대들은 국내의 동포에게 어찌하여 묻기를 '정부가 공정하지 않으니 학문에 힘쓰는 일이 어찌 가능하겠는가'라고 하는가. 어찌하여 말하기를 '정부가 부패하니 사업을 일으킴이 어찌 가능하겠는가'라고 하는가. 돌이켜보고 한 번 반성할지어다. 돌이켜보고 또 한 번 반성할지어다. 가옥이 기울 때에 9명이 힘껏 돕고 있는데 1명이 무너뜨리려한들 되겠는가. 어느 나라를 막론하고 관직에 있는 자는 소수요 재야에 있는 자가 다수이다. 다수의 인민이 각자 깨우쳐 정성껏 의무를 다하고 진정 그 나라를 사랑한다면 관직에 있는 소수의 사람들이 망령된 생각과 사악한 의사를 누구에게 표하겠는가. 그러한 까닭에 혹독한 압제의 정치에서 인민이 굶주려 부황병에 걸린 것도 인민이 스스로 우매하여 스스로 초래한 화이고, 맹렬히 대치하는 열강의 사이에서 국가가 위태로운 것도 국가가 스스로 허약해져 스스로 초래한 화이니 누굴 원망하며 무굴 탓하겠는가. 이를 통해 보면 악한 정부 아래에 어찌 훌륭한 백성이 있으며 훌륭한 백성 위에 어찌 악한 정부가 있겠는가. 다만 저 정사를 어지럽힌 국민이 정부를 능멸하고 원망함은 태업하여 농사지을 때를 놓친 사람이 전준을 상대로 욕하는 것과 겉과 속이 다 같다.

몹시 경애하고 매우 신앙하는 우리 대한제국 2천만 동포여! 오늘 우리 대한제국이 융성한 국가의 반열에 있는가. 아니면 쇠퇴한 국가의 반열에 있는가. 기자는 융성한 국가라 할 수 없고 쇠퇴한 국가라고도 말할 수 없으니 신진국(新進國)이라는 말을 새롭게 만들고자 하노라. 어째서 그러한가 하면, 위로는 여러 정사를 일신하고 아래로는 완고와 오염을 혁파하며 학교를 세우니 학문의 부흥이 점점 시작되고 실업의 개척에 차츰 착수하여 해외로 나간 동포가 사업을 이루고 귀국해 교편을 잡고 청년을 훈육하니 하나같이 문명국으로 나아가는 현상이다. 중요한 시기에 우리 대한제국 2천만 동포가 희망의 서광을 더욱 밝게 드러내어 스스로 경계하고 스스로 깨닫고 스스로 수양하고 스스로 힘쓰고 스스로 부지런하고 스스로 확신하면 제국의 신민은 하나같이 훌륭한 인민이 되고 제국의 국가도 자연히 융성할 것이다.

| 강단 |

교수와 교과에 대하여(전호 속) / 장응진(張膺震)

(7) 도화과(圖畫科)

도화는 우리의 사상을 발표하는 방편이니 우리는 이로 인하여 실제의 지식을 표출할 수 있다. 도화는 또 심리적 발전과 미술을 이해함에 기초가 된다. 대개 우리에게 있는 관념을 발표할 때 오직 언어로써 하는 것보다 다시 도화의 방편을 이용하여 발표하는 것이 한층 더 용이하고 정확하다. 또 도화는 물체에 대한 정확한 식별에 필요하고 특히 미술·기술·공업 발전상에 없어서는 안 될 것이다. 그러므로 도화가 교육상에 미적 요소의 양성에 중요함은 두 말할 필요가 없거니와, 사회적으로 도덕적으로 경제적으로 큰 가치가 있는 것도 분명하다. 학교에서 도화를 교수하게 된 것은 최초에는 미술과 공예의 일부에 그쳤다. 최근 2·30년 이래로 이를 보통교육에 포함시켰고, 현재에 이르러 점차 그 진가를 중시하기에 이르렀다.

(8) 창가과(唱歌科)

창가는 아동의 발음과 청음의 기능을 발달시켜 음악의 취미를 길러주고 고상하고 순결한 심성을 양성하여 덕성의 함양을 꾀하는 것이다. 대개 미감 양성의 필요는 앞서 진술한 바와 같거니와 미적 취향을 감지하여 덕성을 함양하는 데는 도화보다 음악이 한층 더 우등한 가치를 지니고 있다. 음악을 기호(嗜好)하는 것은 인류 공통의 천성이다. 유약한 아동과 심지어 미개한 야만인도 가곡을 부르지 않는 이가 없으며 또 음악을 듣고서 감동하고 환희하지 않는 이가 없다. 그러므로 노래의 곡조가 야비하고 음란하면 도리어 인심을 타락시키는 폐단이 적지 않다. 따라서 고상하고 수려한 가곡을 아동의 귀와 입에 익숙하게 하는 교육이 요구된다. 음악 중에 학교 교수에 가장 적당한 것은 창가이다. 이것은 근래에 일반 보통학교의 교과가 되어 점차 미적 교육의 진가를 발휘하고 있다.

(9) 체조과(體操科)

체조과의 목적은 신체의 각 부위를 균형 있게 발달시켜 자연의 우미(優美)한 자세를 지니도록 하고 전신의 건강을 증진하며 피부를 튼튼히 하고 활동을 기민케 하며 정신을 쾌활케 하여 호기(豪氣)·인내의 덕을 기르고 질서를 보전하여 공동 일치의 관습을 양성함에 있다. 교육상에 체조를 발전시켜 단련을 가할 필요는 앞서 진술한 바와 같거니와, 이 목적을 달성함에는 다만 신체를 활동하는 것으로 충분치 못할 것이요 반드시 천연적 법에 적합한 연습을 행하여 이 훈련적 효과를 거둠에 주의해야 한다. 그러나 또 다만 이 연습만으로는 아동의 활동적 충동을 만족케 할 수 없으니, 체조와 함께 또 유희를 과목으로 두어 활발한 자유의 활동으로써 운동의 취미를 증진케 하고 특별히 또 개성적 신체의 발달을 조장하여 상부상조로 체조과의 목적을 달성하고 평생에 운동을 그만두지 아니할 만한 습관을 길러주어야 한다. 그러므로 이렇게 조직적인 운동과 유희는 학교에서 두 가지 과목으로 교수하지 않으면 안 된다.

(10) 수공과(手工科)

수공은 실제적 노동으로써 아동의 조화로운 발달을 이루고 공업상에 직접적인 예비를 제공하며 또 실용적으로 다 적용하지는 못하더라도 손과 팔의 운동을 민첩하게 하고 신체적 힘을 발전시키며 눈의 관찰을 기르고 활동적 충동을 만족시킴으로써 의지의 도야에 이바지한다. 그러므로 수공과는 개인적으로 말하면 수공의 노동을 감당할 능력이 있게 하고, 사회적으로 말하면 신체 노동을 중시하여 사회상 각종 계급의 사람으로 하여금 상호간 각기 노동을 존중하여 타인의 직업을 경멸하는 폐단이 없게 하며, 경제적으로 말하면 국민의 생산력을 증진한다. 인류의 발달에서 노동의 가치의 중대성은 일찍이 세상 사람이 다 인식한 것이다. 하지만 이를 보통교육에 필수 과목으로 인정한 것은 17세기에 흥하였던 실과파(實科派)의 주장이다. 그 후 수많은 변천을 겪으면서 최근 2·30년 이래로 수공의 진가를 점차 인식하여 오늘날 세계 각국에서 일반 보통교육의 교과로 채용하기에 이르렀다.

(11) 농·상업과

농업·상업 두 과는 세계 각국의 보통교육의 공통 교과는 아니지만 일국의 특별한 사정에 따라 큰 필요성을 드러내었다. 일본은 일찍이 이 필요성을 간파하고 일반 소학 교과에 농업·상업과를 추가한 바 있다. 대개 동일한 사정에 처한 우리나라도 동일한 필요성을 인식할 수 있다. 특히 농업과의 경우 순전한 우리 농업국 일반 국민의 농업 사상과 농업 개념의 양성이 가장 요구된다. 대개 보통교육의 주지는 일반 국민의 보편적 공동의 기초를 이루는 것이요 특정한 직업에 편익을 주는 것이 아니다. 무릇 사람이 국가와 사회를 향하여 응분의 힘을 다하고자 하면 각각 적당한 직업을 취하여 이를 향하여 노동하지 않으면 안 된다. 이를 반드시 이루는 데에는 또 직업상에 필요한 지식 단련이 요구된다. 따라서 보통교육을 수료한 후에 다시 직업교육을 받을 필요가 있다. 그러나 사회 하층의 인민 계급은 소학교를 수료할 능력도 부족하니, 다시 직업학교에 입학하려면 한층 더 곤란이 생긴다. 이에 소학교 상급에서는 보통교육을 시행하는 여가에 그 지방 토지 상황에 맞추어 어떤 특정한 실업 교과를 추가할 필요가 있다. 원래 보통교육학교에서 이를 교수하는 것이므로 어떤 한 실업과를 가르친다 하더라도 그 직업에 관한 일반 사실과 그 개념의 교수에 불과한 것은 더 논할 것도 없다.

(12) 법제·경제과(法制經濟科)

현대 문명 각국에서는 입헌 제도를 세워 자치제를 시행함으로써 일반 국민은 법률의 제정 및 법률의 실행에 참여할 수 있게 되었으니, 이로 인하여 또 적지 않은 의무를 지닌다. 그러므로 이 의무를 실행함에 있어서는 개인의 이해(利害)는 전체를 위하여 혹 종속도 되며, 공동의 정신을 따라 개인을 지도하지 않을 수 없다. 현시대의 국민이 자치제에 대해 지닌 책임은 다만 개인 의지의 선량함만으로 이를 십분 다하기는 불가능하다. 인사(人事) 상의 관계가 복잡하고 이해의 관계가 또 복잡하여 법률도 또한 광활한 범위 내에서 제정되기에 이르니, 국민된 자는 불가불 법률의 주요한 요점을 이해하고 또 어떻게 하면 자기가 맡은 책임을 다할 것인지 이해할 필요가 있다.

물론 법률을 일일이 상세하게 인식시키기는 도저히 보통교육에서 할 수 있는 바도 아니요 또 조목조목 알 필요도 없거니와, 현행 법률의 기초 관념을 가르쳐주어 동포의 권리를 존경하고 자기의 의무·권리의 범위를 깨닫게 해야 한다. 또 경제상의 정세에 대해서도 종전과는 현격히 달라 교통·운반의 길이 크게 열려 한 지방의 생산으로써 다른 지방의 수요를 충당할 수 있으므로 분업은 더욱 진보하고 노동자의 제조 전반을 이해할 수 없게 되었다. 이렇게 한 작은 부분에서만 노동하면 각기 직업 간에 존재하는 상호 관계를 알지 못하여 노동자의 지식을 협애하게 하고 그 품격을 졸렬하게 한다. 그러므로 사람으로 하여금 전혀 무의미한 활동을 기계적으로 동작하는 데에 빠지지 않게 하려면 이러한 생산의 원리와 방법을 교수하여 분업의 필요를 알게 하고 또 어떤 작은 작업이라도 이것이 전체의 생산에 필요한 이유 및 그 상호 관계를 명백히 해야 할 것이다. 특히 현시대 문명 각국의 경제적 현상을 살피면 기계공업이 점차 번성함에 이로 말미암아 노동자의 일부분은 직업을 잃는 폐단이 적지 않으나 이는 시세가 그러한 바라 저지하기 불가능한 것이요, 이들 실업자로 하여금 새로운 관계에 응하여 직업을 구하여 독립·자활의 길을 강구하게 하지 않으면 안 될 것이니, 현시대의 정세는 한층 경제상에 적응하는 힘을 지니지 않으면 안 될 것이다. 그러나 또한 현시대의 경제 기관에는 한층 현저한 것이 있으니, 즉 은행·저금·보험법 등과 같이 과거의 사람은 상상치 못한 편리한 것이 있으니 현시대의 사람으로 하여금 이를 이용토록 할 것이다. 이렇게 법제 및 경제의 지식은 현시대 생활상에 필요한 것이라 프랑스·스웨덴 등의 나라에서는 이를 하나의 교과로 편성하여 국민과라 칭하고 교수한다. 그러나 소학교 교과가 현시대에 아주 많은즉 이를 특별히 하나의 과목으로 교수하지 않더라도 다른 교과를 교수할 때를 이용하여 교수할 수 있으니, 가령 산술·역사·지리·자연과학에 결합시켜 교수할 수 있을 것이요 중등 이상 학교에 달한 연후에 한 교과로 교수함이 적절할 듯하다.

이상 연재한 것 외에 여자교육에 대해서는 특별히 추가할 한둘의 교과가 있으니, 가사과·재봉과 등이 그것이다.

(13) 가사·재봉과

여자는 가정을 정리하고 자녀를 교육하는 천직이 있으니, 즉 여자의 교육 목적은 첫째 현모양처의 주의를 표준삼아 그 교육의 방법 또한 그에 적합하지 않으면 안 된다. 따라서 여학교의 교과는 일체 이 주의를 향하여 통일해야 한다. 또한 여자에게 특히 추가하지 않으면 안 되는 교과는 가사·재봉이다. 대개 가정을 정리하여 선량한 가정을 이루는 데에는 온갖 지식이 요구된다. 주거 · 의복 · 음식 · 위생 · 양로(養老) 등으로부터 자녀의 교육 등의 일에 이르기까지 근래 자연과학의 결과를 이용하여 가장 유쾌하고 가장 경제적인 생활을 경영하려면 적지 않은 지식이 요구된다. 특히 가계 관리 방법에 대해서는 경제에 적합한 방법을 알지 않으면 안 된다. 이러한 사항은 전체 소학교에서 다른 교과의 교수와 관련지어 교수해야 한다. 하지만 중등 이상의 정도에 도달하면 이러한 산만한 교수로 만족하기 어려우니 가사 · 재봉 등을 한 교과로 편입하여 교수할 필요가 있다.

역사담 제13회 : 크롬웰전(1) / 역사개[Der Historiker]

지금 무릇 국세(國勢)가 거꾸로 매달려 인정이 가라앉고 세상의 길은 기구하여 생명이 구렁에 구르니 이는 사실 존망이 위급한 때이다. 만약 무후(武候)[12]가 이 시대에 태어났던들 필시 촉나라의 운명에는 개탄하지 않았더라도 우리 한국에서는 피를 흘렸을 것이다. 그런즉 어떻게 하면 될 것인가. 단지 우리 청년으로 하여금 발분(發憤)하여 먹는 것도 잊고 학문에만 종사하게 하면 될까? 아니다. 만약 학문에 다다르며 연구하고 국민의 정신의 대의를 함양하지 않는다면, 우리나라 곳곳을 돌아 수행하여 어두운 꿈속에 있는 2천만 동포를 깨워내지 않는다면, 내가 감히 여러분께 직언하건대 이는 독서를 해도 식탁 위의 고기일 따름이고 염불을 해도 헛되이 입으로만 하는 참선에 그친다. 이들 미물(微物)은 한강변에 빠져 있는 넘쳐나는 물고기나 자라의 먹이만도 못하다. 그런즉 어떠한 길을 따르며 어떻게 행동해야 할 것인가.

다른 방법이 없다. 우선 우리 한국의 국민정신을 배양하며 그 후에

---

12 무후(武候) : 제갈공명을 뜻한다.

우리 한국의 여러 학문을 수련하여 정신의 대한제국을 이루어야 한다.
이 정신적 제국을 이루는 것은 종교를 이용하는 것이 학문을 전공하는
것보다 곱절로 낫다. 옛 일에서 살펴보건대 고대의 제왕은 점차 자리에
전전긍긍하며 현자를 갈망하여 구했다. 때문에 탕왕(湯王)은 이윤(伊
尹)이 있어 만물이 망라되었고, 문왕에게는 태공망이 있어 늘어선 관리
들의 빗장을 부수어 은주(殷周)의 도가 이와 같이 크게 흥했다. 그러나
이후로 풍조가 날로 바뀌고 세태가 달로 바뀌어 위로는 비록 한나라
선제(宣帝)의 총명이 있었으나 연수(延壽)[13]가 낙양(洛陽)의 시장에서
허리를 베어 죽이고, 아래로는 성충(成忠)의 경계가 있었으나 보장(寶
藏)이 소군(蘇軍)의 앞에서 항복의 예를 올렸다.[14] 어째서인가. 비록 두
셋의 충성스러운 선각자가 따로 있어 피를 흘리며 노력해보아도 이 백
성의 무지에 대해서는 나방이 등잔에 뛰어드는 것과 같이 어찌 할 도리
가 없다.

　또 최근의 일로 본다 해도 이삼십 년 전에 영국은 거문도(巨文島)-섬
이름-를 점거하여 삼남(三南)에 곧게 드리우고 프랑스 함선은 강화도를
불태워 양서(兩西)의 틈을 엿보았지만 결국 아무 일도 없었다. 그러나
이때를 당하여 위에는 성덕(聖德)이 하늘과 같아 요순(堯舜)보다 못하
지 않은 황제폐하를 내리시고 아래에는 두셋의 선각자가 있어 홀로 충
성을 다하지만 단혈(單血)로 재야(朝野)에서 외롭구나. 그러나 끝내 간
신들이 성총(聖聰)을 덮어 백성을 수탈해 자기 배를 불리고 관직을 팔
고 권한을 농단하니 국운이 꽉 막혔다. 앞길을 볼 때 비록 눈앞에 닥쳐
온 사나운 위협이 없다 해도 2천만 민족은 차마 할 수 없는 간적의 그르

13　연수(延壽) : 한나라 선제(宣帝) 때 충신으로 중망을 얻었으나 주살된 한연수(韓延
　　壽)를 이르는 것으로 보인다.

14　성충(成忠)의…올렸다. : 성충(成忠)은 백제의 충신, 보장(寶藏)은 보장왕 그리고,
　　소군(蘇軍)은 소정방(蘇定方)의 군대로 추정된다. 보장왕이 항복한 당시의 지휘관
　　은 소정방이 아니지만, 당나라 장수를 대표하는 존재로 적은 것으로 보인다.

침 때문에 외국인에게 어육(魚肉) 신세가 되었고 사직(社稷)은 다른 나라의 누란(累卵)이 되었다. 도성(都城)에서 감히 두려운 일을 거론해서 이 재앙을 제거하고 백성을 구제하고자 하며 이 나라를 보존하려는 이들이 있으나, 때가 되지 않았고 백성은 여전히 어리석다. 일이 마침내 불행해져서 몸은 해치고 가족은 사라지며 형은 죽고 아우는 달아나는 자 과연 몇인가. 깨닫지 못하는 동안 사람들의 몸과 마음을 두렵고 차갑게 만들었다.

그러므로 내가 감히 우리 충애하는 동포들에게 분명히 고하여 말한다. 지금은 과거와 달라 전국의 국민이 각각 경계한 채로 깨어나서 정신의 제국을 만들어 요순(堯舜)과 문왕·무왕 같은 금상(今上) 폐하를 받들어서 독립 의기의 인사를 만들어내지 못한다면 얼마가지 않아, 폴란드 같은 멸망의 비극이 올 뿐 아니라 3천리 강산이 다른 인종의 별천지가 되어 버릴 것이다. 2천만 인중(人衆)이 신세계의 홍인종과 홋카이도의 아이누족과 북극의 소인(小人) 무리-에스키모 종이라 함-와 하와이의 적색 사람들의 참화를 마침내 면하지 못하리니, 나의 언사를 과격하다고 여기지 말고 스스로 생각해야만 한다. 나는 이 족속들의 멸망을 슬퍼하기보다 귀에 거슬리는 충언을 토하고자 하니, 불타는 내 집을 차마 두고 보지 못해 두서없는 말을 다음처럼 더하고자 한다.

피차의 모국을 보존하면서 저 비둘기에게 내 둥지를 빼앗기는 것을[15] 면하고자 한다면 그리고 한 발 한 발 다가오는 저들의 점진과 주객전도의 처지를 막고 싶다면 이 정신의 제국을 보존하고 이 대한의 국민정신을 기르는 것만 같은 것이 없다. 또 이 2대 요건에 종교가 최상의 양약(良藥)이 되나 치료 받지 않으면 도리어 명을 줄이고 그 약을 과하게 복용하면 도리어 죽음을 재촉하니 어떤 방법을 믿어야 옳으며 얼마나

15　비둘기에게…것을 : 원문은 "鳩之奪去我樓"인데 둥지 만들 재주가 없는 비둘기가 까치둥지를 빼앗아 산다는 『시경(詩經)』·「소남(召南)·작소(鵲巢)」에 나온다.

먹어야 알맞을까? 두세 가지 지난 사례를 살펴보건대 터키는 전에 이슬 람교로 흥하였지만 지금은 이슬람교로 쇠하였고, 인도는 전에 불교로 흥하였지만 지금 바라문교(Brahmanism)로 망하였다. 이는 무엇 때문 인가. 두 가지 조건이 있으니, 믿음의 고수에 빠졌기 때문이라 하고, 시대에 부적합하기 때문이라 한다. 그러므로 그 치료를 택하지 않으면 반대로 수명이 짧아진다. 또한 세상 많은 이들이 그 교의가 어떠해야 하는지 알지 못하고 한 방에 칩거하여 입으로 나무(南無)-휘휘-를 외우 나 몸으로는 행하는 바가 없고 마음은 미래에 의탁하여 현세에서의 생 존 의무를 크게 소홀히 하며, 그 나라의 멸망을 좌시하기를 옆집이 개 나 닭 잃어버린 소식 듣는 것처럼 하니, 이 어찌 종교의 본뜻이겠는가. 이는 필시 교의를 주관적으로 해석하여 맹신하는 까닭이니, 그러므로 약을 과하게 복용하면 오히려 죽음을 재촉한다고 하는 것이다. 그러나 충애가 비할 바 없는 우리 국민이 이 시대를 맞아 저런 폐풍에 어찌 근심하겠는가!

내 말을 기다리지 않고 각자가 헤아리는 것이 애국의 본분이겠지만, 몇몇의 몽매한 우민이 정정당당한 구원자가 우리나라에 임한 것을 몰 라 잡배에게 팔이 끌리고 이단(異端)에 파리 붙듯 하니, 깨닫게 하는 것이 가능한가, 불가능한가. 또한 믿는 자가 주관적으로 해석하여 만약 하나님 앞에서 기도하고 구주(救主)의 얼굴에 원통함을 호소하면 범사 가 모두 이루리라 할 뿐 하늘을 본받고 실행하는 것은 알지 못한다. 주인을 본받고 실천하고 집행한 이후에야 일이 이루어질 것이니, 이는 계란에 대해 때를 묻는 것과 다름이 없어, 부화 이후에야 내게 알려지 는 바 있다는 것을 모르는 것이다. 그러니 답답하지 않겠는가. 이로 인해 내가 항상 이를 근심하여 기회가 있다면 이들 깨닫지 못한 우리 제국 동포에게 증명할 수 있을지 없을지를 명확히 고하고자 했으나 어 쩔 방법이 없어 못하고 있었다.

그런데 근래 두 위인전을 접하니 곧 워싱턴과 크롬웰의 기록이었다. 주의를 기울여 보니 각각의 타인이 아니었다. 그들은 즉 청교도의 일인이며 예수의 부활을 믿는 자이다. 이 백성을 도탄에서 건지고자 하며 이 나라를 자유로부터 붙들어 매고자 하여 칼날 아래 스러져도 물러서지 않으며 물과 불로 나아가도 피하지 않고, 위로는 천심(天心)을 헤아리며 아래로는 창생(蒼生)을 건졌도다. 부득이한 이유로 인해 후자는 비록 과격한 사건도 있었지만, 이는 곧 우리가 참작할 것이라 그 지점에 대한 긴 말은 불필요하다. 일언이폐지하면 세대의 사표라 할 수 있으며 우리나라가 갈망하는 종교의 호걸이다. 그러므로 나는 감히 우선 크롬웰 씨의 사적을 기록하여 여러분의 앞길을 지시하고자 한다. 아울러 하늘을 헤아리는 것은 일을 행한 이후에나 가능하며, 만약 단지 아멘만 외치고 단지 저절로 될 것만 기대하면 나는 감히 즉각 여러 동포에게 말하기를 "큰 일은 정해졌구나. 한국의 운명은 멈추었구나."라고 하겠다. 그 깊은 생각을 예사로 여겨 지나치지 말기를 간절히 바랄 따름이다.

대영제국 서쪽에 있는 헌팅던(Huntingdon) 일대는 하늘이 만들고 땅이 감춘 커다란 초원이다. 한 눈에 천 리에 달하는 녹초가 청청하고, 목동과 어부의 가요가 서로 어울리며, 거대한 우즈강(Ouse River) 하류는 비단 물결이 매우 드넓다. 아득히 펼쳐져 끝이 없는 어류들은 빛나고 고우며 짙은 구름과 엷은 노을에 아침은 상쾌하고 저녁에는 연기가 피어오른다.

때는 1599년 4월 25일이었다. 해질녘 서쪽 길에 대청마루 앞 제비는 녹수(綠水)에 방황하고, 당 앞의 제비가 푸른 물가에서 서성이고 기운 나무 동쪽 가지 끝의 꾀꼬리[16]가 버들 둥지를 드나든다. 갑자기 크롬웰 집안에 고고한 소리가 울리더니 유아주의(唯我主義)와 벽력의 정신을 가지고 세상을 뒤엎을 한 아이가 출생하였다. 이 사람은 다른 사람이 아니라 바로 17세기 초경에 앵글로색슨 민족을 위하여 왼손엔 성경을 들고 오른손으로는 신검(神釰)을 휘둘러 혼란하기 그지없는 구교(舊敎)와 백절불굴의 적당 및 계급을 고수하는 제도와 사형도 두려워하지 않는 조정 관리를 척결하고 외세를 격퇴하며 내치를 도모한 인물, 생명의 화근을 제거하고 자유의 복음을 전파하여 드디어 지금처럼 웅렬하기 비할 바 없는 대영국을 산출한 그 남아 크롬웰이었다.

크롬웰 집안은 대대로 근왕당(勤王黨)으로 세세로 자금이 풍족한 가문이었다. 그러한 까닭에 올리버 크롬웰도 헌팅던에 조용히 거주하여 목양(牧羊)에 종사하였다. 크롬웰 나이 18세가 되었을 때 노신사 로버트 크롬웰은 갑자기 세상을 떠났고, 정렬(貞烈)과 박학(博學)의 모친 엘리자베스의 교편 하에 일심으로 훈도(薰陶)를 받아 훗날 그와 같은 대성공을 이룩하였다. 엘리자베스는 천성이 걸출하여 18세에 크롬웰 가문에 들어와 자식 10명을 낳았다. 올리버는 그 다섯째였다. 몸소 시집 간 후로 안팎으로 도와서 그 명예가 사방에 울려퍼졌다고 한다. 크롬웰은 그 모친의 믿음과 행동을 일일이 모범으로 삼아 드디어 깨끗하고 엄숙한 종교적 가정교육에 감화하여 견인불굴(堅忍不屈)의 정신과 백패불요(百敗不撓)의 인격을 양성하게 되었다.

앞서 1588년에 스페인 아마다(armada)-스페인 함대-가 엘리자베스 여황(女皇)의 국기(國旗) 아래에 일거에 섬멸된 후에 영국은 황금시대라는 별칭을 얻은 시대가 되었다. 국가가 넉넉하고 평민이 안락하여 만민이 들판에서 적을 물리치고 백관(百官)이 조정에서 공경의 예를 다하여 온 나라가 즐겁고 문물이 번성하고 왕조-튜더-가 더욱 드높았다. 아! 흥망성쇠는 인간사에서 항상 벌어지고 만물의 이치이다. 여황의

---

16 꾀꼬리 : 원문은 "黃金公子"이다. 꾀꼬리의 별칭으로 황금조(黃金鳥), 금의공자(金衣公子) 등이 있어 꾀꼬리로 추정하였다.

만년에 귀족은 교만 방자하고 평민은 괴롭고 번민하여, 질박한 풍속은 허식으로 돌아가고 신성한 신명(神名)은 위선을 되어 정의가 땅에서 사라지고 도덕이 날로 무너졌다.

농업연구담 / 김지간

고금(古今)의 시간과 동서양의 지역을 막론하고 우리 인류가 지구상에 출현한 이래로 단 하루도 빠질 수 없는 것이 바로 우리 생활에서 근본적 의무가 되는 농업이다. 그 중차대함은 굳이 지혜로운 자가 아니라도 명확히 아는 사실이다. 우리는 이 근본적 의무가 되는 농업에 대해 깊게 연구할 필요가 있다. 이에 얕은 지식에도 불구하고 감히 몇 마디 담론하고자 한다.

현재의 농업은 범위가 광대해 각기 분과가 있다. 농업과·임업과·수의과 등 3과가 그것이다. 이는 모두 농학에 속하지만 각기 전문적으로 연구할 필요가 있다. 하지만 나의 연구 대상은 농업과에 불과한 까닭에 농업과에 필요한 종류만 대략 다음에 기술하고자 한다.

농업과에 각종 부분이 많지만 그 가운데 중대한 부분만 열거하여 보는 사람에게 참고를 제공한다. 작물과·원예과·목축과 등 3과가 그것이다. 작물과는 화곡류(禾穀類)·숙곡류(菽穀類)·근채류(根菜類)·사료류(飼料類) 등이요, 원예과는 과수류·채소류·초화류(草花類) 등이요, 목축과는 가축사양법·가축이용법·낙농법 등이다. 그 외에 비료·농기구·토양·양잠·토지개량 등 분류가 많다. 하지만 일일이 진술하지 못하고 그 대략은 위와 같이 많다.

지금 우리나라의 농업현상을 관찰컨대 단순한 작물농업에 불과해서 원예·목축 등의 농업은 무엇이든 명칭도 알지 못하는데 이러한 단순

농업으로 어떻게 생활상 먹거리 원료를 공급하고 농업상 경제를 융통하겠는가. 아아! 동쪽 반도 3천리에 토지가 비옥하고 기후가 적당해 농업이 유망한 것은 세계가 찬양하는 바이거늘 어떻게 우리의 동포는 농업의 발달은 고사하고 도처의 옥토를 외인에게 마구 팔아서 결국 작은 토지도 남지 않을 지경이니 이에 마음이 미침에 모골이 송연하다. 금전은 얻을 수 있지만 토지는 얻기 어렵다. 토지를 얻기 어려우면 농업을 어디서 경영할까. 농업을 경영하지 않으면 무엇으로 생활할지. 생활할 길이 없으면 죽음 외에 방도가 없다. 부모처자와 서로 손을 끌고 만주로나 향할까. 만주에도 일본인이 먼저 농업에 착수하였다. 하와이로나 향할까. 하와이에도 황인종 노동 배척이다. 사방팔방을 둘러봄에 우리 동포가 생활할 토지는 한 조각도 없다. 토지가 있어야 국가도 있고 인민도 있으며 농업도 있지요. 깊게 생각하고 깊게 헤아리기를 애걸복걸하니 백 가지·천 가지·만 가지 어려움을 겪더라도 조국의 토지를 팔지 말고 농업을 발달시켜 농업으로 국권을 만회하자. 농업에 필요한 실행방법은 다음 호에 쓸 터.

| 학원 |

땅속의 온도 / 연구생(研究生)

대개 학문의 주의는 먼저 정확하고 의심 없는 지식의 범위를 넓히고 넓힌 연후에 이를 각종 방면에서 이용해 인생과 사회의 행복을 도모하는 것이다. 이미 환하게 깨달은 개요(概要)가 이에 이른 이상 한 걸음을 더 나가 실행하는 것을 목적으로 삼을 것이다. 지금 지하의 온도를 들어서 여러분과 함께 연구하고자 한다. 소위 온도라는 것은 여러분이 익히 아는 바와 같이 애초에 태양열을 받아 지배(支配)되는 것이다. 고로 주야에 따라 그 온도가 변화하고 또는 춘하추동의 계절에 따라 그 온도의 차이가 생기니 이러한 변화는 지상에 있는 작용이다. 만일 이러한 온도가 땅 속에서 어떤 형편으로 되어 있으며 또 주야의 한난(寒暖)과 사계절의 기후에 어떤 변화가 있을까. 지상의 햇살이 온난할 때는 땅속도 역시 온난하며 지상의 밤 추위가 두드러질 때에는 땅속도 역시 한량할까 하는 의문이 생길 터이나 이는 그럴 리가 없다. 이를 연구함에는 온도계를 집어넣어 사용하면 즉석에서 해결할 수 있다. 원래 지상에서 하루 사이에 온도의 차이는 평상시 섭씨온도계로 10도 내외다. 매우 심한 곳은 2·30도 차에 이르니 이같이 심한 때는 즉 야간이라도 삼베 홑옷에 부채를 급하게 흔들거나 맑은 하늘 해가 밝게 비침에도 비단과 명주의 따뜻한 옷에 화로를 꽉 껴안도록 혹열하고 혹한한 때가 아니면 그렇지 않을 것이다. 이러한 온도도 지하에서는 깊이 들어갈수록 점차 줄어드는데 혹 지층의 성질에 따라서 다소의 차이가 있다 하더라도 대략 지하 3척되는 곳에서는 주야(晝夜)로 평균온도가 되니 이를 처음 들었을 때에는 모두 이상한 일로 생각할 듯 하지만 누구든지 지하 3척만 파내고 온도계를 넣어 조사하면 즉시 해결할 수 있다.

옛날부터 땅속의 온도에 대해 동서 학자의 연구가 매우 많았는데 그 중 19세기 초 프랑스 수리학자 조제프 푸리에(Jean-Baptiste Joseph Fourie)가 열이 전파함을 수학적으로 연구한 결과 땅속 온도의 정황을 해석할 수 있었다. 그 후 많은 물리학자들의 관측을 하나하나 참고한 즉 과연 지하 3척 내외의 장소에 이르러서는 차갑지도 덥지도 않다 하였으니 이는 오늘날 학계의 하나의 경험이 되었다. 그 다음 진술하고자 하는 것은 춘하추동 4계절 온도의 차이다. 여러분이 잘 아는 바와 같이 봄과 가을이 서로 반씩 비슷하지만 겨울과 여름에는 극에 다다르니 이것이 소위 절기의 변화이다. 앞의 낮밤의 온도 차이에 비교하면 365배의 장구한 시간에 1회씩 돌고 도는 것이니 그런즉 절기의 변화는 지하에 어디까지 그 영향을 미칠까. 앞의 3척의 365배의 깊은 곳까지 효력이 미치는가 하면 그런 것이 아니라 이것도 역시 지질에 따라 다소의 차이가 있으나 대개 지하 30척까지는 온도차가 있고 30척 이하로는 여름과 겨울의 차가 없다 한다. 만일 넉넉한 기술적 능력이 있어 지하 30척의 깊은 구멍을 뚫고 거기에서 살았으면 어떠한 추운 계절이라도 난로가 필요하지 않았을 것이다.

하루 중 낮과 밤·일 년 중 여름과 겨울의 온도차는 지하로 들어갈수록 점차 줄어드는데 그 줄어드는 방법은 어떠할까. 다만 정비례로 감각할까. 가령 주야의 온도 차이가 3척의 깊은 곳에서 거의 없어진다고 할 지경이면 1척 5촌 깊이에서는 그 반분이요, 2척 깊이에서는 3분의 1이 된다 하면 이보다 더 간단한 것이 없을 것이다.

대개 세상의 소위 이치대로 되는 것을 주장하는 사람을 보면 정비례로 되는 것만 합리라고 하고, 만일 다른 방법으로 행하는 것이 자기가 추측한 대로 가지 않으면 이치에 맞지 않다고 번번이 외치는 자가 종종 있는데 결코 그런 것이 아니다. 사람의 추측이라는 것은 기어이 합해질 필요는 없다. 그릇된 추측이면 차이가 나는 것은 확연한 일이므로 이는 추측이 그릇된 것이요. 이치가 잘못된 것이 아니라 추측하는 자나 추측하는 방법이 잘못된 것이요. 관측한 결과의 차이와 오류가 있으면 그만한 차이가 생기니 관측의 죄도 아니요. 이치의 잘못도 아니며 소위 정확한 지식이 낮고 속된 까닭이다.

그러므로 지하에 내려감에 따라 온도차가 줄어드는 방법은 어떠할까. 이는 중리식(重利息)·복리식(複利息) 계산의 규칙을 역행하면 좋을 것이다. 기타 대수의 감각법이 있으니 간략히 기하학의 급수 감각법(減却法)으로 하면 더 좋을 것이다. 가령 1척을 내려가면 온도가 반분된다는 규칙이 있어야 할 텐데 그 다음 또 1척을 내려가면 그 반분 즉 최초의 4분의 1이 되고 또 그 다음 1척을 내려가면 그 반분 즉 제일 시초의 8분의 1이 되리니 이처럼 점차 깊이 들어가면 어떤 한 점에서 있는 온도차의 대수는 그 점의 깊이에 비례된다.

지구표면으로부터 30척 가량 아래로 내려가면 태양열의 영향이 거의 미치지 않게 된다. 이같이 작은 사이에도 열의 효과가 소거되는 것은 거기로 열이 전달되는 방편을 사고하면 즉시 깨달을 것이다. 가령 작은 부젓가락으로 불을 집어도 열이 즉각 전달되어 손으로 잡은 곳의 온도가 갑자기 변하지 않고 서서히 전파되듯 하니 이를 보더라도 지하 30척 이상은 태양열의 영향이 전해지지 못함을 관측할 것이다.

그 다음으로 거기에서 조금 더 깊이 들어가면 어떨까 하는 문제다. 이를 측정해 알기 위해 영국·미국·독일·오스트리아 등의 나라에서 깊은 굴을 파 온도의 증진을 연구한 결과, 지층의 질에 따라 다소의 차가 있으나 어떤 곳이든지 깊게 들어갈수록 온도는 점차 증진하였다 한다. 그러므로 이 온도의 증가는 어떤 곳까지 깊이 들어가도 점차 증가할지의 의문이 생길 수 있을 것이다. 지금까지 가장 깊이 실측한 것이 6,600척부터 7,000척이요. 그 이상은 지금까지 알려지지 않은 바이다.

온도의 증진을 관찰하는 방법은 아주 많아서 일일이 진술할 수 없다.

다만 이탈리아・스위스 양국 간에 유명한 고트하르트(Gotthard) 터널[17]
는 화씨 1도 50척(섭씨 영하 17도 가량)이니 영국의 캄손 씨와 켈빈 남작
이[18] 지구의 냉각을 계산할 때에 이를 이용하였고, 그 후 미국의 알렉산
드리아 잉그 씨는 4,475척의 굴에서 시험하였는데 224척에 1도씩 증가
했고, 일본에서 실험한 결과는 77척에 대해 1도씩 증가하였다고 한다.

어떠하던 간에 지구의 온도가 깊을수록 증진됨은 확실한 사실이다.
그러므로 어떤 깊은 곳에 도달하면 비상한 온도가 될까하는 문제를 해
결함에 일종의 가정이 있어야 할 것이다. 이 가정은 지구를 냉각체 즉
본체의 열이 점차 열을 내보내 수년 사이에 냉각해 가는 것으로 삼은
것이다. 물체가 열을 냄으로써 냉각하여 가는 것은 푸리에(Joseph
Fourier) 씨가 연구한 결과 물체의 대소에 관계된 것이다. 여러분도 이
미 알고 있는 것처럼 하나의 접시에 한 잔의 온수를 떨어트리면 순식간
에 차가워지고 물주전자에 넣어두면 5분 혹 10분 사이에 냉각할 것이
요, 만일 큰 옹기에다 채워 넣어 두면 그 온도가 하루나 이틀 정도를
유지할 것이니 지구도 거대한 물체이다. 우주에 비견하면 작지만 우리
신체와 비견하면 거대한 냉각물체이다. 이 물체가 어느 정도의 시간을
경과하면 지금 모양으로 7・80척에 화씨 1도씩 증진될까 하면 최초의
표면 온도가 화씨 7천도였을 때부터 지금의 상태가 되었다고 할 때 최
소 1억 년은 필요할 것이다.

그런즉 지구의 연령은 1억년 이상이 될 것이요, 잉그 씨의 관측대로
지구 속의 온도를 2백 척 이상에 1도로 보면 16억 년 이상이 되지 아니
하면 불가할 것이다. 이와 같은 냉각체로 보면 지하 온도의 증진도 해결

---

17 고트하르트(Gotthard) 터널 : 이 터널은 1882년 완공된 기차 터널이다. 1980년에
   완공된 동명의 도로 터널(Gotthard Road Tunnel)도 있다.
18 캄손…남작이 : 켈빈 남작은 켈빈 절대 온도를 만든 켈빈(Kelvin, Baron, William
   Thomson)이며 캄손은 미상이다.

하기 용이할 터이니 이 법에 의거해 가령 암석의 용해점이 어느 정도에 달할까 하면 지금 50척에 대해 1도 증진으로 계산하면 대략 20리 이하에서 용해점이 될 것이다. 또 2백24척에 1도로 계산하면 80리 부근에서 물체가 다 녹아버릴 것이요. 20리로 말하면 대단히 깊을 것 같지만 지구에 견주면 몹시 얕을 터이오. 우리가 파낸 6,600척은 위 껍질과 흡사할 것이니 그 깊이를 거론할 바는 아니나. 이 이하에는 용액이 되어 있는지 고체가 되어 있는지 지질학자·동물학자 간에 의론이 일치하지 않으나 만일 액체로 되어 있으면 틈이 생겨 누설되기 용이하겠지만 이와 같이 얕은 지표면으로 포위될 수도 없는데 또 하물며 끊임없는 운동을 유지함에랴. 내부가 비록 뜨겁더라도 고체로 되어 있지 않으면 천문관측으로 얻은 운동 결과에는 맞지 않음을 스스로 헤아린다. 그에 대해서는 언제 여력이 되면 여러분과 함께 더 연구하고자 한다.

접목법 / 박상낙(朴相洛) 역술

(1) 총설

접목법이란 어떤 나무의 줄기를 절단하고 그 그루터기에 다른 나무의 가지 혹은 싹을 절취하여 붙여 살게 하는 방법이다. 이 법의 유래가 매우 오래된 까닭에 어느 시대에 시작되었는지는 옛 역사서에서도 증명된 바가 없으나 이 방법이 각국의 원예에서 널리 사용되는 것은 동양과 서양이 다 같다. 우리나라에도 이전부터 이 접목법이 행해져 농부나 한가한 사람 등이 이것을 과실나무를 기르는 일에 대개 사용하였으나, 오늘날 외국에서 사용하는 법에 비하면 아직 유치하다는 탄식을 면치 못하겠다.

대저 접목법은 어떠한 종류의 나무에라도 시행하지 못함이 없고 특히 과실수 재배에 종사하는 이는 마땅히 이 이치에 정통하고 숙달하지 않아서는 안 된다. 대저 나무에 이 법을 시용(施用)하는 연유는 개화(開花)하고 결실(結實)함에 있어 자생하는 나무와 같이 변성(變性)할 염려가 적고, 또 그 성장이 한층 신속할 뿐만 아니라 희귀하고 좋은 품종의 과실수를 번식하여 증가하게 할 수 있고, 쇠퇴한 노수(老樹)의 힘을 회복하게 하며, 조생종으로서 만생종을 바꾸며 만생종으로서 조생종을 변작하기도 좋고 약성(弱性)의 종류를 강성(強性)으로 바꾸어 그 발육을 완성하게 한다. 그리고 기타 다수의 효과는 모두 일일이 거론하기 어렵다. 그러므로 접목법은 한가한 사람의 즐길 거리로만 알 것이 아니라 실용적 이익이 또한 적지 않으니, 실업에 종사하는 자가 어찌 여기에 주의하지 아니하랴. 그러나 이를 실지로 행하고자 하면 이 이법(理法)에 정통할 것은 물론이거니와 또 실습에 숙달하고 기후와의 관계와 나무의 성상(性狀)을 상세히 고찰해야 하며, 접하는 데는 모쪼록 동종 혹은 서로 비슷한 종류를 선택하여 접종하게 하는 것이 편리하다.

(2) 접목의 효용

접목의 효용은 앞서 대략 진언한 바와 같이 아름다운 꽃과 좋은 열매를 얻는 것 외에도 온갖 효용이 많다. 이것을 대략 거론하면 다음과 같다.

(갑) 좋은 품종의 번식

원예식물에 있어서는 즐기고 애완하는 용도에 이바지함과 실용의 수익(收益)이 어떠한지를 불문하고 오로지 좋은 품종을 번식하여 증가하게 하는 것이 일반적인 생각이라고 할 수 있다. 그러나 좋은 품종이라 일컬어 세상에서 귀중히 여겨지는 것은 대개 성장력이 약하여 아름다운 꽃을 피우고 좋은 열매를 맺는 일이 매우 드무니, 만일 재배법이 완벽하지 못하면 이러한 좋은 품종은 점차 쇠약하고 시들어 그 종자가 끝내 절멸하게 될 우려가 없지 않다. 그러므로 이들 좋은 품종은 그 성장과 발육에 주의하지 않을 수 없을 것이나, 불가불 접목법을 시행하여 그 번식과 증가를 경영해야 할 것이다.

(을) 개화·결실기(結實期)의 속성(速成)

나무의 개화와 결실에 있어, 그 씨앗에서 자생하여 성장한 나무는 자연히 일정한 정도의 연한에 이르지 않으면 개화하고 결실하지 않는다. 속언에 '복숭아와 밤은 3년이요, 감은 8년'이라고 하니 이것은 씨앗에서 자생한 이래로 열매 맺는 시기에 이르는 연기(年期)를 일컫는 것이다. 이와 같이 하나의 감을 열매 맺게 하려면 8년의 긴 세월을 기다리지 않을 수 없다. 그러므로 이와 같은 과실수를 재배하고자 할 때는 먼저 개화하고 결실하는 시기가 짧은 다른 과실수를 심었다가 여기에 좋은 과실수의 지초(枝梢)를 접목하여 개화하고 결실하는 시기를 촉진하게 하는 것이 필요하고, 또는 과실수 뿐 아니라 관상용 꽃나무에도 이 이치를 응용하여 아름다운 꽃을 틔우게 하는 것이 오늘날 외국 원예가(園藝家)가 관용(慣用)하는 수단이다.

(병) 왜성종(矮性種)-크기가 작은 성질의 품종-을 크고 강성하게 함

나무에는 그 종류에 따라 근경(幹莖)이 왜소하고 약하며 가늘고 짧은 지초(枝梢)를 내어 강대한 성장 발육을 이루지 못하는 것이 있다. 이와 같은 것이라도 접목법을 시행하여 그 품성을 일변하면 가지와 줄기가 커지고 강대해지며 성장 발육이 매우 좋아질 것이다.

(정) 노쇠한 나무의 힘을 회복시킴

대개 어떠한 식물이던 노쇠해지면 개화와 결실이 점차 감소[19]하는 것

은 면치 못하는 이치이다. 그러나 이것을 그대로 방치하면 손실이 많을 것이니 어떠한 수단이 있다면 이 노쇠함을 대신할 방법을 강구해야 한다. 이 방법은 늙은 나무의 가까이에 접착하여 같은 종류의 어린 나무를 심고 그 어린 나무의 일단(一端)으로 늙은 나무의 줄기 또는 가지에 접붙여 이것을 잘 보호하면 늙은 나무는 힘을 회복하여 개화와 결실을 융성하게 하고 도리어 어린 나무가 힘이 왕성해지는 것보다도 한층 좋은 결과를 얻는다. 그러므로 과실수에 있어서는 수많은 과실을 수확하고 관상용 꽃나무에 있어서는 아름다운 꽃을 피우게 되는 것이다.

(무) 결실기(結實期)의 변경

과실수의 결실기를 변경하는 것, 가령 조생종을 만생종으로 바꾸며 만생종을 조생종으로 바꾸는 것은 나무의 천성을 해쳐서 도저히 할 수 없을 것 같다. 하지만 결코 그렇지 않으니 접목법을 써서 행할 수 있다. 지금 가령 만생종에 속한 과실수 하나의 개화기 혹은 결실기를 조생종으로 바꾸고자 할 때에는 조생종의 그루터기에다 만생종의 지초(枝梢)를 접붙였는데 접붙여 생긴 나무가 혹 충분히 무성함을 이루지 못하는 탄식이 없지 않을 것이다. 그러나 그 나무의 개화기 혹은 결실기를 일찍 이룰 수가 있고, 또 만일 만생종의 근주에다 조생종을 접붙이면 개화기와 결실기를 늦추고 또 그 지초를 키워서 강대하게 촉진하는 효력이 있다.

(기) 쓸데없이 너무 잘 자라는 강한 품종을 크기가 작은 품종으로 변경하는 일

어떤 식물은 비상하게 생장하고 강성하여 도리어 알맞지 않은 경향

---

19 감소 : 이에 해당하는 글자가 이지러져 읽을 수가 없으나 문맥을 감안하여 번역하였다.

이 있다. 이러한 종류를 정원에 심고자 하거나 또는 화분에 심고자 할 때 이들 종류를 왜소한 품종의 근주에 접붙이면 발육의 힘이 자연히 둔화되어 그 지초가 짧아진다. 이와 같은 것은 관상용 식물에 적용할 수 있다.

이상 게시한 내용은 접목으로 인하여 발생하는 중요한 효용을 대략 거론한 것이다. 식물재배에 종사하는 이는 이 방법에 숙련되지 않으면 안 된다. 또 사소한 효용은 다음 편에서 조목조목 설명하겠다.

경기구(輕氣球) 이야기 / 앙천자(仰天子)

경기구는 서기 1783년에 프랑스 몽골피에(Joseph Michel Montgolfier)[20] 씨가 발명한 것이다. 당시 이 학문에 종사하던 학자 집단에서 성대한 칭찬을 받았다. 1870년 보불전쟁에서 독일이 파리를 포위하자 파리성 내외에서 우군의 연락을 유지하기 위해 경기구를 처음으로 군용(軍用)으로 제작하여 활용하였다. 당시 유명한 강베타(Léon Gambetta)[21] 씨가 이것을 타고 군사적 정탐(偵探)에서 막대한 공적과 이익을 거두었다. 그 이래로 독일·영국·러시아·이탈리아 등 여러 나라들이 열심히 연구하여 한편으로는 군사적으로 긴요하고 뛰어난 공훈을 세웠고 다른 한편으

---

20 몽골피에(Joseph Michel Montgolfier) : 1740-1810. 프랑스 아노네 출생의 제지 업자. 1782년부터 경기구 실험에 착수하여 1783년에 가열한 공기에 의해 경기구를 띄우는 데 성공하였다. 그리고 같은 해에 사람을 태운 최초의 수소(水素)기구가 J.A.C.샤를에 의하여 시도된 뒤로 기구는 크게 유행하였다.

21 강베타(Léon Gambetta) : 1838-1882. 프랑스의 정치가. 변호사로서 나폴레옹 3 세의 전제정치에 반대하여 공화주의연합(Republican Union)을 지도하는 한편, 1871년 신문 『프랑스 공화국』을 창간하였다. 1881년 선거에서 공화주의연합이 승리하여 총리로 임명되었다가 이듬해 사임하였다. 1870년 보불전쟁 때 항쟁파로서, 파리성이 포위되자 경기구를 타고 탈출한 일이 유명하다.

로는 공중기상관측과 여러 가지 천기예보(天氣豫報)에 사용하였다.

(1) 기구(氣球)의 종류 : 현재 유럽 각국에서 채용하는 기구는 다음
    과 같이 3종류가 있다.
    (1) 자유경기구(自由輕氣球) -Free Ballon-
    (2) 계류경기구(繫留輕氣球) -Fessel ballon-
    (3) 유도경기구(誘導輕氣球) -Leukball ballon-[22]

이밖에 공중을 자유비행하며 가스주머니를 구비하지 않고 공중을 비
행하는 비행기-Flügel Maschine-라는 것이 있다. 하지만 이는 그 제조
의 방법이 다른 까닭에 다음 회에서 논하겠다. 여기서는 우선 이상의
3종 경기구의 대략을 잠시 서술하겠다.

첫째 자유경기구이다. 그 이름대로 공중에서 자유롭게 바람의 방향
에 따라 비행하는 경기구이다. 그 형체는 통상 구형(球形)을 사용하는
데, 이미 진술한 바와 같이 몽골피에 씨가 채용(採用)한 것으로, 그 구
조가 지극히 간편하고 승강하는 조작(操作)도 역시 가뿐한 까닭으로 현
재 프랑스·러시아 등 나라에서 성하게 사용하며 또 독일 학자들도 이
것을 만들어 사용한다.

둘째 계류경기구이다. 이는 군용전문기구이다. 지상의 어떤 일정한
고정점이 있어 그 고정점에 강삭(綱索)[23]을 잡아당겨 늘여서 강삭 한
끝에 경기구를 계류(繫留)하며, 그 매단 바구니 속에는 정탐인(偵探人)
을 태워 넣고 공중에서 전화로 적의 동태를 자유롭게 정탐하여 지상의
고등사령관에게 보고하니 가장 안전하고 또 그 조작이 확실하며 그 구

---

22 Leukball ballon : "ballon", "Fessel" 등은 독일어이다. 유도에 해당하는 독일어
    어휘는 "lenken"이다. 이 어휘는 "lenken ballon"의 오기로 추정할 수 있다.
23 강삭(綱索) : 일정한 굵기의 강선(鋼線) 여러 가닥을 꼬아 만든 줄이다. 강삭(鋼索).

조도 충분히 견고한 것이다.

셋째 유도경기구이다. 이는 계류경기구가 한층 더 진보된 것이다. 그 개요는 공중에 있는 정탐자(偵探者)와 전기력을 이용하여 발동하는 전동기(電動機)와 또 키〔舵〕를 자유롭게 돌리는 추진기(推進器)를 갖춘 것이니 영국에서 실링(ceiling) 벌룬(balloon)이라 부르는 편리한 경기구이다. 그러므로 유럽 각국에서 극성하게 연구할 때 독일에서는 육군부장(陸軍副將) 체펠린(Ferdinand von Zeppelin) 씨가 1902년에 남부 독일 보덴제(Bodensee)라고 불리는 곳에서 유도기구(誘導氣球)를 만들었으나 만드는 법에 다소간 결점이 있어서 성공하지 못하고 참장(參將) 빠루데빠일[24] 씨가 이번에 만드는 중에 작년 여름 사이에 베를린에서 첫 번째 상승을 시험하여 겨우 충분한 성적을 얻었다. 프랑스에서는 산토스 뒤몽(Santos Dumont) 씨와 영국에서는 스펜서 씨가 왕성하게 연구하여 장래 기구 위에서 폭렬탄(爆裂彈)을 낙하하려면 도저히 유도기구를 사용하지 않으면 안 될 터인데 제일의 난관은 공중에서 기구를 안전하게 할 형체를 만드는 법과 기계를 장치하는 법이다. 이것은 이제막 성대히 연구하는 중이라 후일에 차차 강론하겠다. 여기서는 자유기구(自由氣球)의 대체와 만드는 법을 진술한다.

자유경기구(自由輕氣球), 즉 자유구(自由球)는 가장 적은 용적으로 최대의 부력을 얻기 위하여 중요한 기낭(氣囊)과 이 기낭을 덮은 부망(覆網)과 그 아래 이어 붙인 조환(吊環)[25]과 조환 아래에 이어져 있는 조롱(吊籠)[26]의 네 부분으로 구성된다. -아래 그림 참조-

원형의 형체로 인하여 공중에서 동요되기 십상이다. 그러한 까닭에

---

24 빠루데빠일: 미상이다.

25 조환(吊環) : 일본식 용어 'つりわ'의 한자 표기로, 고리 모양의 기구 또는 링(ring)을 뜻한다.

26 조롱(吊籠) : 일본식 용어 'つりかご'의 한자 표기로, 기구(氣球)에 매달린 바구니를 뜻한다.

경기구 각 부분의 명칭

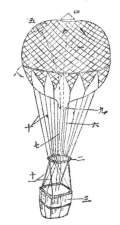

1. 기낭(氣囊).
2. 조환(吊環).
3. 조롱(吊籠).
4. 안전판(安全瓣).
5. 파탄안전판(破綻安全瓣).
6·7. 안전판강(安全瓣綱)과 안전판강.
8. 부망(覆網).
9. 가스 주입관(注入管).
10. 아족강(鵞足綱).
11. 조롱강(吊籠綱).

그물을 걸어서 그물 아래에 조롱을 시계의 진자와 같이 매달아 드리우면, 조롱에 있는 사람은 수직선의 방향을 보존하는 까닭에 중심이 지나치게 움직이지 않게 된다. 하지만 바람의 기세가 강대할 때는 동요되기 십상이다. 어째서인가 하면 구체(球體)의 반면적(半面積)이 바람의 기세를 받음으로써 그 압력이 커지기 때문이다. 그러므로 계류기구(繫留氣球)를 쓰는 것보다 자유기구(自由氣球)로 지상과 연결된 강선(鋼線)을 잘라내어 지상에서 분리하는 것을 채택하는 것이 유익하다. 지금 이것을 만드는 데는 무엇보다 수소가스가 기낭에서 빠져나오지 않도록 만들지 않으면 안 된다. 기낭의 질, 즉 구피(球皮)를 각국이 다 각자 다르게 하지만 가장 중요한 것을 일일이 열거하자면 첫째 견직물이요, 둘째 면직물이요, 셋째 영국의 특산물인 꼴드피티 스킨 즉 동물의 창자 껍질이다. 프랑스에서는 견직물을 쓰고 영국도 견직물을 쓰며 독일에서는 면직물을 쓰니, 견직물은 중량이 가벼운 까닭으로 용적이 작고도 유리하나 가격이 높으며 면직물보다 약한 즉 재정이 부유하거나 견직물의 산출이 많지 않은 나라는 사용하기 쉽지 않겠다.

다음은 구피를 세로 방향, 즉 지구의 경도 모양과 같이 용적에 따라 16개·20개가 되도록 세로로 자르고 그 세로로 자른 베 조각을 수집하여 재봉틀로 봉합하고 혹은 고무를 칠하여 붙여 원형을 만든다. 그리고 자른 조각은 두 종류가 있으니, 하나는 한 겹으로 그 내부를 고무로 바른 것과 하나는 두 겹으로 그 내부에 고무를 발라 넣은 것인데, 프랑스에는 한 겹 방식을 쓰고 독일과 그밖의 나라는 두 겹 방식을 쓴다. 그 중에 기체에 잘 반발하여 용도에 양호한 것은 두 겹 방식이나 만드는 법이 매우 불편한 까닭으로 한 겹 방식을 사용한다고 하며, 그 구피의 1평방미터의 무게는 대략 180그램으로부터 250-260그램까지인데 독일의 두 겹 목면을 합성한 구피는 100그램이다. 이렇게 낭(囊)을 만든 이후에 가스 충전할 구멍을 열고 그 구멍에 가스 주입관을 꿰매어 붙이고 가스를 주입하면 가스가 구체 가운데에 들어가는 대로 기낭이 점차 팽창한다. 그러나 너무 팽창하면 구체가 파열될 염려가 있을 터이니 이것을 예방하려 구체의 두부(頭部)에 안전판이라 하는 것이 있어 흔히 알루미늄이나 나무 조각으로 만들어 자유자재로 가스를 외부로 배출하게 한다. 다른 한 종류의 파탄안전판이라는 것이 있으니 이는 기구가 지상에 강하할 때에는 통상 안전판으로 가스를 배출하고 최후에 파탄안전판의 강(綱)을 세게 잡아당기면 기체 상부가 수축되며 가스가 배출되는 것을 좇아 기구가 바람을 맞아 우산처럼 되는 작용으로 안전히 강하할 수 있다.

기구 상부에 덮어둔 부망은 마(麻)를 가는 새끼로 꼬아 엮어 많은 줄을 만든 후에 기낭을 공중에 안전히 보전하는 동시에 그 속에 충전한 가스를 보전하기 위해 이것을 사용한다. 이 부망으로는 기낭과 밀착하도록 한 뒤에 줄의 아래쪽에 아족강(鵝足綱)이라 이르는 거위의 발과 같은 강선(綱線)을 지지하여 조롱과 이어 붙인다. 조롱은 극히 무거운 중량에 용적이 크도록 만들고 조환은 조롱에 접근토록 하되 그 주위에 마사(麻絲)를 감아서 사용한다.

보르도액 / 한상기(韓相琦)

보르도액은 농업상에 많이 쓰는 귀중한 약제다. 농가(農家) 여러분과 화학자에게 없어서는 안 되는 액체이므로 이에 농가 여러분에게 소개하고자 한다.[27]

이 액체의 유래 : 프랑스에서 서력 1885년경에 이 보르도액이 포도 노균병(露菌病)을 예방하는지에 대한 실험을 밀라데트(Millardet) 씨가 발명하여 그 결과가 대단히 효과 있는 액인 줄 알게 되었다. 그 후에 프랑스 포도 재배 농가가 이를 실험하여 본즉 역시 효력이 큼을 알고 세상에 광고하고 제조법과 사용법을 누차 개량하였다. 그 후 구미 여러 나라 농업자가 또 실험하여 보고 포도병을 구제할 뿐 아니라 기타 농업의 병충해를 예방하는 데에도 유용한 약제임을 알게 되었는데 최초 프랑스 보르도 지방에서 발명된 까닭에 보르도액이라고 칭하였다.

제조 : 이 액은 일명 황산구리 석회액이라고 칭하는데 그 제조법 중 가장 간단한 법은 아래와 같다. 한 말 분량의 나무통에다가 따뜻한 물 3되 가량을 붓고 공업용 황산구리 100몬메(匁目)[28]를 담아 휘저으면 곧 용해된다. 다른 나무통에는 생석회(生石灰) 100몬메를 목면 자루 혹은 포대에 싸서 7되의 물을 조금씩 따라 부으면 생석회가 곧 열기를 발산하고 용해되어 걸쭉한 상태를 보인다. 이때 앞의 황산구리와 생석회를 혼합하고 포대에 남은 석회 찌꺼기는 버리고 재차 충분히 휘저으면 담청색의 보르도액이 된다. 이 액을 분무기에 담아 농작물 피해 부분에 뿌려주면 아주 큰 효과가 있다. 단 주의할 것은 제조 후 6·7시간이 되면 그릇 아래에 침전물이 생겨 효능이 감쇄된다는 것이다.

비용 : 한 말 가량의 보르도액을 제작하려면 황산구리 100몬메 값이

27　원문에는 각 항목에 따른 단락 나눔이 되어있지 않다. 가독성을 위해 단락을 나누었다.

28　몬메(匁目) : 일본어로 척관법의 돈쭝을 의미한다.

12·3전, 생석회 및 물 값이 도합 15전 내외다. 이러한 염가로 귀중한 약제를 지님은 농가의 일대 행복이니 여러분은 속히 제조하여 쓰시기를 간절히 바라는 바이다.

감정법(鑑定法) : 이 액의 양품(良品)은 한두 시간 지나도 표면이 투명하지 않으나 불량한 것은 수 분 후면 홀연히 그릇에 침전물이 생기고 침전 후 액의 표면이 투명하다. 그 원인은 물질이 조악한 까닭이니, 농후한 석회유(石灰乳)를 첨가하면 좋다. 두세 가지 감정법을 열거한다. (갑) 이 액에 청색 시험지를 담가서 적색 반응이 되면 불량한 것이니 무색이 되도록 농후한 석회유를 주입하라. (을) 이 액에 작은 칼을 담그어서 동색을 띠면 불량한 것이니 다시 석회유를 주입하라. (병) 이 액에 황색혈로염수(黃色血鹵鹽水)를 두세 방울 떨어트려 적갈색을 띠면 불량한 것이니 농후한 석회유를 첨가하라. 이상 감정을 마친 후에 쓰라.

성질 : 황산구리액을 석회유(石灰乳)에 주입하면 두 물질이 화합하여 황산석회수산화구리가 새로 생기니 수산화구리는 식물에 대하여 조금도 독이 없고 다만 식물의 병균, 사상균〔絲菌〕 및 포자(胞子) 같은 매우 적은 해충을 박살하는 큰 효과가 있고 황산석회의 작용은 식물 생장력을 촉진하는 데 있다.

효능 : 농작물에서 가장 중요한 병해충 구제의 효력 일부분을 나열한다. 노균병(露菌病), 핵과류(核果類)의 흑부병(黑腐病), 여러 종류의 적반병(赤班病), 축엽병(縮葉病), 적성병(赤星病), 기타 진딧물, 솜벌레 등의 해충에 효력이 가장 크고 기타 농작물에도 무해·유효하다.

이과 교수법 문답 / 호연자(浩然子)

문. 이과라는 것은 무엇인가

답. 이과라는 것은 자연계 현상을 연구 대상으로 삼는 자연과학과 완전히 동일한 범위를 포함한다. 동물학·식물학·광물학·인류학·물리학·화학·성학·지질학 등이 그 당연한 재료가 될 것이다. 다만 일종의 의문이 있다. 왜 자연과학이라 명명하지 않고 이과라 칭하였는가. 이 역시 그렇게 한 이유가 있다. 대저 소학교는 과학을 교수하는 곳이 아니라, 다만 자연물체를 재료로 사용해 성격의 양성과 일상 생활상의 자급을 기약할 뿐이다. 이러한 까닭에 특별히 이과라는 명칭을 첨부한 것이다. 즉 이과는 자연과학을 교수하는 것이 아니라, 자연과학에서 재료를 취하여 교과를 만든 것이다.

문. 이과로 보통교과의 재료를 삼은 기원은 어떠한가.

답. 이과를 보통교육에서 채용한 것은 근세 자연과학이 발전됨을 쫓아 된 것이다. 대개 자연과학이란 고대 그리스의 철학자 아리스토텔레스가 당시 어리석은 이의 담장을 계도한 바 있었는데, 그 이후로 중세의 암흑기를 거치면서 그 이상 발전하지 않았다. 16세기에 이르러 유명한 프랜시스 베이컨(1561-1626)라는 유명한 철학자가 등장하여 새로운 과학연구법(귀납법)을 비로소 주장하니, 신과학이 갑자기 일어나게 되었다. 이른바 과학연구법이란 종래의 논리법이 연역법 즉 전체을 통해 일부를 추론하는 것이었다. 그런데 베이컨씨 이후로 갈릴레오가 등장하여 그 방법으로 물리학의 큰 발견을 이룬 것이다.

17세기 경에 이르러 교육의 대가 요한 아모스 코메니우스(1592-1670)가 등장하여 자연과학 즉 이과를 보통교육에 수용토록 하였다. 그의 교육주의를 들어보면

(1) 확실한 지식의 습득은 자연의 질서를 따르지 않으면 안 됨.

(2) 직접적인 감각으로 흡수하지 않으면 안 됨.

(3) 쉬운 것부터 어려운 것으로 나아가고 가까운 곳에서 먼 곳으로 나

　　　　아가고, 일반적 사례에서 특수한 사례로 나아가고 기지(旣知)의
　　　　영역에서 미지의 영역으로 나아가지 않으면 안 됨.

하는 원칙에서 그 주의가 나온 것이다. 이 원칙은 완전히 베이컨 씨에게서
유래한 것이다. 실지의 실물의 관찰을 근본으로 삼고 교수할 것을 권하기
를 "우리는 서적을 통한 학습 보다는 자연의 큰 서적을 펼쳐서 하늘 · 땅 ·
나무 · 숲으로 학습하지 않으면 안 된다" 하니 이것이 즉 이과 교육의
요지를 간파한 단언이 아니리오. 그 이후로 독일 고타공국의 에른스트
공[29](1642-1685)이 코메니우스의 주의의 국내의 시행을 명령하여 권장하
였고, 일각에서 프랑케(Francke, August Hermann, 1663-1727)가 스스로
코메니우스주의 학교를 창설하기도 하였다. 그 이후로 로히요[30]씨에 이
르러 촌락의 소학교에도 이과를 보급토록 하였다.

문. 이과 교수(敎授)주의에 변천이 있느냐.

답. 그렇다. 일반 교수법에서 주의의 변천이 있는 것처럼 이과 교수의
주의 역시 코메니우스 이래로 종종 변천하여 왔다. 이는 더욱이 각 시
대의 자연과학 발달에 영향을 받은 것이 많다. 다음에 그 종류를 일괄
해서 진술한다.

　　첫째, 형식적 도야주의다. 이는 요한 하인리히 페스탈로치(1746-
1827) 씨가 낸 주의이다. 이 주의에서 그는 "교수(敎授)는 능력의 연마를
목적으로 삼은 것이라 아무리 풍부하고 많은 지식을 부여하더라도 이를
활용하지 못한다면 해악만 있지 이득이 없다. 가령 지식의 분량이 적더
라도 이로써 자유자재로 심력을 활용하지 못하면 안 된다."고 하였다.
고로 이과교수에도 이과에 중심을 두지 않고 이과로 심력을 단련하고

---

29 에른스트 공 : 고타공국은 독일의 공작령인 "Saxe-Gotha"로 보인다. 원문에 생몰년
　　도를 "1642-1685"로 했는데 이와 어긋나지만 에른스트 1세 고타 공(Ernest I,
　　Duke of Saxe-Gotha, 1601-1675)의 조건이 유사하다.

30 로히요: 미상이다. 아래의 류-헨도 미상이다.

형성함에 중심을 두는 것이니 그러므로 그는 야외교수에 극렬히 반대하기를 "이는 생도의 사상을 난잡하게 할 뿐이다."고 하였다. 그 후 그의 설을 계승하여 대성한 자는 앙스트 류-헨(1804-1873)이다. 그는 페스탈로치의 주창이 지나치게 형식적 면으로 경도된 단점을 융화한 자이다. 그의 설에 의하면 이는 자연의 사물을 관찰하고 비교해서 그 특징에 따라 종류별로 수집하는 작업과 자연의 현상을 관찰하고 비교하고 유추해서 법칙을 발견하는 작업이니, 한마디의 요약하면 자연의 사물과 현상 지식에 계통을 부여하는 것이다. 형식적 도야 외에도 자연계에 지식을 부여하는 작업도 포함되어 있지만 그 주요 목적은 역시 형식적 도야이다. 그러나 주의할 점은 기왕에 이과교수에 대한 여러 논의가 대거 일어났지만 자신의 설로 교과서를 편찬한 자는 단지 그 뿐이다. 그 후에 자연과학이 장족의 진보를 거듭하여 오늘에 이르렀다.

둘째, **실리주의이다.** 이는 영국인 스펜서(Herbert Spencer)에 의해 표출된 주의이다. 그는 항상 교육에서 실리주의를 주장한 자이다. 대개 교육의 목적이란 사회에서 유용한 인재를 양성하는 데 있다. 그런즉 실제 생활에서 불필요한 지식, 가령 고문(古文) 따위를 교수함은 허식이라 질시하여 물리치고 이과를 매우 중시하여 일찍이 그 교육론에서 이과가 교육상 어째서 필요한지와 인생 생활에서 왜 유용한지 저술하고 마땅히 교수해야 한다고 지극히 주창한 것이다. 이는 앞 절의 형식 도야주의와는 완전히 상반된다.

셋째, **근세 자연과학적 주의이다.** 이 파의 대표자는 프리드리히 읍게[31]라는 인물이다. 그의 주요한 설에 근거하면 바로 자연을 통해 통일적 생활을 이해하여 건전한 세계관과 우주관을 구성해야 한다는 것이다. 예전에 에메피우스라는 교수가 자연 공존체에 대하여 천고토록 발견하

---

31 프리드리히 읍게: 미상이다. 다음의 에메피우스도 미상 인명이다.

지 못한 진리를 발견하였다고 하였다. 그런데 그는 이 설의 영향을 받았을 뿐 아니라 이를 완성하고 다시 교육에서 응용하여 이과 교수계에서 일종의 새로운 기축을 열었다. 그 예를 들자면 하나의 연못과 늪지에 어떤 생물과 무생물이 있으면 이러한 자연물은 연못과 늪지로 된 공동 생존체에 영향을 미치고 미쳐서 유기적으로 결합되어 있다고 한다. 이는 연못과 늪지 뿐 아니라 산과 냇가, 들판과 삼림이 각기 다 일종의 공동생존체이다. 즉 인체도 일종의 공동 생존체요, 지구도 일종의 공동생존체이니, 개인의 신체에서 전 지구까지 무수한 계급의 공동생존체가 있음은 전혀 차이가 없는 일이다. 그러므로 그는 이 자연 공존체 생활의 상태를 이해하여 통일적 생활을 파악하여 유쾌한 감정을 수양하고자 한 것이다.

넷째, 역사적 실제주의이다. 이는 웰헴 빠이아[32] 씨가 주장한 설로써 헤르바르트파 교육가들이 전문적으로 주장하는 것이다. 이 설에 의하면 이과 교육의 목적은 피교육자의 의지와 자연물 사이에 관계를 부여하기 위함이다. 인류가 태고부터 지금까지 천부적 능력으로 자연을 정복한바 개화사(開化史)의 단계를 깨달아 인류의 자연물 이용에 관한 지식과 그 개화 사업에 관한 깨달음을 부여하여 이로써 의지를 교양하고자 함이다. 이 설도 폐기할 수 없는 특징이 있지만 너무 인류중심설이라 편벽되지 않다고는 할 수 없다.

다섯째, 절충설이다. 이는 자이벨트 씨가 제기한 주요 주장이다. 융게 씨의 자연 공존적 생활의 깨달음과 빠이아 씨의 인류개화의 사업설의 양 방면을 절충하여 시험하는 설이다. 그는 이과를 두 단계로 나누어 하나는 고유 이과로 삼고-그 속에는 동식물학, 인류학을 주로 포함-, 하나는 근로 과목으로 삼은-그 속에 이과 광물, 공예학- 후에 이 양자를 동일 처소에서 출발시켜 그 사이에 연결 관계를 갖도록 하는 것이다.

---

32 웰헴 빠이아 : 미상 인명이다. 다음의 자이벨트도 미상이다.

| 기서 |

우리 산림(山林) 학자 동포에게 고하다 / 박상준(朴相駿)

고질적인 의견을 고집하지 말고 심기를 일전하라. 슬프다! 우리 산림 학자 동포여. 온고(溫故)만 논하지 말고 지신(知新)을 더 구하라. 슬프다! 우리 산림 학자 동포여. 4천년 국가의 원기(元氣)는 산림이 아니며, 2천만 사민(四民)의 영수는 우리 학자 여러분이 아닌가.

이처럼 존귀한 공명과 중대한 임무를 모면하고 사양할 수 없는 바이거늘 여러분이 귀가 없어 듣지 못하는가, 발이 없어 움직이지 못하는가. 한 번 보아라. 요즘 각 사회의 뜻 있고 불평 있는 무리들은 비록 몸에는 여러분이 용납하지 않는 양장을 차려 입었지만 마음에는 여러분도 동정할 근심과 사랑이 충만하다. 그리고 그들은 언변과 작문을 부단히 그치지 않고 큰 목소리와 명료한 글로 "이른바 창도란 첫째가 정치 쇄신이요, 둘째가 실업 발달이라"고 한다.

하지만 지금 학자 여러분의 사회는 그저 적막하게 탐구하지 않으므로, 교실과 서당이 거의 술 마시고 밥 먹는 곳이 되어 글 읽은 소리가 거의 끊겨 버렸다. 그리고 관혼상제의 예식이 날로 사치해져 가면서 그 절문(節文)을 완전히 잃어 버렸다. 이 어찌 종교가 쇠퇴한 까닭이 아니겠으며, 또 여러분의 책임이 아닌가. 정법의 개량과 실업의 장려가 어찌 우리 대한의 급선무가 아니지 않겠는가마는 필자는 종교개혁이 더 급선무 중에 급선무라고 생각한다. 저 구미 열강의 역사를 거슬러 고찰해 보면 현재 세계에서 제1등 세력을 점유한 기독교도 1천 6백여 년간에 마르틴 루터가 예수의 진정한 사명을 깊이 탐구하고 개교(改敎)한 연후에야 사람들이 비로소 속박의 굴레에서 벗어나서 해방의 치세로 도약하여 지식이 날로 넓어지고 기예가 날로 새로워지니, 오늘처럼 문명강국의 즐거움이 충만하여 세상에 웅비하고 있다.

슬프다! 여러분. 허수아비처럼 앉아서 시국의 나날이 어려움과 종교의 나날이 침체됨만 한탄하지 말고, 최근의 학자 사회에서 옛 성현의 진의에 위배됨을 회개하고 정치의 근간인 종교를 유지하고 부흥할 새 방책을 연구하시오. 서양 문명국의 종교가 나날이 흥성한 것은 다름이 아니라 가르침에 반드시 모임이 있어 단체의 힘으로 기초를 세우고 연단을 열어서 그 도리를 강설해서니, 기도는 그 뜻을 성실히 하는 방도요, 찬미는 그 마음을 바르게 하는 수단이다. 그 교리와 법칙이 동양의 이문회우(以文會友)와 순순(諄諄)하게 사람을 가르친다는 것, 그리고 영가무도(詠歌舞蹈)[33]와 전혀 차이가 없다. 이제 여러분이 스스로 돌이켜 보아라. "교회가 있는가" 하면 "없다"고 할 것이니 이로써 종교의 세력이 자연히 고립되고 약화된 것이고, "연설을 하는가" 하면 "하지 않는다" 할 것이니, 이로써 공중의 지식이 서로 교환될 수 없는 것이다. 영가무도(詠歌舞蹈)의 과정을 일체 생략하고, 넓직한 소매와 긴 상투나 한결같이 선호하니 심지도 화평할 때가 없고 신체도 건강할 때가 없는 것이다.

슬프다! 세상과 더불어 변천함이 성인께서 처세하던 비결이요, 고금을 참작하고 손익을 짐작함이 선왕께서 천하의 치세를 이룩한 원인이거늘, 무슨 시대 병든 세상에 학자가 한 걸음을 잘못 디뎌서 결국 신성한 유교가 오늘의 타락에 이르게 하고 경건한 후손들을 천년이나 가르쳐 미혹을 깨우치지 못하게 하였는지 모르겠다. 돌이켜보건대 우리 대한에서 경전을 많이 읽는 자도 산림이요, 의리를 이해하는 자도 산림이건마는 몽마(夢魔)가 두뇌에 미친 나머지 천 번이나 외쳐도 깨지 못한

---

33 이문회우(以文會友)…영가무도(詠歌舞蹈) : 이문회우는 문화와 학문으로 벗을 모아 인(仁)을 돕는다는 『논어』 「안연(顔淵)」의 구절이고 순순(諄諄)하다는 것은 자상하다는 의미로 『맹자』 「만장(萬章)」에 나온다. 그리고 영가무도는 『소학(小學)』의 제사(題辭)에 나오는 말로 노래와 춤으로 이상적인 교육을 한다는 의미이다.

다. 자신을 병들게 하고 남을 병들게 하며 남을 병들게 하고 나라를 병들게 하며 나라를 병들게 하고 종교를 병들게 하여서, 여러분이 늘 말하는 양무가진(陽無可盡)의[34] 날이 거의 없게 되었다. 슬프다 우리 산림 학자 동포여! 분발과 각오를 고려해 종교를 개혁하기를 마땅히 독일의 루터처럼 할지어다.

우리 청년에게 고하다 / 황국일(黃菊逸)

오호! 동포여. 오늘의 비참한 처지가 예전의 안락 때문이 아니라면 우리의 입신(立身)과 처사(處事)를 마땅히 시세(時勢)에 따라 바꿔야 한다고 생각한다. 오늘날 한국의 패망도 우리의 소행이요, 훗날 한국의 부흥도 우리의 소행이다. "나라가 망한다."고 내가 말하면 나라가 망하고, "나라가 흥한다."고 내가 말하면 나라가 흥한다. 그러므로 이는 단지 우리가 물러나는지 나아가는지 여하에 있는 것이요, 정심(定心)이 견고한지 연약한지 여하에 있는 것이다. 그렇다면 우리는 맡은 임무에 과연 어떻게 처해야 하는가? 외국인의 자선을 바라는 마음을 통렬히 버리고 국사(國事)를 어찌할 수 없다는 상심을 끊어서 운수에 좋고 나쁜 때가 없고 험난한 일이 없다고 여기는 마음가짐에서 그 기세가 활발해진다. 즉 "내가 하면 된다"고 여기고 백 번 꺾여도 휘지 않는다는 열심(熱心)의 경계에 자신을 견고히 세우시오.

오호! 형벌이로구나. 잔을 들어 친우에게 권함에 여색(女色)을 보면 마음이 동하고 이익을 보면 남을 속이며 나보다 나은 이를 미워하고 동포

---

34 양무가진(陽無可盡) : 『주역』「박괘(剝卦)」의 주석에서 양(陽)은 다함이 없다는 구절이 있다. 세상의 순환에서 양이 사라지는 것처럼 보여도 완전히 없어지지 않는다는 의미이다.

들의 사안을 방관하며 함부로 스스로 교만하고 방자하게 지내면서 세월을 허송한 짓이 예전의 입신의 방책이라 오늘의 결과를 얻게 된 것이다. 그러니 뇌가 있는 자라면 어찌 통곡하며 절치부심하지 않을 수 있으랴! 고량진미가 전후에 있고 처첩이 좌우에 있고 사혐(私嫌)이 앞뒤에 있어도 병자가 찾는 것은 뛰어난 의원과 훌륭한 약제 뿐이다. 하물며 우리의 위급존망(危急存亡)이 우리의 눈앞에 닥쳤는데 무슨 일을 할 겨를이 있겠는가? 나는 혼탁한 국정(國政)을 우려하는 것이 아니라 개화되지 못한 국민을 참으로 우려하는 것이고, 독립된 조국을 우려하는 것이 아니라 입신하지 못하는 한인(韓人)을 절실히 우려하는 것이다.

국내의 인민은 책임을 미룰 여지가 있거니와 외국에 나간 선진(先進)이면 더욱 유념해야 할 것이다. 은(殷)나라 탕왕(湯王)의 성덕(聖德)이 어찌 반명(盤銘)[35]에 근거하지 않았으며, 워싱턴의 독립이 입신의 좌우명에 근거하지 않았던가! 자신도 제대로 세울 수 없는데 어찌 나라를 제대로 세우기 바라겠는가. 또한 처사는 두 가지가 있으니, 실패의 일이 있고 성취의 일이 그것이다. 한두 번 실패하고 그만둔다면 이는 진실로 실패지만, 그만두지 않는다면 실패가 곧 성취의 공부이다. 그러므로 소인(小人)은 실패를 걱정하고 대인(大人)은 실패를 기뻐하는 것이니, 우리는 대인을 본받고 소인을 물리쳐야 한다. 지식이 없다고 하지 말라. 단검도 한 걸음 더 나아가면 장검처럼 사람을 찌를 수 있다. 일이 험하다고 하지 마라. 남북 대양의 얼음이 반석처럼 단단해도 쉬지 않는 해의 열기에 무(無)로 돌아간다. 비록 건너기 어려운 태평양이 있어도 민첩하고 빠른 화륜선이 있고, 비록 깨뜨리기 어려운 겹겹의 성이 있어도 맹렬한 대포가 있다.

---

35 반명(盤銘) : 은나라 초대 임금인 탕왕이 자신의 세숫대야에 새겨놓은 좌우명을 이른다. 내용은 다음과 같다. "만일 어느 날 새로워졌거든 나날이 새롭고, 또 날로 새롭게 하라."

다시 생각해보면 화륜선과 대포가 하늘에서 내려왔는가, 땅에서 솟아났는가. 대인의 부단한 심사(心思)와 궁리(窮理)의 끝에서 나온 것이다. 우리의 처사가 나아가고 또 나아가서 그만두지 않는다면, 외인의 악독함을 어찌 걱정하겠으며 국사의 험난함을 어찌 근심하겠는가! 이탈리아의 중흥과 북아메리카의 독립이 다 우리의 수단과 같은 지경에서 나왔을 따름이다. 그러니 훗날 동포의 안락과 행복이 어찌 압제와 학살의 끝에서 나오지 않겠으며, 조국 독립의 영광이 어찌 위급한 멸망의 끝에서 나오지 않겠는가. 동포여, 동포여! 지극히 공정(公正)한 가운데 입신하여 끊임없이 쉬지 않는 활발한 경계에서 처사하기를 천만 간절히 아뢴다.

태극학회를 삼가 축하하다 漢 / 영유군(永柔郡) 최열(崔烈)[36]

삼가 아뢰오. 오호라! 우리 동포는 불운의 시대에 태어났소. 이러한 시대에 처하여 국가가 온전한 국가의 구실을 하지 못하고 집안이 온전한 집안의 구실을 하지 못하며, 일신이 온전한 일신의 구실을 하지 못하니, 아! 역시 슬프도다. 어찌해야 온전한 국가가 되고 집안이 되고 일신이 되어서 의연히 자립할 수 있을지 모르겠소. 아! 갓난아이가 울면 어머니가 보호하고 가묘(家廟)에 화재가 나면 자손들이 구제하게 마련이다. 그러니 슬프도다, 한국은 누가 수호하는가! 슬프도다, 한국민은 누가 보존하는가! 하늘에 하소연해도 상제(上帝)가 말이 없고, 세상에 알려도 공법(公法)이 소용 없고, 국내에 펼쳐도 당국자가 범 앞의

---

36 최열(崔烈) : 한국근현대인물자료(db.history.go.kr)에 1867년 출생한 평안남도 영유군의 최열이 1903년에 평양 풍경궁(豐慶宮)의 시랑(侍郎)으로 근무했다는 기록이 있다. 저자 최열은 이 사람으로 추정된다.

창귀(倀鬼)[37]가 달갑게 되고, 여염(閭閻)의 인사들이 잠꼬대 같은 소리나 하고 있으니, 아래 위 사방을 둘러봐도 우리를 도울 자 누가 있는가. 묵묵히 앞날을 살펴보니 너무 한심하다.

그런데 가만히 듣건대 유학생들이 일심으로 점차 나아가서 친척의 사랑을 생각하지 않고, 객지 생활의 고난을 근심하지 않고, 유학 생활의 비용을 걱정하지 않고 오로지 일심만 굳건히 하여 하늘을 가리켜 맹세한 바가 바로 조국(祖國)을 부지하는 일이요 당당하게 전진하여 두 배로 분발하는 바가 학업을 성취하는 일이다. 더구나 일심으로 서로들 맹세하기를 "우리가 업으로 삼을 일은 무엇인가. 3년 만에 1회 졸업하는 것도 참된 졸업이 아니요, 6년 만에 2회 졸업하는 것도 참된 졸업이 아니요, 기예를 일일이 익혀 10회 100회 졸업하는 것도 참된 졸업이 아니다. 반드시 우리 조국을 회복하고 우리 자신과 집안을 자립한 연후에야 비로소 참된 졸업이라 할 수 있을 것이니 단지 여기서 그치지 말아야 한다."고 하니, 그 의지와 용맹이 참으로 우리나라의 버팀목이자, 우리 인민의 생문(生門)[38]이라 하겠다. 그러므로 전국의 동포들이 별도로 논하지 않아도 다 말하기를 "국가 부흥의 기초는 태극학회 여러분에게 비롯되지 않음이 없다."고 하니 어떤지 모르겠다.

속담에 '지성이면 감천이라' 하니, 부디 시종일관 일심으로 더욱 분발하여 뭇 사람의 희망에 부합하기를 동쪽 하늘을 향해 주야로 축원하노라. 나는 신분이 미천하고 재주가 모자란 나머지 스스로 대업을 맡기에 부족함을 알고 있다. 그러므로 농업에 종사하며 구차히 세월만 허송할

---

37 범 앞의 창귀(倀鬼) : 전설에 따르면, 범에게 물려 죽은 자의 혼백은 범의 부림을 당해 범이 먹을 것을 구하러 다닐 때 앞장서서 먹이를 찾아준다고 한다. 그 혼백을 '창귀'라고 하는데, 악한 일 하는 것에 앞장서는 사람을 비유한다.

38 생문(生門) : 점술에서 말하는 '팔문(八門)'의 하나로, 길하다는 뜻이다. 참고로 '팔문'은 '휴(休)', 생(生), 상(傷), 두(杜), 경(景), 사(死), 경(驚), 개(開)이며, 이 중 휴(休), 생(生), 개(開)의 삼문이 길하고 나머지는 흉하다고 한다.

뿐이니 그 부끄러움을 무엇으로 다 말하겠는가. 여러분의 고상한 풍모를 듣고서 자연히 존경과 흠모의 심정이 부단히 크게 일어난다. 이에 곧장 작은 배를 타고 바다를 가로질러 한바탕 웅대한 토론을 듣고 가득한 내 흉금의 먼지를 씻어내고 싶지만 그렇게 할 수 없으니 내 마음에 맺힌 서러움을 어찌 견딜 수 있으랴. 감히 부족함을 잊고 부끄러움을 무릅쓰며 은(銀) 1환을 보낸다. 어찌 물건으로 여겨 보내겠는가. 단지 멀리서 정성을 표할 따름이다. 삼가 헤아려주기 바란다.

| 문예 |

• 광고

본 태극학보 대금 수납의 편의를 위하여 경성(京城)과 평안북도(平安北道)에 위탁수금소를 설치하였으니 경성에서 본 태극학보를 구독하시는 분은 대금을 경성 북서(北署) 원동(苑洞) 이갑(李甲) 씨 댁에 거처하는 김기옥(金基玉) 씨에게 보내주시고 평안북도에서 구독하시는 분은 평안북도 정주(定州) 남문(南門) 내 홍성린(洪成鱗) 씨에게 보내주시기 바랍니다.

태극학회 알림

해저여행 기담 제7회 / 자락당(自樂堂)

-함선의 구조를 상세히 설명하고 기관실을 둘러보았으며, 멀리서 총사냥을 해보고 일본해(日本海)를 항해하다-

또 이야기하자면, 아로낙스 씨가 기관실에 들어서니 이 방은 길이가 65척이요 넓이도 수십 척인 하나의 광활한 방이었다. 수많은 기관이 순서대로 나열되었는데 이를 대별하면 곧 갑·을 두 종류에 지나지 않으니, 갑종은 전기를 유통케 하는 기구며 을종은 노틸러스의 기관을 연락하는 기구였다. 한참 뒤에 네모가 설명하기를 "지금 내가 이 기계를 접촉하는 때에는 전류가 이 함 속에서 기계를 통하여 발전기를 거쳐 자석에 전하여 들어가 여러 가지 작용을 일으키며 허다한 기계를 운전하여 최강의 열도(熱度)에 달하는 때에는 1시간에 약 500리(里)의 속력을 일으킨다."고 하였다. 또 네모가 노틸러스의 모형을 가리키면서

"본 함선은 이와 같이 타원형이라 양끝은 철침과 같이 좁고 뾰족하며, 길이가 232척이요 넓이는 평균 66척이며 용적은 1,500입방야드며 톤수는 1,500톤이며, 구조는 내외 두 겹이니 곧 광대한 강철함 안에 또 한 함체를 만들어 넣고 T자형 나사못으로 연결한 까닭에 비록 마카로프(Степа́н Оси́пович Мака́ров)-러시아 해군 명장이니 흑해에서 터키 함대를 격멸함으로 명성이 유럽에 진동(振動)하였으며 또 수뢰를 발명한 것도 그의 공적인데, 1904년 러일전쟁 당시 뤼순(旅順) 항구 외해 해전에 출전하였다가 불행히 기계수뢰에 한 조각 검은 연기와 같이 대기 속으로 기화하였다-의 어형수뢰(魚形水雷)와 프랑스식 속사포와 러시아제 야전포와 독일식 공성(攻城) 구포(臼砲)로 천번 만번 사격하더라도 괘념할 것 없다. 당초에 나는 본 함체의 9분의 1은 물 위에 나타나게 하고자 하여 외함(外艦)은 중량이 394톤이며 내함(內艦)은 62톤이요, 기타 기관 및 자잘한 물품의 중량은 961.62톤이니 총 톤수가 1,355.62톤이며 이것의 수량(水量)은 1,500톤의 10분의 9에 이르니, 그러므로 노틸러스 함체의 10분의 9는 어느 때던지 물속에 부침하는 것이다. 또 내가 수면에 나가고자 하거나 물 밑에 잠복하고자 하는 때에는 바로 앞에서 설명한 것과 같이 함통(唧筒)의 수량을 19세기 최신식의 전기펌프로 압출(壓出)하거나 또는 흡입하는 것이다."

라고 일일이 자세히 설명하였다. 아로낙스 씨가 자세히 듣고서 한참 뒤에 감탄하며 말했다. "본 함선의 구조의 기묘함은 신출귀몰이라 할 수 있으니, 귀하가 어느 곳에서 어떠한 좋은 기술자를 고용해 와서 이 불가사의한 신함(神艦)을 만들었는가?" 네모가 빙그레 웃으며 말하였다.

"이것은 내가 내 심령(心靈)의 좋은 기술자에게 백 번 묻고 천 번 생각하여 만들었으니, 당초에 내가 뜬세상에서 폭군의 가렴주구와 간리(奸

吏)의 잔인함을 사갈시하여 조화옹의 벼락 몽둥이와 조물주의 소리 없는 철퇴로 완력아(腕力兒)-한 사람을 가리키는 것이 아니라 한 강국(强國)을 한 사람처럼 가리키는 것이다-의 수족을 끊으며 멸종가(滅種家)-다른 인종을 절멸하고서 자국의 민족을 번식하기를 기도하는 자이다-의 이목을 모아내고자 하다가 일이 여의치 않아 고장난명(孤掌難鳴)의 형세로 한 모퉁이에 곤궁하게 움츠렸다. 그러다가 세상일이 나날이 그릇되어 어찌할 도리가 없음을 보고서 분연(憤然)히 결심하여 영국 리버풀의 철재(鐵材)와 글래스고의 스크루와 로키-산 이름-의 양재(良材)와 호주의 큰 나무와 독일의 기관(機關)과 파리의 수통(水桶)과 기타 각국의 유명한 재료를 구해 와서 어느 바다 무인도에서 내가 평생 교육한 동지 수십 명과 본 함을 설계하여 진수식(進水式)을 치른 뒤에 같은 섬에 남아 있는 자취를 다 소각하고 이와 같이 오대양에 표류하며 우주를 방황한다."고 하였는데, 그 소리가 강개(慷慨)하고 비장하였다.

-장하구나! 네모의 의기(意氣)여. 모르는 사이에 나를 마치 가을 달빛 비추고 겨울 서리 내리는데 금풍(金風)이 쟁쟁 거리는 앞에 서 있는 듯 느끼게 한다.-

돌이켜 생각하니 고국강산에 많은 소인배가 제멋대로 날뛰며 간악한 자가 죽지 않아 충성스러운 남아가 목을 베임에 국운이 어둡고 우리 동포가 도탄에서 소리치며 외로워한다. 이 괴롭고 갖은 고생을 하는 때를 맞이하여 과연 능히 나라를 위하여 끼니도 잊을 만큼 열중하여 동지의 소식을 들으면 먹던 밥을 세 번 뱉어내며[39] 슬픈 경우를 보면

---

39 먹던……뱉어내며 : 주(周)나라의 주공(周公)이 정사(政事)에 열중하여 식사하거나 씻을 때 손님이 오면 먹던 것을 뱉고 감던 머리를 말리지 않고 거머쥐고 영접하였다는 토포악발(吐哺握髮)의 고사를 인용하였다.

발바닥에 피가 날 정도로 가서 구원하며 목을 칼에 매여도 굽히지 않고 하는 말마다 강개하게 충애(忠愛)와 진정(眞情)을 자신의 임무로 여겨 불인지심(不忍之心)으로 하얀 칼날을 밟으며 불모지에서 번쩍이는 창날을 베개 삼아 베고서 자기 몸을 희생으로 바쳐 백성 2천만을 물과 불에서 구원하려는 자가 과연 몇 사람이 있는가? 동쪽 이웃이 비록 어질다 해도 그 어질음이[40] 어질지 못함이 될 수 있고 동포들이 난폭하다 해도 그 폭력은 폭력이 아니다. 나를 택하여 주는 것이 아니라면 남이 아무리 어짊을 베풀더라도 나에게는 무익한 것이며, 만약 내가 타일러 깨우친다면 동포에게 폭력을 가함이 차마 하지 못할 일인 줄을 피차간에 반드시 알 것이니 어찌 폭력이 있으랴. 외인(外人)에게 의지하지 말라. 이것은 사나운 범에게 어린아이를 맡기는 데 지나지 않는다. 그리고 우리 백성을 해치지 말라. 이것은 스스로 그 어리석음을 족히 여기고 스스로 그 멸망을 달게 여기는 것이다. 그러므로 예부터 웅아(雄兒)가 절규하여 "뜻이 있어 성공한 이들은 할 수 없다고 말하지 않는다." 한 것은 우리가 함께 아는 바이다. 그러므로 나는 비록 재주가 없지만 감히 한마디 진리의 말로 우리 애국적 국민에게 충고한다.

국가를 위하여 억만년 이어질 기초가 되는 사업을 정하며, 육대주의 으뜸가는 제왕이 될 사업을 이룰 우리 국민은 모두 '작위함이 있으면 이룬다.'고 하여 지금부터 시작하여 부지런히 서로 권면하여 나아가면 열매를 얻을 것은 불을 보듯 분명하니 한번 해보라. 다시 고하노니, 지금 세상에 우리나라의 유지(有志)가 된 이들아! 내가 성숙하지 못한 젖비린내로 이 외람되고 당돌한 이야기를 내뱉음은 노성(老成)한 여러 군자의 꾸짖음을 면치 못하겠으나 본시 내국(內國)의 옛 습속을 따르는 유지자는 제쳐두고, 이른바 개화(開化)의 여러 선비들아! 내가 전해오

---

40 어질음이 : "어질음"에 해당하는 원문 글자가 "人"인데 문맥상 오자로 보아 "仁"으로 바꿔 번역했다. 동쪽 이웃은 일본을 가리키는 것으로 보인다.

는 이야기를 간접으로 들으니, 공(公)들이 여럿이 모인 마당과 성대한 연회 자리에 맞닥뜨려서는 소매를 떨치고 큰소리를 내며 '나라의 형세가 이러이러하고 세상 풍조가 이러이러하니, 어찌하면 좋겠는가!' 하고 더러는 책상을 치며 크게 부르짖기도 하며 더러는 얼굴을 가리고 얼굴을 가리고 울기도 한다. 그러다가도 그 내용을 보고 그 이면을 찾아보면 아침에는 이현(泥峴)을 엿보고 저녁에는 경동(京洞)을[41] 기웃거리며 대감이 똥을 누는 곁에 무리지어 서 있다가 오(吳)나라 왕의 똥이 달다는 따위의 이야기[42]를 한다. 관직을 독점하는 권문세가 앞에 똥파리처럼 모여 범의 위세를 빌어 어리석은 백성에게 부리고 나폴레옹의 단발과 파리 유행의 구두에 5촌의 수염을 말아서 당상(堂上)에서 위엄을 지으며 3척의 지팡이를 휘두르며 문 밖에서 횡행한다고 한다. 내 얕은 식견으로는 이는 꼭 두 셋의 개화꾼이 앵무새처럼 일본어로 떠들며 천리마에 붙어 위세를 떠는 것이고 원숭이가 내는 서양 흉내로 자만하여 남을 무시함이니, 물고기 한 마리가 물을 탁하게 하여 연못 전체가 흐려지고 한 사람이 잘못을 저지름에 구족(九族)에게 죄가 미치는 격을 면치 못한다. 그러나 들은 바가 오직 이것이며 말하는 바가 이것뿐이니 어찌 통탄하지 않겠는가!

이제 바야흐로 국세(國勢)의 절박함이 이와 같음에 여러분이 비록 토포악발(吐哺握髮)을 백 번 천 번 하고 발분해서 정신을 차려도 당연(堂燕)의 화[43]를 면하지 못할까 두렵거늘, 하물며 스스로 섶을 지고 화염을

---

41 경동(京洞) : 권세가가 모여 사는 서울의 구역을 이른다. 앞의 이현(泥峴)은 진고개로 현재 충무로 인근이며 당시 일본인 거류지이다.

42 오(吳)나라……이야기 : 구천(句踐)이 오나라 왕 부차(夫差)의 똥을 먹으며 아부해 포로인 처지를 벗어날 수 있었다는 고사가 있다.

43 당연(堂燕)의 화 : 먼 미래를 내다보지 못해 해를 입음을 이른다. 제비가 대청마루 위에 집을 지어 편안한 줄만 알지, 마룻대에 불이 붙으려 하는 것을 알지 못한다는 비유에서 유래한 말이다.

부추기는 짓을 함에랴! 진정 의외이다. 옛말에 "사람이 누가 잘못이 없으리오. 고치면 좋다."라고 하였으니, 여러분은 눈을 비비고 볼 만큼 새롭게 하여 지사(志士)의 모양을 가장한다는 나무람을 받지 말고 그 천성의 참됨과 선천적인 질박함을 발휘하여 함께 이 백성을 구제하며, 함께 이 여원(黎元)을 건져내면 나라와 가문에 더없는 행복이니, 삼가 바란다.

저자가 말하였다. "대저 지구상에 바다는 육지의 3배다. 그 면적이 약 8천만 아굴[44]이요 수량(水量)은 2조2억5천만 입방리[45]에 모자라지 않는다. 그러므로 지금 지구상에 유동하는 하천으로 이를 충일(充溢)하게 하려면 4만 년가량 걸릴 것이며, 지질학상으로 추측하여 소급한다면 지구의 원시에는 물의 시대며 다음에는 불의 시대가 되었다. 횡압력(橫壓力)이 조산력(造山力)을 산출하고 외력(外力)이 내력(內力)을 압복(壓伏)하여 요철이 생기며 물과 뭍이 갈라지고 진동하니 분화(噴火)가 시작하면서 한쪽에 홍수가 범람하면 다른 부분에는 도서(島嶼)가 굴기하였다. 그래서 이제까지 수만 년간에 현재와 같은 세계를 이루니 곧 오대양[46]-남・북빙양, 인도양, 대서양, 대서양, 태평양- 육대주-아세아, 유럽, 아프리카, 오세아니아, 남북아메리카로 나눈다. 태평양은 아시아와 아메리카 두 대륙 사이에 끼어 있어 경선(經線) 145도 사이에 범람하는 가장 광활한 해양이며 노틸러스가 지금 막 항해하는 곳이다."

각설하고, 두 사람이 이야기를 중지하고 밥을 먹은 뒤에 네모가 아로

---

44 아굴 : 면적을 나타내는 단위인 듯하나, 정확하지 않다.

45 입방리 : 바다의 부피는 약 13억 7천만 입방 킬로미터이다. 리(里)는 한국에서 393미터정도인데 여기의 입방리(立方里)는 미상이다.

46 오대양 : 원문에는 남북빙양(南北氷洋), 인도양(印度洋), 태서양(太西洋), 아다라양(亞多羅洋), 태평양(太平洋)이라 되어 있다. 아다라양은 대서양인 애틀랜틱(Atlantic)을 이르는 것으로 보이나 미상이다.

낙스 씨에게 "잠시 배 위에서 한유(閒游)하는 것이 어떻겠나." 하고 세 번 전기 시계를 눌렀더니 펌프의 물이 분출되어서 사다리를 따라 나갔다. 아로낙스 씨도 따라가니 하늘은 푸르고 날은 맑으며 동풍이 서서히 불고 물결이 일지 않는데 사방을 바라보아도 모두 물이었다. 비록 새소리 벌레소리와 예쁜 꽃과 푸른 풀이 없으나 오대양의 경치가 모두 마음속에 들어오고, 가령 고향은 하늘 끝 구름이 있다가 없다가 하는 사이에 묻혀 있으나 또한 붉은 태양이 저 푸른 벼랑도 없는 속에서 번쩍번쩍한다.[47] 배에 오랫동안 갇혔던 포로가 삼족오(三足烏)[48]의 빛을 처음 보니 기쁨과 슬픔이 가득하였고, 범의 등에 올라탄 걸아(傑兒)가 태을(太乙) 사이에 다시 서니 근심도 많고 고마움도 많았다. 이때 네모는 육원의(六圓儀)로 천체를 관측하며 위도를 측량하고 아로낙스 씨에게 이르기를 "지금은 바로 정오라. 노틸러스의 진로는 바로 5대 조류(潮流)-1)흑조(黑潮) : 북위(北緯) 28도에서 60도, 동경(東經) 140도에서 서경(西經) 140도, 2)북적도 해류 : 0도에서 북위(北緯) 20도 사이 환류(還流), 3)남적도 해류 : 0도에서 남위(南緯) 20도 사이 환류, 4)브라질 해류 : 남위 20도에서 40도, 서경 20도에서 50도, 5)멕시코 만류 : 북위 23도에서 45도, 서경 40도에서 80도 등 모두 난류이다.-중에 흑조라 불리는 조류를 역항하는 중이다."라고 하고, 원거리에 어슴푸레 나타난 한 점 짙푸른 구름 같은 것을 가리켜 "이것은 일본이다." 하였다. 말을 마치자 함선 안으로 복귀하여 아로낙스 씨에게 "시방 본 함선은 수중 156척 아래에서 항진하니 귀하는 이 방에 머물러 도서를 임의로 관람하는 것이 어떠한가? 나는 곁방으로 돌아간다."라고 인사하고 갔다.

---

47 저 푸른……번쩍번쩍한다 : 원문은 '鑠々乎彼蒼崖無之中이러라'인데 뜻이 통하지 않는 부분이 있어 문맥에 따라 의역을 약간 가하였다.

48 삼족오(三足烏) : 태양을 가리킨다. 태양 속에 세 발 달린 까마귀가 산다는 고대 중국의 신화에서 유래하였다.

이때 아로낙스 씨가 홀로 침묵하고 생각해보니 천지가 비록 넓으나 이 몸은 함선의 입구를 벗어날 길이 없고 대우는 비록 후하지만 이 마음엔 잠시도 머무를 뜻이 없다. 몸이 초수(楚囚)[49]가 되니 어안(魚鴈)[50]은 전할 길이 없고 혼이 고향에서 노닒에 벗들이 때때로 기억나는지라, 처연한 눈물과 비감(悲感)한 생각에 머리 숙여 스스로 불쌍히 여기다가 쏜살같이 철문이 열리는지라 깜짝 놀라 보니 다른 사람이 아니라 바로 네드 랜드 씨와 콩세유였다. 세 사람이 모여 앉아 피차 설왕설래할 때 전기등은 갑자기 꺼지고 유리창이 조금 열리더니 다시 전깃불이 번쩍하고 몇 리를 밝히는데 일본과 지나 근해의 기이한 물고기와 길짐승이 광명을 애모(愛慕)하고 창밖에 와서 모이는데 공중의 새들과 산속의 짐승들은 그 수가 여기에 비길 만하지 않았다. 저녁식사 시간이 되자 각자 거주하는 곳으로 돌아가 다 먹은 뒤에 취침하였다. 이와 같이 대엿새가 지났으나 네모는 어떤 일이 있는지 끝내 소식이 없고 의아하기 그지없더니 하루는 홀연 사환이 봉서(封書) 하나를 가지고 오는데, 겉면에 아로낙스 각하라 씌어 있는지라 급히 봉투를 열어 읽으니 그 편지는 다음과 같았다.

"며칠 격조(隔阻)하니 서운한 마음 만 겹입니다. 본디 자주 만나고 싶었으나 형세에 어쩔 도리가 없습니다. 삼가 묻건대, 요즈음 귀하신 몸은 평안하시며 책 읽는 재미가 과연 어떠신지요. 당신을 위하여 송축(頌祝)합니다. 다만, 주변에 크레스포 섬이 있는데 온갖 모습이 보일락 말락 하고 온갖 경치가 달려드는바 참으로 세상에 없는 기경(奇景)이오

49　초수(楚囚) : 포로 또는 타향에 잡혀 있는 사람을 이른다. 춘추시대 초나라의 종의(鍾儀)가 진(晉)나라에 잡혀가서도 초나라 음악을 연주하고 초나라의 관(冠)을 쓰고 살았던 고사에서 유래하였다.

50　어안(魚鴈) : 편지를 이른다. 한나라 때 흉노의 포로였던 소무(蘇武)의 편지를 기러기가 전해주었다는 고사와 변방으로 수자리 살러 간 남편의 편지가 물고기 뱃속에서 나왔다는 고사에서 유래하였다.

니 비록 피로하지만 내일 17일에 그 섬에서 총사냥과 산책을 하는 것이 어떻겠습니까. 남은 말은 남겨두고 우선은 예(禮)를 갖추지 못합니다."

노틸러스 함장 네모 배(拜)

파리박물관장 아로낙스 각하

| 잡록 |

○ 낙동회보(洛東會報) 신간 : 낙동친목회(洛東親睦會)에서는 10월 13일부터 회보를 간행하는데 동회(同會)의 회원과 뜻있는 인사에게 대가 없이 준다고 한다.

○ 김씨를 우러를 만하다 : 유학생 김규현(金奎鉉) 씨가 수년 전에 일본에 건너와 학자금이 넉넉하지 않은 고로 도쿄 내 어떤 일본인 집에서 더부살이하며 노동하는 여가에 학업을 근면히 해나감은 일반 유학생계에 잘 알려진 아름다운 소문이거니와, 그가 그 곤란한 학자금 중에서 『일본축우잡지(日本畜牛雜誌)』[51] 1부를 구매하여 본회에 기부하였으니 그의 성의에 대하여 본회 일동이 몹시 감사해 마지않노라.

○ 감사 신씨 : 경성 신사 신승균(申昇均) 씨가 『대한신지지(大韓新地誌)』[52] 1질을 본회에 기부하였다.

○ 전씨 유람 : 본국 신사 전병훈(全秉薰) 씨가 유람차로 수주 전에 건너와 도쿄 아오야마(靑山) 등지에서 머문다고 한다.

● 장관(將官) 참관 : 본국 육군 참장(參將) 이희두(李熙斗)[53] 등 제씨가 이달 17일에 거행하는 일본 육군 대연습을 참관하기 위하여 며칠 전에 건너왔다고 한다.

● 창기(娼妓)의 원유(遠遊) : 지난달에 일본 내국(內國) 권업박람회(勸業博覽會)에 ○○차로 건너왔던 창기 3명이 아직까지 놀러다니며 돌아

---

51 『일본축우잡지(日本畜牛雜誌)』: 1904년부터 대일본축우개량동맹회(大日本畜牛改良同盟會)에서 간행한 잡지로 1926년까지 263호가 간행되었다고 한다.

52 『대한신지지(大韓新地誌)』: 1907년 장지연이 편찬하여 총 2권으로 간행한 지리교과서이다.

53 이희두(李熙斗) : 1869-1925, 일본육군사관학교를 조업하고 대한제국 육군 장교로 근무하다가 러일전쟁에서 일제에 협력하였다. 일제강점기에 일본군 소장을 지냈고 『친일인명사전』에 등재되었다.

오지 않더니 요사이 도쿄 가쿠라자카(神樂坂) 등지 연극장에서 본국 가무(歌舞)로 매일 저녁 출연한다고 한다.

• 회사요록

○ 10월 27일에 본회 원족회(遠足會)를 도쿄부 오지고요인(王子紅葉園)에서 개최하고 일반 회원이 각종 흥락(興樂)으로 종일 즐긴 후에 기념차로 일동 촬영하고 귀래(歸來) 길에 올랐다.

○ 이달 1일에 평북 용의(龍義) 지회장 정제원(鄭濟原) 씨가 동회의 상황을 보고하고 회원 사이에서 찬성금(贊成金) 13환 40전과 회비 10환을 수합하여 보내왔다.

○ 이달 6일 평남 영유(永柔) 지회장 이기찬(李基燦) 씨가 동회 상황을 보고해왔다.

• 신입회원

김수철(金壽哲), 정용원(鄭庸瑗), 이규철(李奎澈), 조운룡(趙雲龍), 이병원(李炳遠), 안병옥(安炳玉), 김인규(金麟奎) 제씨는 이번 본회에 입회하였다.

차일환(車日煥), 이학련(李學璉), 김득수(金得守), 최용숙(崔龍淑), 박상학(朴尙學), 이동욱(李東旭), 정성해(鄭成海), 정상익(鄭尙益), 임병무(林炳茂), 고취륜(高就崙), 김원선(金元善) 씨들은 이번 평북 용의(龍義) 지회에 입회하였다. 김정기(金貞基), 김철중(金喆重), 김예선(金預善), 위남식(韋南植), 안국형(安國衡), 김정걸(金貞杰), 이성언(李星彦), 이주찬(李周贊), 김용일(金龍一), 박용연(朴龍淵), 박도붕(朴渡鵬) 제씨는 이번 평남 영유(永柔) 지회에 입회하였다.

• 회원소식

○ 본 회원 홍정도(洪廷鍍) 씨는 친환(親患) 급보를 접수하고 10월 27일 오후 3시에 신바시 발 열차로 길을 떠나 귀국하였다.

○ 본 회원 박인식(朴仁植) 씨는 위병 섭양(攝養) 차로 10월 29일 오후 1시에 길을 떠나 귀국하였다.

○ 본 회원 장순기(張舜基), 추영순(秋永淳) 씨 2인은 메이지대학 법률과에 입학하였다.

• 영유군지회(永柔郡支會) 임원록

회 장	이기찬(李基燦)
부회장	정일온(鄭日溫)
총무원	김관식(金寬植)
평의원	김봉식(金鳳植) 김명준(金命峻) 김용식(金容植)
	김철선(金喆善) 전원삼(田元三) 나신곤(羅愼坤)
사무원	안국형(安國衡) 한승현(韓承賢) 이주찬(李周贊)
	김용선(金用善) 탁성철(卓成喆)
회계원	김봉식(金鳳植) 전원삼(田元三)
서기원	정일온(鄭日溫) 김철중(金喆重)
사찰원	김용선(金用善) 김명준(金命峻) 탁성철(卓成喆)

• 태극학보 의연금 출연자 명단

최 열(崔 烈) 씨 1환　　정진주(鄭鎭周) 씨 1환

정제원(鄭濟原) 씨 2환　　백진규(白鎭珪) 씨 1환

최인정(崔仁廷) 씨 50전　　문정화(文精華) 씨 50전

김응희(金應禧) 씨 50전   한중교(韓重教) 씨 50전

이동욱(李東旭) 씨 50전   백정규(白廷珪) 씨 50전

백용일(白鏞一) 씨 50전   한도욱(韓道旭) 씨 50전

정상묵(鄭尙默) 씨 30전   정상익(鄭尙益) 씨 50전

임영준(林英俊) 씨 50전   김세관(金世寬) 씨 50전

박세현(朴世鉉) 씨 50전   장관한(張觀翰) 씨 50전

이기순(李基淳) 씨 50전   한영하(韓永河) 씨 30전

한처원(韓處元) 씨 30전   김학준(金學俊) 씨 30전

정제승(鄭濟乘) 씨 50전   정제민(鄭濟民) 씨 20전

정성해(鄭成海) 씨 30전   김용선(金龍善) 씨 20전

• 태극학보 제15호 정오주의(正誤注意)

3면과 7면은 서로 바꿀 것

면수	란(欄)	항(行)	글자	오(誤)	정(正)
2	하	2	17	의	에
2	하	3	2	에字는업슬것	
4	상	8	6	衰	哀
5	상	5	1	一의	單一의
5	상	6	9	人의	吾人의
9	하	16	4	見集	見奪
29	상	8	5	ᄒ던저	ᄒ던지
29	하	6	9	間題	問題
29	하	13	8	成治	成冷
30	상	4	7	보터	브터
31	하	4	1	八의	人의
32	상	17	10	結寶	結實
38	상	4	15	홀	혼
38	상	5	14	혼	홀
38	하	16	2	도	ㄴ

40	상	10	5	理科가	理科라
45	하	15	3	有	者
49	하	10	12	族	旅
51	하	5	3	末	未
51	하	17	11	談과가는相換홀것	
52	상	9	7	眡	括
53	하	13	12	注	往
55	하	12	'金喆重'은 '金喆善'의 오식임.	
56	하	4	'金喆重'의 '重'자는 '善'자의 오식.	

　본보 제15호는 활판소(活版所)의 부주의한 소치로 글자의 착오가 많으니 이 정오주의(正誤注意)로 너그럽게 보아주십시오.

광무 10년 08월 24일 창간
융희 원년 12월 20일 인쇄
융희 원년 12월 24일 발행
메이지 40년 11월 20일 인쇄
메이지 40년 11월 24일 발행

•대금과 우편료 모두 신화(新貨) 12전

일본 도쿄시 코이시카와구(小石川區) 히사가타쵸(久堅町) 45번지
편집 겸 발행인   장응진(張膺震)

일본 도쿄시 코이시카와구 히사가타쵸 45번지
인 쇄 인   김지간(金志侃)

일본 도쿄시 코이시카와구 나카토미사카쵸(中富坂町) 19번지
발 행 소   태극학회

일본 도쿄시 우시코메구(牛込區) 벤텐죠(辨天町) 26번지
인 쇄 소   명문사(明文舍)

• 광고

본 태극학회 사무소를 이번에 도쿄(東京) 코이시카와구(小石川區) 나카토미사카쵸(中富坂町) 19번지로 이전하고 매 통상회를 해당 장소에서 열기로 하였기에 널리 알립니다.

일본 도쿄 코이시카와구(小石川區) 나카토미사카쵸(中富坂町) 19번지
태극학회 알림

태극학보 제15호	
광무 10년 10월 24일	제3종 우편물 인가
메이지 39년 10월 24일	
융희 원년 11월 24일	발행(매월 24일 1회 발행)
메이지 40년 11월 24일	

광무 10년 9월 24일 | 메이지 39년 9월 24일 | 제3종 우편물 인가

광무 10년 8월 24일 창간
융희 원년 9월 24일 발행(매월 24일 1회)

태극학보

제16호

태극학회 발행

• **주의**

△본 태극학보를 구독하고자 하시는 분은 본 발행소로 통지하여 주시되 거주지 성명과 통호를 상세히 기재하여 보내주시고 대금은 우편위체(郵便爲替)로 본회에 교부하여 주시기 바랍니다.

△본 태극학보를 구독하시는 여러 군자들 가운데 주소를 이전하신 분은 시급히 그 이전하신 주소를 본 사무소로 통지하여 주시기 바랍니다.

△본 태극학보는 뜻 있으신 인사들의 구독 편의를 위하여 출장지점과 특약판매소를 다음과 같이 정합니다.

　황성 중서(中署) 동궐(東闕) 파조교(罷朝橋) 건너편 주한영(朱翰榮) 책사 -중앙서관(中央書館) 내-

　평안남도(平安南道) 삼화진(三和鎭) 남포항(南浦港) 축동(築垌) 김원섭(金元燮) 댁

　평안북도(平安北道) 정주군(定州郡) 남문(南門) 내 홍성린(洪成鱗) 상점

　북미 샌프란시스코 한인공립협회(韓人共立協會) 내 -임치정(林致淀) 주소-

대한제국 2천만 동포의 새해를 삼가 축하합니다.

태극학회

목차

태극학보 제16호

• 투서주의

1. 학술(學術), 문예(文藝), 사조(詞藻), 통계(統計) 등에 관한 온갖 투서
   는 환영합니다.
1. 정치에 관한 기사(記事)는 일절 접수하지 않습니다.
1. 투서의 게재 여부는 편집인이 선정합니다.
1. 투서의 첨삭권은 편집인에게 있습니다.
1. 일차 투서는 반려하지 않습니다.
1. 투서는 완결함을 요합니다.
1. 투서는 세로 20행 가로 25자 원고지에 정서함을 요합니다.
1. 투서하시는 분은 거주지와 성명을 상세히 기재하여 보내주셔야 합
   니다.
1. 투서에 당선되신 분께는 본 태극학보의 해당호 한 부를 무상으로
   증정합니다.

• 회원주의

　본 태극학회 회원은 원적(原籍), 원거지(原居地), 현주소, 직업-학생
은 목적-, 생년월일을 상세히 기재하여 보내주시며 현주소를 이전할
때 즉시 그 이전한 지명과 통호를 본회 사무소로 상세히 통지하여 주시
기 바랍니다.

태극학보 제16호
융희 원년 12월 24일
메이지 40년 12월 24일 [발행]

| 논단 |

문명 정신을 논하다 / 정제원(鄭濟原)

　대개 원기(元氣)라고 함은 들어도 소리가 없고 보아도 형체가 없어서 빌릴 수도 없고 억지로 취할 수도 없는데 번성하여 자라면 가히 지구를 포괄 망라하여 만물을 주조하고, 꺾이고 손상되어 억눌리면 홀연히 시들고 쪼그라져 자취가 모두 사라진다. 때로는 진퇴와 영고(榮枯)와 성쇠가 하늘에서 기인하는 것인지 사람에게서 기인하는 것인지 모르겠거니와 사람에게 이것이 있으면 생존하고 없으면 죽으며 나라에 이것이 있으면 존속하고 없으면 망한다. 이뿐만이 아니다. 진실로 그것이 있으면 비록 죽을 지경에 이르더라도 반드시 살며 망함에 이르더라도 다시 존속한다. 지금 시대의 급선무를 아는 준걸이라면 누가 서양을 문명국이 아니라 할 것이며, 우리나라를 진보하게 함에 서양 각국과 더불어 대등하게 하고자 하지 않을 것이며, 필시 먼저 우리나라 문명의 진보를 구함에 서양 문명과 더불어 서로 대등하게 하려 하지 않으리오.

　그런데 문명이라 함은 형질(形質)과 정신(精神)이 있다. 형질의 문명은 구하기가 쉽고 정신의 문명은 구하기가 어렵다. 정신이 이미 갖추어져 있으면 형질은 자연히 생기고 정신을 보존하지 못하면 형질이 가까이 붙지 못한다. 그러므로 문명이라 함은 자못 정신에 달려 있을 따름이다. 선지자와 선각자로 자임하는 자는 두 가지의 선후와 완급에 유의하지 않으면 안 된다. 특히 문명을 구하는 데에 형질로만 좇음은 비유컨대 막다른 골목에 이르러 곳곳마다 장애물을 만나 따로 통로가 없어 그 형세가 필시 목적지에 도달하지 못하는 것과 같으며, 문명을 구함에 정신으로 좇음은 큰 물길을 인도함에 그 근원을 한 번 맑게 하면 천리를 곧장 쏟아져 내려가는 것과 같다. 이른바 정신이라 함은 곧 국민의 원기이다. 의복과 음식과 기계와 궁실(宮室)로부터 정치 법률에 이르기까지 모두 눈으로 보고 귀로 듣는 바이다. 이를 단지 형질이라 하더라도 형질 안에는 또 허실의 차이가 있다. 정치와 법률은 비록 눈으로 보고 귀로 들을 수 있지만 손으로 잡지 못하고 돈으로 사지 못하는 까닭에 얻기도 어렵다. 그러므로 의식과 기계는 형질 중의 형질이라 할 수 있을 것이고 정치와 법률은 형질 중의 정신이라 할 수 있다. 대저 국민의 원기는 하루아침 하루저녁에 조성할 수 있는 바가 아니요 한 사람 한 집안으로 이룰 수 있는 바가 아니요 정부의 힘으로 강제 압박해 이룰 수 있는 바가 아니요 종문(宗門)의 가르침으로 권면하여 인도할 수 있는 바가 아니다.

맹자께서 말하기를 "곧은 것으로 잘 길러 해치는 일이 없게 하면, 천지 사이에 가득 차게 될 것이다."[1]라고 하셨으니 이를 일러 정신 중의 정신이라 하는 것이요, 정신 중의 정신을 구하는 자는 반드시 정신으로써 감응을 불러일으킬 것이다. 만약 가지별로 마디별로 자잘하게 그 형질만 모범으로 삼으면 끝내 능히 이루지 못할 것이다. 옛말에 이르기를 "천지에 나라가 있으면 반드시 더불어 세울 수 있다" 하니 나라를 함께 세울 자는 누구인가. 백성 뿐이다. 백성을 세울 바는 무엇인가. 원기 뿐이다.

---

1 곧은……것이다 : 맹자가 '호연지기(浩然之氣)'를 설명하며 한 말로 『맹자』「공손추(公孫丑)」 상에 나온다.

청년의 역사 연구 / 김지간(金志侃)

　우리 청년은 대한 개국 4천여 년의 역사를 가진 청년이요, 미래 대한 독립의 천만년 역사를 기약하는 청년이다. 과거의 역사를 계속하고 미래의 역사를 영광스럽게 함도 우리 청년에게 있고 과거의 역사를 영원히 끊고 미래의 역사를 참담하게 함도 우리 청년에게 있다. 청년아! 청년아! 대한 청년아! 오늘의 대한 청년은 과거의 한국 청년에 비할 바가 아니요, 미래의 한국 청년에게 비할 바도 아니다. 책임이 무거우니 태산이 가볍고 의무가 깊으니 하해(河海)가 얕다. 우리 청년은 역사의 주인이요, 국가의 원동력이다. 깊게 생각하고 깊게 살펴라. 오늘날 대한 청년계의 현상이 어떤 지경에 있는가를 눈을 둥그렇게 뜨고 보라.

　어떤 청년은 문을 닫고 독서하며 사문(斯文)이라 자칭하며 옛날이 옳고 오늘이 그르다하여 세계 시세가 변천함에 완전히 어두울 뿐 아니라 자국이 어떤 참화를 당하는지 알지 못하니 "역사의 주인이며 국가원동력"이라 함이 옳을까. 또 어떤 청년은 벼슬욕심이 팽창해 경향(京鄕)의 권문세가만을 찾아 가서 타인의 수염 아래 몸을 굽히고 아첨하며 외부 족속의 계략과 뜻에 맞춰 그 모욕을 스스로 취함에 그 몸을 스스로 포기하는 것이니 "역사의 주인이며 국가원동력"이라 함이 옳을까. 또 어떤 청년은 주색에 빠지고 잡기에 미혹되며 아편에 취하여 국가의 흥망은 논할 여가도 없고 자가의 재산까지 남김없이 탕진해 결국에는 부모처자를 유리걸식하게 하니 "역사의 주인이며 국가원동력"이라 함이 옳을까.

　슬프다! 우리 청년아! 내 말이 과격한 것이 아니라 이 말을 하는 사람도 대한 청년이요, 이 말을 듣는 사람도 대한 청년이다. 고르게 대한 청년인즉 대한 청년 된 사람 중 누가 책임이 중하며 누가 책임이 경하리오. 청년이 무식하고 청년이 부패하면 즉 역사가 영원이 끊어지는 날이며 국가가 멸망하는 날이요, 청년이 유식하고 청년이 건강하면 즉 역사가 영광하는 날이며 국가가 흥왕하는 날이다. 네덜란드의 멸망과 월남의 노예화도 네덜란드와 월남의 청년이 스스로 취함이요, 미국의 독립과 이탈리아의 건국도 미국과 이탈리아의 청년이 스스로 이룬 것이다. 떨쳐 일어나고 용감히 나아가라, 대한 청년! 국가의 현상을 비관하지 말고 국가의 장래를 낙관하라, 대한청년! 영국의 노예를 벗어나고 북미 대륙에 신제국을 조성함은 미국 청년 워싱턴이 아닌가. 오스트리아의 굴레를 벗고 서유럽 반도에 옛 왕국을 회복함은 이탈리아 청년 3걸이 아닌가. 영웅이 시세를 만든다 하였으나 시세도 영웅을 만드니 오늘날 대한의 시세는 무수한 영웅을 만들 시대이다.

유망하고 유복한 대한청년! 지식을 확충하고 정신을 수양하여 이상과 열심과 담력으로 풍상우로(風霜雨露) 아래 근골(筋骨)을 단련하고 천신만고 속에 정신을 분발해 한결같이 정대한 목적으로 위험을 꺼리지 않고 죽음을 두려워하지 않으며 어떤 일을 이루지 못하며 어떤 공을 세우지 못하겠는가. 역사는 이를 따라 영광이요, 국가는 이를 따라 강대하리니 우리 청년아!

국가와 교육의 관계 / 김진초(金鎭初)

옛날엔 국가의 조직이 현재와 같지 않아 국내에서 정권을 쥐고 위복(威福)을 휘두르는 자는 다만 군주와 귀족이었다. 일반 국민은 군주와 귀족의 노예가 되어 정치에 간섭할 권리가 없고 법의 득실을 논함이 허용되지 않았을 뿐더러 심한 경우에는 어떠한 법률이 있는지도 알지 못하였다.

생살여탈(生殺與奪)이 상층 한 계급의 전권(專權)에 속한 시대에는 일반 국민에게 교육을 주며 지식을 보태어 정치·법률이 어떠한가를 깨우쳐 인권·자유 등의 사상을 품게 하는 것이 상층 계급에는 심히 불리하고 유해한 바가 있으니 그리하여 고대 전제국(專制國)에서는 흔히 교육을 중요시하지 않을 뿐 아니라 도리어 어떤 정도까지는 억압을 하였다. 그러나 근세기에는 학문의 발달에 따라 국가의 발달이 다만 상층 사회 일부의 힘으로 인하여서만 기대될 것이 아니라 국민 공동의 힘으로 인하여 기대될 수 있는 것임을 지각하고 이에 각국이 다 경쟁적으로 교육의 제도를 정제하여 일반 국민으로 하여금 은택을 입게 하는 방침을 세우는 데 이르렀다. 국가가 교육의 제도를 정함에 반드시 선결할 문제는 국가가 교육에 어느 정도로 간섭하는가이다. 이 문제에 대하여는 대개 다음과 같이 세 가지로 답할 수 있다.

첫째는 교육을 개인의 사업으로 하여 그 자유 발달에 맡기고

둘째는 국가가 교육을 자기의 직접 사업으로 하여 총 경영과 설비는 다 국가 스스로 부담하고

셋째는 교육을 국가의 사업으로 하여 자기-국가가 유지하는 학교를 설립하고 한편으로는 개인의 경영과 설비를 허락하여 자유로운 발달에 맡기는 것이다.

위에서 첫째는 자유주의라 부르는 것인데 영국에서 채용한 바요, 둘째는 국가주의라 부르는 것인데 독일에서 채용한 바요, 셋째는 공사병행주의(公私幷行主義)라 부르는 것인데 프랑스에서 채용한 바이다. 그런데 교육을 다만 국가의 사업으로 하여 대·중·소학을 모두 국가의 경영대로만 하면 그 교육이 형식으로 흘러 기계적이게 됨을 피할 수 없을 것이다. 특히 국가는 그 안녕·질서를 보존하고자 함이 급하여 교육의 방침을 하나로 정하고 진리의 자유로운 탐구를 저해하며 신흥 학리(學理)를 차단하여 학생에게 도리어 신학설을 듣게 하지 못하는 폐가 있다. 또 교육을 전적으로 개인의 경영에만 위임하면 개인의 힘으로는 도저히 완전한 설비를 시행하기 더없이 어려울뿐더러 또 영리(榮利)

로 흘러 피교육자-제자-로 하여금 불행을 느끼게 할 것이니, 극단의 방임-자유-주의와 극단의 국가주의는 다 폐해에 빠져 탄식하는 경우가 없지 않다.

그래서 이를 절충해야 하는바 소위 병행주의는 양극단의 폐해를 피해 교육을 구조하는 가장 온당한 주의이다. 즉 초등교육에 있어서는 그 설비가 간단하므로 가정과 사립학교에서 시행함이 좋으나, 국가는 교육 보급의 필요를 위하여 교육을 전적으로 개인에게만 방임하지 아니하고 스스로 진취적으로 경영하며 설비하여야 할 것이다. 현재 개명한 여러 나라에는 대개 공립학교를 두고 한편으로는 사립학교를 인가한다.

중등교육에 있어서는 초등교육보다 더욱 획일화할 필요가 적으므로 개인의 기획에 위임할 여지가 넓어서, 재원이 풍부한 나라에서는 개인의 손에 전적으로 위임하여 교육의 보급을 쉽게 하는 경우가 있다. 그러나 교육을 전적으로 개인에게만 방임할 때는 부자만 독점하는 바가 되고 중류 이하 사람의 자제로서는 취학의 곤란을 느낄 것이다.

대학교육은 중등교육보다도 더욱 자유로워 개인의 경영을 기대할 바이나 실제로 이 설비를 정제코자 하면 개인의 힘만으로는 족히 담당치 못하리니 국가가 자진하여 스스로 경영치 않으면 안 된다. 그러나 학술의 자유는 어느 정도 인가하고, 혹 곡학(曲學)과 사설(邪說)을 내놓는 우려가 있더라도 다른 학설을 빌려 배격할 것이요 국가의 힘으로는 약간이라도 간섭하지 말아야 할 것이다.[2]

만일 국가의 힘으로 학술의 자유를 위압하고 사상의 고상함을 피어나지 못하게 하면 이에 그 국가의 앞길은 정하여진 것이다. 어째서인가. 이는 국가가 그 본위를 떠나 일개 정부 관인(官人)의 개인 소유로

---

2 간섭하지 말아야 할 것이다 : 원문은 '干涉치 홀者라'로 되어 있다. 부정사에 해당하는 글자가 누락된 것으로 추정된다.

귀속되기 때문이다. 이러한 경우를 맞아 혁구개신(革舊改新)하지 못하면 나라가 망하고 백성이 멸망하는 것을 막을 수 없으니, 무릇 국가를 지닌 자는 신중히 생각해야 하지 않겠는가.

소년국민의 양성 / 석소(石蘇) 이동초(李東初)

국민 교육주의를 창도해 나라의 일반 유년자에게 각각 상응하는 학식을 수여해야만 할 필요는 선배가 논한 바이고, 누구라도 동의하는 바이나, 나는 이에 부족하지만 느낀 바를 설명하여 독자 여러분의 참고에 도움이 되고자 생각한다.

대개 나라의 유년자는 즉 소위 소년국민이다. 장래에 이 소년국민으로부터 국무대신도 나오고 상하원 의원도 나오며 차관·국장·과장·서기관도 나오고, 관찰사·군수 및 부(府)·현(縣)·군·시의 의회 회원도 나오며, 학사·박사·문한가(文翰家)도 나오고, 농·공·상·실업가도 나오니 결국은 상하기관이 성대히 다스려지는 여부와 문물성쇠의 원동력은 소년국민 양성 여부 하나에 달려 있는 듯하다. 이 소년국민이 어릴 때에 도야의 훈화를 입지 못해 자신에게 맞는 학문을 닦지 못한 경우이면 타고난 재질을 다듬지 못하여 상식이 완전치 못한 고로 훗날 사회에 서야만 할 때에 전도가 막연하고 사리가 어두워서 우준(愚蠢)에 가까울 것이니 이로 말미암아 자신의 몸을 닦을 수 없고 자신의 집을 가지런히 하기 어렵다. 수신제가도 할 수 없는 국민이 어찌 국체의 관념과 국정에 참여할 도리가 있으리오. 이 국권을 확장할 수 없으며 국위(國威)를 빛나게 할 수 없음은 당연하다.

또한 오직 국가 문명의 나아감의 여부는 국민의 지식과 재덕의 구비 여부에 기인하는 바인즉 소년국민 교육 이 한 가지 일은 가히 하루라도 소홀히 하지 못할 것이다. 그러나 우리나라 교육 정도는 법률상 강제하는 제도가 세워지지 않았을 뿐더러 교육 요소의 참된 생각이 온전히 도달하지 못한 고로 막 아동이 학교에 갈 연령이 되었음에도 불구하고 그 부형된 자가 유유히 쓸모없는 일로 방임해서 헛된 어린아이 장난을 낙으로 삼고, 처음부터 유연한 뇌에 부모 혹은 가족에게 의지하는 폐습만 물들어 침투하게 되는 자가 많다. 설사 학당에 보내 공부를 시키더라도 천자문과 중국의 고시(古詩) 등 시대에 뒤진 것을 처음부터 전수하여 생기발랄한 새로운 뇌수에 싫은 묵은 냄새가 엄습해 머물게 하는 자도 있다. 또 혹 가사가 빈곤하다는 이유로 10세 미만의 어린 동자를 집안일을 하도록 하여 나이든 사람의 조수로 삼으니 비록 집안 일이 매우 많다고 하더라도 이 어린 아이가 일을 맡게 됨에 있어 어떤 이익이 나올 수 있을까. 그저 긴요한 교육의 시기만 낭비하니 소위 빈약하고 작은 것을 달게 먹다 큰 것을 잃는다 할 것이다. 이러한 일은 아동을 위하여 민망하고 애석할 뿐 아니라 국가에 있어도 매우 비통하다.

사람을 교육함에 있어 성인을 절대로 교도할 수 없는 바가 아니로되 어린 시절부터 가르침을 베풀고 차례대로 인도함에 감화가 아름다워 일은 반만 해도 공은 배가 되는 효과가 있을 것이다. 그런고로 우리나라 13도 각 고을, 도시, 동네와 마을에서 하나같이 제창해서 학교를 세우고, 학사를 숭상해서 소년국민 양성을 주장하면 장래 한국 국민은 과연 모두 문학상 지식이 있음으로 애국충군의 참된 마음이 매우 거세게 펼쳐져 원상을 회복해 안정을 확보하고 융성하게 나아가는 현상을 보기 기대할 수 있겠다. 만일 그렇지 않으면 만 가지 말이 헛되고 천 가지 계책이 헛되어서 나라 안이 텅텅 빌 것이 손바닥을 보는 것처럼 분명할 듯 하도다.

돌아보건대 국민교육이 나라 됨에 영향을 미치는 실례가 여기에 있다. 근래 한국과 만주의 넓은 들판 일대의 극열한 러일전쟁에서 미루어

느낀 바이다. 그 교전 시 러시아 병졸 중에 시베리아인은 원래 문자 지식을 가진 이가 보기 드문 지라. 고로 애국성이 본래 없고 인내심이 부실해서 국체가 손상되는 것이 고통이 된다는 생각이 결여한 증거인지? 적의 세력의 위협과 압박을 보게 되면 황겁이 우선 나서 어떤 기력과 세찬 기세도 갑자기 사라져 버리게 되었는지 "한 사람이 관문을 지키면 만 사람도 뚫지 못한다."고 할 정도로 험하고 단단한 남산(南山)[3]의 철망 진을 하루아침에 포기하고 하얼빈까지 패주해 동서양 역사상에 하나의 큰 웃음과 수모의 현상을 자초해서 남겼다. 반대로 일본 병사는 모두 문자 지식이 있는지라. 이로 말미암아 국체를 더럽히고 훼손함이 내 몸을 찢는 것과 같은 고통을 느낌이 각각의 뜨거운 뇌 속에서 가득차서 끓어오름인지? 적을 맞아 위협을 당함에 삶을 구하지 않는 기세와 죽겠다는 마음을 갖고 결사대가 꺼리는 마음 없이 싸워 나가 포문을 향해 달려갔다. 시체가 풀처럼 문드러지되 후군이 대신 나가고 또 후군이 대신 나가서 정해진 뜻대로 파괴하고 빼앗기에 이르니 동해변의 한 섬나라가 유럽의 한 강국에게 승리하고 지금까지의 만고의 역사에 빛나는 영예를 쌓게 됨을 세상에 널리 알리게 되었다. 이로 말미암아 보더라도 나라의 강함 여부와 진보의 여부는 오로지 국민교육 여하 한 가지에 달려 있다고 한마디로 모두 말할 수 있겠다. 이것이 내가 소년 국민 양성에 관한 견해를 쉼 없이 말하는 까닭이다.

교육에는 보통과 고등의 구분이 있다. 소위 보통교육은 심상소학과 고등소학교로부터 중학교까지를 말한 것이다. 그 과목은 지리·역사·물리·화학·수학-사칙연산, 대수(代數), 기하학, 삼각함수·수신(修身)·국어·작문·박물-동물, 식물, 광물-·도서·체조·외국어 등을 말한 것이고, 소위 고등교육은 법률·경제·상업·공업·문학·의학·

---

3   남산(南山) : 요동반도 대련(大連) 인근의 산으로 여기서 러일전쟁의 주요 전투인 남산 전투가 1904년 5월에 벌어졌다.

이학·농학 등의 전문적 학과를 말한 것이다. 앞서 진술한 단계에 따르자면 보통교육으로 세상 만반의 보통 사물에 대해 전문의 연구가 아닌 깨우칠 수 있는 보통 지식을 수여해 보통의 인격을 주조한 뒤에 고등교육 곧 전문의 학술로 완전한 한 분야의 자격을 이룰 수 있다.

독자들이여! 오늘 우리나라에 이러한 교육기관이 비록 완비되지 못하였다고 하더라도 지금부터 시작해 각기 의무를 깨달은 마음으로 열심히 꾀한 바를 이루면 반드시 점점 이루어질 것이고 지금도 보통학교의 설립이 적지 않으니 우선 배움을 통해 닦아 장차 크게 융성하게 되리니 매우 아름답다. 이러한 형편에 처해 부형된 자는 그 아들과 동생의 교육에 관한 의무를 국가에 대한 납세의무처럼 힘을 다하지 않을 수 없다.

또 말하노라. 우리 소년국민이여, 옥도 다듬지 않으면 빛이 없으니 우리도 학문을 닦지 않고 재덕을 쪼지 않으면 인류라는 귀한 위치를 헛되이 점할 뿐이오, 인생의 진정한 가치의 광휘를 내지 못할 것이다. 고금왕래에 세상을 움직인 영웅과 건국 남아의 위훈과 기적은 상당히 학문을 닦고 덕을 다듬은 까닭에서요. 옛날 노년 이탈리아로 유럽 대륙에서 거듭난 소년 이탈리아 역시 흥학을 이루어 소년을 양성한 바 있다. 오늘날 우리나라 역시 이를 체득하여 국민의 전력을 소년국민의 양성에 전력한다면 머지않아 소년 한국이 아시아 한 귀퉁이에서 떨쳐 일어남을 눈을 비비며 장차 보게 될 것이다.

농업진흥책 / 경세생(耕世生)

무릇 절박한 급선무에 대처하려면 또한 절박한 방법을 강구하지 않을 수 없다. 지금 우리 농업을 진흥하고 발달시켜 국가의 권리를 회복하고자 하면 그 술책은 지방에 완전한 농회(農會)의 조직을 먼저 착수해야 할 것이다. 농회는 실제로 이 사업 보급의 도화선이며 필요기관이다. 대략 당국자가 지난해에 그 조직을 재촉한 바 있으나 아직 농회법이 완전하지 못헤 좋은 성적을 다시 거두지 못했다. 지방에 농회를 조직하려면 우선 경성 중앙에 대한농회를 확고히 조직하고 각 도에는 도농회를 조직하며, 각 군에는 군 농회를 조직하고, 각 촌에는 촌 농회를 조직해 계통적으로 그 질서를 온전히 하고 인민의 지식을 개발하며 국가의 생산을 증진하여 내부의 실력을 확고하게 하고 외부의 권리를 회복할 것이다. 그런즉 각 도(道)·군(郡)·촌(村)에 농회를 조직하고 다음과 같은 사항을 실행할 것이다.

1. 중앙 농회에서는 지방 농회를 연락하고 내외국 농사의 대세와 방법을 조사하며 학리와 실행을 연구하여 기관 잡지를 발행해 일반 국민으로 하여금 국가의 농업사상을 배양하며,

2. 도 농회에서는 농사 강습회를 열고 군 농회 중에 열심히 마음을 가다듬고 열심히 하는 사람 2·3명씩을 선출하여 해당 강습회 회원으로 보충해 간단하고 쉬운 농학을 강습시켜 친히 개량발달의 요령을 알고 난후에 각각 그 군 농회로 돌아가 해당 농회 아래에 또한 농사강습회를 열고, 각촌 농회 속에 열심히 하는 2·3명씩을 모집해 실제의 필요를 강습시켜 각기 촌 농회에 돌아가 해당 촌 농가 일반에게 때때로 개량발달의 요령을 전달하여 실지요령을 알게 함을 힘쓰며,

3. 이상 경력으로 성립한 교수원은 해당 농업의 전도자가 되어 제반 농업발달의 주선에 진력하며 권농위원의 책무를 전적으로 맡으며,

4. 각 촌 농회 아래 실제로 꼭 소용되는 시험전(試驗田)을 설치하고 권업위원으로 하여금 그 임무를 맡게 하되, 단 시험전에서는 그 토질의 검사를 확정하고 비료의 적합한 분량을 파악하고 정하며 그 풍토기후에 적용하는 실지의 일반적 방침을 지시하며,

5. 전체적으로 촌농회의 시험전은 그 편의한 범위 안에서 아무쪼록 촌립학교 부근에 설치하고 소학교 아동으로 하여금 농사에 관한 관념을 풍부하게 하며,

6. 농공은행에서 차입하는 데 대하여 촌 농회는 그 사업을 사정(査定)하고 이를 증명하며 혹은 농회의 운동으로 빌리게 하며,

7. 농회는 실행을 기능으로 하는데, 해충구제 예방법·관개 배수법·토지정리법·비료공매법·종묘매매법의 기타 실제 이익 지점을 향해 한 걸음 한 걸음 실행을 기약한다.

이와 같이 농회를 완전히 실행하고자 하면 물론 어느 정도 경비가 필요할 것이다. 그러나 이 비용은 순량(純良)하고 유익한 국가의 재력을 일으키는 자본이니 실제로 국가의 생존발달에 결여될 수 없는 바이다.

일단 농회의 활동이 민활해진다면 이것은 단지 농업자의 이익이 될 뿐만 아니라 반드시 국가의 복리 증식에서 위대한 효력을 얻을 것을 기대할 수 있을 것이다. 슬프다! 농업은 소위 원시 생산에서 가장 중요한 것이다. 상공업의 발달도 모두 농업에서 유래하지 않음이 없으니, 확실히 농정(農政)에서 농업자의 이익을 보호하고 장려함은 본디 국가가 그 국가의 이익을 도모하고 유지함에 필수적으로 물질적 관계가 있도다. 만약 이러한 방법과 대책의 요지를 표준으로 삼고 오히려 당국자가 정통하고 세세한 규칙을 획책함에 그 당연함을 잃지 않으면 수년 내에 3천리 강토의 2천만 민족이 비분강개의 눈물을 거두고 개선가(凱旋歌)를 세계에 부를 것이다. 대한 전국 실업계의 뜻 있는 자는 구구한 한 몸의 명예에 현혹되고 눈앞의 작은 이욕에 마음이 움직여 와우각상(蝸牛角上)의 다툼에 급급해서 천년에 다시없는 기회를 헛되이 보내지 말고, 일신의 명예를 버려서 일국의 면목을 세우고 일신의 이익을 버려서 일국의 공익을 도모해야 할 것이다.

| 강단 |

세계문명사 제1편 : 비문명의 인류 / 김낙영(金洛泳) 역술

제1편 비문명적 인류

제1장 원시인

원시시대의 인류는 어떠한 상태로 생활을 영위하였고, 소위 인문은 어떻게 발달을 이루었는가.

근세 과학의 증명에 의하면 우리 인류는 심히 요원한 기원을 지녔다. 그 시초에는 실로 동물과 짝하여 생활하다가 이 동물의 일차 쇠멸을 거친 이후에도 인문 진보의 속도는 극히 지지부진하였다. 대개 한 개 세포가 점차 분화하여 초기에는 단순하던 것이 복잡하게 되고 초기에는 혼돈하다가 점차 선명해지며 마침내 무수한 세포가 통일·조화하여 숭고한 생활을 영위하는바, 엄연한 일종의 유기체를 형성하는 과정이 별안간 바뀌고 달라져 인민 발달의 상황을 상상할 수 있게 한다.

인류의 진화는 일정한 시기에 돌연히 일어난 것이 아니요 소위 생물학적 진화의 계속으로 관찰함이 지당하다. 이는 전세기 말부터 식자(識者)의 주의를 일찍이 일으킨바 특히 근래에 다윈 씨의 진화설이 창기한 이래로 확실한 과학적 근거를 얻은 것이다. 이를 진술하기 전에 지금까지 일반 세상 사람이 믿어온바 기독교의 대요(大要)를 먼저 제시할 필요가 있을 것이다.

구약 창세기에 기록된바, 인류는 조물주 즉 진신(眞神)의 손으로 조성된 자이니 날 때부터 정의·직실(直實)의 덕성을 구비하고 방대한 지력과 고결한 감정을 타고났는데 조물주는 이들을 에덴이라 불리는 낙원에 거주케 하였다. 천연의 미려한 초목이 땅을 덮고 맑은 샘이 솟아 졸졸 길게 흘러내리고 천공에는 아름다운 날짐승과 영험한 새가 영광을 찬미하는데 인간은 그 사이에서 영원한 봄빛으로 목욕하고 무한의 복락을 향유하며, 하는 일은 낙원을 다스리고 동산에 있는 제반 과실을 따먹고 또 일체의 금수를 신의 명령대로 명명하는 것이었다.-창세기 2장 15, 16절-. 그러나 신이 허락하지 아니한 과일을 따먹은 죄로 영영 낙원을 떠나 지구상에 떨어졌는데 그 언어며 낙원과 그 신성한 생활에 대한 창황한 추모의 정은 영영 저들에게 부여되며 또 신앙과 고덕(高德)의 무한한 정진으로 이미 잃은 천국을 회복케 하니 이것이 인류의 영구한 의무라고 결정하였다. 또 신의 묵시(默示)로 동식물 중에서 그 생활상에 쓸 수 있는 것과 아닌 것의 여부를 구별하여 육성·수확의 길을 습득하니 머지않아 목석으로 가옥을 건축하며 금속으로 제련과 주조를 처음 시행해봄에 이르렀다. 이로써 그 세대를 계산한즉 "초대 원인(原人)으로부터 대략 1천 년 후가 된다." 하였다.

이상은 구약 창세기에 기재된 바이니, 실은 천수백 년 간에 기독교 세력의 전파를 좇아 일반 유럽인이 의지한 바이다. 그 진상은 특수한 해석이 없으면 족히 확정하기 어려운즉 불가불 근세 경험과학의 결과를 의지함이 마땅하겠다. 최근 인류학설을 따르면, 원시인은 동물 중에 특별히 발달의 능력을 갖춘 데에 불과한 것이라 하였다. 대개 원시인에 관해서는 과학의 발달한 역사가 아직 얕고 오래지 않아 아주 완전치는 못하다고 하겠으나, 최근 40년간 이래 탐구한 결과로 인류 시원의 상태에 대하여 대체적인 최후의 판단을 내렸다.

우리가 생활하는 지구의 연령은 도저히 헤아려 알 수 없는 것이다. 대저 우주는 무수한 세계로 성립한 것이라 무시(無始)로부터 무종(無終)에 이르기까지 그 사이를 시시각각 멈추지 않고 흘러 과거의 우주는 이미 작용한 무한의 변형을 경과하였고 장래의 우주는 역시 무한의 화성(化城)을 이룰 것이니 지구도 역시 그 시초인 소위 '아조아' 시대 -Azoische Period-4에는 생물은 하나도 없었다. 동물은 오늘날 지구상에 살고 있으나 일찍이 살아 숨 쉬던 천종만별이 역시 그 시초에는 유일의 종류나 혹은 극히 적은 종의 기원에서 좇아 나와 대단히 장구한 세월 동안 극히 완만한 변형을 좇아 점차 진화한 것에 불과하니 최초 생물이 나오게 된 상황과 시대에 관해서는 필경 정확한 과학적 지식을 얻기 어려운 듯하다.

그러면 원시의 인류는 어느 시대에 처음 생존한 것인가. 이는 지질학상의 연구를 의지하지 아니할 수 없다. 왜냐하면 원시인에 관한 우리의 지식은 전적으로 그 유물을 고찰해야 하는데, 그 유물은 어떤 지층에서 다수 발견되었기에 즉 원시인의 시대는 유물 발견의 지층 시대를 좇아 결정해야 할 것이다. 인류 유적이 발견된 것은 지층 역사상 가장 가까운 제3기층 및 홍적층(洪積層)이다. 프랑스인 푸-류꼬아[5] 씨와 포르투갈인 리베로 씨는 제3기층 중에 인류의 최초 생식(生息)이 있었음을 주창했으나, 오늘날 다수 학자의 견해에 의하면 제3기층은 수력(水力)의 현저한 변동을 겪은 시대라 그중에서 발견한 것으로는 당대의 산물이라고 단정하기 불가능하고 다른 데에서 표류하여 쌓여온 것으로 가정할 수 있다 하니 그러므로 이 학설은 한층 더 확실한 근거가 없는 이상은 아직 일반적으로 용인하기 불가능할 듯하다.

홍적층에서 인류의 선조를 볼 수 있으리라 함은 오늘날 인류학상의 통설인 듯하나 이 학설도 조르쥬 퀴비에 씨(1769-1832)가 주장한 바 지각(地殼)에 맹렬한 변동이 있음을 따라 그 생물이 다 절멸하고 새로운 지각상에 다시 완전히 새로운 생물이 창생(創生)하니 인류가 과연 이 창생물 중의 하나라는 것이다. 이 가설이 근세 지질학자의 한 시대를 조성한 찰스 라이엘(1797-1875) 씨가 나타나기 전에는 유럽 학술계에 성행하더니 라이엘 씨가 정밀한 실험으로 지질학 원리를 분명히 하

---

4   아조아 시대-Azoische Period- : 무생대(azoic era)를 말한다.
5   푸-류꼬아 : 미상이다.

고 퀴비에 씨의 주장을 논박하기를 "지각은 결코 맹렬한 급격 변화를 겪은 것이 아니요 실은 무수한 연월을 따라 거의 감지하지 못할 변형을 누적하여 필경 현재의 상태를 이루었다" 하였다. 그는 지질학상의 의견으로 다윈 씨가 주창한바 동식물의 종류는 결코 불변하는 것이 아니요 소위 같은 과목에 속하는 종류는 동족이거나 혹은 소멸된 다른 종류가 변화된 것이라 한 진화설을 생물학에서 응용한 것으로 관찰된다. 대개 현재 생존하는 동식물의 선조를 과거 세기 지층에서 발견할 것 같으면 인류의 선조도 역시 그중에서 구할 수 있는 바가 확연하다 할 것이니, 실은 홍적층에서 인류 선조의 생존이 다수 지질학자와 인류학자를 따라 증명되었다. 아래에 카–삘[6] 씨의 기록을 옮겨 싣는다.

홍적층 시대에는 북극의 빙원이 대단히 굉대(宏大)하여 스칸디나비아반도는 물론이요 잉글랜드에도 템즈강 이북은 그 아래에 완전히 가라앉았고 독일도 라인 하구와 하르츠 산·에르츠 산이 대빙원의 남쪽 한계가 되었다. 아시아에는 캄차카반도와 오오츠크해와 바이칼호에 이르고 북미에는 캐나다 전 국토를 매몰하여 오하이오주에 이르렀으며 유럽에는 이 대빙원 이외에 알프스와 피레네 두 산의 빙원이 있어 남유럽 여러 반도의 서부와 중부를 엄폐하였다. 앞서 말한 대빙원 남단과 이 두 빙원 북단 중간에 있는 토지 일대는 기후가 매섭지 않고 식물이 번식하였으니 이는 그 유골로 족히 증거가 되는 즉 이 시대를 빙설(氷雪) 시대라 칭한다.

당시 동물의 유골을 발굴하여 해부학적 상상으로 이에 가죽과 살을 붙이고 상세한 설명을 더한 서적이 비록 많으나 우리는 그중에 주요한 종류만을 들어 말하려 한다. 종래 시베리아 지방에서 산출된 상아는 현재의 상아가 아니다. 맘모스라 칭하는, 코끼리와 흡사한데 빙원 중에

---

6 카–삘: 미상이다.

매몰되어 부패하지 않고 존재하는 것을 발견한 것이다. 긴 털이 난 거대한 짐승의 어금니인 줄 알 수 있었고 또 그 가죽과 살은 오히려 신선하여 도살한 지 겨우 며칠 지난 소와 같이 위 속에서 과다한 가문비나무 녹엽(綠葉)을 발견하였다 한다. 그렇다면 이 짐승은 잡초 외에 수목도 따먹던 것인가. 들은즉 훈쁘롱이라는 동물원에 있는 거대한 코끼리는 야간에 백 근 이상의 풀을 급식하고 주간에는 수십 근 무청(蕪菁)과 수다한 빵을 먹는다 하니, 코끼리보다 거대한 맘모스들이 무리지어 서식하였던 시대에는 진실로 막대한 식료가 필요하였을 것이니 당시 식물의 번성을 충분히 짐작할 수 있다.

가정교육법 / 김수철(金壽哲) 역술

서론

무릇 교육의 최종 목적이 인물의 양성에 있음은 세상의 정론(定論)이라 다시 호언장담할 필요가 없거니와, 곰곰이 돌이켜 생각건대 현재 소학교가 과연 인물의 양성에 적당한지 또 어떻게 해야 완전한 인물을 양성할지 하는 문제는 진실로 교육계의 일대 사안이다. 이 문제를 해석하여 적당한 답변을 주는 것은 바로 우리 교육자의 당면한 책무가 아니리오. 만약 교육의 목적이 그저 지식과 기능을 가르침에 있다고 한다면 우리가 다시 무엇을 운운하리요만은, 대개 국민교육과 도덕교육을 시행하여 지식이 풍부하고 감정이 조화롭고 의지가 강고한 인물을 양성함이 교육자의 책임이라 할진대 우리가 어찌 오늘을 맞아 이 문제를 해석하여 그 방법을 연구함이 설실하지 않으리오.

현재 소학교 교육의 실제를 관찰컨대 거지반 지식을 부여하는 데 급급하여 신체의 발달에 유의치 않고 과다한 기예를 가르쳐 감정의 발육을 고려치 않으며 그저 형식으로 흘러 정신의 훈련에 미치지 못한다. 이를 따라 사회의 풍조와 여론의 경향도 경솔과 부화(浮華)로 흘러 착실하고 사려 깊으며 사상이 확고한 인물이 결핍함에 이르렀다. 그러나 우리는 이에 강력히 학교교육에만 그 책임을 돌릴 뿐 아니라 또한 가정을 향하여 다대한 책임을 묻고자 한다.

진실로 능력 있는 인물을 양성하고자 하면 반드시 먼저 아동의 개성을 연구하여 그 성질에 호응하여 특수한 교육을 시행하며 이미 지닌 감정을 끌어내어 미정(美情)[7]·동정(同情)·애정(愛情) 등을 발달케 하여 사상을 정돈케 하고 명료한 개념을 구성케 하여 강고한 의지를 조성시키지 않으면 안 된다. 그러나 현재의 교육은 이에 반하여 일정한 형식을 좇아 교육하며 한 가지 모형을 들어 교수함으로써 아동의 개성을 몰각시켜 그 천재를 발달케 하지 못하며 각종의 좋은 감정을 억제하고 반대로 공포, 분노, 질투 등의 나쁜 감정을 발생케 하여 사상이 암울하고 의지가 부박한 인물을 양성함에 이르니, 어찌 선량한 가정교육이 대개 이러한 폐해를 제거하는 데에 필요치 아니하리오. 또한 가정교육이 학교교육에 기초가 된다는 이유는 실로 이에 있는 것이다.

이상의 소론에 의하면 가정의 임무는 실로 크다고 할 것이다. 그러나 현재의 가정이 능히 그 요구에 응하여 그 임무를 완수하느냐 하면, 우리는 마땅히 아니라는 화답을 꺼리지 않으려 한다. 오호라, 소학교 교육에 관하여 선진자(先進者)는 이미 그 설비를 고구(考究)하며 교수 방법을 연구하는 등 제반의 개량을 노력함으로써 적당한 서책도 점차 나오고 그 방법도 공공화되었다. 그러나 가정교육에 이르러서는 세간이 아직 그 필요를 느낌이 간절하지 못할뿐더러 또한 그 방법을 연구하는 자도 전혀 없다. 학교교육에 기초되는 가정교육이 이와 같이 등한히

7 　미정(美情) : 동정은 "compassion", 애정은 "affection"의 번역어로 추정되므로 미정은 호의(好意)에 가까운 "tenderness"나 "kindness"에 해당하는 것으로 보인다.

여겨짐을 보건대 교육에 종사하는 자가 어찌 한층 깊이 반성하지 않으리오. 대개 교육자는 국가의 선각자로서 임할 것이며 사회에 선진자로서 서야 한다. 우리가 비록 재주는 없으나 다년간 교육의 일에 유의함이 없지 않아 항상 가정교육의 미비함을 개탄하였다. 이에 미지의 이론을 연구하고 미발(未發)의 방법을 안출하여 세상 일반 가정의 주의를 촉구하고 개량을 시행하며 선량한 교육을 행하고 또한 나아가 학교교육의 진보·발달에 공헌하고자 스스로 기대하는 바이다.

가정교육의 원리

1. 가정교육의 의의(意義)

가정교육의 의의를 명확히 하고자 하면 반드시 먼저 가정이 어떠한 것인지를 해설치 않으면 안 된다. 그러나 가정에 대하여서는 아직 확고한 해석이 없으므로 사람마다 말하는 바가 구구하다. 이제 우리의 소견을 따르자면, 가정이라 하는 것은 즉 학교 바깥의 교육 장소이며 또 가정교육이라 하는 것은 가정이 주는 교육이라 말할 것이다. 그러나 이 의의는 심히 광막함에 빠져 그 진의를 알 수 없다는 비난이 또한 없지 않다. 그런즉 가정교육에 대하여 광의(廣義)의 해석을 부여하자면 가히 두 부분으로 나눠야 할 것이니, 제1부는 학교 시대 이전의 가정교육, 제2부는 학교 시대의 가정교육이라 칭할 것이다. 전자는 학교교육의 기초가 되고 후자는 학교교육의 보조가 되니, 이를 간략히 말하자면 아동이 소학교에 들어가기 전에 시행할 교육은 물론이고 그 재학 중과 학교 바깥에 있을 때에 행하는 교육도 즉 가정교육이라는 것이다. 나아가 중등교육의 학교에 들어간 후라도 감정이 맹렬한 청년시대에는 항상 사상이 견고치 못한 고로 또한 가정교육이 필요함을 관찰할 수 있을 것이다. 고로 이미 일반의 보통교육을 마치면 소위 성년시대에 다다라 부형의 간섭이 감소한다 하나 더욱 사회교육의 필요를 깨닫게 되니,

이 사회교육도 많이 가정교육의 보조를 반드시 빌려야 한다. 그런즉 인생의 어느 시대를 막론하고 학교교육 이외에 다시 모종의 교육이 필요함을 볼 수 있다.

우리는 이러한 종류의 교육을 총칭하여 가정교육이라 명명하니, 실로 광의의 가정교육 중에는 사회교육과 유치원교육이 다 포함된다. 그러나 지금 논하고자 하는 것은 즉 소학교 이전의 가정교육이다. 학교 시대의 가정교육에 대해서는 다시 별도로 논의하기로 한다.

2. 가정교육의 목적

가정교육의 의의는 이미 명확한지라 이에 논할 범위도 정해지니, 나아가 그 목적이 어떠한지 다시 연구하려 한다. 현시대에 행하는 가정교육의 상태를 관찰하면 아동학·아동심리학·아동위생학 등에 대해서는 어떠한 연구도 전혀 없다. 단지 아동을 억제할 뿐 아니라 소위 엄격한 예의범절을 가르치고 지식을 부여하고자 하다 도리어, 정신의 과로를 초래하며 과도한 노동을 하게 하여 이로써 신체 발육을 해쳐 학교에 들어간 후에도 다시 만회할 수 없는 슬픈 지경에 빠지게 하는 경우가 많다. 이는 전혀 가정교육의 목적을 이해하지 못함에 의한 것이다. 그러면 그 목적이 어떠한지 유념하기 바란다. 이에 다음과 같이 서술한다.

이제 곰곰이 가정에 있는 아동의 상태를 관찰하건대 그 심의(心意) 및 신체의 조직이 아직 완전한 지경에 미달하고 이제 비로소 발달의 시기에 있으니, 가히 이 미약한 심의를 발전시켜 강고하게 하며 박약한 신체를 보호하여 건전하게 함으로써 훗날 학교교육을 시행할 준비를 하지 않으면 안 된다. 만약 이에 반하여 이 섬약한 아동을 이론으로써 억제하고 압제로써 속박한다면 이것들은 다만 그 심의의 발달을 해할 뿐만 아니라 왕성히 성장하는 신체의 발육을 방해함도 자못 크게 된다.

유아는 극히 자연스럽고 극히 진성(眞誠)하고 극히 영롱하니 저들의 행동은 즉 천성이다. 그러므로 어른이 악으로 보는 바를 저들은 반대로 선으로 생각하고 어른이 바르다고 생각하는 바를 저들은 반대로 나쁘다고 여기니, 진실로 사실의 진상을 궁구하지 않고 단순히 피상의 관찰과 무법의 추측으로써 아동을 규율하면 실로 큰 잘못된 생각이다.

오호라. 오늘날과 같이 풍습이 퇴폐한 가정에서는 결코 인물을 양성하기를 기대하기 어렵다. 반드시 먼저 가정의 개량을 기다려 처음부터 그 목적으로 나아가 이를 달성케 해야 할 것이다. 그렇다면 어떻게 가정을 개량해야 마땅한가. 이는 반드시 먼저 그 목적의 확립을 요할 것이니, 고로 가정교육의 큰 두 부분에 따라 목적을 다음과 같이 2종으로 나누기로 한다.

첫째 : 가정교육의 목적은 아동 자체의 발달에 유의하여 그 심적 경향을 관찰함으로써 완전한 심신의 발육을 도모하고 이후 학교교육의 기초를 이루는 데에 있다.

둘째 : 학교와 연락을 꾀하고 또 협력하여 아동의 교육에 종사하여 상호 간 배치(背馳)가 없을 것을 요한다.

역사담 제14회 : 크롬웰전(2) / 역사가[Der Historiker]

1603년에 제임스 1세가 즉위한 후로 이 폐풍(弊風)을 조금도 주의하지 않고 오직 이익만을 탐하여 위기는 날로 임박하였다. 이때 신구 양교(兩敎)의 싸움은 전폭적으로 널리 퍼졌고 정의의 회복, 인권과 자유, 폐풍의 혁신을 주장하는 청교도는 조용히 자신을 방어할 수단을 강구하여 기회를 고대하고 있었다. 우매하고 폭력적인 제임스는 신이 내린 왕권이라 고집하면서 자유를 열망하는 자는 불경죄로 다스렸다. 이때

서민원(庶民院)-하원-은 정당과 비정당으로 분열하였고, 비정당이 또 두 파로 나뉘었는데, 왕당파는 민당파를 겁박하고, 민당파는 왕당파를 공격하며, 왕은 청교도의 영수(領袖)를 체포하여 감옥에 가두었으며, 국회는 구교에 대한 형법을 더더욱 엄격히 시행하여 드디어 화약음모(火藥陰謀) 사건[8]을 꾸며내게 되었다.

1607년경[9]에 영국과 러시아 간의 동맹 문제가 일어났는데, 왕의 뜻이 동맹에 기울어져 있다는 것을 알고도 국회는 이를 의결하지 않았다. 헤쓰 사건[10]에서도 왕은 전단(專斷) 하기를 주장하나 국회는 이렇게 정하지 않았고 관세 증가의 부당함과 국회의 언론을 압제하는 것의 불법성을 통론하기에 이르러, 1611년에 국회는 다시 해산 명령을 받았다. 이후로 왕은 7년간 국회를 소집하지 않았고, 독재정치를 행하다가 30년 전쟁이 일어나 국고가 탕진되매 왕도 어쩔 수 없이 국회를 소집하고 재정의 새로운 출자를 슬프게 호소하였다. 곧 1620년 1월 30일로, 당시 크롬웰은 고향에서 한가롭게 지내며 짧은 털옷과 붉은 가죽옷을 입고 버드나무 사이에서 목양을 노래하고 있었다.

이 국회가 성립된 후 에드워드 쿡 경의[11] 동의(動議)로 폐정(弊政) 조사위원을 선출하여 조사한 결과 왕의 죄악을 발견하였다. 서민원(庶民院)은 왕의 실정(失政)을 성토하며 2백 년 이래 사용한 바 없던 탄핵법을 다시 사용하여 폐정혁신을 고집하였기에 왕은 호소하던 재정 문제에는 소득이 전혀 없고 공격만 겹겹이 생겨서 평민 대 귀족과 왕당파 대 청교도의 반목들은 일일이 거론하기 어려울 정도가 되었다. 그러나

---

8 화약음모 사건 : 1605년 영국 성공회를 거부하는 카톨릭 교도들이 제임스1세의 암살을 모의한 사건이다.

9 원문에는 '1667년'으로 오기되어 있다.

10 헤쓰 사건: 미상이다.

11 쿡 경(Coke, Sir Edward) : 1552-1634. 영국의 법무장관과 하원의원을 역임하며 권리청원을 주도했다. 이름은 철자와 달리 "쿡"으로 발음된다.

크롬웰 씨는 이 어지러운 세계와 악마의 천지에 조금도 괘념치 않고 황량한 전원에서 양떼를 치면서 성서(聖書)에 마음을 둘 뿐이었다.

제갈공명이 초려(草廬)에 한가히 누워 천하삼분지계를 세운 것과 어떠한가. 사람들은 와룡강(臥龍岡)[12]과 우즈 강가를 혼동하게 될 것이다.

그러나 그레이트 브리튼 정신과 청교도의 자유주의를 품은 이 남아가 어찌 이 잔인한 왕당파와 박해하는 귀족에게 격분하지 않겠으며, 예수의 생명과 예수의 박애에 훈도를 받은 성직자(比丘)[13]가 자유를 속박하는 대적과 권리를 무시하는 마물에 분개치 아니하겠는가. 피 없는 벌레 혼 없는 조각상 같은 허수아비 교도가 교의의 껍데기만 맛보고 천당과 지옥에 미혹되니 아멘이나 읊는 미물(微物)로, 이른바 "『논어』를 독송하는 자가 『논어』를 모른다"는 일본 속담처럼, 단지 현세에서의 전도에만 종사하다 미래에 천당의 극락에 안주하고자 하는 자와 같겠는가.

예수의 행하신 바를 자기가 그와 같이 행하며 또 시세를 따라 예수의 하시지 못한 바도 스스로 행한 뒤에야 비로소 예수의 예수됨을 자각한 크롬웰이다. 미래에 천당에 가고자 할진대 현세에 있을 동안에 진리를 실행하여 창생(蒼生)을 자유로 건지며 권리에 잠기게 하여야 미래 천당에 돌아갈 때에 하나님의 안위(安慰)와 예수의 악수를 얻을 줄로 자각한 크롬웰이다. 마물을 제거하고 만성(萬姓)을 구제하고자 할진대 자기도 예수와 같이 십자가에서 찢겨야 하겠고 단지 그저 전도나 하여 글재주를 부리는 품팔이나 기도로 그쳐 세상을 속이는 참선으로는 절대 불가능하다고 자각한 크롬웰이다. 맹호가 예리한 송곳니를 감추고

---

12 와룡강(臥龍岡) : 와룡강은 제갈량이 은거하던 초려의 근저에 있는 산의 이름이다. 와룡이란 호도 여기서 나왔다.

13 성직자 : 원문은 비구(比丘)로 당시 한자 권역에서는 다른 종교의 성직자들도 승려로 통칭한 경우가 종종 있다. 크롬웰이 목사 자격을 취득한 것은 아니지만 종교 지도자였으므로 성직자라 한 것으로 보인다.

깊은 산에 칩거하며 독룡(毒龍)이 호흡을 거두고 후미진 골짜기에 은신함과 같이 고원(故園)에 잠거(潛居)하여, 오후마다 양떼를 뒤쫓으며 진리를 궁구하고 성경을 읽음은 이 남아가 10여 년간 홀로 쌓은 수양이었다. 크롬웰의 특히 애모(愛慕)하는 바는 예수 십자가의 진실을 보이는 것과 모세의 약언[14]이 강건한 것이다. 한편으로는 범인 이상의 건전한 신성을 존경하며, 한편으로는 사악하기 비할 데 없는 세태를 사갈시(蛇蝎視)하고 유아(唯我)의 정신과 극기의 주의를 항상 마음에 두고 잊지 않으며 항상 피-혈(血)-로 피를 씻으며 정신으로 정신을 버리기-개주(改鑄)-를 기도하더니, 과연 17세기에 영국은 이 절대 유아의 빗질로 수천 년 전부터 내려온 폐해를 일거에 제거하여 혁명의 조류를 예방하고 신성의 국가를 조직케 하였다. 이것이 크롬웰의 뛰어난 지점이며 크롬웰을 이처럼 달관하게 만듦은 바로 유물(唯物) 실행을 단련하는 성경의 인도와 시대적 영향이었다.

23세에 거상(巨商) 제임스 부어셔(James Bourchier)의 딸 엘리자베스를 아내로 맞아 집안일을 일임하고 자기는 매주 일요일에 근방 장정(壯丁)을 교회당에 소집하고 눈앞에 보이는 사회의 비참한 지경과 민생현장의 도탄을 통론하며 신성을 위하야 회생적-군인적-생활과 헌신적 정신이 눈앞 시세에 필요함을 슬프게 울부짖은 후 성심의 설교와 근엄의 기도를 행하였다. 이로 말미암아 교도가 일제히 감화하여 후일 같은 지방의 정예로써 왕당파를 일거에 격멸할 수 있었다.

장하도다, 크롬웰의 유물(唯物) 실행의 주의여. 상쾌하도다, 올리버의 침착한 헌신의 정신이여. 상제의 명을 받아 태어나서는 호천(昊天)을 체득할 일을 마땅히 알았고, 영국으로 떨어져 장성해서는 자국을 사랑하는 정성을 반드시 다하였다. 그대가 영국에만 있고 어째서 이

---

14 약언 : 원문은 "約百"인데 "約言"의 오자로 추정하여 위와 같이 옮겼다. 그렇다면 이 약언은 약속의 땅 가나안이거나 신과의 계약인 율법일 수도 있다.

나라에 왕림하지 않는지 참으로 애석하다. 다만 육체는 유한한 물건이지만 정신은 무한한 영혼이다. 그러므로 나는 우리나라에 뜻 있는 소년이 그대의 지기(志氣)를 새기고서 분발해 일어나 아득한 중에 천지를 반드시 뒤바꿀 수 있다고 생각한다. 이러면 그대의 영혼에도 경사가 아닐까 한다.

| 학원 |

음향 이야기 / 연구생(研究生)

우리가 한 번 입을 열어 말하면 그 언어는 즉시 그 주위에 있는 사람에게 들린다. 혹자가 묻기를 '이것이 모두 어떠한 이치에 말미암은 것이냐.' 한다면, 누군가 답하기를 '우리는 두 귀가 있어 남이 내는 음성을 듣는다.'고 하겠지만, 이것은 그 이치를 충분히 이해한 답변이라 할 수는 없다. 가령 우리가 음식을 먹을 때는 손이 이것을 운반하여 입 속에 넣어주면 입은 이것을 씹어서 삼켜 내린다. 마찬가지로 언어도 이것을 움직이고 전하여 귀로 들여보내는 이가 없는 것처럼 보이지만 기실은 눈에 보이지 않는 공기가 이 작용을 일으킨다.

대저 음성이란 무엇인가. 우리 흉부에 있는 폐장(肺臟) 중에서 공기가 기도(氣道)를 통하여 올라오면 인후부(咽喉部)에 있는 성대(聲帶)-목젖-라 하는 극히 얇은 막에 부딪치는 것이다. 이 막은 2조각이 인후 좌우로 서로 마주하여 긴장되어 있고 그 중앙에 협소한 구멍이 있는데, 폐에서 올라오는 공기가 이 공극(空隙)을 부딪혀 꺾여 지나면 그 막의 주변이 폐의 공기가 부딪히는 대로 진동하여 외부 공기 중에도 동일한 파동을 떨쳐 일으키면 이것이 점차 주위로 넓게 전파된다. 그 상태는 마치 연못 가운데 작은 돌을 던지면 수면 위에 원형의 파동이 생겨 이것이 점차 커지는 모양과 같다. 하지만 수면 위의 파동은 한 평면에 단지 원형을 그릴 뿐이고, 공기 중의 파동은 공간의 상하·전후·좌우 팔방 주위로 같은 형태의 구형(球形)을 이루어 점차 전파된다. 이와 같이 전래되는 공기의 파동이 우리 귓속에 있는 고막이란 얇은 막에 부딪히면 그때 그 귓속에 있는 고막이 이 음성을 낸 사람의 성대의 진동과 동일한 진동을 일으켜 다른 사람의 언어음성을 그 발성대로 우리가 들을 수 있게 한다.

음파(音波)가 공기 중에 전달되는 속력, 즉 소리의 속도는 대개 1초 간에 1천 척 가량이요, 1시간에 39만 6천 척이다. 이것을 우리나라의 이수(里數)로 환산하면 1시간에 2천 4·5백 리를 전달할 수 있으니, 음향의 속도는 실로 놀랄 만하다. 그러나 음향의 속도보다 더 몇 배나 한층 더 빠른 광선의 속도가 있으니 여러분은 이와 같은 계산을 다만 호사가의 탁상공론으로 오해하지 말지어다. 이것은 오늘날 발달된 물리학의 원칙과 방법으로써 많은 고심(苦心) 속의 실측(實測)을 정확히 거친 뒤에 발표된 것이다. 보통 사람이라도 음향의 대략의 속도를 실측하고자 하면 쉬운 방법이 있으니, 다음과 같다.

소리의 속도를 실측하고자 하면 두 사람-한 사람은 총을 소지하고 다른 한 사람은 회중시계를 소지하라-이 광막하고 평탄한 들판에 나가서 두 사람이 2리 또는 3리 간격에 서로를 향하여 마주 서고, 총을 소지한 한 사람이 총을 발포하면 시계를 소지한 한 사람은 먼 곳에서 그 발포할 때에 연기가 일어남을 보고 곧 그 순간부터 시계를 보아 몇 초 뒤에 그 포성이 들리는지 알게 되면 그 두 사람 사이의 거리를 이 초수(秒數)로 나누면 1초간에 전파되는 음향의 속도를 알 수 있다.

소리는 이처럼 신속히 전파되는 것이므로 다소 떨어진 곳에서 사람이 대화하여도 그 음성이 바로 가까운 곳에서 나는 것처럼 들린다. 여러분은 또 벌목하는 사람이 들어 올린 도끼가 나무에 다다르는 것을 본 뒤로 다소의 시간을 경과하여 그 도끼 소리가 비로소 귀에 다다름을 실험하였을 것이다. 공기 중에서 음파가 전파되는 도중에 막아선 어떤 물체에 맞닥뜨리면 그 부분의 음파는 반대방향으로 다시 되돌아가는 것은, 연못 중에 돌을 던질 때 수면 위에 생기는 원형의 파도가 전파되는 도중에 어떤 암초를 맞닥뜨리면 반대방향으로 되돌아가는 것과 같다. 이를 실험하는 방법은 다음과 같다.

사람은 1초당 다섯 마디 말을 명확히 발음할 수 있다. 또한 소리는 1초간에 1,100척을 나아가므로 1초의 5분의 1의 시간에는 5분의 1, 즉 220척 모두 37간(間)[15]을 나아간다. 여러분이 어마어마하게 큰 건축물의 장벽에서 모두 19간, 즉 37간의 절반의 거리에 마주 서서 고성으로 가령 "재미가 있다."고 하면 1초간의 최초 5분의 1시간에 그 '재'라는 소리는 19간을 나아가 장벽에 부딪히고 다시 되돌아와 '재'의 소리가 다시 귀에 들려오고, 이때 그 다음으로 '미'음도 또한 장벽에 부딪히고 다시 되돌아와 귀에 들리며 다음에는 '가'음, 그 다음에 '다'음이 순차로 장벽에 부딪히고 순차로 되돌아온다. 그러면 한 지 1초가 지나면 자기가 한 말을 분명히 다시 들을 것이고 또 산골짜기에서 우리가 말을 하면 종종 마주보는 산꼭대기에서 동일한 언어가 메아리치는 것이 들리니, 이것을 물리학에서는 반향(反響)이라 부른다.

사람의 음성은 고저강약 등 온갖 구별이 있다. 일반적으로 여자의 음성은 강하고 남자의 음성은 약하니, 이것은 성대의 진동수가 많으면 강하고 적으면 약한 것이다. 이것을 정밀하게 시험하고자 하면 사이렌이라 하는 기계를 사용한다. 겨우 들을 수 있는 약한 소리는 1초당 16회, 1분당 960회 가량 진동하는 것이며, 또 진동이 매우 빠른 소리는 1초당 1만 6천 회, 1분당 96만 회에 이르기도 한다. 이와 같은 소리는 너무 강하여 우리의 귀에는 소리로 들리지 않고 바늘 끝으로 귀를 찌르는 듯한 느낌이 일어나며, 일상 우리의 대화에는 성대의 진동수가 1초당 200회에서 4·500회까지 달한다.

---

15 간(間) : 길이의 단위로 약 180cm에 해당한다. 척은 약 30.3cm로 1,100척은 마하의 초당 340m와 약간 차이가 있다.

천문학(天文學) 강화(1) / 앙천자(仰天子)

(을) 태양 형체의 크기

태양계 중에서 가장 거대한 것은 태양이니 열과 빛의 큰 본원이요 모든 유성을 합한 것의 700배 정도 된다. 이제 태양을 우리 지구의 위치에 둘 것 같으면 달의 궤도를 지나 사방 18만 마일에 달할 것이다. 그 직경은 85만 2천 마일이요 그 부피는 지구의 125만 배 가량이요 그 실제 질량은 30만 배 가량 된다.

(병) 태양면의 흑점

망원경으로 살펴보면 태양은 화구(火球)와 같으나 그 전면이 항상 빛을 내지 않고 때때로 얼마 가량의 흑점이 여기저기 점점이 있어 황도(皇道)-태양의 적도(赤道)-의 양쪽 가장자리 35도 사이에 산재하니 그 수와 크기는 일정하지 않다. 어떤 것은 2개월 이상 길게 이어지는 것도 있고 어떤 것은 매일 형태가 변하며 또 갑자기 사라지고 갑자기 생기는데 1년 안에 그러한 현상이 보이지 않을 때도 있고 2백 개 이상도 생겨 빛이 줄어드는 경우도 있다.

정밀한 관측에 의하자면 그 수와 크기가 점차 증가하여 극한에 달하였다가 또 점차 감소하는데 그 주기는 11년이요 왕왕 보통과 다르게 거대한 것이 생겨 육안으로도 볼 수 있다. 기원후 1843년 6월 중 한 주 동안 나타난 것은 그 직경이 7만 7천 마일이라 하였으니 우리 지구의 거의 10배나 더 크다. 그 원인으로 말하면 과연 분명하진 않으나, 어떤 학자는 말하기를 태양을 둘러싸고 있는 기체가 화구에서 발사하는 빛을 흡수하기 때문에 생긴다 하고 어떤 학자는 말하기를 태양의 폭풍으로 인하여 비교적 어두운 면이 드러나기 때문이라고 하는 등 각 파의 설이 있으나 필시 마지막 말이 이치에 가까운 듯하다.

(정) 태양의 구조

태양의 밀도는 우리 지구의 4분의 1에 불과하다. 그 내부의 구조는 조금도 알기 어려우나 분광기(分光器)를 사용하여 태양의 스펙트럼-색대(色帶)-을 깊이 연구해보건대 우리 지구에 존재하는 것과 동일한 여러 금속의 증기가 태양을 둘러싼 기체 안에 존재하여 백열(白熱)의 기체 상태가 되어 있다. 이를 처음 연구한 자는 키르히호프(Gustav Robert Kirchhoff)라고 하는 물리학자이다. 그는 최근까지 연구를 순서대로 축적한 결과, 다음에 기재된 여러 물질이 함유된 사실을 알았다.

> 나트륨·마그네슘·철·칼슘·니켈·바륨·크로뮴·코발티움·수소·망가니즈·티타늄·알루미늄·스트론튬·납·카드뮴·세륨·우라늄, 갈륨·바나듐·팔라듐·몰리브데넘·인듐·세슘·루비듐·소듐·창연(蒼鉛)·주석·은·악티늄·란타넘

(무) 태양면의 온열

태양면에서 발사하는 열량의 어떤 부분은 그것을 둘러싸고 있는 기체에 흡수되기 때문에 우리는 그 어떤 부분만 받는 것뿐이니 태양의 전체 열량은 도저히 계산하기 쉽지 않다. 그러나 푸리에라는 학자가 추산한 바에 근거하건대 가령 공기가 없다고 하면 우리 지구 전체 면적의 2촌(寸) 3·4분(分) 두께로 둘러싼 얼음을 하루면 족히 녹일 수 있을 것이다. 그렇다면 우리 지구가 받는 열량은 태양에서 발사하는 것의 22억만 분의 1에 불과하다. 만일 이 전체 열량으로 얼음을 녹이고자 하면 우리 지구를 5억 6만 척의 두께로 둘러싼 얼음을 하루에 사라지게 할 것이니 실로 헤아릴 수 없을 만큼 굉장하다 할 것이요 우리 지구가 받는 전체 열량 중 과반은 지구의 온도를 보충시키고 겨우 1천 분의 1이 직접적으로 생물의 생명을 유지하는데 이바지한다.

태양면의 온도는 섹가이[16]라는 학자가 추산하여 섭씨 6백 10만 도의

결과를 얻었는데 가령 보통 숯불의 온도를 점검하더라도 5·6백 도에 불과하고 특별한 장치를 사용하더라도 2천도에서 더 올라갈 수가 없을 것이니 이와 같이 생각하면 저렇듯 상상 외로 나올 수는 없겠지만 과연 비교할 바가 없다고 하겠다.

비교할 수 없는 온도를 함유한 무한한 열량이 태양면에서는 어떻게 생길까. 어떤 학자는 태양면으로 낙하하는 성체(星體)가 충돌할 때 나타나는 열이 원인이라 주장하고, 어떤 학자는 태양 자체가 차례대로 수축함으로 인하여 위치의 세력-에너지(energy)-이 운동의 세력으로 변화되기 때문이라고 하니 이 학설이 가장 신뢰하고 인정할만하다. 이 학설을 따르면 태양은 백 년 사이에 그 직경을 4마일씩 수축시키니 현재와 같은 열량으로도 5만 년이 지나면 2분의 1이 될 것이요 천만 년이 지나면 태양도 생명이 다하게 될 것이다.

(기) 태양의 운동

태양의 운동은 흑점의 위치 변화에 따라서 관측할 수가 있으니 최초에는 동쪽 끝에서 나타났다가 점차 서쪽 끝으로 나아가는데 거의 13일에 소멸하고 13일 후에 또다시 나타난다. 이에 의거하여 살피건대 태양이 서쪽에서 동쪽으로 자전하는 것을 알 수 있으며, 그 주기는 25일 8시간이 됨을 또한 실제 측량할 수 있다. 이외에 태양이 모든 유성을 거느리고 1초간에 8마일의 속도로 큰 궤도를 공전하고 있는데 이 궤도를 한 번 회전하는 데에 1천 8백 25만 년이 필요하다고 한다.

16　섹가이: 미상이다.

이과(理科) 강담(2)

- 소학교 교원의 참고를 위해 - / 호연자(浩然子) 역술

램프-양등(洋燈)-

요점: 램프의 구조를 연소에 알맞게 할 일

등불이 등갓에 반사되는 효과

램프를 다루는 데 주의할 각 조건

가스등, 전기등의 필요

교수: 램프는 석유의 연소에서 나오는 빛을 이용하는 기기이니 오늘날 세계인이 보통으로 공용하는 등불이다.

주의: 옛날의 등잔을 들고 다니던 불편한 일을 가르칠 때 같이 말해주고 양초의 빛과 램프의 빛을 비교하여 볼 것. 학교에서 사용하는 램프를 가리키며 될 수 있는 대로 현등(懸燈)・탁상용 전등・손전등 등 여러 종류를 준비하고 점화가 필요한 경우 그 준비도 해야 한다.

램프로 석유를 연소시키는 것은 곤로-풍로-로 석탄을 연소시키는 것과 거의 같다. 전자는 불의 열을 취하고 빛은 버리며 후자는 불의 열은 취하지 않고 빛을 취한다. 전자는 그 구조가 매우 간단하되 후자는 빛을 강하게 밝히기 위해 특별한 구조를 취하고 또 불꽃을 보호하기 위해 역시 특별한 구조가 필요한 까닭에 전체의 구조가 매우 정교하여 풍로가 미칠 바가 아니다. 다만 구조 중에 곤로와 동일한 목적으로 설비한 것이 하나 있다. 즉 꼭지쇠의 작은 구멍이 다수인 것은 풍로의 아래 구멍이 큰 것과 동일한 것이다. 형상은 비록 다르지만 공통의 쓰임새는 서로 같다.

주의: 풍로는 이미 아는 바이다. 고로 이를 램프와 비교할 것이지만 그러나 램프의 대체적 요지는 본장에서 진술할 것이다.

등피(燈皮)는 램프에서 긴요하게 사용되는 것이다.

주의: 등피를 가지고 램프의 가장 중요한 부분을 조성한다. 꼭지쇠의 연소구나 소공의 설치 등 필요하지 않은 것이 없지만, 램프가 유용해진 까닭은 대개 등피가 있기 때문이다.

시험 삼아 등피를 빼서 벗기고 램프에 불을 붙여라. 기름 연기가 높이 올라서 송연(松煙)을 태우는 것처럼 불빛이 너무 밝지는 않아 촛불과 특별히 다른 바가 없을 것이오, 또 그 해됨이 이 뿐 아니어서 잘못하면 기름병에 불을 붙이는 것과 같은 위험이 적지 않은데 만일 등피를 아래로 내리면 기름 연기가 홀연 끊어지면서 불의 밝기가 전에 비해 배가 되니, 왜인가? 다음과 같이 2종의 이유가 있을 뿐이다.

1. 등피가 있으면 공기소통의 길이 있어 탄산이 혼재한 공기가 위의 입구로 향해 나가고 신선한 공기가 꼭지쇠의 작은 구멍 즉 세망(細網)으로 들어오게 된다.
2. 등피가 있으면 몹시 뜨거워진 공기가 곧 불꽃이 되는 고로 석유, 가스는 잔여물이 없이 완전히 연소하여 기름 연기가 되는 것이 없다.

주의: 이 현상은 실험함이 옳다. 등피 없는 램프의 외부에서 불규칙적으로 다가 오는 공기의 현상을 그려 보여줄 것이며, 또 램프의 안팎에 공기대류 현상을 그려 보여줘라.

램프에는 통상 등갓이 있어 반사체를 갖추는데, 비추는 옆면으로 광선을 반사하기 위해 구비한 것이다. 등갓은 아래 방향의 광선을 반사하기 위해 갖추는 것이니 모두 긴요한 방법으로 빛의 힘을 모으는 것이다.

정교한 기기는 조잡한 기기보다 활용상 주의를 요한다. 램프로 말하자면 행등(行燈)·제등(提燈)·촛대 등보다 활용상 복잡하다. 다음과 같은 몇 가지 조건을 기록해야 한다.

1. 등에 불을 붙이기 시작함에 화력을 성대하게 하지 말라.

주의: 불을 붙일 때에 심지를 조금 도출시켜 2,3분 후에 조금씩 위로 올리고 또 2,3분 후에 불을 적당히 할 것이요, 겨울철에는 더욱 주의하라.

2. 불을 끌 때에는 불을 작게 줄이고 하고 꼭지쇠에서 끌 것이오.

주의: 이는 소형 램프에 행함이 당연하나 공기 램프나 기타 대형 램프에 불을 작게 줄인 후에 등피의 윗구멍에 대고 바람을 불 것이오, 결코 중간 통풍구에 불어 넣지 말 것이다.

3. 물기가 있는 램프는 즉석에서 취해 사용하지 말 것이다.

주의: 물기가 있으면 등피 전체가 동일하게 온난하지 않아 끝내 파상됨을 면하지 못한다.

4. 심지는 평평하고 고르게 끊어 내고 또 매일 끊어내야 한다.

주의: 가위가 없거든 심지 윗부분의 탄흔적만 떼어낼 것이다.

5. 너무 오래되고 더러운, –낡은– 심지는 기름을 흡수해 올림에 흡수력이 부족한 고로 종종 바꾸어 주고 결코 아끼지 말 것이다.

주의: 이와 동일한 이유로 심지는 견고한 것은 버리고 유연한 것을 취하라.

6. 매일 잘 소거하되 특별히 꼭지쇠에 남아 있는 찌꺼기를 쓸어버려라.

주의: 청결하게 할 필요는 여러 가지가 있으니 첫째는 연소를 성대하게 좋게 하기 위함이요, 둘째는 위험을 예방하기 위함이요-꼭지쇠의 내외부 및 기름병을 물을 뿌리고 청소함-, 셋째는 경제적으로 하기 위함이요-등피를 깨끗하게 하면 빛이 강해짐-, 넷째는 외관의 아름다움이다.

7. 항상 가져다 쓰기를 침착하게 하고 석유는 반드시 불을 끄고 석유를 사용하라.

주의: 침착하게 활용하면 흔히 위험을 모면하며, 또한 등피가 파손되는 등의 손실이 적을 것이다. 장유병-기름병-의 경우 흔히 용전-마개

-을 막지 않은 까닭에 종종 찌꺼기가 유입되기도 한다. 혹은 램프를 두는 장소가 불안전하고 부적당한 까닭에 전복되는 수도 있다. 그러므로 다 긴요하게 활용해야 한다.

램프 외에도 아직 다양한 등이 있다. 가스등·전기등 두 종류가 가장 빛이 밝은 것이다. 공업이 진전된 도시인 경우 거의 보통으로 사용하는 필요물이 되었다.

가스등은 석유를 건류(乾溜)시켜 만든 가스를 기계의 관으로 멀고 긴 거리까지 도출하고 연소의 입구를 만들어 이에 불을 붙이는 것이다. 전기등은 전기로 일으킨 열을 이용하여 점등에 사용하도록 제공하는 것이다. 전기 작용은 후일에 학습할 것이요, 여기서는 전기등의 구조만 진술할 것이다.

백열등이란 초자(硝子)-유리-구 안에 대나무 숯으로 제조한 가는 선을 넣어 사용하고 그 양끝을 백금선으로 연결하고 구 안의 공기를 빼내는 것이니 거기에 전기를 통하도록 이끌면 탄소선이 백열하면서 밝은 빛을 내지만 램프의 화염과는 특히 다르다.

또 호광등(弧光燈)이란 것이 있다. 불꽃의 형태가 호(弧)의 모양으로 만들어지는 이유로 작명한 것이다. 유리구는 램프의 등피와 동일한 목적인데 백열등의 유리구와는 매우 다르며, 그 중에는 2개의 탄소봉이 위와 아래를 서로 향하였고, 중간에 얼마 안 되는 거리를 두어 호광(弧光)이 나오게 하니 이것이 탄소봉의 빛을 태움에 자주 이 봉을 교체함이 옳은데 이는 길 위에서 높이 빛나는 것이요 백열등보다는 수십 배 내지 수백 배의 광력(光力)이 있다.

응용1. 램프를 구하거든 될 수 있는 대로 금속으로 제조한 것을 구할 것이요, 기름병에 다른 구멍이 있는 것을 구하지 말라. 만일 다른 구멍이 있으면 편리하기는 편리하지만 위험이 많이 돌아온다.

응용2. 심지를 바꿀 때에는 불로 쪼이는 것-그을리는 것-이 옳으며 심지 돋우기보다 크고 두터운 심지를 사용하지 말고 또 너무 완소-골삭은 것-한 심지를 사용하지 말라. 또 처음에는 심지의 앞 끝에 석유를 젖게 하여 불을 붙여라.

응용3. 석유는 병의 입구에 너무 가득 차게 하지 말고 9푼 쯤 차게 넣어라.

접목법 (속) / 박상락(朴相洛) 역술

(3) 접수(接穗)와 침목(砧木)의 관계

주의-접수(接穗)란 위에 새로 접붙이는 나뭇가지 혹은 나무 싹을 지칭한다. 침목(砧木)이란 아래 있는 근본 나무를 지칭한다. 가령 복숭아나무에 배나무를 접붙이면 그때 배나무가 접수가 되고 복숭아나무가 침목이 된다.

대저 접목을 시행할 때 가장 주의할 점은 접수와 침목의 관계를 상세히 살피는 것이다. 그러므로 완전무결한 발육을 이루고자 하면 접수와 침목 모두 건전하고 그 성질이 강성한 것을 골라야 한다.

(갑) 접수

접수는 장차 접붙인 뒤에 새 식물체가 될 것이므로 이것을 선택할 때 가장 주의할 것은 물론이거니와 어떤 지초(枝梢)가 접수에 가장 적당한가 하면, 먼저 발육이 완전하고 상한 곳이 없는 좋은 모수(母樹)를 선택하여 그 나무 중앙 부분에 남향으로 있는 지초 중에 지난 해 서리 내리기 전에 이미 건전히 발육하여 길이 3·4촌 되는 싹을 가지고 있는 것이 가장 적당하다. 대개 아랫부분에 있는 지초는 세력이 매우 약해서

접착하여 유합(癒合)하는 힘이 부족하고 윗부분에 있는 지초는 세력이 과도히 왕성하여 도리어 적당하지 못하다. 그러므로 가령 성장이 양호한 어린 가지라도 그 상단을 절취하여 접수로 작용하면 줄기 끝이 모두 단단히 붙지 못하고 또는 충분한 성육(成育)을 이룰 수가 없다.

 접수는 그 세력이 침목보다 약한 것을 써야 한다. 만일 그렇지 않아 침목의 세력이 접수의 세력보다 열악할 때에는 침목의 뿌리에서 올려 보내는 영양액은 접수에 필요한 쓰임에 부족하여 접수는 드디어 고사(枯死)하기에 이를 것이다. 그러므로 이와 같은 염려가 없게 하기 위하여 접목을 하기 2·3개월 전에 그 장차 접수로 쓸 지초를 모수에서 절취하여 이것을 사토(砂土) 중에 와매(臥埋)-눕혀 묻고-하여 그 위를 흙으로 덮고 또 그 위에는 우구(雨具)를 설치하여 빗물이 스며드는 것을 예방하고, 이와 같이 하여 이 지초를 저장하여 두었다가 접목할 계절에 이르러 이것을 파내어 접수로 쓰면 그 세력이 강하지도 않고 약하지도 않고 잘 조화롭게 접착하여 십중팔구는 유합하여 발육하니, 아마도 그 이유는 접수가 사토 중에서 오랫동안 갈망하던 자양분을 얻음으로써 충분히 급속하게 흡수하여 이와 같은 좋은 결과를 얻는 것이다.

 만일 접수를 먼 지역에 수송하고자 하면 늦봄에 이르러 그 도착하는 시일을 예상하고 그 접수의 절단면에 밀납 또는 아교와 같은 것을 발라 칠하든지 또는 상자 가운데 습기를 약간 띠는 고운 흙을 담아 넣고 그 중에 접수를 묻어서 보내든지 혹은 무청(蕪菁)[17] 등속에다 이 접수를 삽입하여 이것을 다시 고운 흙을 담은 상자 중에 넣어 흔들리지 않게 하고 뚜껑을 덮어 단단히 묶으면 이것을 수백수천 리 먼 곳에 수송하더라도 하등의 상해가 생기지 않는다.

---

17 무청(蕪菁) : 원문에 괄호를 달고 "俗에 쌍무우"라고 하였다. 무청을 이르는 속언으로 "쌍무우"라는 어휘가 있는지는 미상이다.

(을) 침목

침목으로 쓸 나무의 크기는 접목의 방법과 그 목적에 따라 일정하기 어렵다. 가령 목적은 관상식물과 실용수익의 차이가 있고 또 접목은 여러 가지 방법이 있다. 그러나 어떠한 방법이든 막론하고 침목은 접수와 가장 가까운 종속(種屬)을 선택해야 한다. 만일 침목과 접수가 전혀 판이한 종속을 서로 접붙이면 도저히 좋은 결과를 얻기 어려우니, 그러므로 침목은 야생수-나무뿌리에서 천연으로 난 것-와 실생수(實生樹)-과실의 씨에서 난 것-를 불구하고 접수와 동일한 종속 또는 가장 가까운 종속을 선택하는 것이 필요하다. 침목으로 가장 널리 쓰는 것은 실생(實生)한 어린 나무니, 2년생으로부터 5년생까지가 적당한데 그 크기는 그 나무의 성장에 따라 일정치 아니하나 대개 둘레가 1촌5푼 내지 3촌 가량 되는 것이 보통이다.

구미 각국에서 사용하는 침목의 크기는 그 둘레가 대개 1촌 내외되는 가는 나무를 보통 쓰니, 이와 같이 침목에 세소(細小)한 것을 쓰면 접붙인 뒤에 그 접수의 성장이 더뎌지는 폐단은 있으나 그 접합부분이 잘 유착(癒着)하는 것은 분명한 사실이다. 그러므로 침목은 위와 같은 세소한 것을 쓰는 것이 편리하고 또 안전하다.

침목을 배양할 때는 비료-거름-를 적당히 베풀고 모쪼록 잔뿌리를 많이 발생하게 하라. 침목 중 잔뿌리가 적은 것은 이식한 뒤에 착생하기 어렵고 또 착생하더라도 발육과 생장이 매우 느리다. 그러므로 야생수를 채취해 와서 이것을 침목으로 쓰고자 할 때는 이것을 즉시 침목으로 쓰지 말고 일 년 가량은 가식(假植)-채취해 와서 이것을 그대로 심어두는 것-하여 잘 비배(肥培)한 뒤에 침목으로 공용(供用)할 것이다. 만일 그렇지 않고 야생수를 채취해 와서 즉시 침목으로 쓰면 접합부분의 유착이 완전치 못하여 매양 고손(枯損)이 많고 설혹 유착되더라도 그 성장이 매우 느려서 일 년 가량 가식하던 침목에 비하면 그 성장이 대단히 더디고 열등할 것이다.

예로부터 일본에서 활용된 소위 고접(高椄) 방법은 바로 그 침목이 수십 년을 경과하여 이미 결실하는 노성(老成)한 나무에다 접수를 접붙이는 것이다. 그 결과가 어떠한지를 보면 그 침목이 이처럼 성장한 것이므로 접붙인 뒤에 접수의 성장이 느린 것은 물론이거니와 또 접합부분의 유착이 긴 시간을 필요로 하고, 다행히 유착한다 해도 종종 서로 분리하고자 하는 경향이 있어 그 결과가 양호하지 못하다. 그러니 침목은 어린 나무를 쓰는 것이 가장 좋은 듯하다. 그러나 관상수, 가령 늙은 매화나무에 젊은 매화나무를 접붙이며, 소나무에 용린(龍鱗)을 접붙이는 따위는 수익을 목적으로 삼는 것이 아니라 접합부분의 유착만 잘될 수 있으면 성장한 침목이라도 안 될 것이 없다.

수학의 유희 / 박유병(朴有秉)

오늘날 항상 일컬어지는 학문이란 그 범위가 너무나 크고 아득하여 텅 빈 우주 공간에서 손을 둘 장소를 알 수 없는 것과 같다. 그러나 이를 연구상 편리를 위하여 구별하면 즉 물리・화학・수학・정치・법률・심리・의학・농학・공학・상학・병학・문학 등의 과학이다. 이런 과학들을 학습함이란 대체로 그 사람이 가진 재량의 고하를 막론하고 평등하게 가르치려는 경향이었기에 저처럼 최대 진보의 영역에 도달하였다. 그러나 가장 정밀한 정도까지 연구하려면 평등한 능력을 가진 우리는 평등의 가치를 자유(自有)한 과학의 한 부문을 전문으로 수련하지 않으면 불가능하다. 이에 과학을 응용하는 도리는 일단 놓아두고 과학 중 수학 원리에 대해 내가 평소에 보고 읽은 것을 쓰고자 한다. 이는 수학 유희라 하는 책 속에 수학 허상이란 제목을 쓰고 기묘한 문제를 개재한 것이니 단순한 지식으로 이해할 수 없으나 수학 방법으로 말미암아 증명한 것이다. 그 문제는 다섯 가지 조건이니 다음에 거론한 바의 계산식과 답안을 참고하시오.

(1) 1은 2와 같음

(2) 서로 같지 않은 두 개의 수가 서로 같음

(3) 1은 0과 같음

(4) 전체의 량은 그 부분과 서로 같음

(5) 직립한 나무뿌리로부터 열 칸 떨어진 땅에서 그 끝의 앙각(仰角)[18]을 측정하여 60도를 얻었다 하니 나무의 높이는 어떤가?

(1) 1은 2와 같음

〔증명〕a=b라 가정하고

양변에 a를 곱하여 $a^2=ab$

양변에 b^2를 빼 $a^2-b^2=ab-b^2$

인수분해 하여 $(a+b)(a-b)=b(a-b)$

양변을 $(a-b)$로 나누어 $a+b=b$, 고로 $2a=b$

즉 $2=1$

(2) 서로 같지 않은 두 개의 수가 서로 같음

〔증명〕a〉b이고 c를 a, b에 등차중수(等差中數)로 하면

즉 $a-c=c-b$를 얻고

또 이항하여 $a+b=2c$

양변에 a-b를 곱하여 $(a+b)(a-b)=2c(a-b)$

괄호를 제거하여 $a^2-b^2=2ac-2bc$

또 이항하여 $a^2-2ac=b^2-2bc$

양변에 c^2를 더하여 $a^2-2ac+c^2=b^2-2bc+c^2$

또 인수분해 하여 $(a-c)^2=(b-c)^2$

---

18 앙각(仰角): 물체에 대한 관측자의 시선이 지평면과 만드는 각이다.

즉 a-c=b-c, 즉 a=b,

고로 서로 다른 두 수가 서로 같음.

(3) 1은 0과 같음

　[증명]　x=1이라 가정하고

양변에 x를 곱하여 $x^2=x$

양변에 1을 빼면 $x^2-1=x-1$

인수분해 하면 $(x+1)(x-1)=x-1$

양변을 x-1로 나누면 x+1=1, 즉 x=0

가설에 의하여 x=1, 고로 1=0

(4) 전체의 량은 그 부분과 같음.

　[증명]

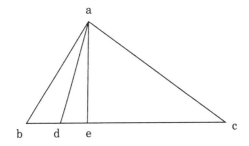

삼각형의 abc의 각a가 각b, 각c보다 크다 하고

각bad를 각c와 같게 취하면

삼각형 abc, abd에 각b는 두 삼각형에 공통되고

각bad=각c………(그림)고로 제 3각adb=각a

고로 서로 유사한 형태이다.

고로 삼각형abc: 삼각형 bd=$ac^2:ad^2$

　a에서 bc로 수직선 be를 그리면 삼각형 abc, abd의 높이가 각각 ae가

됨으로 서로 같은 까닭에

　삼각형abc:삼각형abd=bc:bd

고로 $ac^2:ad^2=bc:bd$

$\dfrac{ac^2}{bc}=\dfrac{ad^2}{bd}$ 각b는 예각이다. 어째서인가. 각b가 둔각 혹은 직각이면

각a는 본래 둔각인 고로 삼각형 abc의 내각의 합이 두 개의 직각보다

클 것이니 즉 정리와 반한다.

고로 ac^2, ad^2를 바꾸어 쓰면

$$\frac{ab^2+bc^2-2bc\cdot be}{bc}=\frac{ab^2+bd^2-2bd\cdot be}{bd}$$

나누어 계산을 해 $\dfrac{ab^2}{bc}$ +bc-2be= $\dfrac{ab^2}{bd}$ +bd-2be

즉 $\dfrac{ab^2}{bc}$ +bc= $\dfrac{ab^2}{bd}$ +bd

이항하여 $\dfrac{ab^2}{bc}$ -bd= $\dfrac{ab^2}{bd}$ -bc

같은 분모를 나누면

$$\frac{ab^2-bd\cdot be}{bc}=\frac{ab^2-bc\cdot be}{bd}$$

분자가 서로 같으므로 분모도 서로 같음.

(5) 직립한 나무뿌리로부터 열 칸 떨어진 땅에서 그 끝의 앙각(仰角)[19]

을 측정하여 60도를 얻었다 하니 나무의 높이는 어떤가?

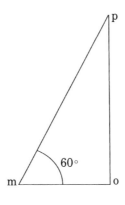

---

19 앙각(仰角): 물체에 대한 관측자의 시선이 지평면과 만드는 각이다.

그럼에서 취해 m은 나무의 뿌리p 그 끝은 앙각을 측정하는 장소로 하면
om=10, mop=60°

∴mp=omtan 60°=10×=? $\sqrt{3}$ =10×1.732=17.32(약)고로 나무
의 높이는 17.32칸이요

(부언) 엄정하게 말하면 이와 같이 얻은 결과는 점o에 설치한 측량기
계의 중심을 수평으로 보았기 때문으로 지면에서 높이를 얻기 위해서는
측량기 중심의 높이를 여기에 첨가할 것을 바람

(주의) 이상 기술한 문제 중 1,2,3,의 문제는 일시적 수학 상 유희에
불과하고 실제상으로 정확히 논하면 모두 불가능한 문제에 속하기에 그
렇지 않은 바로 논파하고자 한다.

(1)의 증명 중 (a+b)(a-b)=b(a-b). 이 식이 공리에 맞지 않는데 왜
그런가. 가설에 의해 보면a=b ∴a-b=0 ∴(a+b)×0=b×0 즉 d양변이
모두 0인 고로 값이 정해지지 않음. 또 하나의 사례를 들어보면
5×0=2×0 즉 0=0. 양변을 0으로 나누어 5=2라고 할 수 없음과 같음.

(2)의 증명 중 a-c=b-c가 가능하지 않다. 왜일까.
a-c=c-b 즉 a-c=-(b-c) 양변을 제곱해
$(a-c)^2 = (b-c)^2$ ∴a-c=-(b-c)-(a-c)=b-c

(3)은 (1)과 같으니 즉 x=1x-1=0 ∴0=0 까닭에 값이 정해지지 않음.
(4) 최후의 식 $\dfrac{ab^2-bd\cdot bc}{bc} = \dfrac{ab^2-bd\cdot bc}{bd}$
가 가능하지 않다.
왜일까? ab²-bd · bc=0 즉 $\dfrac{0}{bc} = \dfrac{0}{bd}$
bc와 bd가 갖지 않음.

| 문예 |

• 광고

본 태극학보 대금 수납의 편의를 위하여 경성(京城)과 평안북도(平安北道)에 위탁수금소를 설치하였으니 경성에서 본 태극학보를 구독하시는 분은 대금을 경성 북서(北署) 원동(苑洞) 이갑(李甲) 씨 댁에 거처하는 김기옥(金基玉) 씨에게 보내주시고 평안북도에서 구독하시는 분은 평안북도 정주(定州) 남문(南門) 내 홍성린(洪成鱗) 씨에게 보내주시기 바랍니다.

태극학회 알림

마굴(魔窟) / 백악춘사(白岳春史)

(1) 신랑이 목매여 죽었으니 버드나무는 무정하고 마을 주민들이 놀라 일어나니 평화가 절로 깨졌다.

처참하고 비참하고 참혹한 비극이 일어났도다! 지방은 황해도 장연군(長連郡) 동면(東面) 화천동(花川洞)이요 때는 광무 5년 봄 3월이라. 어젯밤부터 부슬부슬 내리기 시작한 봄비 소리는 언제쯤부터 맑게 개었고 어둑한 새벽노을은 산골 집마다 마을 입구마다 나무 끝마다 엷은 장막을 둘러놓은 듯. 어렴풋한 먼 산 빛은 검은 산봉우리 끝이 어둑어둑. 삼라만상은 봄의 시름을 겨워하는 듯이, 밤 동안 평화로운 취침 모습을 아직 띄고 있고 진정으로 티끌세상을 일깨우고자 있는 힘을 다해 양 날개를 탁탁 치며 꼬끼오를 외치는 닭의 울음소리와 이따금씩 먼 마을에서 쿵쿵거리며 짖어대는 개소리만 건너편 산골짜기에서 메아리처럼 울릴 뿐. 이때에 낭자하게 울리는 남녀노소의 시끌벅적한 소리는 갑자기 화천동 하늘의 조용하고 적막한 새벽빛을 깨뜨리도다.

아, 사람이 죽었고만. 사람이 죽었어!

하, 원, 저런 변이 있나!

아, 사람이 죽었다네!

아, 거, 누가 죽었노?

거, 어떻게 죽었노?

하, 참혹한 일을 다 보겠네!

이말 저말, 한 입-일구(一口)- 두 입-이구(二口)- 주고받고 떠드는 소리에 자던 눈 비비고 일어나서 담뱃대 주워들고 귀 앞 머리를 긁으며 나오는 마을 안 영감의 묻는 말

아, 거, 무엇들 가지고 그리 떠드노. 거기 무슨 일 생겼나?

아, 무슨 일인지 말도마소. 사람이 죽었습니다.-다른 영감의 대답-

아, 거 누가, 어떻게 죽었노?

아, 앞 둑의 버드나무-양류(楊柳)-가지에 목을 매달아 죽었고만!

아, 죽은 것이 누구야?

왜, 거, 아니 있습니까. 저 신장손(申將孫)의 매부 이서방(李書房)이 저 모양으로 죽었고만. 어제 처가에 들르기 위해 왔다더니만!

하, 원, 저런 참혹한 일이.......

우물길-정로(井路)-에서, 물 긷는 마을 아낙네들이 묻고 답한 말

아, 원, 그러니 그 열세 살-십삼(十三)-낫다는 어린 신랑이 혼자서 저렇게 죽었을 수가 있다고?

아, 그러면 누가 죽여서 나무에다 달아매었을까?

글쎄 말이지요. 원, 그러한들 설마 어떤 몹쓸 놈이 저 어린 신랑을 무슨 이유로 죽였을고.

애고, 불쌍해라. 그 어린 것을!

더욱이 삼대독자라지. 저 아버지가 들으면 얼마나 놀랄꼬!

이 소문이 마을 안에 퍼지자 사람마다 놀란 안색이요 곳곳마다 의문이라. 이곳저곳에서 이러한 말 저런 말 몹쓸 의심이 수없이 나오나 그 진상은 도저히 알 길이 만무하도다.

동네 어른들과 마을의 영감들이 모여 토의한 결과, 이 일을 관아에 보고하려는데 장차 검시관이 온다. 관속(官屬)이 나온다고 하면 우리 마을 안은 무엇보다 주색에 빠져 방탕히 노는 그들 때문에 멸망을 면치 못할 것이니 우선 그 신랑의 처남 되는 신장손을 붙잡아두었다가 읍에서 관속이 나오면 일체의 일을 그 사람에게 다 맡기고 우리 마을 일동은 관아에 들어가서 송사나 잘해보자고 하였다. 그리고서 즉시 마을 안 젊은이들을 불러보아 신장손의 일가를 엄밀히 보아 지키고 마을 전체 명의로 관아에 보고하며 마을 전체 명의로 신랑 본가에 통지한다고 하는 소동에 예전부터 평화 속에 편안하고 즐겁게 지내던 화천동은 하루 아침 사이에 살풍경의 대수라장이 되었소.

신랑(新郎)

버드나무 가지에 목을 달아 청안(靑顏)을 반쯤 드리우고 혈안(血眼)을 살짝 뜨고 세상의 쌀쌀한 정을 원망하는 듯한 가련한 너 조그마한 신랑아! 늙은 부모를 영원히 이별하고 고향을 떠나서 어디로 갔느냐?

가는 새끼줄 끝에 목숨을 매고 아침 이슬 바람에 오고가는 너 가련하고 조그마한 희생아! 꽃 피어도 비바람이 많기에 꽃봉오리를 스스로 버린 것이냐? 악마의 오래 묵은 원한이 있었더냐? 흉악한 연적(戀敵)의 악독한 수단을 받았느냐? 죽은 입은 말이 없어 비밀이 영원히 묻히게 되었으니 버드나무 가지야 정(情)도 없다. 남의 삼대독자를!

(2) 윤군수는 잘 다스려 아전과 백성들이 안도했으나 주범이 나오질 않으니 신가(申家)를 붙들어 매고 옥에 가두었다

각설하고 이때 본군의 군수는 윤씨(尹氏)인데 윤군수는 외국 사정에도 대략 통하고 원래 사리(事理)에 명석한 인물이다. 임지에 도착한 이후로 제반 행정을 전부 인민의 행복과 이익을 표준으로 삼아 일체의 폐단을 혁파하고 이전부터 지속되어온 아전 무리들의 악습을 일변(一變)하고 사농공상의 백성들로 하여금 각각 자신의 직업에서 안도하게 하였다. 지금까지 공허한 정사로 인한 도탄 속에서 괴롭게 부르짖던 바닷가의 피폐한 백성들에게는 추운 겨울 이후에 따뜻한 봄이 돌아온 듯하고 큰 가뭄에 비의 은택이 내린 듯하니 사람마다 명관(明官)이란 칭송을 입에서 입으로 서로 전하고 윤군수의 애민(愛民)과 선정(善政)에 대한 비석이 마을마다 거리 끝에 숲처럼 서있더라.

동면 화천동에서 살인이 났다는 해당 동 인민의 보고가 들어오자 윤군수가 그 즉시 친히 아전 무리들을 이끌고 해당 동에 몸소 가서 먼저 사체를 검사해보니 연약한 소년에게 얼마나 잔인하게 강한 힘을 가했던지 양쪽 팔은 꺾이고 목 주위에는 끈을 묶은 흔적이 뚜렷한데 목구멍은 검은 피가 꽉 막아 비참한 최후를 맞이한 형상이 사람으로 하여금 똑바로 보기 어렵게 하였다. 군수 이하 아전 무리들과 이를 당면한 자들은 더 말할 것도 없고 심지어 노상 행인들 중에도 이를 전해들은 자들은 연민의 정이 촉발되어 동정(同情)의 소리 없는 눈물로 조문치 않는 자가 없고 몹시 분하여 이를 갈며 가련한 이 소년의 철천지원수를 찾아내면 머리 위에다 정의의 방망이를 한바탕 가하고자 하지 않는 자가 없었다. 윤군수가 아전 무리들을 엄단하여 동 주민들에게는 조금도 주색 놀이로 인한 소란이 없게 하고 검시를 마친 뒤에 동네 어른들을 불러들여 이 신랑의 거주지와 성명, 연령에서부터 언제 어떠한 일로 신랑이 이 마을에 오게 되었는지의 일과 신랑의 처가인 신가(申哥)의 일가(一

家) 실정과 신랑의 처남인 신장손의 성품과 행동이며 신랑의 아내 되는
여자의 성품과 행동이며 기타 이 사건 발생 이후로 마을 안 인민이 보고
들은 실제 증거를 일일이 심사하고 그 다음에는 신장손과 그의 모녀
두 사람도 대강 문초(問招)를 마쳤으나 주범을 찾을 방향은 짧은 시간
안에 아직 생각해내기 어렵다. 이 관계 저 관계로 신가의 모친과 자녀
세 명을 우선 압송해 와서 옥중에 엄중히 가둔 뒤에 윤군수는 침식을
거의 폐하고 이 흉악한 주범을 찾을 방법에 대하여 천만 가지 생각을
다 돌려보고 있으니 머지않은 장래에 이 의심의 음흉한 장막이 한 번
열리면 그 내막에 장차 어떤 요괴가 숨어 있을까?

(3) 비운이 온몸에 닥쳐와 독자만이 기쁨이거늘 생원은 신이 아니니 사람
일을 예측할 길이 없다.

신장손의 매부인 신랑 이서방은 은율군(殷栗郡) 북면에 거주하는 이
름이 알려지지 않은 이생원(李生員)의 3대 독자이다. 이생원은 원래 재
령군(載寧郡) 토반(土班)으로 재산도 상당히 있고 선조 이래로 가문의
명성도 조금 있었다. 그런데 갑오개혁 이전, 가혹하고 포악한 관리가
전국에 넘쳐나서 가렴주구와 토색질을 마음대로 자행하는 중에 특히
본도 황주 병사(黃州兵使)의 권위를 내세운 농단이 황해도를 사납게 억
압하였다. 그래서 황해도 온 지역의 인민은 황주 병사와 악한 관리의
어육(魚肉)이 되어 '올해는 언제나 지나갈까' 하는 탄식과 굶주림과 원
통함에 우는 소리가 구월산(九月山)보다 훨씬 높아졌다.

이 때 이생원 집안의 한 못된 불량배가 재산을 탈취하고 도산시킬
나쁜 마음으로 황주의 아전 무리들과 결탁하고 거짓 채권을 발급한 후
에 족징(族徵)[20] 독촉 차 다수의 포졸을 보냈다. 가련한 이생원은 눈 내

---

20 족징(族徵) : 군역 대상자가 도망가면 군포를 그 친척에게 징수하던 것을 말한다.

리는 차디찬 동짓날 그 아귀(餓鬼)와 같은 황주 포졸의 철편(鐵鞭)과 포
승줄로 죄에 빠지고 고생만 수없이 당했을 뿐일까? 전 가산을 탕진하여
남은 것이 없게 된 후에 생원은 화병이 나고 세상일에 비관이 크게 일어
표연히 종적을 감추고 은율군 북면의 한 초라한 마을로 이사하였다.
빈한한 한 농막에서 이생원이 통천(通天)[21]으로 은거 생활을 감내하는
중에 또 하나의 비참한 운명이 생원의 신상에 엄습해왔다. 곧 그의 아
내가 바라고 바라고 기다리고 기다리던 삼대독자를 낳은 뒤에 산후가
좋지 않아 그 고대하던 아들을 산부의 이불 위에서 영원히 이별한 것이
다. 이생원은 지금의 신세를 스스로 탄식하나 호소할 곳도 전혀 없고
일희일비하는 중에 유모를 고용해 들이고 온힘을 다해 이 어미 잃고
가엾게 남은 독자를 천금같이 만금같이 보살피기 위한 수단을 다하였
다. 생원의 성의가 헛되지 않아 장차 기울고 무너진 생원의 가문을 부
흥시킬 주춧돌이 되기를 기약할 만했다.

　어느덧 사심 없는 하늘이 회전을 몇 번 연속하니 머리 가에 희끗한
눈서리를 반쯤 올린 늙은 이생원은 가족도 적고 귀한데 노년에 어디
재미나 볼까하여 엽전 7백 냥을 간신히 변통하여 예장(禮裝)-예물-으로
보내고 장연군 동면 화천동에 사는 나이 18세의 신장손 누이를 며느리
로 맞았는데 때는 생원의 아들이 12세 되던 봄철이었다. 늙은 생원은
유일한 독자를 주춧돌로 알고 어떠한 고생이 있거나 혹은 어떠한 화병
이 일더라도 이것이 다 아들의 장래 행복을 위한 것으로 생각하면 온갖
걱정이 눈 녹듯 하고 만사에 위안이 절로 생겨 더할 수 없는 즐거움으로
삼았다. 그런데 본년 2월 이래로 화천동 사돈집에서 사위와 딸을 보고
싶다는 통지가 두서너 차례 전해오니 늙은 생원은 원래 사랑하는 아들

21　통천(通天) : 『주역』 「계사전(繫辭傳)」의 "적막하게 움직이지 않다가 감응하면 마침
　　내 천하와 통한다[寂然不動, 感而遂通天下]"는 구절에서 가져와 고요히 자중하는
　　모양을 이른 것이다.

과 잠시라도 떨어져 서로 보지 못하는 것을 마음속으로 매우 기뻐하지 않았다. 그러나 일의 형세가 어쩔 수 없으니 그러면 2·3일 내로 다녀오라고 절절히 당부하여 그 아들 부부를 떠나보내고 하루를 삼추(三秋) 같이 기다리는 귀신 아닌 이생원이야 어찌 이 이별이 영원한 이별이 될 줄을 꿈에서나 생각했을 수 있으리오.

(4) 묘안을 고안해내어 총각을 잡아들이고 혹형을 엄히 내리자 신가가 자복하였다.

각설하고 윤군수가 신장손의 모친과 자녀 세 명을 옥에 엄중히 가두고 여러 번 정탐꾼을 보내어 신랑 본가의 상황을 탐지하고 한편으로는 화천동 인민에게 각종 실정을 알아보고 찾아보니 신랑의 부친인 늙은 생원은 원래 다른 사람에게는 조금도 원통의 소리를 들을 바가 없다. 더구나 신랑으로 말할 것 같으면 지금까지 글방 외에는 아직 마을 입구 밖 10리를 나간 적 없는 13세의 소년이 세상 사람들에게 어떠한 깊은 원한을 샀을 이치가 만무한즉, 어떤 사람이 어떤 방면으로 관찰하더라도 이 흉계의 발원이 결국 이 신가의 모친과 자녀 3명 중에서 연관되어 나왔음은 어찌되었든 공공연한 비밀이 될 것이다. 하물며 예로부터 간통한 남자와 요망한 여자가 본 남편을 독살한 사례 역시 없는 것이 아니므로 일반 세인들의 의심 줄이 신랑의 아내인 신장손 누이의 신상에 초점을 맞추는 것 또한 무리는 아닐 듯.

이 사건이 발생한지 제3일 만에 신가 모친과 자녀 3명의 제1차 문초가 열렸다. 큰 칼을 목에 씌고 사령(使令) 등의 지도에 따라 관가 앞뜰에 나와 엎드린 것은 눈동자가 반짝이고 앞이마에 주름이 잡힌 나이 50정도 된 노파이니, 즉 신장손의 모친 그 사람이더라. 이러한 처지를 당하여 어떠한 심적인 흔들림이 그 흉중에 닥쳐왔던지 안색은 붉으락푸르락 변하고 온몸을 덜덜 떨면서 있더라. 이때 윤군수는 마음속에 방향을

조금 정한 듯이 침착한 태도로 입-구(口)-을 여니,

윤군수 : 네 사위가 언제 네 집에 왔느냐?
노파 :   그 죽기 전날 왔어요.
윤군수 : 네 사위는 네가 오라고 해서 왔느냐?
노파 :   네. 사위도 보고 싶고 딸도 보고 싶어 오라고 했더니, 그 날
        소녀의 딸자식하고 사위되는 사람하고 같이 왔어요.
윤군수 : 네 사위되는 사람이 죽는 날 저녁에 어디에 있었느냐?
노파 :   네. 그날 저녁에 어디에 갔는지는 알지 못하고요. 소녀의 자
        식 놈이 골방에서 데리고 자겠다고 하였어요.
윤군수 : 그러면 네 사위가 몇 시경에 어떻게 죽었는지는 네가 모르겠
        느냐?
노파 :   그것은 도무지 몰라요.

노파는 옥으로 다시 내려가게 하고 다음에는 신장손의 차례.
처음에는 대강 지난번과 같은 신문을 차례대로 발한 후에

윤군수 : 그날 저녁에 너의 매부가 어디에 있었느냐?
장손 :   그날 저녁에 소인의 매부 되는 사람이 어딘가에 놀러가서 돌
        아오지 않았습니다.
윤군수 : 큰 소리로 꾸짖어 말하였다. "이 놈 네가 너의 매부가 갔던
        곳을 모른단 말이냐. 그러면 네 생각에는 어떤 사람이 네 매
        부를 죽였을 것 같으냐?" 이때 좌우 양쪽에서 바로 아뢰라는
        소리가 벽력같이 떨어지니,
장손 :   저의 누이-매(妹)-년이 원래 행실이 곧지 못해 제 시댁에서
        머슴살이하는 총각 놈을 간통한다는 풍문이 있었는데 일전에도
        그 총각 놈이 온 것을 보았습니다. 아마 그 놈이 죽였나보옵니다.
윤군수 : 분명히 그 총각 놈이 온 것을 네가 보았단 말이냐?
장손 :   분명히 보았습니다.

　　장손은 다시 옥으로 내려가게 하고 장손의 누이가 들어오니 윤군수
는 장손에게 들은 말도 있고 해서 한층 더 주의해서 엄밀한 신문을 펼쳤
노라. 그러나 신장손 누이의 대답은 결코 자기가 여자의 정조를 깬 일
도 없고 더구나 머슴살이하는 총각 운운한 일은 일체 흔적도 없는 일이
요, 그날 자기 본가에 올 때에도 오직 자기 부부 두 사람만 함께 온
것을 자백하니 신가 남매의 전후 공초(供招)가 여기서 하나의 간극이
생겼고, 제1차 신문은 여기서 정지가 되었소.

　　이때 윤군수는 이 신장손 남매의 입에서 나온 바가 앞뒤에 맞지 않는
것을 의심하기 시작하여 각종 실정을 상세히 찾아본즉, 장손의 말과
용모, 동작에 과연 수상한 흔적이 분명히 나타나더라. 윤군수가 한 계
책을 고안해내어 본읍 뒷산 당막(堂幕)에 사는 한 왜두(倭頭)[22] 총각을
불러들였다가 은연중에 여차여차한 계획이 있음을 전해두고, 그 다음
날에 제2차 신문을 시작하니,

　　　　윤군수 : 네 이놈, 네가 네 죄를 모른단 말이냐.
　　　　장손 　: 과연, 예 모르겠습니다. 아무래도 그 총각 놈이 의심이 됩니다.
　　　　윤군수 : 그러면 그 총각 놈을 지금이라도 네가 보면 알겠구나.
　　　　장손 　: 과연 알 수 있을 것입니다.

　　이때 총각 놈 즉시 잡아들이라는 호령이 추상같으니 머리꼬리 부분
에 뒷짐을 지고 큰 칼을 쓴 총각 놈이 들어와 엎드린다. 크게 꾸짖는
한마디 소리에

　　　　윤군수 : 이놈, 네가 이생원 집에서 머슴살이하는 놈이냐?
　　　　총각 　: 네. 과연 그러하옵니다.

22　왜두(倭頭) : 일본인과 비슷한 머리 모양으로 추정된다. 앞의 당막(堂幕)은 건물로
　　추정되나 어떤 형태인지는 미상이다.

> 윤군수 : 신장손을 바라보며 하는 말이, "네 저 총각 놈이 분명하냐?"
>
> 장손 :   네. 과연 저놈이옵니다.

　총각은 문초의 형식만 대강 마치고 옥으로 내려 가두라는 명령이 하달되자 이 애매한 뒷산 당막 총각을 후문으로 몰래 놓아 보내니 이 큰 살인사건 옥사의 의심이 장손의 신상에 한 걸음 한 걸음 다가가더라.

> 윤군수 : 사납게 크게 소리치며 말하기를 "이놈, 금수 같은 놈아. 이제
>
> 　　　　도 네가 네 죄를 실토하지 아니할까?"

　바로 아뢰라는 호령이 추상같은데, 한쪽에 형구(刑具)를 들게 하여 사나운 장형(杖刑)과 혹독하고 심한 주리를 몇 번인지 헤아리기 어려울 만큼 마구 가하니 이러한 지경에 이르러서는 흉악한 장손 놈도 자기의 범죄를 끝내 숨겨둘 수 없어서

> 장손 :   과연 죽을죄로 명을 기다리겠습니다.
>
> 윤군수 : 네 이놈, 네가 한 일을 사실대로 바로 아뢰라.

　장손이 머리를 숙이고 입을 닫으니, 형문(刑問)을 가하라, 주리를 틀어라 별반 가혹한 형벌을 다하여 그 점점이 나오는 공초(拱招)를 모으고, 그 모녀 두 사람 역시 엄중한 장형(杖刑)과 사나운 태형(笞刑)으로 악독한 계획의 전후시말을 파헤쳐 드러나게 하니 사람으로 하여금 모골이 송연하고 치가 떨리게 하더라.

(5) 양심에 가책을 느꼈으나 후회해도 어쩔 수 없고 천도(天道)는 치우침이 없어 법망을 피해가기 어렵도다.
　신장손은 원래 허랑방탕한 불량배였다. 선조가 전해준 가산(家産)을

주색(酒色)과 잡기(雜技)로 탕진하고 온갖 방법으로 불의하고 부도덕한 짓을 하지 않은 바가 없다가 빚쟁이는 날로 압박하고 돈의 쓰임새는 여전하니 황금에 굶주린 귀신 같이 온갖 계책을 돌려보는 중에 한 가지 방책을 고안해내었다. 그것은 바로 자신의 누이를 되파는 것인데 그렇게 하면 한때의 궁색함과 다급함을 면할 수 있겠으나 그 신랑이 있으면 실행하기 어렵다. 그러면 어떤 방법으로 이 신랑만 없애면 누이가 과부가 되니 팔아버려도 일의 기회에 알맞으므로 그 모친 되는 사악한 노파와 여차여차한 사유를 비밀리에 논의해 결정하였다. 그 매부 되는 신랑을 꾀어 낼 차로, 사돈 되는 이생원 집에 두서너 번 통지하여 그 매부와 누이를 자신의 뜻대로 유인하였다. 그리고 누이에게는 먼저 여차여차한 계획이 있음을 알리고, 또 신랑이 아직 어리고 집안 형세도 변변치 못하니 만일 이 계획이 뜻대로 성취되면 한층 좋은 곳에 개가(改嫁)하는 것이 좋겠다고 감언이설로 설복시켰다. 나중에 당일의 밤에 신랑이 숙면할 때를 기다려 이 잔악한 신가 놈의 모자가 전대(錢帶)로 그 가련한 신랑의 목을 졸라 참살하고 그 시체는 그날 밤으로 마을 입구 밖 버드나무 가지에 달아 매어두었다. 그렇게 한 것은 그 얕은 식견에는 이렇게 하면 자기 집에서는 그 혐의를 면할 줄로 생각하였던지.

신가의 어미와 오누이 이 3인이 이렇게 공모하여 신랑을 죽이기까지는 오직 하나 사악한 욕심에 눈이 어둡고 마음이 변했기 때문이다. 동방예의지국의 전무후무한 참극을 감히 자행하고 일단 신랑을 죽인 뒤, 문득 양심의 엄한 가책이 절로 나와 한때는 두려운 감정을 억제하기 어려웠다. 그러나 이제는 이미 벌인 일이라 후회해도 어쩔 수 없고 탄식해도 쓸데없으니 할 수 있는 대로 마음과 뜻을 스스로 억누르고 천연스런 태도를 꾸며 지어 세상 사람들의 의심 줄을 벗어날까 하였다. 그런데 사람일이 숨기는 것보다 더 잘 드러나는 것이 없고 죄악이 결국에 멸망을 당하는 것은 예로부터 지금까지 수천 년 인류 역사의 분명한 천리(天理)이다. 이 악독 요망한 마귀의 신가 어미와 오누이도 이러한 이치 밖으로는 벗어나지 못하여 왕도(王道)의 법망을 피해 달아나지 못하고 그 흉악한 죄상을 일일이 자백하고야 말았으니 천도(天道)가 어찌 무심하리오.

(6) 요망한 기운을 멋대로 발하자 하늘과 사람이 함께 분노하였고, 죄짓고 악한 자가 멸망하니 말로가 가련하다.

이 참혹한 살옥 사건에 대해 한때 충격을 느꼈던 세상 사람들의 가슴 속에는 그 주범이 뜻밖에 가까이서 나타난 것에 대하여 또다시 크게 놀라 온통 통렬한 분노를 머금지 않는 자가 없었다. 하물며 주춧돌로 믿었던 삼대독자를 영원히 상실한 늙은 이생원의 심정이야 어찌 다 차마 말할 여지가 있으리오. 남에게 전해들은 말에 따르면, 희망의 줄이 영원히 끊어진 늙은 이생원은 혈안(血眼)이 깜깜해져 재산도 모르고 생명도 모르고 광명이 없는 어두운 우주 간에 행적이 사라졌다 한다. 그런데 신가 놈 장손이 줄을 채우고 큰 칼을 씌워 해주(海州)의 영문(營門)으로 압송하기 위해 안악읍(安岳邑)을 지나가던 도중에 "불공대천의 원수 신가 놈은 내 칼을 받아라." 하는 벼락이 떨어졌다. 간담이 싸늘하던 신가의 운명은 며칠 동안 보리밭에서 잠복해 기다리던 혈안의 노인이 휘두른 칼 아래에 결국 그 마지막 길을 알렸다. 그 어미 되는 사악한 노파는 종신토록 징역형에 처해지고 그 누이 되는 요망한 여자는 사령(使令)과 관노(官奴) 무리들의 먹이가 되어 지금도 장연읍에서 추악한 소굴 생활을 보낸다고.

천국과 인간세상의 귀일(歸一) / 현현생(玄玄生)

우리의 우주는 일종의 영묘(靈妙)한 존재라. 학술적 안목으로 보면 일대 진리(眞理)의 현현(顯現)이요, 심미적 안목으로 보면 일대 미술(美術)이요, 도덕적 안목으로 보면 최상선(最上善)의 표창(表彰)이다. 그러니 이 세계를 예토(穢土)라 사바(娑婆)라 하고 비상하게 염기(厭忌)하여 버릴 것 같이 사유(思惟)하는 것도 실로 크나큰 망상(妄想)이다. 또한 정토(淨土)니 천국(天國)이니 극락(極樂)이니 하고 우리의 우주 외에 별도로 황금 세계가 존재하는 것처럼 사유하는 것도 매우 심한 망집(妄執)이다. 어째서인가. 우리의 우주는 무한히 드넓은 까닭에 이 밖으로 나갈 수 없기 때문이다.

또 인생을 고통스럽다 하는 염세관(厭世觀)은 예부터 대종교가나 대철학자라 하는 사람들에게도 종종 보였으나, 우리는 이것을 수긍하지 않으니 어째서인가. 인간같이 미묘하게 조직된 신체를 가진 고등동물은 자질구레한 상처에도 적잖은 고통을 느끼고 신체 일부의 손상을 말미암아서도 생명을 잃게 되기도 하며, 외부의 자극도 지극히 강하게 느끼고 적은 병독(病毒)도 그 맹위(猛威)를 드러낼 뿐 아니라 정신상에도 욕망이 많이 있기 때문에 도리어 실망이 많고 부끄러워하고 뉘우치는 마음에 침식당하니 실연과 망상(忘想)의 번민이 있음은 물론이다. 그러나 이것이 우리의 행복이며 인간이 쾌락을 느끼는 까닭의 요건이다.

문건대 신체를 베고 잘라도 조금도 고통을 느끼지 않으며 한서(寒暑)와 풍설(風雪)에도 털끝만큼도 번민하고 염려하지 않는 것이 완석(頑石)같이 된다면 우리는 과연 행복할까. 신체의 일부를 잘라서 버려도 다시 문제없이 달려가는 도마뱀같이 된다면 우리는 과연 유쾌할까. 콜레라-쥣병-의 세균을 많이 먹어도 어떤 고장이 없는 돼지나 '모르모트' 같이 된다면 우리는 과연 행복할까. 또한 정신적으로도 개나 고양이와 같이 먹고 자며 일어나고 먹어 아무 욕망도 없이 태평한 즐거움으로 생활하면 우리는 과연 행복할까. 명예가 무엇인지도 알지 못하며 부끄러움이 무엇인지도 마음에 두지 않고 산림(山林) 사이에 날고 달리는 금수와 같다면 우리는 과연 행복할까. 단순히 초목과 같이 생식(生殖)하여 남성과 여성의 구별도 없고 부모와 자식 및 남편과 아내의 애정도 없고 실연과 회한도 없다면 우리는 과연 행복일까. 우리는 이러한 여러 물음에 대하여 '아니'라고 답하지 않을 수 없다. 실연과 회한을 나타내는 사람이라야 비로소 어버이와 자식, 지아비와 지어미의 친애(親愛)도 가능할 것이요, 실망하고 낙담하는 사람이라야 비로소 대망(大望)을 완전히 하며 목적을 이룸이 가능할 것이요, 불명예를 느끼며 부끄러운 마음을 가지는 사람이라야 비로소 명예의 영광을 향수(享受)함이 가능할 것이요, 사소한 상해와 자극을 만나도 곧 고통을 느끼는 신체라야 비로소 금수능라의 가늚과 매끄러움도 느끼고 곰발바닥과 소 혀의 자미(滋味)도 느끼는 것이 가능할 것이다. 한 마디 말로 요약하면, 고통이 있는 까닭은 행복이 있는 까닭에 요건이 되고, 행복이 있는 까닭은 고통이 있는 까닭에 요건이 된다. 그러니 인생을 단순히 고통이라 하여 고통의 분량이 행복의 분량보다 많다고 사유하는 것은 일종의 고질적인 견해이다. 또 세상 사람은 인간의 만사가 뜻대로 되지 않음을 탄식하여 인생을 비관하나 이것은 실로 언어도단의 우매한 견해이다.

어째서인가. 우주에는 일정한 질서가 있으며 법칙이 있어서 우리의 의지와 같이 되지 않는 까닭으로 우리는 거주를 편안히 여기며 삶을 즐거워하는 것이 가능하다. 만일 이에 반대로 일체 사물이 우리의 의지와 같이 변화하면 어떠할까. 갑(甲)은 외출하기 위하여 맑은 하늘을 바라고 을(乙)은 식물을 위하여 비오기를 바라며 아이 병(丙)은 종이 연을 날리기 위하여 바람을 찾고 노인 정(丁)은 감기 때문에 바람을 꺼리며 무(戊)는 내린 눈이 설탕이 되기를 바라고 기(己)는 내린 눈이 비단이 되기를 원하며 경(庚)은 붉은 눈을 보겠다고 하고 신(辛)은 검은 눈을 보겠다고 하니, 이들이 모두 생각한 대로 사물이 변화하면 어떠할까. 또 갑(甲)은 우리를 나쁘게 여겨 죽기를 원하고 을(乙)은 우리를 저주하여 병들기를 바라며 병(丙)은 우리를 욕하여 재앙을 입으라고 생각하니 저들의 생각대로 되면 우리는 어떻게 하여 안전함을 얻을까. 이와 같이 우리가 기질에 따라서 하는 생각대로 되지 않는바 이것이 인생의 질서며 법칙이 있는 까닭이다. 만일 인생이 우리의 뜻과 같이 될 때에는 잡란(雜亂)이 여기에 생기고 뒤섞임과 뒤바뀜이 여기서 시작하여 가히 수습하지 못하기에 이를 터이니, 그러면 인생이 뜻대로 되지 않음은 실로 우리 행복의 근원이다. 끝내 우리가 정신은 하나를 말미암아 동일하지만 인생을 혹은 고통스러워하며 혹은 쾌락으로 여김은 다름 아니라 다만 그 사람의 심관(心觀)을 따른 것이다.

비유하면 서양 사람의 말에 '새의 시선과 벌레의 시선의 차이'라 하는 것이 있으니, 새의 시선이라 함은 새가 공중에 날면서 몸을 높은 곳에 두고 하계(下界)를 내려다보는 까닭으로 산과 시내와 인가와 전원이 그림에 묘사되는 듯 미관(美觀)을 드러내는 것이요, 벌레의 시선이라 함은 벌레가 지면을 기면서 아래로부터 위를 우러러보는 까닭으로 우선 눈에 닿는 것이 신발, 발바닥, 마루 아래, 항문, 콧구멍 등이니 보면 볼수록 더러울 뿐이다. 동일한 세계 동일한 인생을 보는데 새의 시선과 벌레의 시선이 이와 같이 서로 어긋나는 까닭은, 새는 자신을 높은 자리에 두고 인간세상을 보는 까닭이요 벌레는 자신을 낮은 자리에 두고 인간세상을 보는 까닭이다. 우리의 인생관도 이와 꼭 같아 사상이 심원하고 도덕이 숭고한 사람은 그 인격이 초연히 발군하여 높은 자리에 있는 까닭으로 인생을 보아도 아름답고 즐거운 바로 생각하나, 벌레와 같은 근본성질을 가진 하등의 인물은 자기의 더러운 정신으로 인생을 보는 까닭으로 더럽고 나쁜 것으로 생각한다.

옛 노래에 "손뼉을 치니 물고기는 나오고 새는 달아나고 여인은 찻물을 긷는다."

한 것과 같이 어떤 사람이 못가에 가서 찻집에서 쉬다가 손뼉을 치자

물고기는 밀기울을 주는가 생각하여 나오고 새는 쫓는가 생각하여 달아나고 하녀는 호출하는가 생각하여 찻물을 긷는다. 손뼉을 치는 것은 하나이나 보는 이의 마음은 하나를 가지고 여러 종류의 차별이 있으니 이러한 까닭에 사상이 심원하고 도덕이 숭고한 사람의 시선으로 보면 인간은 모두 평등할뿐더러 일체 중생이 모두 신령하나 견해가 얕고 지식이 엷은 우리의 시선으로 보면 만물이 모두 차별이 있어 평등의 방면은 조금도 보지 못한다. 여기에 미움과 사랑의 생각이 다투어 일어나 마음의 평화를 보존할 수가 없다.

또 세상 사람은 종종 인생무상을 탄식하여 생로병사를 괴로워하는 사람이 있으나 이것도 도리 없는 망집(妄執)이다. 태어나고 늙고 죽음은 생명이 있는 인생의 활동이라 이 활동이 없으면 인생은 사물(死物)이 되고 행복의 연원은 온전히 두절될 것이다. 만약 그렇지 않아서 삶만 있고 죽음이 없으면 장래에 어떠할까. 세균은 분열하여 증가 번식하나 한 때에 한 번씩 분열하는데 첫 번째 시간에 1이 2가 되고 두 번째 시간에 4가 되고 세 번째 시간에는 8이 되는 모양으로 계산하여 보면 사흘 밤낮 72시간에는 세균 하나가 72조의 많은 수가 되니 닷새 밤낮 120시간에는 오대양을 메우겠고, 또 대구는 한 번에 알을 100만 개 이상씩 낳으니 이들 어류가 모두 생존하기만 하면 대구만 하여도 한두 해 사이에 온 지구를 메울 것이다. 또 동물을 죽이고자 하여도 죽일 수가 없어 생활하는 대로 먹으면 뱃속에서 역시 생활할 터이니 인간은 비상한 고난을 받을뿐더러, 고난을 이기지 못하여 자살하고자 하여도 역시 불가능하여 미래를 영겁 동안 고민하지 않을 수가 없을 것이다. 그러니 인생은 나고 늙고 죽는 활동이 있어 비로소 행복이 된다. 청컨대 보라. 산에는 금은주옥이 있고 바다에는 산호(珊瑚)와 대모(玳瑁)가 있고 전원에는 쌀과 보리가 있고 숲에는 기이한 바위와 진귀한 재목이 있어 우리의 쓰임이 되며, 땅에는 석탄·석유·가스·전기 등이 있으니 자연 무진장의 보고(寶庫)가 열려 우리가 캐서 쓰는 데 일임하였다.

그런데도 우리는 미집(迷執)이 많고 무지몽매하므로 스스로 괴로워하며 스스로 번뇌하여 인생을 염기(厭忌)하기에 이르니 우리는 속히 정지(正智)를 열고 미상(迷想)을 쓸어버려 안심을 얻도록 하는 것이 무엇보다 급선무이다. 옛말에 이르기를 '밧줄도 없이 스스로 묶는다'고 하였으니 밖에서 보면 우리를 묶는 것이 없으나 안으로 스스로 누에와 같이 그 몸을 묶고 괴로워하고 번뇌한다. 대저 마음이 미혹되면 인간 세상은 하나의 감옥이지만 깨달아서 보면 시방(十方)이 널따란 꽃밭이다. 이와 같은 지견(智見)으로 보면 인간 세상은 천국이며 정토이나 이 이치에 통달하지 못한 자는 헛되이 객관적으로 천국이나 정토를 몽상한다. 비유하면 회교도는 천국의 지면은 밀가루로 만들었다고 믿고 천국에는 술의 강물이 있으며 우유의 강물이 있고 벌꿀의 강물이 흐르며 하안(河岸)은 사향으로 이루어지고 하상(河床)은 보석으로 이루어진 것으로 믿으며 또 '도우바'[23] 나무가 있어 그 그늘이 맑고 서늘할뿐더러 천국에 사는 이는 어떠한 물품이든지 '도우바' 나무가 소원대로 내어주고 밝은 눈동자와 흰 이를 가진 미인이 거주하여 남자 한 사람에 70명 내지 3천 명의 여인이 아내가 된다고 한다.

이상은 천국의 이야기이나 지옥에 대해서도 옛날 그리스 인은 황천(黃泉)이라 하는 곳은 지면 아래에 있는 암흑의 나라라고 믿고 '플루토(Pluto)'라 하는 신이 있어 이곳을 지휘하며 황천의 주위에는 슬픔의 냇물과 불의 냇물과 울음의 강이 감도는데 슬픔의 냇물에는 '카론(Charon)'이라고 부르는 귀신이 나루터를 지키는 까닭으로 죽은 사람이 그 입에 뱃삯을 머금지 않았을 때는 이 강을 건너지 못한다고 망신(妄

---

23 도우바 : 『쿠란』 53장 14절에 천국의 "시드라 나무"가 나온다. 도우바는 이 나무의 다른 이름으로 추정할 수 있다.(〈성 꾸란 의미의 한국어 번역〉, https://islamhouse. com/ko/books/495/)

信)하며 머리가 셋에 뱀의 꼬리인 개가 있어 망자를 건너지 못하게 지킨다고 믿었다.

하지만 지옥이니 천국이니 하는 것은 다 옛사람이 현세의 모양으로 상상한 것이니 한 마디로 말하면 상상의 산물이다. 그러니 천국과 지옥도 그 재료는 현세에 존재하며 천국의 술의 냇물·우유의 강·벌꿀의 강, 그 밖의 여러 사물이 모두 현세에 존재한 재료요, 지옥의 불의 냇물·울음·나루 등도 현세에 없는 것이 없다. 이로써 보건대, 인간 세상은 천국과 지옥의 본가(本家)요 천국과 지옥은 인간 세상의 분점 같은 것이다. 그러므로 천국이니 지옥이니 하는 것이 객관적으로 존재하는 것이 아니요, 단순히 우리가 정신상의 쾌락과 고통을 구체적으로 형용한 것이다. 이러한 까닭에 불경(佛經)에서 극락정토를 형용하기를

"보수(寶樹)가 있으니 차거(硨磲)가 뿌리요, 자금(紫金)이 줄기요, 백은(白銀)이 가지요, 유리(瑠璃)가 잔가지요, 수정(水晶)이 잎이요, 산호(珊瑚)가 꽃이요, 마노(碼磠)가 열매이다. 이러한 여러 보수(寶樹)는 줄과 줄이 서로 마주하고 줄기와 줄기가 서로 마주보고 가지와 가지가 서로 따르고 잎과 잎이 서로 향하고 꽃과 꽃이 서로 따르고 열매와 열매가 서로 맞닥뜨려 그 성한 빛깔과 광휘(光輝)는 이루 다 볼 수가 없다. 맑은 바람이 때때로 일어나면 다섯 가지 음성을 내니 미묘한 음률이 자연히 조화된다."[24]

하였으니, 이는 모두 정신의 고락을 구체적으로 설명하여 범우(凡愚)로 하여금 이해하기 쉽게 한 것이다. 그러므로 인생의 고락은 일심에 있고 천국과 지옥은 일심의 영상(影像)이다.

---

24 보수(寶樹)가……조화된다 : 『무량수경(無量壽經)』에 나오는 극락의 칠보수(七寶樹)의 비유이다. 인용문의 자금(紫金)은 최상의 황금인 자마금을 이르는 말이다. 원문에 "紫銀"이라 되어있으나 오기로 보아 위처럼 옮겼다.

태극학보를 예찬하다[贊太極報] 漢 / 농와(農窩) 정제원(鄭濟原)

무극의 우리 한국에 태극이 이루어지니,	無極我韓太極成
하나의 학회일 뿐이나 또한 명성이 높구나.	一團學會亦高名
사민(士民)의 문화는 때가 되어 진보할 것이요,	士民文化臨時進
조국의 깃발은 갈수록 환하게 빛나리.	祖國旗光復日生
충애에 뜻을 둔 일맥의 동포 형제여!	忠愛志存同氣脈
경쟁의 마음 살려 작업을 성취해가네.	競爭心活就工程
동쪽 보며 멀리서 여러분의 건승을 비노니,	東望遙祝諸君健
철혈의 마음속에 수만의 갑병이 있도다.	鐵血胸懷萬甲兵

제목이 같음[同題] 漢 / 정상묵(鄭尙黙)

만 리 먼 타향에서 학보 하나를 완성하니,	萬里關河一報成
높이 건 태극의 명성을 훼손하지 않았네.	揭然太極不虧名
와신상담의 정신으로 조국을 생각하고,	嘗瞻精神懷祖國
칠신탄탄25의 뜻으로 백성을 경계하네.	漆身意思戒蒼生
친하고 화목한 지금 서로 지식 교환하고,	親睦此時相換識
기쁘게 맞을 후일 위해 다시 정을 나누네.	歡迎後日更論情
새롭게 열린 사업이 모두 '극'에서 비롯하니	新明事業皆由極
여러분의 기개가 맑기를 지극히 축원합니다.	極祝諸公氣節淸

---

25 칠신탄탄(漆身呑炭) : 전국시대 진(晉)나라 예양(豫讓)이 주군의 원수를 갚기 해 몸에 옻칠을 하고 숯을 삼켜서 문둥병 환자로 꾸미고서 암살을 시도했던 고사를 말한다.

옛 벗 표진모를 추도하다[追悼表振模舊雨] 漢

/ 애우생(愛宇生) 김영기(金永基)

서쪽에서 전해온 소식이 몹시 슬프니,	西來消息太傷悲
간혹 들리는 풍문은 시비가 절반이네.	其或風聞半是非
옛 벗은 할일이 있건만 세상을 떠났고,	故人有職身能盡
가을밤은 무정하여 꿈에서도 볼 수 없네.	秋夜無情夢亦稀
이후로 좋은 활을 누가 당길 수 있으랴?	以後良弓誰可挽
이제부터 높은 새는 감히 교만히 나네.26	從玆高鳥敢驕飛
일찍이 중년에 이러한 이별 있을 줄 알았으랴?	早知此別中年在
당시에 '일귀'를 논하지 못한 것이 후회로다.	悔不當時說一歸

'일귀(一歸)'란 말은 고봉(高峰)27 선림(禪林)이 남긴 말이다. 즉 '만법이 하나로 귀결되니 그 하나는 어디로 귀결되는가[萬法歸一, 一歸何處]'의 공안(公案)이다.

한별(恨別) 절구 8수 漢 / 추관생(秋觀生) 고원훈(高元勳)28

예전에 두보(杜甫)가 촉(蜀)에 들어갈 때29 그가 한탄한 바는 내란의 부

---

26 이후로……나네 : 한(漢)나라 건국 공신인 한신(韓信)이 고조(高祖) 유방(劉邦)의 의심을 받아 초왕(楚王)에서 회음후(淮陰侯)로 강등될 당시 '높이 나는 새가 다하자 좋은 활은 감춰진다'라고 한 말을 활용한 것이다.

27 고봉(高峰) 선림(禪林) : 1238-1295, 남송(南宋)과 원나라 때의 선사(禪師)로 고봉 원묘(高峰原妙)로 이른다. 원나라 때 출간된 그의 『고봉화상선요(高峰和尙禪要)』가 조선에서도 번각되었다.

28 고원훈(高元勳) : 1881-? 고위관료를 지낸 친일반민족행위자이다. 경북 문경 출생으로 1910년 일본 메이지대학을 졸업하였고, 태극학회에 가입하여 총무를 지냈다.

29 두보(杜甫)가……때 : 두보는 755년에 안사(安史)의 난(亂)이 일어나자 참군(參軍)으로 참전하게 된 이후 각지를 떠돌다가 759년에 청두(成都)로 들어갔는데, 이것을

당함인데, 그 이별은 4천리 거리에 불과하나 헤어짐의 한을 시로 드러
냈다. 지금 우리는 복식을 바꿔 다른 민족들과 섞이고, 위망(危亡)으로
이어지는 판이한 풍토에 떠돌며 멀리 떨어진 대한제국을 한탄하는 지
경이다. 한탄이 이처럼 깊고 이별이 이처럼 먼데도 그 이별을 편안히
여기고 그 한탄이 없다고 여길 수 있는가. 시(詩)란 그 뜻을 토로하는
것이다. 사람에게 잊을 수 없는 바가 있어서 차마 버려둘 수 없고 고심
하며 몹시 상심하면 그 밖으로 넘쳐나는 정(情)과 성(性)을 드러내어
짓는 것이지, 겉만 화려하게 꾸미고 헛되이 실속 없는 짓을 일삼기 위
함이 아니다. 이것이 두보가 〈한별(恨別)〉 시를 읊은 이유다. 이제 "낙성
(洛城)"³⁰ 한 수를 차운해 〈한별〉 절구 8수를 부연해 지었다. 여기서
절구마다 첫머리에 두보의 시 행 하나를 차용한 까닭은 두보가 나보다
먼저 같은 한탄이 있었음을 기념하기 위함이다.

낙성(洛城)을 한 번 떠나니 4천리 거리라   洛城一別四千里

두보는 어찌하여 〈한별(恨別)〉 시를 읊었을까.   杜老胡爲恨別吟

만리타향 일본[和]에 있는 두 길손은 바람 속에서   萬里和城風兩客

옷깃에 눈물 가득한 채 서쪽 고향 바라보네.   故園西望淚盈襟

　　-일본은 옛날에 야마토[大和]라 불렸으므로 속어에 와[和]를 많이 쓴
　　다. 예컨대 와진(和人), 와카(和歌) 따위이다-

오랑캐 기병이 치고 달린지 5, 6년³¹   胡騎長驅五六年

우리 집안 근심은 더욱 처량하겠지.   我家愁思轉悽然

이른 말이다. 〈한별〉은 이듬해인 760년에 지은 칠언율시이다.

30　낙성(洛城) : 〈한별(恨別)〉을 시작하는 첫 단어로 이 시를 달리 부른 것이다. 낙성은
　　당나라 수도 장안이다.

31　오랑캐⋯6년 : 전체 8개 절구의 각 첫 행은 〈한별〉 전체 8행의 각 행을 그대로 가져다
　　쓴 것이다. 두보 시의 오랑캐는 안록산과 사사명의 반란군이다.

어찌하여 나라 깨지고 집안 망하던 그날에 如何國破家亡日
태곳적 하늘[32] 속에 멍청하게 앉아 있었던가. 坐在昏昏太古天

초목이 시들어가는 검각(劍閣) 밖[33]을 가다보니 草木變衰行釼外
옥루(玉樓)[34]도 소슬하니 미인[35]도 춥겠구나. 玉樓蕭瑟美人寒
가을 되어 홑옷 얇은 줄 차츰 깨닫는데 秋來漸覺單衣薄
뉘 알았으랴, 인간세상 크게 돕기[36] 힘든 것을. 誰識人間大庇難

전쟁으로 길이 막혀 강변에서 늙고 있소. 兵戈阻絶老江邊
요동 북쪽 비린 먼지에 구련성(九連城)[37]에서 운다. 遼朔腥塵泣九連
복된 곳, 황금 구슬의 땅을 가지고서 肯將福地金丸土
이웃집의 교활한 주먹에 넘겨주랴. 讓許隣家巧猾拳

집 그리워 맑은 달밤에 걷다 서다 하는데 思家步月淸霄立
아마도 내 어버이는 흰머리가 났겠구나. 也應吾親白髮生
어린 자식, 가난한 처 나를 기다릴 터인데 弱子寒莉應待我
낙동강의 고기잡이배를 그 언제쯤 놀래 줄까. 洛江漁棹幾時驚

한낮에 구름 보며 아우 생각하다 잠들었는데 憶弟看雲白日眠

---

32 태곳적 하늘 : 세계의 동향을 모른 채 쇄국을 하였던 조선의 사정을 비유한 말로
   생각된다.
33 검각(劍閣) 밖 : 두보의 원운에서는 촉(蜀) 지방을 뜻하는데, 여기서는 일본을 가리
   키는 듯하다.
34 옥루(玉樓) : 화려한 누각을 뜻하는 관용어로, 임금의 궁전을 이르는 듯하다.
35 미인 : 고국에 있는 임금을 뜻한다.
36 크게 돕기 : 두보의 시 〈초가집이 가을바람에 부서져 지은 노래〔茅屋爲秋風所破歌〕〉
   의 "천만 칸 큰 집을 얻어 천하의 빈한한 선비를 모두 즐거운 얼굴이 되게 도울까〔大
   庇天下寒士俱歡顔〕"란 구절과 연결된다.
37 구련성(九連城) : 만주 압록강 연안에 있는 옛 성이다. 의주(義州) 맞은편에 있는
   작은 촌락이었는데 금나라 때 아홉 성을 쌓았다.

옛날의 더벅머리 이미 어른 되었겠다.	昔時髫髮已成年
연소해도 경세제민(經世濟民) 능히 이해할 터이고	年少猶能經濟解
책 읽는 여가에는 밭을 갈러 가겠구나.	讀書之暇去耕田
들자하니, 하양(河陽)³⁸ 근처엔 승기를 탔다 하니	聞道河陽近乘勝
십년 간 동국에서 최고의 소문일세.	十年東國第一聞
시장의 아이, 나무꾼은 모두 충성이 격동하여	市童樵竪皆忠激
융희(隆熙)의 창의문³⁹을 달려가며 외는구나.	走誦隆熙倡義文
사도(司徒)는 유연(幽燕)⁴⁰을 빨리 깨뜨려주오	司徒急爲破幽燕
군악대는 군가로 개선가를 연주하리.	軍樂軍歌奏凱旋
임금 백성 함께 즐거운 이 상황을 축하하니	獻賀君民同樂地
대한제국 만만세!	大韓帝國萬斯年

해저여행 기담 제8회 / 자락당(自樂堂)

-천 길 해저에 엽총을 들고 가서 만 겹 파도 사이에서 잠수의를 입고 걸어가다-

이야기하자면, 아로낙스 씨가 네모의 초청장을 받아 읽은 뒤에 조롱의 새가 상림(上林)⁴¹에 다시 날게 되며 우리의 짐승이 산야(山野)에 다

---

38 하양(河陽) : 현재 하북성 한단(邯鄲) 인근으로 안사(安史)의 난(亂) 당시, 최대의 격전지로 당나라 정부군이 이 전투에서 승기를 잡았다.

39 융희(隆熙)의 창의문 : 미상이다. 보통 창의문은 의병을 호소하는 성격이며 16호가 발행된 융희 원년, 1907년은 정미의병이 활발하던 시점이다. 그러나 『태극학보』 등 당대 잡지들이 대체로 의병을 비판하고 체제 내부의 운동을 지향한 점과 고원훈의 친일 성향을 감안하면 이것이 의병과 연결될 확률은 적다.

40 유연(幽燕) : 현재의 하북성 북부 지방으로 두보의 시가 저술된 당시, 사사명의 반군 이 근거지로 삼던 지역이다.

시 놀게 된 듯하여, 기약한 날만 고대하다가 9월 17일 여명에 네모의 객실로 가서 방문하니 네모가 흔연히 나와 맞이하면서 인사를 서로 주고 받았다. 그런 뒤에 아침밥을 먹고 프랑스 사람 아무개가 발명한 루케론-드네루즈 잠수기(潛水機)-동 잠수의(潛水衣)는 보통용 다이빙벨 잠수기(潛水器)와 판이하여 가죽주머니에 공기를 저축하고 풀무로 공기를 압출(壓出)하여 인도고무 호스 2개로 콧구멍에 통하게 하는 것이니, 하나는 공기를 불어넣는 관이며 다른 것은 숨을 뱉어내는 관이다 몇 벌을 가지고 온 뒤 경편(輕便)한 허리띠, 전등 몇 개와 수중용 공기압력 응용 수중포(水中砲) 몇 정을 구비하여 곁방에서 네드 랜드 씨 및 콩세유와 한 벌 한 정씩 속장(束裝)하니 무게가 각자 수백 근이라 몸이 부서질 듯하였다. 홀연 실내가 칠흑 같더니 바닷물이 섞여 들면서 전등 광선에 해저가 비추이는지라, 세 사람이 네모와 부하들을 단단히 보며 따라갈 때 앞서 천근같던 잠수의가 지금은 노호(魯縞)나 왜사(倭紗)[42]에 불과하며 전깃불의 명휘(明輝)는 태양보다 못하지 않아 능히 수십 칸 내외를 비추더라.

　일행이 계속 가며 탐험할 때 암초를 두르고 해초 더미를 긁어서 길을 열고 좌우로 회전하니 해월(海月)은 부침하며 흩어졌다 모였다 하는 불가사리는 봄꽃 가을 낙엽보다 많으며, 방어는 놀라며 달아나 숨는 조개와 자라는 산새나 들짐승보다 몇 곱절은 되었다. 또 몇 분간을 바다 속 언덕을 걸어오르니 태양의 광선이 빗겨 비추어 수면에 굴절되므로 오색이 영롱하여 전면(全面)이 금수강산의 미관(美觀)을 드러내고 해초와 바다풀은 청색과 녹색이 뒤섞여 곱기가 비할 데 없으니 참으로 세간에서 가장 좋은 풍경이며 견줄 데 없이 장한 의기(意氣)였다. 일행이

41　상림(上林) : 중국 한(漢)나라 궁전의 동산인 상림원(上林苑)을 이르는 듯하다.
42　노호(魯縞)나 왜사(倭紗) : 중국 노나라에서 나던 고운 비단과 일본에서 나던 발이 잘고 고운 생견직물을 이른다.

그 비탈 위를 따라 수십 분 간 전진하니 곧 바다 속의 대암초라, 가히 반신(半身)을 수면 위에 노출하겠더라.

이때 네모가 일행더러 이르기를 "이 섬은 1801년에 서양 장군 크레스포가 발견한 고도(孤島)가 아니라 곧 수중 은암(隱巖)인데 이곳으로부터 일본까지 거리가 불과 수백 해리이며, 흑조(黑潮)와 한류(寒流)가 만나는 지점이니 곧 열대 어족과 한대 어군(魚群)의 집합처이다. 이 어군이 다시 오호츠크해(Okhotsk海)로 들어가 가라후토(樺太)[43]-홋카이도(北海道) 해협에서 유영하며, 또 그 한 갈래는 니혼카이(日本海)로 유입(游入)하여 조선 동해안을 연유(沿游)하므로 그 나라는 곧 세계 3대 어산장(魚産場)의 제일인 베링해(Bering海) 어족이 출입하는 곳이다. 이러한 까닭에 해산물의 풍부함이 무진장이라 하겠다. 두만강 근해와 영흥만(永興灣) 외해에는 고래가 성나 울며 어별(魚鱉)이 군집하고 성진포(城津浦)[44] 안과 울릉도 근처에는 갈치·웅어·홍어·복어·조개·목[45]·대구·방어·전복·상어·문어·침[46]·도미·돌고래·청어·오징어·가자미·해삼·홍합·바다표범·물개 -올눌-·물범·명태·대구 등의 종류 중에 서식하지 않는 것이 없다. 그런데 일반 국민은 어떠한 영향을 받아 저토록 타성적으로 꿈틀대는 사물에 불과한지는 우리 생각으로 추측하기 어렵다. 이와 같은 천부의 금고에는 욕망이 전혀 없고 국내에 한거(閒居)하여 종일 도모하는 바가 노소가 서로 잡아먹는 골육상쟁의 사업이 전부라 하니 이른바, 지옥 불을 자기 면전에 두고 알지 못하는 맹인들이라 하겠다. 또 그 일족은 베링 동쪽 해안을 따라 알래스카 해변에 출몰하여 미합중국 인민을 살찌게 한다."고 정성

---

43 가라후토(樺太) : 사할린 섬을 일본에서 부르는 이름이다.

44 성진포(城津浦) : 함경북도 성진(城津)에 있던 포구를 이르는 듯하다. 성진은 현재 김책시이다.

45 목(鮴) : 미상이나 도루묵을 목어(木魚)라 하므로 이것으로 보인다.

46 침(鮻) : 미상이나 꽁치를 공침어(貢侵魚)라 하므로 이것으로 보인다.

들여 설명하였다.

일행이 이와 같이 수십 분간 휴식한 뒤에 다시 높은 비탈을 돌아서 물밑 약 1천 여 야드 아래에 이르니 햇빛은 희미하게 비추고 해초는 무성하여 조금의 걸음도 나아가기 어려웠다. 한 걸음에 절뚝이고 두 걸음에 넘어지는 것이 흡사 노둔한 말이 비탈을 달리며 살진 돼지가 얼음판을 달리는 형세로 서로 이끌어 함께 나아갔다. 이때 한 줄기 광선으로 물고기 떼가 비약하며 파랑(波浪)이 격동함에 일행이 무슨 일이 일어났는지를 알지 못하여 눈을 크게 뜨고 보니 굉장히 큰 상어가 유성과 같이 어족을 추격하는 것이라. 모두 두려움을 이기지 못하여 엎드려 숨어서 몸을 피하였다. 이와 같이 몇 시간을 전진하였더니 네모가 아로낙스 씨에게 저쪽을 가리키니, 삼림이 울창하고 암석이 험하게 튀어나왔는데 그 의사가 크레스포 섬에 이르렀음을 표시하는 듯하였다.

| 잡보 |

○ 박씨 추도회 : 11월 30일에 유학생 일동이 감독청에 함께 모여 유학생 고 박의혁(朴宜赫) 씨 추도회를 거행하였다.

○ 이달 9일에 대한기독청년회에서는 감독청 내에 토론회를 열고 '혈성(血性) 남아가 지자(智者)보다 낫다'라는 문제로 변설(辯舌)을 서로 주고받았다.

• 회사요록과 회원거취

○ 11월 25일에 용의(龍義) 지회장 정제원(鄭濟原) 씨가 보고하되, 지회 서기원 백의서(白義瑞), 회원 백준서(白峻瑞), 백낙구(白洛龜) 씨 3인은 나태하여 본 회원 체면을 손상하기에 퇴회(退會)를 명하였고 평의원 백원묵(白元默) 씨가 사정이 있어 사임한 대신에 박상학(朴尙學) 씨가 피선(被選)되고 서기원은 김정곤(金定坤) 씨가 피임(被任)되었다 한다.

○ 이달 2일에 영유(永柔) 지회장 이기찬(李基燦) 씨가 보고하되, 지회원 김영련(金永鍊) 씨는 퇴회를 바라기에 청을 받아들여 허락하였다 한다.

• 신입회원

○ 최시준(崔時俊) 씨는 본회에 입회하고 박용은(朴容殷), 박용배(朴容培), 최찬식(崔燦植), 박정원(朴貞遠) 제씨는 영유(永柔) 지회에 입회하였다.

○ 본 회원 류동훈(柳東勳) 씨는 신병 치료 차로 이달 5일에 길을 떠나 귀국하였다.

○ 본 회원 강경엽(姜敬燁), 한문선(韓文善) 두 분은 일본대학 사범부에

입학하고 김윤영(金潤英) 씨는 사립 일본의학교에 입학하였다.

• 태극학보 의연금 출연자 명단

-용의(龍義) 지회원은 추후 의연-

　백원묵(白元默) 씨 1환　백운호(白雲昊) 씨 1환　박상학(朴尙學) 씨 50전　차득환(車得煥) 씨 50전

　김준호(金濬浩) 씨 50전　김준희(金濬禧) 씨 50전　백신묵(白愼默) 씨 50전　최선옥(崔善玉) 씨 50전

　차일환(車日煥) 씨 50전　김익현(金益鉉) 씨 30전　김원선(金元善) 씨 30전　고취륜(高就崙) 씨 30전

　이근영(李根泳) 씨 20전　김정곤(金定坤) 씨 20전

• 황태자 전하께서 도쿄에 도착하시다

　황태자 전하께오서 이달 15일 오후 2시 45분에 신바시(新橋)에 왕림하셨는데 유학생 감독 신해영(申海永) 씨가 일반 유학생을 인솔하고 나가 공손히 맞이하였다.

• 회사추록(會事追錄)

　본회 회계원 박용희(朴容喜) 씨가 사임한 대신으로 이윤주(李潤柱) 씨가 피선되고 사무원 이승현(李承鉉) 씨가 환국한 대신으로 김수철(金壽哲) 씨가 피선되었다.

광무 10년 08월 24일 창간
융희 원년 12월 20일 인쇄
융희 원년 12월 24일 발행
메이지 40년 12월 20일 인쇄
메이지 40년 12월 24일 발행

•대금과 우편료 모두 신화(新貨) 12전

일본 도쿄시 코이시카와구(小石川區) 히사가타쵸(久堅町) 45번지
편집 겸 발행인　장응진(張膺震)

일본 도쿄시 코이시카와구 히사가타쵸 45번지
인 쇄 인　　　김지간(金志侃)

일본 도쿄시 코이시카와구 나카토미사카쵸(中富坂町) 19번지
발 행 소　　　태극학회

일본 도쿄시 우시코메구(牛込區) 벤텐죠(辨天町) 26번지
인 쇄 소　　　명문사(明文舍)

• 광고

　본 태극학회 사무소를 이번에 도쿄(東京) 코이시카와구(小石川區) 나카토미사카쵸(中富坂町) 19번지로 이전하고 매 통상회를 해당 장소에서 열기로 하였기에 널리 알립니다.

　일본 도쿄 코이시카와구(小石川區) 나카토미사카쵸(中富坂町) 19번지

　태극학회 알림

태극학보 제16호	
광무 10년 10월 24일	제3종 우편물 인가
메이지 39년 10월 24일	
융희 원년 12월 24일	발행(매월 24일 1회 발행)
메이지 40년 12월 24일	

역자소개

손성준孫成俊

성균관대학교 동아시아학술원 연구교수. 동아시아 비교문학 전공. 근대 동아시아의 번역과 지식의 변용에 대해 연구해왔으며, 최근에는 한국 근대문학사와 번역의 연관성에 주목하고 있다. 주요 논저로는『투르게네프, 동아시아를 횡단하다』(2017),『번역과 횡단-한국 번역문학의 형성과 주체』(2017),『근대문학의 역학들-번역 주체·동아시아·식민지 제도』(2019) 등이 있다.

이남면李南面

고려대 한자한문연구소 연구원. 한국한문학 전공. 조선 중기 한시를 주로 연구해왔고, 최근에는 조선 전후기로 연구 영역을 넓혀가고 있다. 주요 논저로「17세기 중국회화의 유입과 그 제화시」(2013),「조선 중기 배율 창작에 대하여」(2016),「조현명 시에 나타난 '탕평' 관련 의식 연구」(2017),『국역 치평요람 54』(공역)(2014) 등이 있다.

이태희李泰熙

한국학중앙연구원 연구원. 한국한문학 전공. 조선시대 유기(遊記)를 연구해왔고, 근래에는 근대 기행문으로 관심범위를 넓히고 있다. 주요 논저로「조선시대 사군(四郡) 산수유기 연구」(2015),「조선시대 사군 관련 산문 기록에 나타난 도교 문화적 공간인식의 양상과 의미」(2017),『한국 고전번역자료 편역집 1·2』(공역, 2017),『완역 조양보 1·2』(공역, 2019)가 있다.

최진호崔珍豪

부산대 점필재연구소 전임연구원. 동아시아학 전공자로 중국의 근대성이 한국에서 갖는 의미를 연구하고 있다. 주요 논저로『상상된 루쉰과 현대중국』(2019),「'모랄'과 '의식화'-한국에서 '루쉰의 태도' 번역의 계보」(2019),「친선과 연대의 정치성」(2019) 등이 있다.

대한제국기번역총서

완역 태극학보 3

2020년 11월 10일 초판 1쇄 펴냄

역 자 손성준·이남면·이태희·최진호
발행인 김흥국
발행처 보고사

책임편집 이경민
표지디자인 손정자

등록 1990년 12월 13일 제6-0429호
주소 경기도 파주시 회동길 337-15 보고사 2층
전화 031-955-9797(대표)
     02-922-5120~1(편집), 02-922-2246(영업)
팩스 02-922-6990
메일 kanapub3@naver.com / bogosabooks@naver.com
http://www.bogosabooks.co.kr

ISBN 979-11-6587-095-9 94910
     979-11-6587-092-8 (세트)
ⓒ 손성준·이남면·이태희·최진호, 2020

정가 28,000원
사전 동의 없는 무단 전재 및 복제를 금합니다.
잘못 만들어진 책은 바꾸어 드립니다.

이 저서는 2017년 대한민국 교육부와 한국학중앙연구원(한국학진흥사업단)의
한국학분야 토대연구지원사업의 지원을 받아 수행된 연구임(AKS-2017-KFR-1230013)